商业银行常用公文写作理论与实务

杨清泉◎编著

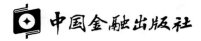

中国金融出版社

责任编辑：黄海清　白子彤

责任校对：潘　洁

责任印制：陈晓川

图书在版编目（CIP）数据

商业银行常用公文写作理论与实务/杨清泉编著 . —北京：中国金融出版社，2020.9

ISBN 978 – 7 – 5220 – 0695 – 6

Ⅰ. ①商…　Ⅱ. ①杨…　Ⅲ. ①商业银行—公文—写作　Ⅳ. ①C931. 46

中国版本图书馆 CIP 数据核字（2020）第 123555 号

商业银行常用公文写作理论与实务

SHANGYE YINHANG CHANGYONG GONGWEN XIEZUO LILUN YU SHIWU

出版

发行　中国金融出版社

社址　北京市丰台区益泽路 2 号

市场开发部　（010）66024766，63805472，63439533（传真）

网 上 书 店　www. cfph. cn

　　　　　　　（010）66024766，63372837（传真）

读者服务部　（010）66070833，62568380

邮编　100071

经销　新华书店

印刷　北京九州迅驰传媒文化有限公司

尺寸　185 毫米 ×260 毫米

印张　24. 5

字数　436 千

版次　2020 年 9 月第 1 版

印次　2025 年 9 月第 5 次印刷

定价　98. 00 元

ISBN 978 – 7 – 5220 – 0695 – 6

如出现印装错误本社负责调换　联系电话（010）63263947

序

自 2008 年 1 月，从中国农业银行梧州分行个人金融部借调到农行广西壮族自治区分行办公室，到 2014 年 8 月调离，我持续在办公室从事文字综合有关工作将近七年，经历调研科、质量管理办公室、金融研究部、秘书部等多个内设单元，从事调查研究、综合秘书、党委秘书等多个岗位，从一个对公文写作一窍不通的毛头小伙子，成长为初步掌握公文写作技能的办公室多面手，其中的酸甜苦辣百味杂陈，只有亲身经历过才会有切身体会，那一篇篇长短不一的材料构成了我那几年工作和生活的绝大部分。

公文写作是一个书面名词，在日常工作中，我们更多地称其为"搞材料"。"搞材料"是一件脑力活，不仅需要搜肠刮肚、绞尽脑汁地谋篇布局，还要不时承受"吟安一个字，捻断数茎须"的痛苦；"搞材料"也是一件体力活，办公室的员工白天大多被各种日常琐事所包围，只有在夜深人静的时候才能文思泉涌、笔耕不辍，加班加点也就成了习惯；"搞材料"还要承受多重折磨，因为好的文章是改出来的，特别对于公文写作来讲，初稿完成后，还要经历层层把关，多人审核修改才能完成，时常不得不产生"路漫漫其修远兮，吾将上下而求索"的感慨。当然，"搞材料"不仅只有痛苦和付出，也有成就和收获。如认真投入写作修改到应用的整个过程，就能体会到"宝剑锋从磨砺出，梅花香自苦寒来"的成就感；又如在反复的修改中，磨炼了自己强大的内心，培养了"千磨万击还坚韧，任尔东西南北风"的从容与自信；更多的时候，是在写作过程中获得的"山重水复疑无路，柳暗花明又一村"的小确幸。

"搞材料"不仅使我收获各种不同的感受，也促进了我个人的职业成长。在借调到自治区分行办公室工作之前，我曾经有过一段从梧州分行营业室到自治区分行房地产信贷处跟班学习的短暂经历。其起因就是，在自治区分行布置的一次业务调研中，我按照梧州分行个金部领导的指示，对梧州金融同业的个贷产品进行了调查研究，所撰写的调研报告获得了自治区分行业务科室领导的肯定。而后，在自治区分行房地产信贷处跟班学习期间，我又随同处室领导赴县支行调研，撰写了一篇调研报告，经领导修改后，将其理论部分整理成为《农行服务县域金融产品的有效供给分析》发表在《中国城乡金融报》理论版上。有了这篇成果，我借调到自治区分行办公室工作也就水到渠成了。在调研科期间，我撰写的《蓝海市场中的甜蜜事业——广西糖业发展及我行金融支持研究》一文荣获了农行总行2008年"蓝海战略与农业银行转型"征文优秀奖。在质量管理办公室期间，我撰写的《导入标准化管理，提高商业银行经营管理水平》《商业银行质量管理研究、设计与实施》在《农村金融研究》杂志上发表，后文还荣获了广西金融学会2009年度重点研究课题二等奖。在金融研究部期间，我与同事合作撰写的《广西北部湾经济区建设与大型商业银行发展路径研究——关于农行广西分行增强综合竞争力实现可持续发展的思考》荣获了农行总行第十一届青年论坛征文优秀奖，《加强合规文化建设　提高合规管理水平》《浅议国有商业银行学习型党组织建设》荣获农行总行2010年度思想政治工作优秀论文等。在秘书部期间，更是起草了大量的材料，其中很大一部分获得了领导的肯定。我个人的岗位也从科员到副科长再到科长，专业职称也从助理经济师到经济师再到高级经济师。可以说，公文写作也见证和成就了我的职业发展。

回头总结这一段工作经历以及自己的职业成长，我认为"搞材料"这项工作能够快速提升银行从业人员综合素质，并试着归纳了几点。能够真正潜下心来"搞材料"的人，大多能够吃苦耐劳，坚韧不拔，甘于奉献，在日复一日的加班中，在一遍又一遍的修改中，磨炼出这样一种职业品格。通过"搞材料"，能够接触大量的素材，快速全面地掌握经济金融形势、各行各业发展、金融同业比较以及本单位业务经营管理等方方面面的情况，培养了宽阔的视野和全局的观念。在"搞材料"的过程中，不断了解情况，总结经验，提出问题，分析问题，解决问题，训练了逻辑思维能力，对工作中各类问题的判断能力会更准确。"搞材料"不能闭门造车，有些业务经营、行业分析材料需要其他专业部门提供素材，有些"大材料"需要成立写作小组，几个人通力合作共同完成，大多数材料还要通过各级领导审核把关提出修改意见，这个过程中免不了要与不同的人员进行交流，交流是否有效，也影响着获得素材的质量以及对领导意图的领会，这个过程无形中就会提升个人的沟通协调能力。此外，机会往往垂青于能"搞材料"的人。例如，能够善于总结自己和本单位的工作亮点，让各级领导发现藏在角落里的"金子"；在各类演讲中，写出一篇优秀的演讲稿，能够为自己的演讲奠定厚实的基础；在汇报中对存在问题和困难的准确描述，能够让上级领导及时予以指导和帮扶；等等。我从自身的角度进行总结可能会有失偏颇，但是上述总结应该还是有一定启发借鉴作用的。

有了体会，有了经历，还有了收获，接下来作为过来人似乎就可以谈谈公文写作的经验了。很多人说能够"搞材料"的人是天生的，学不来，我不同意这个观点。如果说搞文学需要天赋这能够理解，说从事公文写作需要天分那就是在为自己没有公文写作能力找借口了。公文写作不需要天分，没有什么一吃见效的"灵丹妙药"，但是有方法、有规律。如果掌握了这些方法和规律，公文写作就没有看起来那么难了，再加以持续写作锻炼，就可以游刃有余。这也是我那几年在办公室参与公文写作不断总结反思的心得。从每年年初开始，首先要做的就是准备新年致辞，然后撰写上年工作总结和社会责任报告等总结性材料。每年的头等大事就是筹备年初工作会议的报告，接下来还要组织一系列的专业会议材料，又有每个季度的季度分析会议材料，其间各级领导来调研，还要准备各类汇报材料，陪同领导外出调研要写新闻报道，整理领导讲话要印发内部情况通报，还要准备领导参与各类活动的致辞等。银行经营管理的工作是每年周而复始的，但每个场合所用的材料不能"炒冷饭"，不是说要标新立异，但起码要推陈出新，要结合新情况新问题写出不同的东西来。在这不断反复的过程中，我隐约察觉到了一种"变与不变"的规律，"不变"的是材料的写作目的和基本结构，"变"的是具体素材的来源与用途。把某种公文的这种"不变"进行归纳总结，就得到了一个相对固定的结构，这是在我认真写了第一篇新年致辞后，又继续写了第二篇才得到的认识，继而我把这种认识运用到了第三年至第七年的新年致辞写作中，整整连续写了七年（详见本书第三章内容）。把所有公文的这种"不变"进行总结提炼，就上升到一个指导公文写作的理论。这个理论是什么？直到一次偶然的机会，在看到了介绍结构主义哲学的一段话后，我顿时触类旁通地认识到，我所认为的这种"不变"的理论就是结构主义，反过来说结构主义是一种可以用来指导公文写作的理论。当然，这个"不变"的结构和理论不是同数学公式或者物理定律一样铁定不变的定理，而是社会科学的一般规律总结。

在认识到公文写作中的结构主义理论后，我一直在不断观察和实践，同时也逐步产生了把这一理论在公文写作中的运用陈述出来，并辅以案例说明，最后集结成一本商业银行常用公文写作理论与实务有关书稿的想法。由于工作繁忙，这个想法多次浮出水面又被按到水下，直到分管办公室以后，在覃东行长的提示下，我认识到目前基层行能够独立开展公文写作的人员不多，公文材料的参差不齐已经影响到了经营管理的有序开展，需要办一个专题培训班好好培养一批具备公文写作能力的人才，也可以借此机会将讲义整理成为梦想中的那本公文写作方面的书稿。对这次培训或者说这本书的构想分为上下两个大的部分，上篇为公文及其结构主义分析，偏重公文写作的基本知识与理论阐述以及分析，下篇为商业银行常用公文写作实务，主要将商业银行日常工作中常见公文辅以结构的分析，并附上例文加深理解并供借鉴。这虽然是一本以理论指导写作为目的的教材，但仍然来自个人的体会与认识，因此除框架和范文外，整体文字风格尽量依照培训讲课的口语化风格，避免书面化用语带来的阅读理解转化困难，开门见山，直奔主题。同时，为了依法合规，例文中涉及的单位与部门以及有关数据均已进行处理，文中单位均无具体指代，数据已经全部修改替换，均无逻辑与分析价值。本书的目的很简单，就是用结构指导公文写作，用例文印证结构理论。

杨清泉

二〇一八年八月

目　录

上篇　公文及其结构主义分析

下篇　商业银行常用公文写作实务

上篇　公文及其结构主义分析

所谓公文，就是办理公务活动中形成的文书。而文书，是指人们在社会活动中为了一定的目的而形成并使用的具有一定格式的文字材料。文书分为公务文书和私人文书两类，公务文书简称公文。广义上，它是法定机关与组织按照特定的体式、经过一定的处理程序制成的书面文字材料，作为传达意图、办理公务和记载工作的一种工具。狭义上，它又称为法定公文或行政性公文，为我国各级行政机关、企事业单位和人民团体广泛使用。出于习惯，人们通常所说的公文多是指行政性公文，如我们在日常工作中常见的请示、批复、意见等。中共中央办公厅、国务院办公厅 2012 年联合发布的《党政机关公文处理工作条例》（中办发〔2012〕14 号）对党政机关公文进行了明确定义，指出："党政机关公文是党政机关实施领导、履行职能、处理公务的具有特定效力和规范体式的文书，是传达贯彻党和国家的方针政策，公布法规和规章，指导、布置和商洽工作，请示和答复问题，报告、通报和交流情况等的重要工具。"商业银行作为社会团体，其公文也应该遵照这一规范。

　　从上述对公文的各类定义可以看出，公文是具有一定格式、体式的文书。这就为本书引入结构主义概念对公文进行分析与总结提供了基础。公文不是散文，想到哪里写到哪里；公文也不是记叙文，走到哪里写到哪里；公文更不是议论文，辩到哪里写到哪里。公文必须遵循一定的规范格式，这个格式不仅仅要求行距和字体规范，还要求内在结构和语言表达规范，这就是说公文是有规范结构的文体。通过导入结构主义有关知识，对各类公文进行剖析，就可以得到一个基本适用这类公文的结构规律。然后再用这个规律指导同类公文写作，就如同在数学计算中运用公式解题一样，可以达到准确命题、快速写作的目的。

　　本篇第一章将对公文进行概述，第二章介绍结构主义与公文写作，第三章分析公文的结构范式，第四章陈述公文写作行为的结构范式。

第一章　公文概述

本章承接前面对公文定义的介绍，继续介绍公文的其他内容，包括公文的特点、作用、分类等，方便读者对公文有一个全面完整的认识。

第一节　公文的概念

对于公文的定义，有很多种说法。《辞海》对公文的解释如下："国家机关、公共组织在履行法定职责中形成的具有规范体式的文书。"国务院办公厅在1993年发布的《国家行政机关公文处理办法》中第一次从公文的范围、性质、功能和体式等方面，对公文的定义作出了明确界定，并在2000年发布的《国家行政公文处理办法》（以下简称新《办法》）中再次沿用了这一表述，明确规定："行政机关的公文（包括电报，下同），是行政机关在行政管理过程中形成的具有法定效力和规范体式的文书，是依法行政和进行公务活动的重要工具。"中共中央办公厅在1996年发布的《中国共产党机关公文处理条例》中也对党的机关公文定义作出了明确界定，"党的机关的公文，是党的机关领导实施、处理公务的具有特定效力和规范格式的文书"。2012年中共中央办公厅、国务院办公厅又联合发布了《党政机关公文处理工作条例》，指出"党政机关公文是党政机关实施领导、履行职能、处理公务的具有特定效力和规范体式的文书，是传达贯彻党和国家的方针政策，公布法规和规章，指导、布置和商洽工作，请示和答复问题，报告、通报和交流情况等的重要工具"。依据这一规定，我们可以对商业银行公文进行如下定义，商业银行公文是商业银行在经营管理过程中形成的具有特定效力和规范格式的文书，是传达贯彻党和国家的方针政策，发布商业银行规章制度，指导、部署和商洽工作，请示和答复问题，报告、通报和交流情况等的重要工具。

简而言之，公文就是办理公务活动中形成的文书。文书是指行为主体在社会活动中为了一定目的而形成并使用的具有一定格式的文字材料。文书分为公务文书和私人文书两大类。公务文书简称公文。广义上，它是法定机关与组织按照特定的体式、经过一定的处理程序制成的书面文字材料，作为传达意图、办理公务和记载工作的一种工具。狭义上，它又称为法定公文或行政性公文，为我国各级行政机关、企事业单位和人民团体广泛使用。基于上述定义，可以对公文有以下一些拓展认识。一是公文从属于文书。二是公文具有规范的格式。各种公文，在文种、格式标准、行文方式、语言文字以及流转程序等方面，都要按照国家的统一规定进行处理，具有完整的规范标准。具体到一篇公文，它应该载有哪些内容，都有特定的限制，任何人不能随心所欲；同时，这些特定内容应如何表述、通过怎样的形式反映出来，也都有固定的规范和要求，任何单位和个人都不得自行其是。在这方面，公文与一般文章大不相同，表现出很强的程式化特征。三是公文产生于公务活动中。它在法定社会组织处理和推动国家、集体的公务活动中形成，并为公务活动服务。它要体现各种法定社会组织的意志，是处理公务活动的书面文字工具。离开公文，各种法定社会组织机构的协调运转都会受到影响，继而陷入混乱状态。四是公文具有特定效力。公文是各种法定的社会组织依法行使职权的重要体现，一经发布，在其所涉及的范围内，有关单位和人员都要积极地作出反应，将公文内容事项付诸执行、遵循或参照处理，所辖单位和个人都不得漠视不管或者违反，否则就要受到有关部门的追究，承担相应的行政或法律责任。五是公文的发布具有专属性。从狭义定义理解，公文只能由各种法定的社会组织制发，包括政治组织、经济组织、军事组织、司法组织、科教文卫组织等，除此之外的任何组织和个人都无权制发公文，否则构成违法行为。从广义定义理解，公文也要由一定的组织制发，对组织内部具有特定效力。因此，商业银行公文就是由商业银行制发，对商业银行内部具有特定效力和作用的文书。

第二节　公文的特点

公文是在机关公务活动中形成的，与其他类别的文章一样，具有思想观点鲜明、层次条理清楚、语言流畅精练等共同特征，同时又有其自身鲜明的特点，具体包括以下几个方面。

第一，政治性。各级行政机关、企事业单位、人民团体制发的公文，负有传达贯彻落实党和国家方针、政策、法律、法规的重要职能，其内容与党和国家的政治事务息息相关，具有十分鲜明的政治性。

第二，法定性。公文是由法定的作者制成和发布的。公文的作者是法定作者，是指依法行使职权、履行义务、发挥职能作用的发文单位或法定负责人，与个人署名或者著作的作者不同。即使是法定代表人，也不代表个人，而是代表依法成立的单位或机构。除法定作者以外，其他任何组织和个人擅自制发公文都是违法行为，都要受到法律的惩处。

第三，权威性。公文是实施管理的工具，是制发单位为了特定目的而制作发布的，它代表了制发单位的观点、立场和意志，一般具有较强的强制性和约束力。要想政令畅通、令行禁止，必须赋予公文权威性。如国家机关制发的公文，其强制性与约束力是通过国家法律加以保护的。不仅上级机关制发的下行文，下级单位必须遵照执行；下级单位制发的上行文，也有要求上级领导机关批示、答复和阅知的权利。商业银行的公文是各级行决策意图的具体体现，同样在商业银行内部具有强制执行或处理的约束力，各级行及全体员工也都必须严格遵照执行。

第四，时效性。在制发单位职权范围内制成的公文，都具有特定效用。公文的特定效用又称时效或现行效用，是指一份公文在一定范围、一定区域和一定时间内才有效。例如，有些商业银行文件，只在商业银行内部有效，在商业银行外部无效。随着形势的发展、情况的变化以及制发单位本身的变革，旧的公文会被新的公文代替，旧公文的现实效用也随之消失了。可以说，没有一份公文是永远有效的。但是，公文时效的完结，不等于公文从此不再有任何作用，有的转化为历史档案后，仍然具有重要的查考价值和历史研究价值。

第五，保密性。公文内容往往涉及国家秘密和商业秘密，只是不同公文的秘密程度、保密范围和保密时间有所不同。国家秘密的泄露会造成国家政治、经济、军事等方面的损失，有时甚至会造成严重的危害。商业秘密的泄露则会对制发公文单位本身造成直接影响，或不利于对外竞争，或不利于内部管理，都会造成不良后果。

第六，规范性。规范性是包括公文在内的所有应用文体与文学文体最显著的区别。公文的规范化，直接关系到机关工作的效率，显示了领导者的管理能力和管理水平。无论是发文还是收文，都必须严格执行公文处理的各项规定，不能随心所欲。只有达到规范化的要求，才能够最大限度地发挥公文的作用。

第七，实用性。公文是办事的工具，一定要讲求实用、好用。公文本身的使用价值要求公文必须观点鲜明、表达准确、材料可靠、结构严谨、语言合体，或者有明示咨询价值，或者有宣传指导价值，或者有操作执行价值，不能模棱两可、似是而非。

第三节　公文的作用

公文的作用可以简单归纳为以下六个方面。

第一，领导和指导作用。各制发公文的单位通常通过制定和发出公文来实施各项决策和指令，其下属或相关单位也需要运用公文来贯彻上级指示、传达工作部署、表达意见和意图。可以说，领导和指导作用是公文最重要的作用。

第二，规范和准绳作用。由于公文的法定性和权威性，它具有重要的规范和准绳作用，如为了加强法治，保障政治、经济和社会的稳定发展，党和国家以公文的形式颁布了一系列法律和法规。这些法律和法规在其有效期和实施范围内，对其所涉及的所有单位和人员都具有规范和准绳作用，必须坚决执行、严格遵守，如有违反，则将视情节轻重，处以批评教育、经济处罚、行政处分乃至法律制裁。

第三，交流和联系作用。一个单位的工作活动，不可能孤立进行，经常会与上下级或平级机构发生联系。在这种联系中，公文就是在上下级之间、平级之间、不相隶属单位之间交流情况、沟通信息、协调工作中不可或缺的书面工具。上级为了开展工作，下达有关计划、要求、意见和通知有关事项，下级向上级请示问题、报告工作，一个部门同相关部门就有关问题进行商洽协调等，都需采用公文的形式进行。

第四，宣传和教育作用。党和国家各项方针政策的贯彻执行，本单位各项工作部署的全面落实，主要不是依靠强迫命令，而是首先通过宣传教育统一思想，提高认识，调动广大干部员工的积极性，增强其自觉性。公文不仅是开展工作的重要依据，也是宣传教育的好教材。同时，对于一些好的经验、典型事例、先进模范事迹以及具有教育意义的反面典型，也常常通过公文发布，用于表彰先进、宣传先进、批评和揭露不良倾向，从而起到宣传教育广大干部员工、树立良好风尚的作用。

第五，依据和凭证作用。公文反映制发单位的意图，具有法定的效力，收文单位以此作为开展工作、解决问题的依据。上级单位所发的公文对下级单位来说，无疑是工作依据。而下级单位所发的公文，对上级单位来说，是制定有关政策或指导工作时的重要参考依据之一。因此，公文是依据也是凭证，上下级单位和个人都应当共同遵守。例如，以公文形式对某人职务的任免，对某人的表扬、奖励或处分，公文作为依据和凭证，谁也不能否认或歪曲。

第六，档案和史料作用。公文是各单位公务活动的历史记录。任何一件公文都记载着某一时期、某一阶段开展的某项工作或某一件事情的起因、过程和结果。若干年后，虽然公文本身已经失去了时效性和约束力，但经过整理归入档案，就成为有价值的档案材料，可供有关人员在研究工作、解决问题时参考使用。如制定一项新的政策时，为保持政策的连续性，需要参考过去的有关公文。此外，公文档案还是学者、专家研究历史的重要史料。目前各地的史志工作，常常利用公文档案修史编志。

第四节　公文的分类

随着现代公文理论研究的深入，在有关专门著述中依据不同的标准，对公文进行了多种多样的划分。客观地看，现在流传较广的多种功能分类方法，只要能够涵盖公文的外延，彼此间没有正确和错误之分。至于哪一种更好，关键要看能否更好地满足对公文进行分类的目的；能否帮助读者了解公文的特点和作用，正确使用文种并掌握公文的写作规律。为更好地方便读者掌握，本书借鉴采用根据公文的使用性质进行分类的方法。根据公文的使用性质，可以分为以下两个大类。

一、通用公文

所谓通用公文，是指从事公务活动时普遍使用的公文。根据是否有严格的制发程序和规定格式，通用公文又可分为规范体式通用公文和非规范体式通用公文。

（一）规范体式通用公文

规范体式通用公文是指具有严格的制发程序、规定格式和较强法定效力的公文，可分为行政性公文和规章性公文两大类。其中，行政性公文主要是指《党政机关公文处理工作条例》所列的十五个文种，分别是决议、决定、命令（令）、公报、公告、通告、意见、通知、通报、报告、请示、批复、议案、函和纪要。除命令和议案在行政机关以外的单位中很少使用外，其他文种已被广大企事业单位和社会团体广泛应用，其使用规范和作用也已经在全社会范围内基本形成共识。规章性公文则无论在颁发程序方面还是具体实施中，都比行政性公文更加严格和权威，约束力更强。规章性公文一般包括法、条例、章程、制度、规定、办法、细则、规则、公约、守则等。在实际工作中，除法、条例须由特定的机关组织制定和发布外，其他各类规章性公文已广泛应用于各类企事业单位和社会团体。根据有关规定，商业银行不得对外制定和发布条例。

（二）非规范体式通用公文

非规范体式通用公文的种类较多，如调研报告、讲话稿、计划（包括工作设想、规划、工作要点、方案等）、总结、建议、汇报、批示、说明、信息、简报、信函、大事记等，对其中一些在日常工作中经常使用、内容综合性较强、写作难度较大的公文，如调研报告、讲话稿、总结等，人们习惯上又称其为"综合材料"。

二、专用公文

专用公文是指特定机关根据特定程序、特定内容而制发的，具有特定效力的公文，一般只在专门领域使用。专用公文包括经济公文（如经济合同、审计报告、会计凭证等）、外事公文、军事公文、司法公文等。由于专用公文只在特定领域使用，本书不再专门介绍。

除上述按公文的性质进行分类外，广泛使用的公文分类标准，还有以下几种：一是按行文方向分类。按行文方向的不同，公文可分为上行文、平行文、下行文三种类型。上行文是指下级机关向上级机关呈送的各类公文，如请示、报告等。平行文是指平行机关或不相隶属机关之间来往的各类公文，如通知、函等。下行文是指上级机关向所属下级机关发送的各类公文，如命令、决定、公告、通告、意见、通知、通报、批复等。二是按发文机关类型分类。根据发文机关的类型和性质不同，公文可以分为党务机关公文、行政机关公文、司法机关公文、军事机关公文、企事业单位公文、社会团体公文等。三是按公文的机密程度分类。按照公文的机密程度，公文可以分为绝密公文、机密公文、秘密公文、普通公文和内部材料等。四是按公文的时限要求分类。按公文的处理时限要求，公文可以分为特急件、加急件和普通件等。

第二章 结构主义与公文写作

本章简单介绍结构以及结构主义的有关概念，并简述结构主义的起源与发展，归纳结构主义的特点与方法。在此基础上，通过介绍语言结构以及逻辑结构，将结构主义的方法应用到公文写作中，并总结出公文的结构范式以及公文写作行为的结构范式。

第一节 结构主义概述

一、结构的概念

从广义上讲，结构包含两层含义，一层是指各个事物的构造形式和构造方式，如建筑物的大小、形状及其组成方式；另一层是指这些构造的组成原料，如建筑物的钢筋混凝土、木头等。

结构的第一层含义最初从建筑学衍生而来，一般指"建造大楼的方式"。在17世纪至18世纪的欧洲，"结构"一词的意义被更改和拓宽了，有人开始把它看成生物之类的东西，有的学者把人体视为建筑，有的学者把语言视为建筑。人们开始用这一术语描述局部构成整体的过程。

结构的第二层含义容易被人们忽略，但是从结构主义者的角度看，后者比前者更为重要。因为作为结构的原料，更加与该结构的本质相关。打个简单的比方，一张石凳子与一张木凳子，从外形看都是凳子，从功能看也都是给人坐的，尽管其外形、功能都是一样的，但是构成的材料不一样，其结构的第二层含义就不一样。

无论从何种角度看结构，都会得出一个结论，那就是事物的结构和事物的本质存在极其密切的关系。任何事物，只要存在，就不能没有结构，结构可以称为存在的形式或存在的方式。结构是功能的基础，而功能又使结构从一般的存在变成具体的存在，有什么样的结构，就有什么样的功能。这点很好理解，比如木炭、石墨和钻石都是由碳原子组成的，但是其排列结构不同，就形成了不同的物质形态，并且具有不同的功能。基于这样的观察与经验，结构的概念得到了进一步的拓展，可以用它来描述各种不同的形态，如解剖学结构、心理学结构、地质学结构和数学结构等。再进一步发展，结构的方法就运用到了社会科学上。

需要进一步说明的是，当结构一词被引入哲学领域时，结构就不仅仅被归结于"凳子""木炭""石墨""钻石"这类形象化的概念了，这个时候的结构就代表一种抽象的，将事物系统化的概念，具有普遍的效用。结构主义者创造了哲学上的结构概念以后，从根本上改变了哲学的研究方法，打破了仅从感性和理性两个维度分析世界的方法，开始用结构描述各种社会现象。

二、结构主义的概念

结构主义首先是哲学意义上的一种方法论，是从哲学、人类学等角度通过最精确、最有意义和最简明的方式描述人类群体的社会行为，说明和解释各种社会现象的一种方法。

结构主义的精髓和基本部分，是由一系列结构主义方法构成的。结构主义哲学家首先用这类方法去说明和分析自己所遇到的各种问题，如在一个人类群体内部的不同种类的社会现象，包括它的神话、亲属关系和婚姻系统以及各种社会习俗之间是怎样相互关联的。这些具体的、不同种类的、部分的社会现象又如何同社会总体发生关系，以及作为整体的社会人群之间存在的相互关系等，这些社会现象是结构主义最开始应用的范围。

结构主义还是一场思想运动。它为人们提供了一种新思路，要求人们从广阔的视野中寻求能够把各种文化现象当成可理解的相互关系网络，从各种文化现象之间的相互关系中，找到一个有可能将它们相互联系的总体视角，统一地理解和分析人类文化各个方面及其表现的共同基础。这一新思考模式及其论述模式，彻底颠覆了贯穿于整个西方思想和文化的"人"的传统观念的"标准化"及其"正当性"基础，也试图揭示隐含在人类文化发展中推动人类文化创新的深刻奥秘。

三、结构主义的起源与发展

结构主义主要发源于语言学和人类学。自20世纪50年代起，法国最有影响力的人类学家和社会学家列维－斯特劳斯（Claude Levi－Strauss），成功将19世纪末至20世纪初由索绪尔（Ferdinand de Saussure）首先应用于语言学中的符号论和结构主义加以改造和革新，在其诠释和重建人类学的过程中，创造性和系统性地提出了适用于人类学、民族学、社会学、语言学、宗教学和其他人文社会科学领域的结构主义理论和方法，然后又迅速以宏大的规模强烈地影响到哲学和整个社会科学及艺术。结构主义的形成以及由它引领的理论范例变革蕴含着重大意义。

结构主义认为语言结构是基本社会结构的典型模式，一切结构之所以可能，在于语言结构的沟通作用，一切社会归根结底都可以还原为语言的结构。

结构主义研究婚姻关系，打破了原来家庭关系的范畴，把亲属关系看作是整个社会关系的组成部分，看作是与人们的其他文化活动有密切关系的社会现象，提出了亲属关系及其他社会关系同语言之间的内在逻辑关系。

在结构主义看来，历史不是事物发展的过程，不是社会不断演变的长河，而只是一种联系形式。这种形式不是由某件事、某个人、某一社会或者其他某一因素在时间系列上的集合流变，也不是由低级到高级、由量变到质变的发展过程，而是人脑中同一类结构的变形。

结构主义对文艺作品的分析，并非解剖作品的形式或者外表结构，而是找出其内在结构，并探索这一结构所隐含的意义。结构主义认为文艺的具体内容是次要的，因为这些内容是经验的、琐碎的，它们都服从结构的安排，决定一部文艺作品的关键不在于内容，而在于其结构。

结构主义的文化理念是追求整个人类共同体与自然永远保持平等和谐的互动关系，强调现代化和全球化必须有助于创建人类与自然之间的新型协调关系，使现代化与全球化能够真正地为全人类带来和谐美满的幸福生活。

随着科学技术及社会科学的发展，结构主义所缔造的灿烂辉煌已经属于过去，但是结构主义并不是纪念碑，死去的只是结构主义的躯体，而不是它的灵魂，结构主义带来的思想运动早已渗透至所有社会科学和人文学科，即使那些自称与它无关的学科，也在悄悄地受益于它。当我们重新认识结构主义的时候，强调日常生活因素及其重复运作的逻辑，将有助于我们克服单纯夸大抽象思维的传统哲学思想方法的倾向，也有助于我们把握多学科和跨领域地进行总体观察分析的基本方法，同时也有助于我们端正对"结构"这一结构主义基本概念的理解。

四、结构主义的特点与方法

结构主义在探索社会和文化的基本结构时，非常重视人类生存活动中占据绝大多数时间的日常生活现象及其基本结构。因为正是这些不断重复的大量的极其琐碎的日常生活现象，凝结成为决定整个社会文化长期稳定发展的基本结构，深藏维持人类整个生命运动稳定发展及其连续再生产的关键力量，隐含整个人类社会文化得以长期生存和再生产的基本奥秘。

结构主义取得辉煌业绩有两个根本原因。首先，结构主义承诺提供一套严密、精确的方法和某种希望，这样就能推动社会科学在寻求科学性的道路上取得决定性的进展。其次，结构主义是思想史上的一个特定时刻，这个时刻突出表现为批判意识的发展。

结构主义认为，一切社会关系和社会文化都是人类模拟自然关系的产物，这些自然关系以成对的对立关系作为基本形式，控制着自然中及人类与自然的一切关系。为了生存，为了自己的繁荣，人类的理性无意识地按照自然的对立关系，去处理人间所遇到的一切关系，从而使社会协调起来。这种人类的模拟能力最自然和最朴素地表现在原始部落的社会习俗和社会关系中。社会越发展，文明越进步，使这些关系越复杂化，甚至有很多环节逐渐脱离了自然的原则，从而产生失调现象。因此，结构主义的任务就是揭示那些表面看起来非常复杂、失调的社会关系和文化的基本结构，从而使人类社会更加融合，使社会与自然协调。这些基本结构是对无意识的人类理性活动的天然规范，是人类思考中必然遵循的一种排列组合"代数式模型"，而经验事实不过是这些排列组织的可能结果。

结构主义为其他学科提供了一种普遍有效的方法，依据这个方法，人们可以把自己所遇到的现象整理成连贯的整体，或者说一个系统。通过这一方法，不仅可以依据现象的内在特质下定义，而且可以互相比较。不仅可以解决某一系列内现象之间的相互关系，而且可以找出各个系列、各个领域现象之间的关系，打破各个系列之间的绝对间隙，连成一个统一的整体。同时，各个现象及各个系统之间的相互关系也得到了揭示。这个过程本质上就是提供给我们一个一直在无意识中进行的理解自然和理解社会的方式，是观察我们所用的分类法性质以及进行分类后获得范畴的方式。

结构主义的最大理论贡献在于它从人类历史的总体宏观角度，站在跨民族和跨国家的高度，重新探讨了人类文化的基本结构以及思想文化更新的基本模式，同时结构主义还不满足于宏观地探索人类文化的创建机制，它还特别关注不同时代中推动着各种思想文化发生变动的动力基础，并以新的论述模式，取代原来西方传统思想主体与客体的二元对立模式及其主体中心主义原则，直接向近四百年来试图占据全球文化霸权的西方文化中心主义发出挑战。

第二节　结构主义与公文写作

上一节通过简明、直接的方式介绍和归纳了结构主义的基本知识。由于涉及众多人文科学领域中的专业词汇，阅读理解起来难免感到陌生和晦涩，但是基于本书结构的需要，这一部分内容是论证与推导结构主义在公文写作中运用的理论基础，仍然不可或缺。在本节中，还会引用结构主义在有关领域的观点，但是会结合一些浅显易懂的例子来说明语言结构、逻辑结构，并对公文进行结构主义分析，推导出公文写作中两个层面的结构范式。

一、语言结构

结构主义认为，语言是人类文化的基础和创造手段。现代科学技术的发展，突破了语言学研究的许多传统封锁线，使语言研究成为揭示人类精神奥秘的钥匙。打通语言之门，就如同使一位哑巴说话一样，顿时撬开了思维之窍门，使人的内在世界与外在世界可以径直沟通。在结构主义者看来，人类最基本的、不同于动物的特点就在于使用语言，而语言的结构乃是人类心灵的构造模式中最直接和最典型的表现形态。因此，对语言进行研究的语言学就全面推动了人类学、心理学、社会学、哲学、文学及美学的发展，也在人文科学和自然科学之间搭起沟通的桥梁。

法国著名语言学家索绪尔认为，语言是相互规定的实体体系，也就是说语言是一个完整的、有内在联系的结构。有三层内涵，一是语言是一种社会系统，这种系统是互相关联的、有条理的，而且是可以被理解的，如果个人想要表达思想，必须要遵守这些规则。二是语言符号具有随意性，约定俗成的表意记号既不假定其与构成意义的概念之间存在某一内在的紧密联系，也不假定它具有任何固定的稳定性。三是语言的要素不是孤立存在的，而是始终相互关联。

全世界任何一个民族，无论其社会制度或其文化发展水平，都毫不例外地能协调一致地使用本民族一定结构的语言。不同民族的语言，在表面看来极不相同，但都有一样的深层结构。奇怪的是，不同民族的人们都能自然地遵循着那几个几乎一致的深层结构进行交谈。

人们在使用语言时如此自然、协调，在许多场合达到了高度自动化的程度。例如，一个广东人说粤语，一个客家人说客家话，他们都可以很自然地说出自己想说的话，不存在先思考一阵子，然后再说出来的情况。人们也不会在说话的时候，先思考怎么安排一句话的语法结构，主语用什么、谓语用什么、是不是动词或者名词等。在这些场合下，任何人都在无意识地、自发地、自然地使用语言结构。也正是这样全体一致的自动化，才使社会交往和社会活动相互协调起来。

对上面的几层内涵，本书用三个例子进行说明。例如，我们想表达我们已经吃过午餐了，我们会说"我吃过午饭了"，这样说大家都会明白你的意思，如果我们说"我了午饭吃过"或者"午饭我了吃过"，那人们肯定会认为这是一个疯子，也不理解他想要表达的意思。又如，中国人用"我已经吃过午饭了"来表达，那英国人用什么来表达呢？英国人会说"I have had lunch"，虽然用的符号不一样，但是表达的意思是一样的。再如，"我吃过午饭了"中的"我""吃过""午饭""了"这些词语并不是孤立存在的，尽管单独看都能够代表一个意思，但是要想表达一个完整的内容，必须是通过一定的语法结构或者约定俗成关联起来的。

二、逻辑思维

这部分内容将引入逻辑、逻辑结构和逻辑思维等概念及其简明内涵，目的是在后面部分内容中，通过语言结构、逻辑思维，将结构主义与公文写作关联起来论述，即用结构主义分析公文写作的基础。

思维是以概念、范畴为工具去反映认识对象的。这些概念和范畴以某种框架形式存在于人的大脑之中，即思维结构。这些框架能够把不同的范畴、概念组织在一起，从而形成一个相对完整的思想，加以理解和掌握，达到认识的目的。因此，思维结构既是人的一种认知结构，又是人运用范畴、概念去把握客体的能力结构。

逻辑思维是指将思维内容联结、组织在一起的方式或形式，是运用概念、判断、推理等思维类型反映事物本质与规律的认识过程。它是作为对认识者的思维及其结构以及起作用的规律的分析而产生和发展起来的。

逻辑思维是确定的，而非模棱两可的；是前后一贯的，而非自相矛盾的；是有条理、有根据的思维。在逻辑思维中，要用到概念、判断、推理等思维形式和比较、分析、综合、抽象、概括等思维方法，而掌握和运用这些思维形式和方法的程度，也就是逻辑思维的能力。只有经过逻辑思维，人们对事物的认识才能达到对具体对象本质规律的把握，进而认识客观世界。它是人的认识的高级阶段，即理性认识阶段。

社会实践是逻辑思维形成和发展的基础。社会实践的需要决定人们从哪个方面把握事物的本质，确定逻辑思维的任务和方向。实践的发展对于感性经验的增加也使逻辑思维逐步深化和发展。逻辑思维是人脑对客观事物间接概括的反映，它凭借科学的抽象揭示事物的本质，具有自觉性、过程性、间接性和必然性的特点。

逻辑思维的基本形式是概念、判断、推理。逻辑思维方法主要有归纳和演绎、分析和综合以及从具体上升到抽象等。逻辑思维要遵循逻辑规律，这主要是形式逻辑的同一律、矛盾律、排中律、辩证逻辑的对立统一、质量互变、否定之否定等规律，违背这些规律，思维就会发生偷换概念、偷换论题、自相矛盾等逻辑错误，认识就是混乱和错误的。逻辑思维具有规范、严密、确定和可重复的特点。

我们平时所说的逻辑思维主要是指遵循传统形式逻辑规则的思维方式，常称为抽象思维或"闭上眼睛的思维"。就跟人类使用语言不需要经过思考一样，其所遵循的深层结构的表现之一就是逻辑思维。

三、公文的结构主义分析

公文是语言表现形式之一。从人类学的角度看，语言的表现形式一般可以分为口语以及书面文字，其中口语又可以分为日常交流的语言以及通过口语方式传承下来的神话传说以及各类英雄叙事，书面文字也可以进一步划分为诗歌、散文、小说以及应用文等，而公文就是应用文中的一个分支。将公文与语言关联起来，就是为了表明语言中蕴含的结构也同样存在于公文里，主要体现在语言结构和逻辑结构两个方面。其实用结构主义对公文进行分析，只是结构主义最基本、最浅显的应用，不过"九牛一毛"而已。

公文具有特有的语言结构。在第一章介绍公文的定义的时候，我们已经从形式上对其进行了归纳总结，在这里，我们再用结构主义的方法再来对照分析一遍，然后我们就会发现理论跟实际相结合，并没有想象中的那么困难。

首先，表现为外在的形式。第一章提到"各种公文，在文种、格式标准、行文方式、语言文字及流转程序等方面，都要按照国家的统一规定进行处理，具有完整的规范标准。具体到一篇公文，它应该载有哪些内容，都有特定的限制，任何人不能随心所欲"。这段话表现的就是公文的外在形式具有结构的特点。

其次，表现为用语的特色。公文这些特定内容应"如何表述、通过怎样的形式反映出来，也都有固定的规范和要求，任何单位和个人都不得自行其是。在这方面，公文与一般文章大不相同，表现出很强的程式化特征"。这些描述表现的就是公文的内在语言结构具有自身的特征。

最后，还表现为公文在同一类型机构之间的关联性。"公文产生于公务活动中。它在法定社会组织处理和推动国家、集体的公务活动中形成，并为公务活动服务。它要体现各种法定社会组织的意志，是处理公务活动的书面文字工具。离开公文，各种法定社会组织机构的协调运转都会受到影响，陷入混乱状态。""公文具有特定效力。公文是各种法定的社会组织依法行使职权的重要体现，一经发布，在其所涉及的范围内，有关单位和人员都要积极作出反应，将公文内容事项付诸执行、遵循或参照处理，所辖单位和个人都不得漠视不管或者违反，否则就要受到有关部门的追究，承担相应的行政或法律责任。""公文的发布具有专属性。公文只能由各种法定的社会组织制发，包括政治组织、经济组织、军事组织、司法组织、科教文卫组织等，除此之外的任何组织和个人都无权制发公文，否则构成违法。"这些表述体现的就是公文的关联性。

公文写作还存在内在的逻辑结构。也就是说公文写作行为中，要按照特定的逻辑思维开展活动。因为我们说公文是"制发单位为了特定目的而制作发布的，它代表了制发单位的意志、立场和观点，一般具有较强的强制性和约束力"，那么达到这个特定的目的，必然要通过采用逻辑思维的方法对语言进行组织，在组织语言过程中，写作者必须要用到概念、判断、推理等思维形式和比较、分析、综合、抽象、概括等思维方法，这个过程是一个自觉的，甚至是无意识的一个过程，通过正确运用形式逻辑的同一律、矛盾律、排中律、辩证逻辑的对立统一、质量互变、否定之否定等规律组织语言，这样阅读者才能准确地领会发文者的意图和目的，也就是体现了结构主义者说的关联性和整体性。如果逻辑结构存在问题，逻辑方法运用不当，阅读者就不能正确领会，就会发生传导问题，继而引发各种失误，公文就失去了它的意义。

抛开形式主义的分析，将公文的形式和外表结构放到一边，我们应该要找出公文的内在结构。因为结构主义认为，同结构相比，具体内容是次要的，因为这些内容是经验的、琐碎的，它们都服从结构的安排，也可以说决定一篇公文之所以成为公文，不是其内容，而是其结构，如果只有内容没有结构，它们也成为不了公文。在第三章"公文的结构范式"和第四章"公文写作行为的结构范式"中，我们将用结构主义的方法将公文的两个结构范式分析总结出来。

第三章 公文的结构范式

本章以笔者连续多年撰写的新年致辞为例，谈自己对公文写作的感性认识，并结合结构主义方法进行分析，概括出公文的结构分析范式。

第一节 基于经验的公文写作体会

在序言中我谈到，我将公文与结构进而与结构主义相联系，其起因是对新年致辞连续数年的写作体会。在后来的理论学习中，我认识到这一点也是契合结构主义方法的。因为结构主义的一个出发点是基于这样的一个事实，任何一个普遍性原则，归根到底都与经验有关。例如，在人类历史上，最早的、最简单的数学运算就是从千百次的日常实践中总结抽象出来的，随着实践经验的不断丰富和抽象能力的增强，人们才逐渐得到越来越复杂的数学原则。在最抽象的数学原则与最简单的经验现象之间，存在许多层次的抽象过程。公文虽然只是语言的外在表现类型之一，是最浅显的一类结构的载体，但是作为方法论的结构主义是开放的，并不排斥用其对公文进行分析。

首先来体会重复写作中的规律。我按照工作要求写的第一篇致辞如下：

律回春晖渐，万象始更新。带着收获的喜悦，我们自豪地告别了硕果累累的2007年；迎着新年的钟声，我们坚定地跨进了充满希望和荣光的2008年。在这辞旧迎新之际，我谨代表省分行党委向全体员工致以诚挚的慰问和衷心的感谢！祝愿大家在新的一年里，身体健康，工作顺利，阖家欢乐，万事如意！

江山腾锦绣，事业竞辉煌。过去的一年，是我行发展道路上十分关键的一年，也是成果尤为丰硕的一年。在总行党委的正确领导下，我行坚持以科学发展观统揽工作全局，统筹兼顾，顺势而为，各项业务实现了又好又快发展。股改工作顺利推进，"三农"服务起步早行动快，经营转型迈出实质性步伐，科技创新成效明显，队伍建设实现新的突破，新型企业文化逐步形成，全行实现平安年，多项指标继续稳居同业首位。截至 2007 年末，全行实现经营利润 23 亿元，同比增盈 8 亿元；本外币存款余额 1284 亿元，比年初增加 150 亿元；各项贷款余额 900 亿元，比年初增加 100 亿元；全年实现中间业务收入 6 亿元，同比增加 2 亿元；剔除摸底清查进账因素的影响，全行不良贷款比年初下降 6 亿元，不良贷款占比下降 3 个百分点；国际结算、基金销售、代理保险、外汇、电子银行及其他新业务发展势头良好。并荣获"××扶持县域经济发展突出贡献奖"和"支持××经济发展突出贡献奖"。这是全行上下协作、真抓实干、锐意进取的结果，是全行员工智慧和心血的结晶，我行的发展又向前迈出了一大步。

正是今年风景美，千红万紫报春光。2008 年是我行改革发展历史上重要的一年，从新的历史起点出发，省分行党委将继续精诚团结、奋发拼搏，全面贯彻党的十七大精神，以科学发展观统领工作全局，围绕总行新的发展战略、"12345"奋斗目标和我行"一个基础，两个发展"的经营策略，以股改为契机，深化经营机制改革，加快经营战略转型，扎实做好服务"三农"工作，做强城市业务，强化全面风险管理，加强党建和队伍建设，培育先进企业文化，不断增强全行核心竞争力，推动全行各项业务又好又快发展。为实现这一目标，将重点抓好以下六项工作：一是积极配合总行，稳妥推进股改，确保各项工作落到实处；二是实施"蓝海"战略，深化"三农"服务，进一步拓展业务空间；三是加快经营转型，做强城市业务，进一步提升市场竞争力；四是强化资本约束，深化机制改革，实现业务发展与经营效益协调统一；五是加强内控建设，夯实基础管理，为改革发展营造良好环境；六是坚持人才强行，培育新型文化，构建和谐××分行。

千帆竞发显雄心，吾辈争做弄潮人。未来良好的经济金融环境将使我行面临着新的发展机遇，股份制改革将赋予我行全新的发展起点，国家和社会各界也对我行有着更高的期待。×行的发展与每一位员工的命运息息相关，时不我待，只争朝夕。让我们怀着一颗感恩的心，扬起风雨共济的风帆，载着我们共同的梦想和期待，驶入 2008 年，向着辉煌的彼岸勇往直前！

第二篇致辞如下：

和谐喜迎新岁，春归万象更新。告别不寻常、不平凡的 2008 年，迎来充满希望和荣光的 2009 年。值此辞旧迎新之际，我谨代表省分行党委向全体员工致以诚挚的慰问和衷心的感谢！祝愿大家在新的一年里，和气致祥，身体健康，家庭康泰，万事如意！

万里河山呈画卷，八桂儿女绘蓝图。过去的一年，在总行党委的正确领导下，我行紧紧围绕总行"12345"奋斗目标，以科学发展观统领全局，贯彻实施"一个基础，两个发展"的经营策略，夯实经营基础，统筹城乡发展，克服灾害影响，推进业务转型，不断开创业务经营新局面。截至2008年末，全行本外币各项存款余额1449亿元，比年初增加165亿元；各项贷款余额815亿元，剔除剥离因素影响比年初增加87亿元；全行实现中间业务收入8亿元，比上年增长约1亿元；全行累计清收不良贷款18亿元；实现拨备后利润20亿元。同时，全行服务"三农"试点工作成效明显，股改工作稳步推进，业务经营转型取得突破，业务创新持续推进，并率先成为××金融系统首家整体通过ISO9001：2000质量管理体系认证的企业。在全国×行绩效考核中，我行列中西部一组第一名，领导班子考核列中西部一组第一名。这些良好的成绩凝聚着全行员工的智慧、心血和汗水，将记入××分行发展的史册，成为激励我们奋斗不息的源源动力。

宏图绘就催人进，豪情满怀跃征程。2009年是非常关键的一年，随着×行股份公司的挂牌成立，我行改革发展翻开了新的一页。在新的起点上，在前所未有的机遇与挑战前，我们必须以新思路赢得新发展，以新举措赢得新突破。省分行党委将继续精诚团结、奋发拼搏，认真贯彻落实总行2009年工作会议精神，深入学习实践科学发展观，紧紧围绕我行科学发展三年规划战略目标，牢固树立办商业银行理念，以强化城市行率先发展、提升服务"三农"能力为首要任务，以全面提升价值创造、客户服务、风险管理和社会责任四大能力为基本途径，以强化控制力和执行力为根本手段，加大营销力度，强化风险管理，加强队伍建设，培育先进文化，不断提升核心竞争力和主流银行地位，努力实现我行又好又快发展。为实现这一目标，将围绕"提升能力，加快发展"的经营战略，贯彻落实加快发展是第一要义，明确风险管控是首要责任，重点抓好以下几项工作：一是强化城市行率先发展战略，不断增强全行创利能力；二是大力拓展县域金融业务，不断提升服务"三农"水平；三是扎实推进各项机制改革，夯实业务发展基础；四是切实强化基础管理，努力防控各类风险；五是加强员工队伍建设，持续增强竞争软实力；六是强化考核激励，确保全年任务完成。

千帆竞发，万舸争流。我行的改革发展已进入一个新的历史时期，站在新的历史起点上，全行上下要深入贯彻落实科学发展观，进一步解放思想，坚定信心，振奋精神，开拓进取，扎实工作，为实现××分行又好又快发展目标而努力奋斗！

通过对以上两篇较为简短的致辞的对比，我总结出了这类致辞以下几个方面的特征：第一，全文按照"祝福——回顾过去一年的成绩——展望未来一年的计划——期盼"的节奏划分段落。第二，每段开头的诗词或者楹联对该段文字起到了点题或者装饰的作用。第三，第二段中回顾过去一年的成绩又可以分为三段式的结构，第一段是上年工作的主题，第二段是上年工作的业绩（又分为经营业绩和工作业绩），第三段表达对全行员工辛勤付出的谢意。第四，第三段展望未来一年的计划也可以分为三段式结构，第一段是对新的一年进行点题，第二段是对新的一年的工作主题进行介绍，第三段是对具体工作措施进行罗列。第五，按照大结构套小结构，找到相应材料，用"填鸭式"方法完成规范的新年致辞写作。我们用不同线条对第二篇致辞做了一些标记，[①] 如下所示：

和谐喜迎新岁，春归万象更新。告别不寻常、不平凡的 2008 年，迎来充满希望和荣光的 2009 年。值此辞旧迎新之际，我谨代表省分行党委向全体员工致以诚挚的慰问和衷心的感谢！祝愿大家在新的一年里，和气致祥，身体健康，家庭康泰，万事如意！

万里河山呈画卷，八桂儿女绘蓝图。过去的一年，在总行党委的正确领导下，我行紧紧围绕总行"12345"奋斗目标，以科学发展观统领全局，贯彻实施"一个基础，两个发展"的经营策略，夯实经营基础，统筹城乡发展，克服灾害影响，推进业务转型，不断开创业务经营新局面。截至 2008 年末，全行本外币各项存款余额 1449 亿元，比年初增加 165 亿元；各项贷款余额 815 亿元，剔除剥离因素影响比年初增加 87 亿元；全行实现中间业务收入 8 亿元，比上年增长 1 亿元；全行累计清收不良贷款 18 亿元；实现拨备后利润 20 亿元。同时，全行服务"三农"试点工作成效明显，股改工作稳步推进，业务经营转型取得突破，业务创新持续推进，并率先成为××金融系统首家整体通过 ISO9001：2000 质量管理体系认证的企业。在全国×行绩效考核中，我行列中西部一组第一名，领导班子考核列中西部一组第一名。这些良好的成绩凝聚着全行员工的智慧、心血和汗水，将记入××分行发展的史册，成为激励我们奋斗不息的源源动力。

---

① □□□表示段落结构或装饰结构；＿＿＿、………、～～～表示不同内容的分层。

宏图绘就催人进，豪情满怀跃征程。2009年是非常关键的一年，随着×行股份公司的挂牌成立，我行改革发展翻开了新的一页。在新的起点上，在前所未有的机遇与挑战前，我们必须以新思路赢得新发展，以新举措赢得新突破。省分行党委将继续精诚团结、奋发拼搏，认真贯彻落实总行2009年工作会议精神，深入学习实践科学发展观，紧紧围绕我行科学发展三年规划战略目标，牢固树立办商业银行理念，以强化城市行率先发展、提升服务"三农"能力为首要任务，以全面提升价值创造、客户服务、风险管理和社会责任四大能力为基本途径，以强化控制力和执行力为根本手段，加大营销力度，强化风险管理，加强队伍建设，培育先进文化，不断提升核心竞争力和主流银行地位，努力实现我行又好又快发展。为实现这一目标，将围绕"提升能力，加快发展"的经营战略，贯彻落实加快发展是第一要义，明确风险管控是首要责任，重点抓好以下几项工作：一是强化城市行率先发展战略，不断增强全行创利能力；二是大力拓展县域金融业务，不断提升服务"三农"水平；三是扎实推进各项机制改革，夯实业务发展基础；四是切实强化基础管理，努力防控各类风险；五是加强员工队伍建设，持续增强竞争软实力；六是强化考核激励，确保全年任务完成。

千帆竞发，万舸争流。我行的改革发展已进入一个新的历史时期，站在新的历史起点上，全行上下要深入贯彻落实科学发展观，进一步解放思想，坚定信心，振奋精神，开拓进取，扎实工作，为实现××分行又好又快发展目标而努力奋斗！

通过标记，可以更为清楚地观察到新年致辞的段落构成与语言组织，凸显了四个方面的特征，形成了这类公文的一个规范。当然，这个规范不同于必须完全遵守的数学定律，如果所有的单位都按照这样的构成来撰写新年致辞，那肯定是千篇一律，索然无味了。这个时候我们就可以把握特征的主要方面，不必拘泥于所有特征，在大结构保持不变的前提下，对小结构进行调整优化，这样就可以推陈出新。在这样的方法指导下，第三年我又写了一篇新年致辞：

伴随着新年的钟声，岁月又翻开了新的一页。值此辞旧迎新之际，我谨代表××银行××省分行党委向全体员工致以诚挚的慰问和衷心的感谢！祝愿大家在新的一年里，幸福安康，万事如意！

刚刚过去的 2009 年，是××银行改革发展历史上极不平凡的一年，以成功冲刺 IPO 为标志，全方位迈进了建设城乡一体化全能型国际金融企业的崭新发展时期。在总行党委的正确领导下，××分行坚持以科学发展观统揽工作全局，认真贯彻落实国家宏观调控政策，充分发挥城乡并举的特色优势，深化内部改革，强化风险控制，加快有效发展，全面完成了各项经营计划。截至 2009 年末，全行实现拨备后利润 40 亿元；本外币各项存款余额 2221 亿元，比年初增加 407 亿元；各项贷款余额 1304 亿元，比年初增加 224 亿元；实现中间业务收入 12 亿元，同比多增 2 亿元；全行累计清收自营不良资产 11 亿元，累计清收委托资产 4 亿元，不良贷款余额比年初减少 9 亿元，不良率下降 1 个百分点。同时，还连续第五年荣获"支持××经济发展突出贡献奖"。这些优异的成绩凝聚着全行员工的智慧、心血和汗水，将记入××分行发展的史册，成为激励我们奋斗不息的源源动力。

已经到来的 2010 年，是××银行全面打造优秀大型上市银行的开局之年，也是"12345"第二阶段发展规划的起步之年。××分行新一届党委班子将从新的历史起点出发，继续精诚团结，奋发拼搏，全面贯彻党的十七大，十七届三中、四中、五中全会精神，以科学发展观统领工作全局，围绕总行"12345"奋斗目标和总行党委对××分行的要求，求真务实，励精图治，不断开创各项工作新局面。为实现这一目标，我们将深入分析内外部形势，为打造优秀大型上市银行贡献力量；紧紧抓住中国—东盟自由贸易区成立和北部湾经济区大发展的历史机遇，进一步加快城市业务发展；充分利用试点工作形成的有利局面，扎实做好服务"三农"工作；积极推进全面风险管理体系建设，夯实全行经营管理基础；加强班子和队伍建设，为改革发展提供强有力的组织保障。

在新的一年里，我们将凭借持续奋进的精神、勇往直前的锐气和再攀高峰的胆识，在全体员工给力助推下，团结一致，扎实工作，再接再厉，在新的历史起点上推动××分行又好又快发展，为取得新的、更大的辉煌而努力奋斗！

在接下来的几年，我成为新年致辞的撰稿专业户，又连续写了四篇。此时对这类公文写作，我可以说已经驾轻就熟了，基本不需要花太多时间思考，只需要考虑每段开头的楹联诗词用语，以及收集现成的上年工作总结和本年工作思路等材料。再依次罗列这四篇新年致辞的段落构成如下：

（一）

欢声笑语辞旧岁，莺歌燕舞迎春来。……………………………………

江山腾锦绣，事业竞辉煌。……………………………………………

尽日东风不需恋，十分春色在当前。……………………………………

万里河山呈画卷，华行儿女绘蓝图。……………………………………

（二）

春和盛世。……………………………………………………………………

春华秋实。……………………………………………………………………

春和景明。……………………………………………………………………

春展宏图。……………………………………………………………………

（三）

值此 2013 年新春佳节来临之际，我谨代表××银行××分行党委，向全体员工致以崇高的敬意和诚挚的问候！

祖国江山腾锦绣，×行事业竞辉煌。……………………………………

八桂大地铺锦卷，英雄儿女展宏图。……………………………………

最后，祝××分行在新的一年里取得更大的成绩！祝大家在新的一年里万事顺意、幸福安康！

（四）

律回春晖，万马奔腾。………………………………………………………

天道酬勤，马到功成。………………………………………………………

征途如虹，厉兵秣马。………………………………………………………

扬帆破浪，策马飞舆。………………………………………………………

需要强调的是，在本节中我们提到的结构，不是前文谈到的结构主义的结构，不是方法论上的结构，更多的是段落及其构成；也不是事物本质的结构，只是外在的表现形式。所列举的案例也仅仅作为一个体会经验总结的切入点。用结构主义的方法论来分析公文的有关内容，将在下一节中作详尽分析。

第二节　对公文结构的形式化表达

在上一节中，我结合案例介绍了自己基于新年致辞写作经验的体会，这个体会让我们感觉到一个隐约的规律，即有着某种结构的内涵在规范着这类文体的写作。这一节我要将这种体会结合结构主义方法进行辨析，最终形成公文结构的形式化表达范式。

一、对体会的总结辨析

本书在理论上要探讨的一个最终结论就是公文的结构主义。上节案例中的新年致辞甚至不算是严格意义的公文，只能算作是一个发言材料，但由于其简单明了，在这里我们不妨就用它作为公文的一个代表进行分析，那么这个发言材料归纳的四个特征与写作体会对公文来讲是否具有普遍性？

第一，"全文按照'祝福——回顾过去一年的成绩——展望未来一年的计划——期盼'的节奏划分段落"，这个段落结构只适用于新年致辞一类文体，换一个调查报告、行业分析就不可用了，因此这个段落构成肯定不属于所有公文结构的一部分。

第二，"每段开头的诗词或者楹联对该段文字起到了点题或者装饰的作用"，我们在上节已经分析过，这个特征在新年致辞中都是属于可以忽略的一部分，因此也不属于公文结构。

第三，"第二段中回顾过去一年的成绩又可以分为三段式的结构，第一段是上年工作的主题，第二段是上年工作的业绩（又分为经营业绩和工作业绩），第三段表达对全行员工辛勤付出的谢意"与"第三段展望未来一年的计划也可以分为三段式结构，第一段是对新的一年进行点题，第二段是对新的一年的工作主题进行介绍，第三段是对具体工作措施进行罗列"这两点特征是对具体内容的语言构成进行划分，我们在描述不同事物的时候会采用不同的语言组织方式来表达，因此这两个特征也不符合结构主义的普遍特点。

第四，"按照大结构套小结构，找到相应材料，可以用'填鸭式'方法完成规范的新年致辞写作"这一点看起来还有那么一点意思，但是这只是一种体会，还是不能上升为范式，也不具备指导其他公文写作的作用。

从上述分析中我们可以看出，我们对个别材料写作的经验体会并不能上升为一个可以指导所有公文写作的结构，那问题出在什么地方？如何才能总结出公文的结构范式？在下一段我们结合结构主义进行分析。

二、公文结构的形式化表达

上一段的分析告诉我们，真正的公文结构是观察不到的，因为结构主义早就指出：结构之所以为结构是因为其观察不到的特征，必须通过抽象得到形式才能进而达到结构所处的不同水平。这就要作出特别的反映抽象的努力。那如何对案例及案例分析出来的特征来进行抽象呢？结论还是要结合结构主义的特征来进行。

结构主义有两个共同的特征：第一个特征，结构主义是一个具有内在固有的可理解性的理想或者种种希望，这种理想或者希望是建立在这样的公设上的，即一个结构本身是自足的，理解一个结构不需要求助于同它本性无关的任何因素；此外，人们已经能够在事实上得到某些结构，而且这些结构的使用表明结构具有普遍的、显然具有必然性的某几种特性，尽管它们是多样性的。第二个特征可以概括为结构应该是可以形式化的，不过这可以是指发现结构之后相当长的一段时间，或者是紧接着在发现结构的初期阶段，这个形式化可以直接用数理逻辑方程式表达出来，或者通过控制论模式作为中间阶段，存在不同的过渡阶段。

结合上述论述，我们试着将经验进行抽象提升。

首先，我们知道新年致辞不能代表所有公文，但是新年致辞可以看作是公文的一种，那么决定新年致辞不能代表所有公文的原因是什么？这是因为在公文这个大范畴里面，新年致辞具有自己的用途与目的，这个用途与目的让它有了自己的分类与属性。再进一步抽象出来，我们所有的公文种类是不是都有自己的用途与目的？结论是肯定的。那么我们就可以反推出这样的一个结论，写作目的的不同是区别公文种类不一样的标志之一，所有的公文种类都有自己的写作目的，只有明确了写作目的，才能开展公文写作。例如，新年致辞的写作目的是告别过去，展望未来，表达祝福；工作总结的写作目的是对某类某时段或者某个岗位工作进行总结分析；行业分析的写作目的是对某个行业进行分析，提出政策建议；等等。因此，我们可以得出写作目的是公文的结构之一。

其次，我们之前在分析中提到，在描述不同事物的时候都会采用不同的语言组织方式来表达，新年致辞中"祝福——回顾过去一年的成绩——展望未来一年的计划——期盼"这样的段落仅能够代表新年致辞的外在构成，那么不同公文对应的就有自己的段落构成，不同种类的公文在段落构成上都有自己的方式。因此我们又可以得出段落构成是公文的结构之一，为了直观表达，我们用形象意义的结构框架来表示这一特点。

再次，对公文来讲，确定了目的与结构，还不能成为一篇完整意义的公文，还要"找到相应材料，可以用'填鸭式'方式完成规范的新年致辞写作"，这点意思告诉我们，公文不仅要具有写作目的以及结构框架，还需要有内容，具体内容不是结构主义追求的真相，结构主义追求的是具有普遍意义的结构，在这里我们可以用材料来源进行明确，只有掌握了材料，将其消化吸收了以后，才能结合结构框架将其应用，达到实现写作目的的作用。由此看来材料来源也是公文结构的基础。

最后，我们常说的一句话叫"材料是死的，人是活的"。"材料是死的"说明了一个道理，仅仅掌握了材料还不行，如果不能将其很好的运用，不仅在结构框架下容不下它，而且还达不到写作目的；"人是活的"表达是人们可以用逻辑思维将材料进行消化吸收，再将其进行应用。这个逻辑思维肯定是公文结构的结构之一，而且不仅是公文结构，还是所有科学的结构，因此我们也不考虑将其纳入公文结构，我们可以将其范围缩小为写作要领，可以看成是对公文写作逻辑思维的一个归纳或者提示，即指导公文写作的思路，按照这个思路才能将掌握的材料消化吸收继而在结构框架下予以应用，最后形成一篇能够达到写作目的的材料。这样我们又把写作要领纳入了公文结构。

于是我们就得到了公文结构的四个内容：写作目的、结构框架、材料来源和写作要领，这也就是公文结构的形式化表达。是不是还有其他的内容？答案是肯定的，因为结构主义说了，随着实践经验的不断丰富和抽象能力的增强，可以进一步总结结构的形式化内容。

三、公文的结构分析范式

我们将刚才归纳总结的公文结构的四个方面进行应用，继续结合新年致辞来进行说明，可以形成新年致辞的公文结构分析：写作目的是"告别过去，展望未来，表达祝福"。结构框架是"祝福——回顾过去——展望未来——期盼"。材料来源是"各类机构领导人的新春致辞，诗词楹联集，上年总结与下年计划"。写作要领是"字数控制在 1000 ~ 2000 字以内，整体材料要表现出吉祥喜庆、奋发向上的氛围，要高度概括经营情况与工作亮点"。这样的一个分析还可以用更为形象的方式表达，笔者称为公文的结构分析范式，如图 3.1 所示：

结构分析范式

写作目的： 告别过去，展望未来，表达祝福。

结构框架： 祝福 + 回顾过去一年的成绩 + 展望未来一年的计划 + 期盼。

材料来源： 1. 各类机构领导人的新春致辞；

2. 诗词楹联集；

3. 上年总结与下年计划。

写作要领： 1. 字数控制在 1000 ~ 2000 字以内；

2. 整体材料要表现出吉祥喜庆、奋发向上的氛围；

3. 要高度概括经营情况与工作亮点。

图 3.1　结构分析范式

再将具体的内容省略，就可以得到一个更为简洁的范式，可以将其应用于其他各类公文的写作。如图 3.2 所示：

<table>
<tr><td align="center">**结构分析范式**</td></tr>
<tr><td>**写作目的**
结构框架
材料来源
写作要领</td></tr>
</table>

图 3.2 简洁的结构分析范式

需要补充说明的是，用这样的一个简单的形式表达公文结构，也是基于结构主义的方法，因为结构主义认为结构具有自身调整性，这种自身调整带来了结构的守恒性和某种封闭特性。守恒性表明一个结构固有的各种转换不会越出结构的边界之外，只会产生总是属于这个结构并保存该结构的规律的成分。但这种封闭性丝毫不意味所研究的这个结构不能以子结构的名义加入到一个更广泛的结构里去。

第四章　公文写作行为的结构范式

本章基于公文结构，将公文写作行为的逻辑体系进行结构的形式化，绘制公文写作行为的结构范式，并且从确立公文主旨、搭建结构框架、明确材料来源、组织语言应用、审核修改润色五个方面进行详细说明。

第一节　公文写作行为的
结构主义分析及其形式化表达

上一章中我们总结了公文结构，并且将这个结构范式呈现了出来，但是这个结构是一个静止的结构，在指导公文写作过程中，即使我们把这个结构用范式列出来，并不代表公文写作就完成了。要得到一篇完整公文这个结果，必须还要经历一个过程，这个过程就是人们基于公文结构，在写作要领的指导下，将收集整理的材料进行消化吸收，最后进行写作这个脑与手相辅相成的动作，最终才会完成。公文写作这个行为具有一个较为稳定的结构，可以从三个方面进行分析。

第一，从结构主义看，从广义的观点出发，结构主义认为每一个逻辑体系都能组成一个结构，因为每一个逻辑体系都具有整体性、转换性和自身调整性这三个性质。公文写作行为就是一个逻辑体系的落实过程，因此具有结构的性质。

第二，公文结构由"写作目的""结构框架""材料来源""写作要领"四个方面构成，公文写作行为与公文结构相呼应。在写作这个行为中，首先我们就要有"确立公文主旨"这一行为，要通过这一行为来明确"写作目的"；其次，公文结构的"结构框架"也需要通过思维进行绘制这一行为才能实现；再次，公文结构所呈现的"材料来源"是结果，需要进行收集整理这一行为过程才能实现；最后，公文这一结果是基于"组织语言应用"这一行为来呈现的；公文还有一个特殊性，即一般都要经过审核修改，所以"审核修改润色"这一行为也是一个相对比较固定的行为。因此，要实现公文这一结果，必须还要经历公文写作这一行为结构的落实。

第三，从表现形式上看，公文写作在主旨确立、结构安排、材料使用和语言风格上都具有明显的特点和规范。首先，公文的主旨必须要明确表达发文单位的意图，让读者容易理解，有清楚的认识。其次，公文的结构应该清楚、整齐，合乎逻辑，讲求形式完备。再次，公文的材料必须真实且具有典型性，绝不能为了达到目的而捏造材料或夸大材料的典型意义。此外，公文的语言要质朴，表述要规范，用语不能有歧义。最后，公文初稿完成后，为了达到最佳的行文目的，还要按照规范对公文进行修改，这样才能确保公文的严肃与规范，降低差错率。可以这样认为，确立公文主旨、搭建结构框架、明确材料来源、组织语言应用、审核修改润色这五个步骤，共同构建了公文写作的行为结构。

我们也可以将公文写作行为的逻辑结构用范式表现出来，如图 4.1 所示：

公文写作行为结构范式

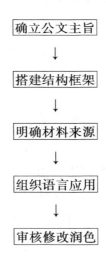

图 4.1 公文写作行为结构范式

第二节 公文写作行为结构范式说明

在对公文写作行为进行了结构主义分析之后，我们得到了一个公文写作行为的结构范式，按照这个完整的逻辑体系，就可以把公文写作的思路整理清楚。在这一节的前面四个部分，我们将所有结构主义以及方法论的有关内容放到一边，重新回归公文写作的表层叙事上来。

一、确立公文主旨

公文的主旨就是公文作者为了写作目的的需要，通过公文的全部内容所表达的主要观点和基本主张。它是一篇公文的"灵魂"和"统帅"。主旨的确立，实际就是将丰富的感性材料进行去粗取精、去伪存真、由此及彼、由表及里的加工和改造，使意图、目的和基本观点更完善、更妥当。这既是立意的过程，也是深化、提炼主旨的过程。主旨一经确立，即对材料的组织、结构的布局、语言的运用以及表达方式等起到制约和调控作用。因此，正确确立主旨，使之合乎要求，是写好公文的关键。确立主旨，一般应遵循以下原则：

（一）主旨要正确

无论写什么体裁的公文，都要时刻把握主旨的正确性。构思时，要注意正确地提炼主旨；行文时，要注意正确地表述主旨。公文是以公务活动为写作对象，是为办事服务的。首先，公文主旨的正确，要求主旨必须与党和国家的法律、法规、方针、政策相一致，与上级单位的工作意图相一致。其次，公文主旨的正确还要求必须是对客观事物的准确反映，公文提出的措施意见要实事求是、合情合理。

（二）主旨要鲜明

鲜明，就是要求公文的主旨被表现得直白显露。文学作品与公文不同，主旨直露是文学作品的大忌。恩格斯说过，文学作品的倾向应当从场面和情节中自然而然地流露出来，而不应当特别把它指点出来。但公文多数是必须遵照办事的准则，公文内容提倡什么、反对什么、支持什么、禁止什么，都必须清楚明白，其观点、要求、倾向容不得半点含糊。否则，在实际解决问题时将会失去准确可靠的依据和尺度。要想使主旨表达得明确，首先是作者主观认识要明确，为什么要这样做，怎样做，都要认识得清清楚楚。要用明确的主旨统摄所需要的材料，把材料放置到合适位置，起烘托主旨的作用。另外，运用篇首提要，即一般所说的倒悬法，也有利于主旨的明确。起句立意，写好导语，然后再引申出具体事项，收尾时再同起句照应。

（三）主旨要集中

公文的主旨要明确、集中，要围绕一个问题、一项工作，集中力量把要表达的主旨说得鞭辟入里，不能四面出击、面面俱到。有些公文，如请示等，应一文一事、一事一中心，防止意多乱文，这样便于落实、批复、贯彻执行，便于理解。主次不分、贪大求全，是公文写作的大忌。

（四）主旨要深刻

在实际工作中，有些公文只是客观现实和工作现象的反映，它们对写作者的分析、研究要求不太高，而有些公文却十分强调写作者对客观事物的分析研究，写作者不仅要像照相机一样如实地反映客观事物，还要在更高的基点上提出合乎规律，具有可行性的目标、规划或希望，从实际效果和实践的可能性出发，对错综复杂、千变万化的现象作出合乎客观规律的深刻分析。要做到公文主旨的深刻，公文的写作者要提高自己分析问题的能力，要善于从现象中看到本质，从个别看到一般，同时要学会运用反向思维，多留心、多观察、多分析思考，以增强自己的分辨能力。

（五）主旨要一致

一篇公文要自始至终表明一个意思，前后一致，不能中途转移。各级单位的公文，既是党和国家路线、方针、政策的具体化，又是上下级单位之间各项政策、规定的联系和延续。因此，公文主旨还必须具有政策的连续性。本级单位就某一项工作、某一件事情的前后行文，除特殊情况应予以注明外，公文内容应保持一致，不能出现后文否定前文，或一个公文一个要求，否则，就会造成公文朝令夕改、自相矛盾、重复行文、政出多门，不仅削弱公文的效能和权威，而且会给实际工作带来不应有的负面影响。

二、搭建结构框架

目前对公文结构的定义不尽一致，主要有三种说法：一是指公文的外部格式；二是指公文的谋篇布局；三是既指公文的外在形式又指篇章结构。关于第一种说法，《党政机关公文处理工作条例》已有专门规定，称为"公文格式"，而不再称"公文结构"，以免引起不必要的混乱；第三种说法似乎比较折中，但混淆了公文格式与公文结构的区别。因此，这两种说法都不够准确、合理。第二种说法比较科学，即公文结构是作者的构思在所制作的公文中的具体体现，是公文写作活动内部的组织构造，包括开头与结尾、层次与段落、过渡与照应等基本结构形式。结构是公文内在骨架，公文结构安排合理，材料、观点等内容才能在一篇公文中得到有机的统一，成为一个坚实严密的整体。而结构安排不当的公文，往往整体感不强，各部分之间比例不当，缺少必要的内在联系，中心不突出，逻辑性不强。结构的好坏实质上是公文作者构思水平高低的直接反映。一般说来，作者认知水平高，公文结构就严谨合理，作者认知水平低，公文结构也就不可能合理而有力。

（一）公文结构的作用

在公文写作中确立主旨、表达材料是重要的，这解决了写什么的问题；但还必须解决怎么写的问题，对材料进行梳理、编织，使之有序化、篇章化，并以语言文字为工具和载体加以充分表达，才能使公文成为一个有生命力的有机整体。

合理安排公文的写作结构，可以使公文内容进一步条理化；同时可以使公文形成一个严密的整体，各部分内容有机地联系在一起，并使公文主旨的统帅作用通过材料的巧妙组织、层次的合理布局、内容的详略处理很好地体现出来。一篇成功的公文，除了丰富、深刻的内容之外，还必须有完整的结构形式，两者缺一不可。主旨解决公文的方向，材料解决公文内容，结构解决公文外在形态。简单地说，公文结构的作用有以下几点：一是为主旨表达形式服务，二是反映事物的内部联系，三是能够更好地体现正文内容和发文意图。

（二）公文结构的基本内容

公文和其他文体一样，结构内容包括开头和结尾、层次和段落、过渡和照应等。安排结构就是在总体结构思路指导下，组织安排好这些环节，构成相互紧密联系的有机整体，组成条理清晰、前后连贯、首尾圆合的篇章形式。

1. 公文的开头和结尾。

（1）开头。开头是公文正文部分的起点和入笔处，又称导语，用于唤起读者注意，引导阅读。好的开头，不仅是全文思路展开的关键，而且能显示出事物发展的内在脉络，为全文定下基调。开头写好了，能突出主旨，把读者紧紧抓住，又可以对下文的展开起导向作用。最常见的公文开头，大致有以下几种：

——起因式。一开始先讲问题的起源。即为什么要写这篇公文，一般使用"由于……""鉴于……"或"随着……"等开头。

——目的式。开宗明义，第一句就说明本文目的，一般使用"为了……""为……"等开头。

——根据式。一开始先说明制作公文的依据，多用"根据""遵照""按照"等开头，即"根据某公文要求""遵照上级行某指示精神""按照某会议的决定"等。

——时间式。一开始先点明某事、某情况的时间。有的是开始直接写年、月、日，有的是用"近日来""近来""近年来""近几年""最近"等比较模糊的时间开头，有的则用"……之后"句式开头。

——引文式。一开始先引用公文或领导批示中的一段话作为引子或点明主题。

——事情式。一开始就把事件、情况简明扼要地介绍清楚。

（2）结尾。公文结尾，又称结束语，用于维护公文的完整性，使读者深刻理解作者意图，为准确而有效地处理公文奠定基础，同时，也防止在正文之后被添加伪造。结尾通常采用下述形式：

①使用专用词语，总结全文。例如，请示结尾要提出肯定式要求，多用"以上是否妥当，请批复""当否，请指示"等。意见和决定的结尾，一般要提出落实的要求，如"望各级行、各部门认真贯彻执行""请将贯彻落实情况尽快上报××行"等。许多公文结尾可以套用"特此＋文种"的句式，如"特此报告（批复、通知、函复、函告）"。

②概括与深化主题，帮助读者进一步理解全文。调查报告较多使用此类结尾。

③再次强调行文目的或陈述具体要求。例如，通报结尾处的"特通报表扬，以资鼓励"。

④发出号召，提出希望与要求。例如，"希望广大员工振奋精神，开拓创新，真抓实干，与时俱进，以新的更好的成绩迎接大会的召开"。

⑤说明公文生效、施行时间或宣布原公文废止以及处罚措施等有关事项。例如，规章性公文规定结尾处的"本办法自发布之日施行""本规定自发布之日起施行，原文件同时废止"。

2. 公文的层次和段落。

（1）层次。公文层次，是公文内容展开的次序。它是事物发展的矛盾的各个方面，以及写作主体认识事物和构思公文的思路进程在公文中的反映。因此，在安排公文层次时要根据事物的发展过程、思维活动的进程和表现主旨的顺序着手，并着眼于事物的内部联系。这样，写作主体才能清楚地宣事明理、表情达意，收到层次清楚、段落分明的效果，读者才能清晰明确地理解公文内容。

（2）段落。段落通常指"自然段"，是构成篇章的基本单位，是思路展开的具体步骤，是表达公文内容时由于间歇、转折、强调所造成的文字停顿。段落能够使行文条理，使层次之间的意思承接得更紧密、更自然，帮助读者更好地理解公文的内容。

层次和段落既有联系也有区别。层次作为内容展开的次序，要借助一定的段落才能显现；段落作为表达层次的形式和手段，要体现一定的层次。但是，层次着重于思想内容的相对完整性，靠内在逻辑性划分；段落则着眼于文字表达的阶段性，以语言的间歇停顿显示。因此，层次往往大于段落，一个层次包括几段。当然，也有层次和段落一致的，叫篇段合一。篇段合一的文，层次小于段落。

公文的组段有三种情况：一是以相对完整的一个个意思组成不同的段落，常用段旨句领起。二是按条项组段，即一条一项为一个方面的内容，并用序码标明。这种组段方式用得很普遍，不仅在条例、规定、办法、细则、规则等规章性公文中使用，在决定、通知、通报、意见等文种的事项和要求部分也常常用这种方式组段。三是篇段合一，即全篇为段，一段是一篇，其中有的只有一个意思，无段可分。

3. 公文的过渡和照应。

（1）过渡。过渡是上下文之间、两种不同意思之间的衔接和转换，是把有所间隔、有所转折的层次、段落联系在一起的环节，起承上启下作用。在公文中常常用"因此""为此""总之""但是""综上所述""由此可见"等关联词语，或附在上段之后，或附在下段开头，起桥梁作用，使其意脉畅通，浑然一体。有些公文，也用过渡段连接上下文，但往往是用提示性的句子或设问句独立成段，引起下文。如调查报告一般先交代调查对象的基本情况，紧接着交代基本做法、经验，在两层意思之间，用"他们的基本经验是"独立连接，承上启下，转折自然柔和。

（2）照应。照应就是前后照顾，互相呼应。照应是使内容周密、线索清晰、结构严谨、意思连贯的重要手段，因此安排整体结构时要瞻前顾后、全面考虑，不能顾此失彼、丢三落四，否则会使公文漏洞百出。公文常用的照应手法有以下几种：

——首尾照应。即开头说的话，结尾再反复，再强调。但它不是单纯的重复，而是内容的深化，意义的强调，因此往往是前有观点、情况，后有结论出现。

——前后照应。即行文的上下、内容的前后，互相照顾，彼此呼应。在公文中往往表现为概括和具体、问题和结论的前后呼应。

——题文照应，即公文的内容同标题照应。

4. 公文结构思路的锻炼。公文结构是作者观察事物、分析问题的思维活动在公文中的反映，也是作者思路在公文中的表现。要安排好公文的结构，作者就要认真训练自己思维的逻辑性，不断锻炼自己的思路。锻炼思路的基本要求是清晰、连贯、正确、周密。锻炼思路的方法如下：一是加强思维活动条理性的训练，二是锻炼思维的周密性，三是锻炼提高综合分析能力，四是养成编写提纲的好习惯，五是经常分析研究公文范例。

三、明确材料来源

公文写作离不开材料，它是构成公文的基本要素之一。具体地讲，公文材料是指公文作者为了表现公文主旨，从现实工作中摄取并写入公文中的一系列内容，包括情况、背景、目的、根据、办法、措施、意见、规定、时间、数字等。它是提炼公文主旨的基础和依据。

（一）公文材料的选择

材料的质量直接关系到公文水平的高低及效果的好坏。为了确保材料的质量，应该明确选材的标准。选择材料时，必须从主旨表达需要出发，立足于现实，选择具有真实性、现实性、典型性、新颖性和系统性特征的材料。

1. 真实性。公文中所使用的材料不管是反映的情况、提出的问题，或是告知的事项，都必须是已经存在的事实（理论依据也是一种存在的事实），要准确无误，真实可靠，符合实际。特别是一些数据和关系到问题性质的重点材料，不能道听途说，也不能凭空想象，必须经过调查和验证。公文中所提出的主张，制定的问题解决对策，要经过实践的检验或理论的论证，绝不能草率地把一些建议性的意见或不成熟的想法作为指令性意见写入公文。

2. 现实性。制发公文是为了回答和解决公务活动中的现实问题，这就决定了它所依据的事实必须具有现实性。所谓现实性是指材料事实是普遍存在、关系重大而且迫切需要解决的。无论是什么种类和什么内容的公文都不能回避现实问题，必须以现实材料作为依据。可以这样说，现实性越强的材料，其价值就越大。

3. 典型性。以公务活动为内容的公文，不是事无巨细地反映所有问题，而是反映典型性问题。所谓典型，即一般和个别的统一，普遍性和特殊性的统一，共性和个性的统一，下级单位向上级单位报告典型情况，上级单位就由个别看到了一般；上级单位对某个典型问题提出意见，进行处理，就是因为这个典型问题具有普遍性，可以解决普遍的问题。抓工作要善于运用典型，以点带面。公文材料的选择也要这样。

4. 新颖性。选用材料，要尽量少用陈旧材料，多用新颖材料，如果材料陈旧，主旨再深刻也很难引起受文者的兴趣。只有材料新颖，主旨的表达才能鲜明有力。制发公文要善于挖掘新材料，在创新上下功夫。要多挖掘别人不常用或未曾用过的材料，即便使用一些旧材料，也要设法变换角度，写出新意。

5. 系统性。公文材料应该是系统的。只有掌握、运用系统材料，才能全面、辩证地反映公务活动，不致犯主观片面错误。

（二）公文材料的使用

选择材料是为材料的使用奠定基础，但不等于拿来就用，其间还有一个改造制作和安排部署的问题。

1. 梳理材料。要按照公文主旨表述的需要，选择采用一定的结构方式，梳理安排公文材料。例如，写一篇典型调查报告，一般在开头交代调查单位的概况和主要成绩，说明它的指导意义，然后采用纵式结构安排层次，从不同方面说明典型经验的必然性、必要性和可行性。如果安排五层，一般第一层写典型的主客观原因；第二层写典型的必然性；第三层写典型的必要性；第四层写典型的可行性；第五层写典型的正确性。在典型调查报告中，正文按照"必然性—必要性—可行性—正确性"逻辑展开，然后根据这一要求梳理安排材料，便可使主旨表现得很充分。

2. 加工材料。材料对任何写作主体都是公正无私的。但实际情况是，同样的材料，在不同的写作主体笔下，所显示的力度不尽相同，这反映了写作主体"功力"的区别。写作主体的"功力"集中表现在对材料的加工润色和调配安排上。善于对材料加工润色，就能使死材料变成富有灵性的活材料；善于对材料调配安排，就能使各种材料在服从公文总的基调前提下显示出不同的色调，从而增强公文的和谐性和感染力。公文从总体上说是庄重的、严肃的，材料也应该是这样，但如果在保持通体和谐、不破坏基本风格的前提下加一点"佐料"，使用少量的能产生生动活泼效果的材料，不仅不会破坏风格的一致，反而会使公文庄重而不拘谨、严肃而不刻板，这才是真正意义上的庄重严肃。

3. 运用材料。要根据主旨表达的需要决定材料的数量。公文篇幅有长有短，制约它的因素不在于作者掌握材料的数量多少，而在于是否切合主旨。有些公文，如决定、公告、通告等，篇幅很短，用很少的材料即可表明基本精神；有些公文，如报告、意见等，三言两语不足以说明观点，需要一定数量的材料加以证明。因此，摄入公文材料的数量，一定要服从主旨的需要。否则，过多或过少都会影响主旨的表达。要特别注意避免不顾需要，以为多多益善，结果公文越写越长，主旨被淹没在材料堆中的现象。

要根据主旨表达的需要决定材料的详略。公文写作中所涉及的题材很多，但在使用时绝不能面面俱到，而必须做到重点突出，详略适当。决定材料详略的关键因素是主旨表达的需要。以调查报告为例，如写作目的旨在介绍经验，即应以经验方面的材料为主进行详写，而其他内容诸如基本情况、存在问题及今后意见等内容则应略写，不可喧宾夺主；如果旨在反映情况，即应以情况为主，其他内容略写。

四、组织语言应用

语言是人类交际、交流思想的重要工具，它有口语和书面语两种形式。任何写作都离不开一定的语言，都要受到语言的制约。任何语言由于其交际领域、交际对象、交际目的、交际方式的不同，而各有其特点，公文语言也不例外。公文的交际领域主要是各项公务活动，交际的对象是与发文机关相联系的上级单位、下级单位、平级单位或个人，交际的目的是办实事、解决实际问题。这种特殊的应用领域和应用目的，决定了公文语言既要庄重、朴实、准确、精练、严谨、规范，又要符合现代汉语语法、修辞、逻辑，形成独树一帜的语言风格。

（一）公文语言的特点

一般来讲，公文语言有以下特点：

1. 准确贴切。准确是公文语言的一般要求，对公文写作来说，尤其重要。为使语言表达更准确，应当注意以下四个问题：

（1）避免产生歧义。某一说法或某一段话，可以这样理解，也可以那样理解，这就叫歧义。例如，某单位关于发放奖金有这样一条规定："病假、事假3天以上者，扣发当月奖金。"某人病假，事假加在一起，正好3天。月底，扣发了他的奖金，他很有意见。原来，他对这条规定的理解是多于3天才扣，劳资部门的解释是够3天就扣。如果"3天以上"改为"满3天"、"超过3天"或者"3天及以上"，就不会发生这样的争执了。

（2）防止褒贬失当。赞扬或贬斥某一行为，所用词语超出或者没达到应有的程度，叫作褒贬失当，也就是分寸不对。如某个人在比较困难的条件下完成了一项具体工作任务，如果通报表扬时说取得很大的成就，就属于评价过高。再如，把"错误"说成"罪行"，就混淆了问题的性质。而"错误极其严重，应当进行批评"之类的行文，则属于错误的程度与采取的措施不相称，处置不当。

（3）排除疏忽错漏。公文中的错漏现象多种多样。概括地说，可以分为两类：一类是粗心所致。例如，公文前文说"主要表现在以下四个方面"，可后文实际上只说了三个方面，或者出现了第五个方面；前文说"一方面"，后文找不到"另一方面"。属于粗心造成的错漏，经过认真检查，不难发现并及时加以纠正。另一类错漏是由思考不严密、分析不细致所致。例如，有结论而缺少必要的情况和应有的分析推导，或者列举了情况、数字而没有接着加以论证。

（4）注意措辞得体。措辞要得体，就是应当和所写的公文体例相符。报喜祝捷要热烈欢快，发布规章制度应庄重严肃，批驳错误观点要有理有据，提出希望要平和委婉等。例如，请示性公文，用语要谦恭，讲究礼貌，结尾多使用"望""请""给予指示"等，以表示下级单位对上级单位的尊重。不能用"必须如何"那样很硬、很大的口气。而意见，则要严谨、周密、明确，不能写成乞求式的公文。决定的用语，则必须斩钉截铁，毫不含混，避免出现依违两可的毛病。

2. 平实易懂。公文的着力点应放在说明问题和讲清道理上，注重以理服人。因此，用词必须规范、朴实，不能花里胡哨，否则会冲淡主题而影响发文效果。因为公文有它特有的政策性、严肃性和目的性。所以，无论是作决定、下批复、发通知，还是写请示、呈报告、提意见等，都要求用平实的语言，准确地反映公文的内容。一是要实在。它不用烘托、渲染等手法，而是实实在在写下去。二是要质朴。例如，实地表现事物的本来面目，不允许有文学色彩的艺术夸张。妥帖的夸张，在诗歌中会成为名句，而在公文中则会成为笑话。有些公文的作者，为了追求生动性，常常在写作中搞一些修饰语、形容词，使公文显得矫揉造作。三是要通俗。公文的用词造句，都应当力求大众化，避免用生僻的字句。有些人在公文中常常喜欢使用一些半文半白的词语，如不用"他"，非用"其"。还有的人故作高雅，硬要在公文中搞一些文言虚语，结果反而显得不合适。例如，会议通知结尾处写上"敬请届时莅临赐教指导为荷"，就不如写成"请按时出席会议"简明易懂。

3. 简洁精练。公文的语言必须简洁，绝不能拖泥带水，这是由公文的实践性和目的性决定的。如果公文语言啰嗦，就会在批阅和执行上打折扣，影响公文的效果。因此，要注意把握以下四点：一是把握主旨。凡与主旨无关或关系不紧密的，要坚决删除，不能离开主旨，任意发挥。二是力戒重复。凡对方已经知道，或前文已讲清楚的，仍然在公文中反复出现的内容，都属于多余的重复，要下决心删除。三是避免冗长。某些公文语句并无重复，但却把几句话硬挤在一个句子中，成为另一种形式的啰嗦。克服这个问题，要求提高概括能力，善于运用论断性语言、综合性语言，尽量把可有可无的字、词、句、段去掉。四是要简洁明快。公文语言不能模棱两可，故作含蓄。有时，公文中使用一些事例来说明意图和主旨，但即使写典型事例，也不能像讲故事、写小说那样铺衬、演绎，而是尽可能使用集约性的语言，言简意赅，说明它的概貌。

4. 庄重严肃。公文语言要和作者的身份、读者对象、所要达到的目的及客观环境相一致，不宜口语，更不能油腔滑调，使用庸俗语言。当然，强调公文语言的庄重严肃，并不是禁止使用群众语言。一些群众语言经过概括、提炼、加工，生动形象，活泼清新，用在公文中具有独特的效果。例如，对分配上的平均主义，群众称为"大锅饭"，就十分形象。公文语言在长期使用中逐渐形成了具有特色的庄重语系，主要表现在：

（1）沿用文言词汇。如兹、兹因、值此、惊闻、欣逢、惊悉、拜访、呈、此致、与会、光顾、予以、遵照等词语，在公文中使用十分普遍，显得文雅庄重。

（2）专用词汇。如任免、免职、呈报、审核、审批、抄送、抄报等，除了公文中使用外，别的语体基本不用，自然就带上了庄重严肃色彩。

（3）大量运用偶数音节词语。如破坏、隐瞒、通报、表扬、诬告、伪造等合成词和词组，在公文中使用显得整齐匀称；违法乱纪、克己奉公、为政清廉、大得人心等四字成语入文也显得庄重文雅。

（4）较多使用对偶句和排比句的修辞手法。如"转变工作作风""提高办事效率""有的……，有的……"，使句式整齐，音节匀称，增强了庄重的色彩。

（5）多用介词结构。通常使用的介词有"为了""根据""关于""通过""除了""对"等。

5. 严谨规范。严谨是指语言严密谨慎，没有歧义，不出漏洞。公文作为办理公务的工具，语言表达必须科学严谨，否则，执行中会出现差错，给工作造成损失。语言严谨，首先是思想认识问题，认识深透、思维缜密，才能保证语言的严谨；其次还是语言修养问题，专业功底深厚，用词准确贴切，才能保证语言的严谨。因此，在写作过程中，对选用词语该限制时必须限制，不该限制时一定不要随便限制。如"出差要勤俭节约，避免不必要的浪费"，这里的"不必要"就是多余的，因"浪费"皆为"不必要"，原句对它的限制，节外生枝，反而出现漏洞。对一些关键性词语注意正确下定义，做到表述严谨，定义全面，防止出现歧义。如"会计员是经济管理人员"，这是定义过宽，应为"会计员是具有一般财务会计专业知识、能担负一般会计工作的人员"，这才是严谨表述。科学地运用模糊语言，也可增加语言"弹性"，可以使公文语言更生动、更严谨、更有号召力，如"当前，某某银行进入了一个新的发展阶段，出现了许多新情况、新问题，各级行要认真加以研究解决"。其中的"当前"就比"某月某日"更准确。

规范是指语言表达具有标准性、规定性和统一性。语言文字的运用是否规范，反映一个国家、一个单位的文明程度；公文语言是否规范，反映一个单位的公文撰制水平。如果公文语言不规范，各用各的表述方法和表达习惯，公文就很难在公务活动中发挥应有的作用。公文语言的规范，一是表现在语体规范上，即运用规范的现代书面语言。二是用语规范，即经常运用有特定含义的专用词语。三是文字规范，即公文不允许写错别字和不规范的简化字。四是标点符号规范，即正确使用标点符号。总之，写作公文必须做到语体、用语、用字、标点的规范统一，才能使公文语言规范，使公文这种行政管理工具更好地发挥领导与指导、行为与规范、联系与沟通、宣传与教育、记录与凭证的功能。

（二）公文语言的表述方式

公文的功能在于说理办事，开展公务活动。因此，公文语言的表述方式，主要是说明、叙述和议论。这是就公文总体而言，如果具体到某一篇公文，也可能采取其他表述方式或同时使用几种表述方式。为了提高公文的写作水平，叙述、说明、议论等表述方式都要学习掌握。

1. 叙述性语言。叙述性语言的目的是说事，即通过叙述事物的状态和发展变化过程，来表达思想、阐明观点。常用的叙述方式主要有顺叙、倒叙和插叙。

（1）顺叙，就是按照事件的发生、发展的时间顺序进行叙述。一般来说，这种叙述的层次、段落和事件的发展过程基本上是一致的，结构上表现为层进式。公文写作采取顺叙方法可使人容易把握事件发展的来龙去脉。运用顺叙的方法要注意详略得当，防止平铺直叙，写成"流水账"。

（2）倒叙，就是把事件的结局或问题的结论提到前面叙述，然后再按顺叙或其他叙述的方式进行叙述。倒叙可以给人以鲜明、强烈、集中、突出的印象。由于受材料和主旨的制约，公文一般较少采用倒叙的方法，但某些公文如事故通报、调查报告等有时采用倒叙的方法。

（3）插叙，就是在叙述过程中，根据写作需要，暂时中断原来的叙述脉络，插入与原叙述有关的其他情况，插入的叙述完结后，再按原来的脉络，继续叙述。插叙可以充实内容，使人们的认识更加深化，但必须注意不能插叙与主旨无关的内容，以避免节外生枝，把读者思路搞乱。一般在工作报告、讲话稿之类的公文中使用。

叙述的基本要求：一是语言要精练。公文主要是说理，为说理而叙事。因为叙事不是目的，所以叙述不必过细，而要概括叙述。二是交代要明白。任何事物都是由时间、地点、人物、事件、原因、结果等因素构成的，叙述一定要清清楚楚、层次井然，并考虑前后照应，首尾连贯。三是详略要得当。事件内容有主次之分，叙述就应有详略之别。要根据主旨表述的要求，该详则详，该略则略，不能把每一事件的每一个方面都一一列出，使公文啰啰唆唆、拖泥带水。

2. 说明性语言。说明性语言是对客观事物的介绍和解说，即让人了解某一事物的内容、形式、性质、特点、成因、方法、关系、功用等。其中，事物的特征、本质及规律性是说明的重点。

说明与叙述的区别是，说明侧重于记写客观事物的静态，叙述则侧重于记写事物的动态。规章性公文如制度、办法、规定等多以说明为主。

公文使用的说明方法，按类别划分主要有以下几种：

（1）解释说明。作者根据自己对情况的把握和对问题的理解直接面向读者解说、说明，特别要注意对某些比较陌生或者不够具体、明晰，理解上有困难的事物作出具体说明，这种说明较多使用判断句。

（2）分类说明。有些需要说明的事物、包含的内容比较复杂，涉及面比较广，需要根据它们之间的差别，归类加以说明。这种说明方法常见于规章性公文，围绕公文主旨分条列款加以说明，说得很细、很严密。

（3）比较说明。为了说得清楚明白，采用比较的方法，或者是同类比较，或者是异类比较，或者是宏观情况比较，或者是具体数据比较。通过比较，使读者留下鲜明印象。

（4）引用说明。为了说明一个问题，援引事实和资料，包括引用经典著作论述、上级单位公文内容和领导批示以及有关数据、典型事例等，来说明事物内容，帮助人们更充分地认识事物。

对事物进行说明时，应把握以下几点：一是抓住事物的本质加以说明。对事物的说明，一定要符合事物的客观规律，抓住事物的本质，不可主观片面地说明。否则，就可能脱离实际，脱离事实。当然，有时作者写的是自己的理解和认识，但读者同意与否，需要依靠内容的正确性得到读者承认。二是区别事物的差异加以说明。说明事物的一个很重要的方面，就是要将所说明的事物与同一属类的事物区别开来。这样，就需要交代清楚该事物与其他事物之间的差异，说明了差异，事物也就清楚明白了。三是力求深入浅出地说明，公文中说明事物的目的是使人明白、理解这种事物，所以说明的文字，一定要浅显易懂，即使是难于理解的专业性知识，也要说得深入浅出。

3. 议论性语言。议论性语言的目的是说理，即运用概念、判断、推理的思维方式，揭示事物的本质和规律。在公文写作中，议论作为一种表述方式，它不是就局部某段内容而言，而是指全篇公文的表述方式。公文中的议论也是由论点、论据和论证三个要素构成的，通常叫做议论"三要素"。论点是解决"阐明什么"的问题；论据是解决"用什么来阐明"的问题；论证则是解决"怎样阐明"的问题。因此，它们之间的关系如下：论点是主旨和统帅，论据是支柱和基础，论证是方法，也是论点与论据之间的逻辑联系。公文中的议论要注意以下几点：

（1）论点要正确。公文论点必须正确地反映客观事物的真实情况，不能虚构假设，换句话讲，公文中提出的观点、主张意见或所表示的态度等都要符合客观实际、观点鲜明，这样才能为读者所接受。

（2）论据要可靠。论据可靠才能有效地说明观点，公文中的论据主要有两种：一是事实论据，指的是事实材料。二是理论论据，主要指的是上级单位的公文和指示。公文的论据有着严格的要求，事实材料必须反复核实，确凿可靠，不能有一点虚假；理论论据要忠于原意，不能断章取义；选用论据要符合阐明观点的需要，做到观点统帅材料、材料阐明观点，观点与材料统一。

（3）论证要严密。论证是说明论点与论据之间内在关系的过程，也是运用论据阐明论点的方法，它根据论点的需要把必需的论据组织起来、贯穿起来，使论点可信且能服人，论证一般分为两种：一是运用论据证明自己论点的正确性。这种论证就是"证明"，又称为"立论"。二是运用论据证明对方论点的错误性，这种论证就是"反驳"，又称为"驳论"。在公文写作中，一般都是从正面阐述所提的观点、主张和意见，因此，主要用"立论"，即使不同意对方来文的意见，也要运用有力的证据从正面阐述本单位的观点和意见，使对方信服并接受。公文写作中一般不用"驳论"。

（三）公文的修辞格

修辞格在公文中的运用比较广泛，不同种类的修辞格适用不同种类的公文，工作中必须根据行文的对象、环境、条件、效果，以及行文的内、外部要求，选择相应的修辞格，以使语言更加表情达意。总体而言，公文的修辞格分消极修辞和积极修辞两大类。

1. 消极修辞。消极修辞又称"规范修辞"，但在修辞范围内所起的作用绝不是消极的。公文的性质和特点决定消极修辞是公文中一种基本的、普遍使用的修辞方法。它多跟抽象思维相联系，强调抽象性、概括性和准确性，使语言表达得更加明白、通顺、准确、得体。公文中常用的消极修辞格有：

（1）宾语提前。用介词"将"把宾语提前，以突出所要强调的表达对象。如"现将《××分行机关综合考评办法》印发给你们"，又如"现将《××分行×××年国际业务工作要点》印发给你们"，这种写法在公文中已成为较为固定的模式。

（2）重点后置。把表述的重点放在句末，用于强调，达到增强表达效果的目的。如"一些行高息揽存、违规经营，后果十分严重"，后置的"后果十分严重"是结论性句子，突出了全段的要旨。行文中，要根据表达主旨的需要，正确地体现这一修辞特点。

（3）词语简缩。把较多音节的词语简缩成较少音节的词语，使语言表达简单明了。如"第十个五年计划"简缩为"'十五'计划"，"城市和乡村"简缩为"城乡"，"基本建设"简缩为"基建"，"人民代表大会"简缩为"人大"，"政治协商会议"简缩为"政协"等。这些简缩词语，已约定俗成，十分规范，被大家长期广泛使用。但大量多音节词语不可简缩，否则会出现歧义。

2. 积极修辞。积极修辞又称"艺术修辞"，多采用具体、形象的表达方式，公文根据需要也可适当地采用。常用的积极修辞格如下：

（1）引用。引用是通过援引现成的语言材料提高表达效果的一种修辞方式。公文的引用，主要包括以下几类：一是引出被解释、被说明的对象，使语言表述准确。二是引出行文的依据，包括上级单位公文的文号、标题、公文精神及领导的批示等。三是引述群众的生动语言，用于调查报告、总结等公文中，以加强自身的权威性，提高可信度。

（2）比喻。比喻是根据事物之间的相似点，用乙事物来说明或描摹甲事物的一种修辞方法，被比喻物和比喻物是两个本质不相同的事物。比喻一般分为三类。明喻是被比喻物和比喻物都出现，常用比喻词"像"等联系；暗喻也是被比喻物和比喻物都出现，常用比喻句"是"等联系；借喻是以比喻物代替了被比喻物，比喻词不出现。恰当地运用比喻，可将人们感到陌生的事物变为熟悉的事物，将一些抽象深奥的道理讲得通俗易懂，将平淡无奇的事物描绘得生动形象，以增强表达的形象性，提高公文的感染力、说服力。

（3）借代。借代是不直接说出要说的人和事，而用另外一种与本体密切相关的事物名称代替，使语言表达更加活泼、鲜明、形象，加深人们的感受。代替和被代替事物之间存在不可分离的关系，代体有充分的代表性。事物的特征、标志以及事物的所在、产生、材料等都可用来作代体，事物本身所呈现的各种对应现象，如部分和整体、结果和原因、抽象和具体、特指和泛指等也可相互代替。

（4）排比。排比是把三个以上结构相同或相似、语气一致、意义相关的词组或句子排列成串，形成一个整体。一般来说，排比的各个部分常有共同或相近的提示语。恰当运用排比，可以使语言结构整齐匀称，音律铿锵有力，增加语言的形式美和音律美，使公文文气贯通，语言流畅，增强语势，引起读者对公文内容的重视。

（5）反复。反复就是重复使用某个词、句、段，起到加强语气和感情，强调和突出某一问题的作用。

修辞格可以单独使用，也可以根据表达的需要综合起来，进行连用、套用或兼用。连用是接连用几种修辞格；套用是一个修辞格中包含着又一修辞格，也就是辞格里套辞格；兼用是从这一角度看是甲格，从另一角度看是乙格，几种修辞格融合在一起，浑然一体。

五、审核修改润色

对公文进行审核修改，有两层含义，第一层是对公文外在的形式，也就是对我们常说的格式进行修改规范，通过固定的符号方法进行；第二层是对公文结构内容等方面进行修改。这一节我们主要针对第二层进行论述。

我们常说，"好的文章是改出来的"，一篇公文基本上不可能由作者写好就可以马上使用，领导讲话要经过领导审核修改才能使用，通知、方案等公文要经过审核会签后才能发文，因此公文的审核修改是必要的。

公文的审核修改可以分为两个主体，一个是作者自己对已经写好的公文进行"回头看"，另一个是其他人对这个公文进行审核修改。无论是谁对公文进行修改，都应该遵循一定的方法来进行。不然，要么自己修改往往会敷衍了事，因为已经写得比较烦了，已经没有新鲜感了；要么帮别人修改会摸不着门路，把握不了重点，最后自己陷入帮人修改比自己重写一篇还痛苦的过程。

那么这个方法是什么呢？既然我们在前面的章节中归纳了公文的结构范式与写作行为范式，那么其实这就是我们修改审核公文的最佳方法。就像我们学习数学知识：通过一定的条件推导出数学公式，在做题过程中运用数学公式得出结果，最后在检查的时候，我们可以通过将结果用数学公式反推，看是否能够得出前提条件。这是同一个逻辑，笔者认为可以从宏观与微观两个角度进行把握。

从宏观看，就是结合公文的结构范式阅读全文，相当于从高空俯瞰整个大地，看是否达到了"写作目的"，包括全文谋篇的"结构框架"是否合理、是否掌握了足够的"材料来源"、在论述过程中是否贯彻落实好了该类文章的"写作要领"，只有满足了最开始设置的这些条件，才能实现最初设定的目标。例如，框架结构不完整，全文的行文逻辑就会存在问题；论证不够充分，说明没有掌握全面的材料，提供的论据不足；要求写一个五分钟的发言材料，结果写出一篇三四千字的材料，那就没有落实好写作要领的要求。因此，如果我们作为公文的审核人，我们就可以从上述四个方面提出修改意见，当然这个意见是粗略的、框架的、大致的。作为公文的撰稿人，从上述四个方面进行"回头看"，就可以知道自己是否满足了"初心"。

从微观看，就是结合公文写作行为的结构范式来逐字逐句开展审核，相当于拿着放大镜观察一片树叶的细节，看"确立公文主旨、搭建结构框架、明确材料来源、组织语言应用"的具体过程是否得当。具体的方法在前面几点中说得很详细了，就不再赘述了。

上述两个角度我们还可以用通俗的语言来表达。对于有写作经验的领导，在审核公文的时候经常评价的一句话叫"材料写得没有高度"，很多撰稿人会对这个评价如"丈二和尚摸不着头脑"，认为自己又不是领导，肯定不能有领导的那个高度，实际上换位思考一下，参照公文的结构范式，站在更高、更全面的角度看，这些问题就容易解决了。有的时候，一篇公文经常经过层层审核把关，经过无数次的"修修补补"，最后到领导那还是通不过，这也是因为各级修改材料的人员只从错别字、语序等方面进行了修改，未能围绕是否达到写作目的来进行修改。还有时候，领导对材料满意了，但是又在后面补充一句"材料基本可以了，但是还比较粗略，再去修改补充一下"，这个时候撰稿人大可松一口气了，说明写作目的基本达到了，框架结构也没有问题，就是梳理梳理语句，补充一下案例，改变一下分析角度等就可以了。

撰稿人最怕的就是材料的使用者看过材料以后，对材料不满意，觉得不合用，但是又提不出很多具体的修改意见，被打回去重写一篇，那个时候的感觉可以说是"万念俱灰""生不如死"。这个问题不在撰稿人，而在于使用者不懂得审核修改公文，没有掌握规律和方法。有了这两个范式，我相信可以很容易解决个别领导干部的这类"挑剔"作风。

最后要说一下公文的润色。润色是一个极富中文传统的词汇，是将绘画的技法和效果呈现的"通感"平移到了公文修改中。用结构主义的观点看，润色与公文的本质无关，但是我们也要知道，与本质无关的东西并不是不重要，对公文来讲，润色也极其关键，不可偏废。就如同一个同样户型的房子，在不同业主的手里可以装修出不一样的风格。同一篇材料，将同样的写作提纲以及素材和写作要求布置给不同的人来写，写出来的东西肯定不会是一模一样的。润色润得好，就是锦上添花、雪中送炭；润色润不好，就是画蛇添足、雪上加霜。润色的水平与一个人的专业知识、阅读背景以及个人修养有着极大的关系，对这类感性的经验就不再展开论述了，因为本书的主题是谈公文的结构主义。

下篇　商业银行常用公文写作实务

上篇从理论角度对公文及其结构主义进行了分析，下篇将范畴缩小至笔者所从事的行业范围内，仅从商业银行常用公文角度开展应用，通过不断重复运用公文结构范式并举例说明，帮助读者形成并强化一个固定的写作思维模式，熟练掌握结构主义在公文写作中的方法和技巧。有几个方面的情况需要解释说明如下。

第一，关于商业银行常用公文的分类。在第一章公文概述中，我对各类公文分类进行了综述，从理论上看大体如此，但是具体到商业银行的范畴，如果按照这样的分类就不容易进行章节的安排，有些章节可能比较臃肿，而有些章节又显得非常单薄，甚至常用的一些类别也得不到体现。因此，在下篇的实务部分，我把陈述的内容用"常用公文"这个词加以概括，将商业银行日常经营管理中经常用到的一些公文种类都囊括在内。在这个范围内，我以一个刚入行新员工的角度，从最简单的写作开始，到成长为一个"笔杆子"的成长过程，据此对具体章节进行了划分。这样，我将"宣传稿件"也纳入了研究范围，并放在下篇开篇章节中，因为基本上所有写作人员都是从稿件写作起步的；接下来，"行政公文""制度办法""工作材料"这三个章节的内容是所有商业银行从业人员都要接触到的公文种类；随着写作水平提升，可能会开始承担各类领导讲话的写作，从简单到复杂，包括"领导致辞""汇报材料""发言材料""会议材料"等，能够承担这类工作职责，表明了写作水平的不断提升，也是领导对工作能力的一种认可；到了商业银行更高的机关部门，撰写"分析报告"和"调研报告"是从业人员专业水平的一种体现；最后，"学习材料""总结材料""组织材料""党廉材料"都是商业银行管理层级经常用到的一些公文种类，无论是员工自己，或者是领导本人，都需要按照要求，周期性地开展应用。

第二，关于下篇章节写作的构成。在上篇中，我对公文分析范式的推导给予了详细的分析说明，在下篇中，我直接放弃了其他公文写作著作中常用的写作方法，不再使用逐段逐层的进行文字论述，后辅以案例说明的体例，而是直接明了地摆出公文分析范式，接着就给出例文进行说明，所有陈述均浓缩在范式内。这样的写作方法尽管会缺失一些内容或者细节，但是本书的视角就是基于结构主义的一个分析与应用，这样的安排应该也是妥当的，最终呈现给读者的也是一个开放性的体例，读者可以根据自己的写作经验与体会，结合例文的优劣进行自我判断，并不断完善这一结构分析范式的具体内容。

第三，关于例文选择与修改的标准。例文的选择基本上是从我自己执笔撰写、参与撰写，或者亲自主持的材料中择优选择，为了章节内容的完整性，也将个别未能亲自参与的材料，在征求了原作者同意的前提下纳入了本书，在后记中已逐一进行了注明。用自己熟悉的材料，能够更好更快地完成本书的编撰，更能抓到不同公文结构分析范式的关键核心内容。考虑到商业银行业务的专业性，以及对结构分析范式应用的完整性，所列举的例文均以全文方式展现，而不是仅仅展示一个提纲，尽管有些浪费篇幅，但是对于了解和掌握行文的写作要领我认为也是必需的。为了避免不必要的误会和麻烦，我组织有关人员对本书例文中涉及的单位、数据和有关案例用省略、替代、删减等方法进行了处理，因此所有例文中的数据均无逻辑可言，没有前后关系，所有例文均用来证实结构分析范式，均无商业价值，也无秘密可言。

第五章　宣传稿件

第一节　业务经营报道

结构分析范式

写作目的： 报道业务发展情况或者经营工作开展情况。

结构框架： 1. 报道主题 + 具体业绩；

　　　　　　 2. 报道主题 + 工作内容 + 工作意义。

材料来源： 1. 业务管理部门或者工作主办部门提供的有关材料；

　　　　　　 2. 其他同类型稿件参考。

写作要领： 该类稿件不用拘泥于特定结构，可以根据报道内容灵活采取叙述结构。

例文 1

××分行支持小企业发展成绩喜人

　　××分行想企业之所想，急企业之所急，以"六项机制"建设为指导，通过完善小企业贷款风险定价机制、建立考核机制、创新信贷制度和流程、加大对小企业贷款的考核、加强小企业信贷队伍的建设、建立及时通畅的信息共享机制，大力支持小企业"抗寒过冬"，取得可喜成绩。一是小企业贷款快速增长。截至2009年末，该行小企业贷款比年初净增23亿元，增幅为122%，高于全行贷款增幅98个百分点，实现了银监会要求的"小企业信贷投放增速不低于全部贷款增速，增量不低于上年同期"的目标，得到了××银监局领导的高度好评。二是小企业客户的持续增长。该行上年小企业客户数为1010户，比年初增加469户，占全行法人客户数的57%，覆盖了各类制造业、批发和零售业等基础性、服务性行业。三是贷款质量进一步改善。与上年初相比，该行小企业不良贷款余额下降了1.5亿元，不良贷款率降低了12个百分点。

例文 2

××分行 ISO9000 质量管理体系正式运行

经过三个月的试运行后，××分行质量管理体系顺利通过管理层的评审，目前开始正式运行。据悉，该行按照 ISO9000 国际质量管理标准要求，贯彻"过程的方法"，对涉及日常管理与业务操作的各种文件、制度和办法进行全面的整理和评审，最终制定出一套包含 1 本质量手册、52 份程序文件和 412 份作业指导书，总字数达 400 多万字的文件体系。这套全面、完整、严密、有效的质量管理体系文件基本覆盖了该行各项业务操作和各个层次的管理工作，有效解决目前存在的规章制度数量庞大、管理混乱、控制分散的现象，实现了由"重结果实现、轻过程管理"向"分解质量目标、重视过程管理"的转变。

在推行质量管理体系过程中，××分行认识到银行的各项工作不仅需要各级领导的正确领导，还有赖于全体员工的参与，强调"全员参与"的原则，以"企业文化大讨论"和"深入学习实践科学发展观"为契机，对各层级员工进行质量意识、职业道德、以顾客为中心的意识和敬业精神的教育，一方面激发他们在体系建立过程中的积极性和责任感，另一方面也增强他们贯彻执行制度的自觉性，确保各项制度、各项业务操作规程在各个岗位、各个环节得到有效落实。

通过公文系统和质量管理网站两个载体对文件进行发布和更新，保证了全行员工都能够及时获取最新的体系文件，在质量体系中找准自己的位置，根据体系文件的规定和要求承担相应的职责，做到自上而下、逐级逐层各负其责、各尽其能，使标准贯穿于全体员工的工作之中，形成了全员参与、全体相关人员监督的内控机制，同时使与业务有关的部门之间的接口得到控制，增强了全员贯彻制度的自觉性，确保各项规章制度、岗位职责真正落实到位、到人，有效解决目前银行业经营管理中存在的有章不循、违章不纠、纠而不力的不良现象。

同时，该行还秉承"持续改进"原则，在质量管理网站中开辟意见反馈栏目和体系文件的满意度调查功能，以便详细掌握体系文件运行过程中存在的问题，按照体系文件运行要求及时进行修改。并且通过内部审核和第三方即认证机构的评审，及时发现银行经营管理活动中存在的问题，迅速组织力量整改，形成一个全员参与、全面控制、高效运转、不断改进的网络型管理体制，实现内控制度的不断完善，达到加强内控和防范风险的目的。

据了解，目前国际知名认证机构正准备对××分行质量管理体系进行第二阶段正式评审，该行有望成为××金融机构中首家获得ISO9000国际质量体系认证的省级国有大型商业银行。

第二节　会议宣传稿件

> ## 结构分析范式
>
> **写作目的：**报道会议情况，传达会议精神。
>
> **结构框架：**会议总体概述＋领导讲话精神＋其他补充事项。
>
> **材料来源：**1. 会议安排指南；
>
> 　　　　　　2. 领导讲话材料；
>
> 　　　　　　3. 其他同类型稿件参考。
>
> **写作要领：**1. 会议总体概述要全面；
>
> 　　　　　　2. 重点报道主要领导讲话精神，可以适当报道"二把手"讲话内容。

例文

××分行2008年工作会议在南京隆重召开

××分行2008年工作会议于1月30日和31日在南京隆重召开。会议的主要任务是传达贯彻总行2008年工作会议精神，总结全行2007年工作，分析当前面临的形势，研究部署2008年各项工作。30日上午，省分行党委书记、行长×××同志在大会上作了题为《深化改革创新　推进战略转型　全面提升我行核心竞争力》的主题报告，大会采取视频会议形式召开，省分行机关、各二级分行副科以上干部，各城区网点主任，各支行行长共1400多人参加了会议。31日下午，省分行党委副书记、副行长×××作了会议结束讲话。

×××行长在报告中首先简要回顾了2007年的主要工作。2007年我行新一届党委在总行党委、省党委和政府的正确领导下，坚持以科学发展观统揽工作全局，各项业务实现了又好又快发展。截至上年末，全行本外币存款比年初增加100亿元，各项贷款比年初增加50亿元，清收不良贷款6亿元，实现中间业务收入6亿元，全年实现经营利润20亿元。全行各项工作呈现八大亮点：多项指标稳居同业首位，全行实现平安年，股改准备工作顺利推进，服务"三农"起步早、行动快，经营转型迈出实质性步伐，科技创新成效明显，队伍建设实现新的突破，新型企业文化逐步形成。

在全面分析我行当前面临新形势的基础上，提出了今年全行工作的总体要求：全面贯彻党的十七大精神，以科学发展观统领工作全局，围绕总行新的发展战略、"1234"奋斗目标和我行"一个基础，两个发展"的经营策略，以股改为契机，深化经营机制改革，加快经营战略转型，扎实做好"三农"服务，做强城市业务，强化全面风险管理，加强党建和队伍建设，培育先进企业文化，不断增强全行核心竞争力，推动全行各项业务又好又快发展。其中，"一个基础"就是要夯实基础，在经营机制、队伍建设、内控管理、合规经营上下苦功夫，为我行的改革与发展提供强大动力，确保我行平安运营；"两个发展"就是要大力推进"三农"业务发展和城市业务发展。今年工作的主要目标：一是全面配合总行做好股份制改革各项工作，力争走在全国系统前列。二是全面推进服务"三农"各项工作，初步建立起服务"三农"的经营管理体系，"三农"和县域业务贷款增长速度高于全行平均水平。三是各项业务指标再上新台阶。全面完成全年综合业务经营计划，实现人民币各项存款增加150亿元；各项贷款增加100亿元，其中，个人住房贷款增加10亿元；不良贷款清收5亿元，不良贷款余额下降3亿元；实现中间业务收入10亿元；实现经营利润30亿元。四是当年无重大违法违纪案件发生。

对2008年的工作部署，×××行长强调要抓好以下六个主要方面的工作：一是积极配合总行，稳妥推进股改，确保各项工作落到实处。继续做好不良资产处置准备工作，继续做好财务清理工作，积极配合做好外审评估工作和外部审计整改工作，保证高质量完成各项股改工作，力争走在系统内的前列。二是实施"蓝海"战略，深化"三农"服务，进一步拓展业务空间。继续深入推进面向"三农"金融服务试点和推广工作，建立健全"三农"业务经营管理体系，加大产品和服务创新力度，完善"三农"业务风险控制。三是加快经营转型，做强城市业务，进一步提升市场竞争力。大力推进零售业务转型，加快推进大客户服务转型，全力推进收入结构转型，坚持中心城市行率先发展。四是强化资本约束，深化机制改革，实现业务发展与经营效益的协调统一。全行要强化内部资本约束，加快推进人力资源综合改革，完善绩效考核体系，深化资源配置改革，全面推进新会计准则实施，进一步优化业务流程，推进全面风险管理。五是加强内控建设，夯实基础管理，为改革发展营造良好环境。强化内控制度建设，增强制度制约水平；加大查防力度，完善案防长效机制；加强集约管理，提升内部控制力；狠抓合规管理，提高全员合规能力。六是坚持人才强行，培育新型文化，构建和谐××分行。进一步加强系统党的建设和领导班子建设，着力抓好中高级管理人员、后备干部、专业人才、岗位技能人才等队伍建设，构建执行力建设长效机制，积极推进企业文化和精神文明建设。

省分行党委副书记、副行长×××同志在会议结束讲话时强调：一是抓好会议精神的贯彻落实。各级行要认真学习会议文件，准确把握全年工作总体要求，并且要将会议精神及时传达到基层，层层分解落实目标任务，统筹兼顾，使改革、发展和管理等工作相互促进。二是千方百计抓好"开门红"工作。各级行对第一季度的业务工作要早研究、早部署、早落实，积极抓好资金组织、信贷结构调整、清收盘活和增收节支工作，努力实现"开门红"。三是务必抓好稳定和安全工作。抓好案件综合防治、内部员工稳定、党风廉政建设、节日安全生产和访贫慰问等工作，营造良好的经营发展环境。

会议期间还举行了省分行领导班子及成员述职述廉大会，计划财务处介绍了总行和省分行2008年综合绩效考核办法，对2007年度业务经营综合考评前三名、清收不良资产先进单位、优秀审计项目等10大项30个单位及项目进行了表彰，××分行、××分行、××支行、××支行就如何抓好会议精神的贯彻落实、做好今年的各项工作做了发言。

第三节　活动宣传稿件

结构分析范式

写作目的：报道活动开展情况。

结构框架：六何分析法（"5W1H"）。

材料来源：1. 活动基本情况；

　　　　　　2. 其他同类型稿件参考。

写作要领：1. 活动报道精练全面；

　　　　　　2. 可采取顺叙、倒叙、插叙等写作方法。

例文 1

省分行与直管客户举办房地产金融知识培训

20××年 10 月 10 日和 12 日，省分行房地产信贷处分别到我行直管重点客户××××××集团有限公司的"××城"和南京市××房地产开发有限公司的"××××"售楼现场举办房地产金融知识培训。

参加培训的有两家公司财务总监、销售总监、部分中层管理人员及全体置业顾问共计 76 人。此次培训旨在加强银企合作，使置业顾问熟悉×行个人房地产贷款产品、政策和制度，推荐客户到××银行办理个人房地产贷款业务，以扩大我行个人房地产贷款的市场份额。

培训现场，省分行房地产信贷处负责人介绍了我行的基本情况，推介我行金融服务方案，重点介绍了我行个人房地产贷款方面的政策。省分行房地产信贷处业务骨干讲授个人房地产贷款业务产品、办理个人房地产贷款业务操作及要求，以及为楼盘促销提供的配套金融服务等内容。培训采取互动方式，现场回答了置业顾问有关我行个人房地产贷款方面的问题。

通过培训，我行密切了银企间的合作，进一步提高了客户和置业顾问对×行以及×行房贷产品的忠诚度和认知度。

例文 2

我行在全省开展个贷产品集中宣传活动

为积极推进我行零售业务转型进程，优化个人信贷结构，全面践行省分行党委提出的城市行个人信贷业务优先发展战略，省分行于 20××年 1 月 28 日组织全辖 12 个二级分行的城区支行统一开展了以"幸福春天 贷您体验"为主题的"迎新春"个贷产品集中宣传活动。通过此项活动，我行将切实提高个人贷款产品竞争力和市场占有率，努力实现第一季度全省城市行个人信贷业务"开门红"。

据了解，在活动当天，我行辖内各城区支行组织员工统一上街摆摊设点，通过悬挂宣传横幅、播放个贷产品宣传片、摆放个贷产品展示架、统一佩戴授带等方式营造宣传氛围，各行还组成宣传队，通过进机关、进社区、进专业批发市场、进楼盘派发宣传折页等形式，接受各类客户咨询，大力宣传我行个人住房贷款、个人生产经营贷款、个人综合消费贷款、个人自助循环贷款等热门个贷产品。

为促进营销活动的有效开展，我行还提出了三项优惠措施。一是办贷有礼，对办理个贷业务的客户，赠送借记卡、贷记卡、网上银行等产品或其他礼品；二是办贷理财，推荐中高端客户使用"存贷双赢""气球贷""本息分别还""自助循环贷"等理财、省息功能的"产品套餐"；三是综合营销优惠利率，对个人客户贷款利率按照不同星级客户执行不同的优惠贷款利率标准，最大优惠为浮动幅度达到20%。

通过此次统一宣传活动，打响了我行个贷业务"春天行动"的攻坚战，为业务发展营造了良好的营销氛围。据统计，我行当天共派发宣传资料3900余份；提供面对面咨询服务1000余人次；现场受理个贷业务240笔，金额3000万元；达成意向性贷款158笔，金额2000万元，宣传营销效果较为明显。

为巩固宣传和营销效果，我行还将继续在全省深入开展"个贷进社区""个贷进机关（企事业单位）"和"个贷进专业市场"活动，根据客户需要为客户量身定做用款方便快捷、节约成本的产品服务套餐，提高我行个贷产品的市场影响力。

第四节　领导调研报道

结构分析范式

写作目的：报道领导调研情况，传达领导讲话精神。

结构框架：1. 以领导调研讲话精神为重点：

调研行程概述 + 领导讲话精神 + 其他补充报道事项

2. 以领导主要调研行程为重点：

领导调研主旨 + 主要调研行程 + 其他行程补充报道

材料来源：1. 行领导调研行程表；

2. 领导讲话录音；

3. 其他同类型稿件参考。

写作要领：1. 行程概述要精练；

2. 讲话精神归纳总结要全面、重点突出，如果条件具备，最好将领导的讲话录音整理成文字稿；

3. 不用拘泥于某种固定的写作结构，可以突出重点，也可以"走马观花"地记"流水账"。

例文1

×××到××分行调研

20××年9月13日和14日，省分行党委书记、行长×××到××分行进行工作调研。在调研期间，×××行长会见了××市委书记×××、市委副书记×××、市人大常委会党组副书记×××等地方党政领导，就进一步深化银政合作交换了意见，还深入云海新区视察有关项目情况。

在认真听取××分行工作汇报后，×××行长对××分行新一届班子组建以后的工作表示满意，并用"六个新"进行了评价。一是工作方法有"新思路"。今年以来，××分行无论是从工作目标的制定、工作措施的安排，还是从工作的推进、管理机制的创新，都能够让人感觉到工作方法上有新思路。二是基础管理有"新进展"。××分行新一届班子成立以后，加强了对机关、网点、柜员和客户经理的管理，并出台了八个系列管理办法，通过"抓基础、抓基层、抓机关、抓服务"，逐步夯实了基础管理。三是营销工作有"新特色"。一方面表现在能够贯彻落实年初工作会议精神，为适应省管县财政体系要求，在十个县成功营销了现金管理平台；另一方面表现在××分行新班子与地方党政的关系理得非常顺，高层营销比较到位。四是机构改革有"新突破"。××分行理顺了城市行业务发展存在的问题，对原来不适应市场竞争的机制进行了突破，规范了城区支行组织管理架构体系，突出了城市行的经营功能，深化了城市行业务转型和改革。五是经营业绩有"新起色"。与年初相比，××分行整体业务的发展扭转了被动的局面，有了新的起色，如各项存款实现恢复性增长，各项贷款实现平稳投放，中间业务收入快速增长，不良贷款实现"双降"，盈利水平创新高等。六是员工队伍有"新气象"。××分行新一届领导班子很团结，中层干部的精神状态很好，各级领导干部都在带领员工用心做事。

同时，×××行长对××分行提出了六点工作要求。

一是认真谋划，仔细算账，力争完成全年目标任务。从××分行前一阶段的指标完成情况看，有些指标完成情况还不错，但是有些指标完成情况也不理想，没有跟上时间进度。对目前所取得的成绩不能沾沾自喜，对完成任务目标不要掉以轻心，要认真谋划、仔细算账、树立信心，力争完成全年的目标任务。今年省分行不准备调整计划，将根据"不唯计划唯市场，不唯任务唯发展"的原则，从考核上出台相应的举措，如只要能够保持市场份额，就视同完成任务。对当前的形势不能太乐观，要完成好目标任务还要走出去营销，主动去寻找优质客户，而不能守株待兔，在大堂等客户上门。

二是及早准备，有效安排，及时化解农贷预期风险。我行的农户小额贷款风险还未完全显现，整体来讲还是预期风险，但从目前的发展态势来看风险是肯定存在的，而且××分行有几个支行的风险已经超过了总行设定的容忍度。各级行一定要有危机意识和忧患意识，高度重视，用发扬发放农户小额贷款的精神做好风险防范与化解工作，确保服务"三农"做到"服务到位、风险可控、发展可持续"。现在开始就要提前谋划，通过采取分片包干、人跟人户跟户、法院催收等手段，加强对客户经理的考核，制订对应方案作出具体安排。此外，"新官"也要理"旧账"，发现风险隐患，无论当时是谁负责，都要及时化解风险。

三是找准问题，提高效率，有效解决城区业务乏力。受城市业务转型改革不到位、职责不清、考核不完善等原因的影响，××分行目前面临城区业务发展乏力、市场地位边缘化等问题，城市行业务发展与其地位不相称，没有起到城市行的窗口示范带动作用。要认真分析问题所在，让每位员工清楚目前的形势；要发扬"亮剑"精神，不甘落后，通过采取规范管理、创建机制、发展业务、树立形象等措施迎头赶上，不能服输，不要怕输。机关各部门也要全力支持业务发展，做好机关的"瘦身"，提高机关工作效率，把机关搞活，同时将富余人员充实到业务第一线，增强价值创造能力。

四是做精做细，抓好落实，不断提升基础管理水平。基础管理水平是能否将我行竞争力真正充分发挥的基础所在。最近省分行召开了"基础管理提升年"活动推进会议，总结了前一阶段的工作成绩，剖析了当前我行基础管理工作的薄弱环节，同时明确下一步工作的重点和需要着力解决的问题，提出"六个注重"和"六个进一步"要求，即要注重强化履职意识，进一步提升执行力水平；要注重提升客户基础，进一步强化价值创造能力；要注重优化业务流程，进一步提高运营管理水平；要注重强化贷后管理，进一步夯实风险管理基础；要注重深化资源配置，进一步深化绩效管理改革；要注重激发员工活力，进一步提高人才队伍素质。希望各行能够根据省分行部署抓好落实。

五是树立理念，高度警惕，切实做好风险防控工作。绝对不能片面地、盲目地发展业务，要树立风险理念，切实解决好业务发展与风险控制的关系。首先要讲究合规操作。如果按照有关制度要求办理农户小额贷款，按照要求办理惠民卡，就不会出现农户小额贷款大面积风险爆发的预兆，也不会出现大量滞留卡发不出去的现象。其次要做好安防工作。一定要高度警惕，确保安全运营，要按照总行和省分行安排的有关排查与治理活动将案件隐患防细、防死。

六是加强修养，提升素质，加强各级领导班子建设。各层级的领导干部要加强自身建设修养，要提升自我的素质和能力，在全行的业务发展过程中、经营管理的过程中、风险控制的过程中都要做好表率，要身体力行，切实发挥领导的榜样作用。

同时，领导干部不要习惯于听汇报，在家搞管理，要深入一线了解具体情况，协调与地方党政的关系，积极参与项目营销，对地方干部情况也要进行了解。此外，领导干部要认真履职，带好队伍，对做得好的员工要鼓励表扬，对不称职的员工以及一些歪风邪气要严格进行处理，不要做"老好人"。

×××纪委书记在认真听取××分行工作情况汇报后认为昆明分行新一届班子思路清晰、针对性强、开局良好，同时也建议××分行要进一步关注农户小额贷款的风险控制、进一步关注城市业务竞争力的提升、进一步关注基础管理能力的提升。

例文2

×××到××分行调研工作

20××年2月25日，省分行党委书记、行长×××率队到××分行开展调研，强调党员领导干部一定要讲政治、讲执行力，切实做好服务"三农"工作。

25日上午，×××行长会见了××市市委书记×××、市长×××、常务副市长×××、副市长×××和市政府秘书长×××等地方领导同志。×××书记代表××市四大班子对×××行长一行的到来表示热烈欢迎，认为这是×行贯彻落实中央扩大内需"十项举措"的具体表现，也是×行对××市社会经济发展一以贯之大力支持的真实反映。×××书记向×××行长介绍了××市的社会经济发展情况和××综合保税区等系列重大项目建设情况，×××市长就当地经济发展所需的一系列金融需求进行了进一步详细介绍。×××行长对××市市委、市政府长期以来对×行特别是对××分行的关心表示感谢，向××市市委、市政府领导介绍了××分行目前各项业务发展情况，双方就××综合保税区等重大项目支持和惠民卡整体推进等方面问题进行了磋商。

25日下午，×××行长在××市常务副市长×××等当地领导的陪同下来到××市综合保税区项目工地视察，认真听取了保税区项目负责人的情况介绍。在工地现场，×××行长详细了解了保税区项目规划、运作、投资和建设等方面的有关问题后，表示我行能够为该项目提供一揽子金融服务方案，有能力做好各项金融保障工作。

25 日晚上，×××行长出席了××分行中层以上干部座谈会。在听取××分行以及辖属××支行和××支行工作汇报后，×××行长提出四点工作要求：

一是领导干部，特别是党员领导干部一定要讲政治、讲执行力，切实做好服务"三农"工作。支持服务"三农"是党中央交给我行的重要任务，定位很清晰；××经济发展水平也决定了服务"三农"是一个较长时期内我行的工作重点。学习实践科学发展观活动要达到的三个目的之一就是领导干部受教育，就是要求领导干部讲政治，党员领导干部不讲政治就不是一个合格、称职的领导干部。在服务"三农"方面，绝不能含糊、不能博弈、不能做虚，不仅要把这项工作做好，还要做出特色。同时，执行力是干好工作最基本的政治素养，各级行党委要认真讨论，将思想统一到"提升能力，加快发展"的经营战略上来。

二是要按照办商业银行的理念来办银行。××分行可持续发展能力、竞争能力受到严峻挑战，主流银行的地位逐步丧失就是因为思想解放不够，没有按商业银行的规律来办银行，还是按惯性思维来做银行。必须要解放思想，用发展的眼光看问题，把思维方式、行为方式统一到办商业银行上来，以市场为导向，以客户为中心，以利润为目标，提升四种能力建设，在当前经济金融形势下，要紧紧抓住国家宏观经济调控的有利时机，加大对我行客户调整的力度，加强营销、加快投放，提高营运能力。

三是要关注风险。目前经济仍然处于下行周期，前景不是十分明朗，对风险一定要有清醒的认识，在强化风险意识的同时，将风险识别好、管理好、经营好，经受住考验。同时，目前也是一个加快发展的有利时机，必须贯彻落实"加快发展是第一要义，风险管控是第一责任"的理念，加快有效发展。有效发展必须是风险可控前提下的发展，否则发展越快、风险越多，当前要通过加强风险管理巩固经营成果，要通过加快有效发展提高抵御风险的能力。对周期性强的行业，在稳住份额的前提下，要实行严格的名单制管理，有所为有所不为，有进有退。

四是要坚定信心。在当前的形势下，信心最重要。某些业务大幅度下滑，就是因为面对残酷的竞争现实，没有信心了，退缩了。×行是一支能打硬战、能吃苦的队伍，越是在困难时期，就越要体现队伍的素质，特别是领导干部，一定要有信心。最大的信心就是要有竞争意识，领导干部、班子成员一定要统一思想，×行主流银行的地位一定不能动摇。今年的经营任务下得比较积极，很多人感觉有压力，但没有压力是不可能实现目前×行各项存款增量居××金融同业首位这一目标的，只有不断提升价值创造能力，才能解决员工福利待遇，改善各项条件。有些经营指标要当成政治任务来完成，特别是"开门红"，目前有些指标还达不到

"时间过半，任务过半"的要求，大家一定要予以高度重视。今年考核采取双线制，绩效考核是主流，行政问责必须要配合，同时还要加大对造假问题的打击，大家确确实实把工作做扎实了，员工福利待遇才能真正有所提高。省分行也将争取多创造条件，多改善环境，大家要对×行的明天充满希望。

调研期间，×××行长还分别到××分行××支行和××支行检查指导工作。每到一个网点，×××行长都详细向网点工作人员了解机构人员配置情况、各项业务发展情况和"开门红"工作完成进度情况，还特别关注银行卡用卡环境和VIP客户服务等方面的问题。

第五节　纪实宣传稿件

结构分析范式

写作目的：全面报道领导活动情况。

结构框架：按照领导行程，移步换景，以一个地点或者事项为一个记录场景。

材料来源：1. 活动安排指南；

　　　　　　2. 领导讲话记录；

　　　　　　3. 其他同类型稿件参考。

写作要领：采用跟拍方式，全景式记录各项活动开展情况。

例文

结对创和谐　真情送关怀
——×××行长赴××县金湖村开展扶贫工作侧记

20××年9月5日，省分行党委书记、行长×××率省分行有关部室负责人，深入我行对口扶贫联系点××市××县××镇金湖村，开展对口扶贫工作，为贫困山村送去亲切关怀。

前往大山深处

5日上午一早，×××行长一行便驱车前往××，经过四个半小时的长途跋涉才到达××县城××镇。午饭过后，×××行长一行未作片刻休息，随即在永城县委书记×××、县长×××的陪同下直接前往金湖村。

据了解，金湖村位于××县东南部的大石山区，全村共有 10 个村民小组，33个自然屯，居住着壮、汉、瑶三个民族，共有人口 1515 人，人均仅有耕地 0.49亩，2011 年人均纯收入仅为 897 元，是国家级贫困县之一。

进村的山路直接在崎岖陡峭的大石山上开凿出来，一边是没有任何防护措施的万丈悬崖，一边是随时有滚石跌落的松散峭壁，汽车行驶在用碎石铺成的山路上，颠簸不已，十分危险。经过层层盘旋，上到石山顶部以后，还要穿过一个人工打通的长约两百米的漆黑山洞，才能继续前往金湖村。十几公里的路程开车走了近一个小时。在探险者看来是宛如世外桃源的大山深处，对金湖村的村民来说无异于一道天堑，将他们隔离于现代化的进程之外。

掌握详细情况

还未等车停稳，早已等候多时的金湖村村民便簇拥过来，报以热烈的掌声，欢迎×××行长一行的到来。×××行长下车后，与周围的村民亲切握手，致以问候，一边走向村部一边向金湖村村长××详细询问了金湖村的具体情况。

村长介绍说，金湖村处于大石漠化山区的半山腰，人多地少水缺乏，交通极为不便，目前有 11 个屯还未通路；全村耕地都为旱地，没有水源，人畜饮水非常困难，主食只能种植玉米等抗旱农作物，产量很低，是典型的缺粮村；全村 53%的农户靠低保维持生存。在当地政府和×行的支持下，经过多年的扶贫工作，金湖村的面貌得到了一定的改善，在基础设施、产业发展、民生保障等方面取得了一定的成绩。目前全村已经全部通电，建有村级砂石路 8.7 公里，屯级路 8 条，地头水柜 284 个，沼气池 285 个，种植核桃 1738 亩，香椿 317 亩，八角 9 亩。

举行捐赠仪式

5 日下午四时，我行与××县在金湖村村部举行了"中国××银行××省分行对口帮扶金湖村项目建设资金捐赠仪式"。捐赠仪式由××县长×××主持，××县有关部门、××镇部分干部以及金湖村部分群众共 80 余人参加了仪式。××县委书记×××、金湖村村长××、金湖村村民代表分别进行了讲话，对××省分行的扶贫支持表示衷心的感谢，承诺将扶贫项目资金用到实处，确保项目建设质量。

×××行长在捐赠仪式上发表了鼓舞人心的讲话。首先，×××行长表明来意，希望通过了解当地情况，尽可能地帮助金湖村解决一些困难和问题。然后，对近年来金湖村的扶贫工作所取得的成绩表示肯定，对××县县委、县政府，金湖村党支部、村委以及全体村民所付出的辛勤劳动表示钦佩。同时，也指出扶贫攻坚是一项长期的任务，要切切实实解决好老百姓的衣食住行，特别是在生活要达到小康水平还有很大差距的情况下。×××行长表示目前金湖村有一个很好的扶贫规划，××银行作为金湖村的对口联系单位，将主动承担央企的社会责任，积极按照省党委关于扶贫攻坚工作的要求，做好扶贫联系点的扶贫工作。最后，×××行长祝愿金湖村的父老乡亲在县委和县政府的领导下，在镇党委和镇政府的支持帮助下，通过辛勤努力，不断改善环境，发展生产，发家致富，生活像芝麻开花一样节节高、天天好！

随后，×××行长代表×行××省分行，亲手将标有"捐赠对口扶持资金和爱心水柜资金50万元"的大红牌，赠予了金湖村村长××，并且叮嘱到，一定要将项目资金用到实处，今后×行还将继续对金湖村给予关心和支持。××村长郑重地接过大红牌，表示将一定按照×××行长要求把项目资金落实好，并希望×××行长能继续到金湖村指导工作。

庆祝开工剪彩

捐赠仪式结束后，在村民的带领下，×××行长一行又爬上了村部后面的大石山，详细了解了水柜的选址依据、建设方法、使用方式等情况，并与当地党政领导一同为金湖村饮水工程的三大重点建设项目之一的村部水柜举行开工剪彩。

当剪彩完成的一刹那，周围顿时响起了噼里啪啦的鞭炮声，伴随着爆竹浓烟的弥漫，激动和喜悦的心情也传递到每一个人的心里，可谓是"爆竹声中迎贵客，秋风送爽入金湖"。金湖村的妇女们也自发地一起唱起了瑶歌。尽管方言难解，但是明快的旋律中无疑承载着她们发自肺腑的高兴和感激。

看望村小学老师

下午五时，×××行长一行又步行来到金湖村小学。去年，我行给该学校援建的爱心水柜已经建成投入使用，今年上半年，我行又积极响应××青少年发展基金会、××希望工程办的号召，资助该小学建设了"希望书库"，这些措施切实改善了留守儿童的学习和生活条件。由于山高路远，金湖村小学为了学生能够赶在天黑前回到家，下午四点就已经放学，但学校的老师听闻×××行长一行的到来，都留下来希望当面感谢××银行对金湖村小学的帮助。×××行长亲切地与他们一一握手，并询问他们的岗位安排、工资收入、教学水平等方面的情况，还鼓励他们不断提高教学水平，将山区的小孩培养成为优秀学生，送到大山外面去继续深造，从根本上改变贫困落后的面貌。

慰问第一书记

在金湖村开展扶贫工作期间，×××行长还认真听取了我行驻金湖村党支部第一书记×××同志的工作情况汇报。×××行长详细了解了×××同志的工作生活情况，对他能够坚持驻村开展工作、逐户开展农户情况调查、全面推动扶贫工作开展等情况给予了充分肯定，并对第一书记的定位及工作提出具体要求，认为第一书记作为第一责任人，对村里的工作要做到总揽但不包揽，发挥引导作用、示范作用、联络作用和桥梁作用，履行好五项职责，一是要带领脱贫致富，当好科学发展的带头人；二是要进村入户服务，当好农民群众的贴心人；三是维护农村稳定，当好矛盾纠纷的调解人；四是促进文化建设，当好文明新风的倡导人；五是加强基层组织，当好党建工作的引路人。

据了解，选派机关干部担任贫困村党组织第一书记，是×省扶贫攻坚的重大举措，有利于充分发挥机关干部的自身优势，帮助贫困村尽快改变贫穷落后面貌，帮扶贫困村群众过上更加宽裕生活，推动贫困地区经济社会更好更快发展。×行积极响应省党委、政府的号召，按照思想认识到位、宣传动员到位、甄别选拔到位、政策落实到位的要求，分别推荐省分行机关两名干部担任××县金湖村和银湖村党支部第一书记。我行将根据定点扶贫村的实际情况，整合各项资金和资源，重点在基础设施建设、民生保障、产业扶持、组织建设等方面开展扶贫工作。

时间在不知不觉中流走，由于还有其他工作安排，×××行长一行还要赶赴其他地方开展工作调研，依依不舍的村民挥手告别了×××行长一行，希望×××行长能够再来。×××行长向金湖村的父老乡亲表示，××银行一定会继续支持金湖村的建设和发展，金湖村在各方的共同努力下一定会建设得越来越好。

第六章 行政公文

第一节 通 知

结构分析范式

写作目的：传达上级指示和决定；发布要求下级周知或执行事项；转发公文。

结构框架：1. 指示性通知：缘由＋通知具体事项，

缘由＋通知具体事项＋工作要求/结语；

2. 发布性通知：发布的内容，

缘由＋发布的内容＋执行要求/注意事项；

3. 转发性通知：转发内容，

转发内容＋贯彻意见或要求。

材料来源：1. 收集明确通知的具体内容；

2. 参考同类型通知的结构和表述。

写作要领：1. 通知具有使用广泛、作用多样、内容具体等特点，要根据使用目的来具体行文，时间、地点、对象等要素要明确，层次要分明，条理要清晰，工作要求要具体可行；

2. 一般而言，同一单位同一类型的通知模板都是固定的，根据需要直接套用或者在此基础上进行调整即可，不用重新组织。

例文

关于召开××分行2010年工作会议的通知

省分行营业部、各二级分行：

省分行决定召开××分行2010年工作会议，现就有关事项通知如下：

一、会议内容

深入学习贯彻科学发展观和党的十七届四中全会、中央经济工作会议、中央农村工作会议、省经济工作会议和总行 2010 年工作会议精神，研究分析 2009 年全行业务经营情况，分析当前及今后一段时期我行面临的机遇和挑战，研究未来一段时期的工作思路与工作重点，部署全行 2010 年主要工作。

二、会议时间

2010 年 1 月 27 日下午报到，1 月 28 日至 1 月 29 日开会，会期两天。

三、会议地点

省分行四楼多功能厅。

四、参会人员

（一）省分行行级领导。

（二）省分行营业部总经理、各二级分行行长 1 人，助手 1 人；省分行派驻各二级分行独立审批人、风险主管；省分行派驻审计办负责人。

（三）省分行机关各部室、培训学校主要负责人，省分行独立审批人。

五、视频会议

（一）视频会议时间：1 月 28 日上午 8：30～12：00。

（二）地点及参加人员：

1. 主会场：省分行四楼多功能厅。参加人员：全体参会人员；省分行机关副科以上干部。

2. 各二级分行分会场：各二级分行视频会议室。参加人员：省分行营业部、各二级分行副科以上干部；各派驻审计办副科以上干部；各县支行班子成员。

六、有关事宜

（一）各二级分行分会场均无须制作会标，但须在镜头范围内显要位置上摆放"××分行"的桌签。

（二）各支行参会人员由各二级分行统一报名；省分行派驻各二级分行独立审批人由省分行信贷管理部负责通知并统一报名；省分行派驻各二级分行风险主管由省分行风险管理部负责通知并统一报名；省分行派驻审计办负责人由省分行内控合规部负责通知并统一报名。

（三）请各二级分行和省分行各部门于 1 月 21 日（周四）下午下班前将参加 2010 年工作会议人员名单，按照附件格式，发送至省分行办公室×××邮箱，联系电话：×××××××。因故不能参会的，须在报名时注明原因。

（四）各行科技部门要提前做好视频系统调试工作，技术人员要于会议前 1 小

时准时开机，并等待主会场呼叫。省分行视频会议技术联系人：×××，×××
××××。

××分行办公室

2010 年 1 月 18 日

第二节　公　告

结构分析范式

写作目的：对外宣布重要事项。

结构框架：公告内容。

材料来源：1. 需要公告事项的具体内容；

2. 其他同类型公告参考模板。

写作要领：1. 公告具有庄重性、慎重性，用语要庄重、凝练、严密，行文要简明扼要、
高度概括；

2. 公告内容一般为对外宣布重大事项、重要政策、职务任免等，不能随意
使用，一般需要经过一定层级审批才能使用，而且公告内容要一文一事，不
能一文多事。

例文

关于 11 月 16 日至 11 月 17 日系统升级期间暂停企业电子银行服务的公告

尊敬的客户：

为给客户提供更加丰富和优质的金融产品及服务，我行将于北京时间 2009 年
11 月 16 日（周六）至 11 月 17 日（周日）进行系统升级。届时，面向企业客户
的网上银行业务停机时间如下：

2009 年 11 月 16 日 23：45 至 11 月 17 日 6：30。

我行将努力缩短因银行系统升级而暂停服务的时间，在上述公告停业时间内，
如实际停业时间缩短，我行将正常处理客户提交的企业网上银行交易，相关交易
均为有效交易。

对系统升级给您带来的不便，敬请谅解。如有任何问题，敬请致电 88888 或

亲临我行营业网点。

特此公告。

中国××银行股份有限公司

2009 年 10 月 28 日

第三节　通　告

结构分析范式

写作目的： 在一定范围内公布有关事项。

结构框架： 通告内容。

材料来源： 1. 需要周知事项的具体内容；

2. 其他同类型通告参考模板。

写作要领： 1. 通告具有公开普遍性，行文要精练准确、开门见山，让阅读者一目了然；

2. 要注意区分公告与通告的区别，公告的重要程度、公开范围、使用层级均比通告要高。

例文

关于调整人民币和美元账户钯金报价价差的通告

尊敬的客户：

由于近期国际市场钯金价格波动加剧、流动性显著降低，我行将自 20××年 7 月 1 日起，根据国际市场报价情况及市场流动性状况，灵活调整人民币和美元账户钯金双边报价：市场波动加剧、流动性紧缩时，适当调宽双边报价价差；市场波动回稳、流动性恢复时，调窄双边报价价差。具体调整幅度以我行各渠道实际报价为准，届时将不再另行公告。

以上情况请您知悉并请谨慎开展交易，注意防范相关风险。

特此通告。

中国××银行股份有限公司

20××年 6 月 28 日

第四节　决　定

结构分析范式

写作目的： 对重要事项作出决策部署；对有关人员进行奖惩；等等。

结构框架： 决定的缘由＋决定的事项＋提出执行希望。

材料来源： 1. 决定的政策和法律依据；

2. 决定的内容或者名单；

3. 其他同类型决定参考模板。

写作要领： 1. 决定具有权威性和严肃性，行文要有理有据、让人信服；

2. 决定的结构要合理，层次要分明，内容要精练，语气要坚决；

3. 决定的事项都是重要的事项，一般只在处理性、任免性、指挥性、表彰惩处性、仲裁性等决定范围应用，不得随意乱用。

例文

关于表彰 2004 年度××分行先进单位和先进个人的决定

省分行营业部、各二级分行，各支行：

2004 年，全省各级行在省分行党委的正确领导下，认真贯彻落实省分行年初工作会议精神，开拓创新，扎实工作，涌现出一批先进单位和先进个人。

依据《关于印发〈中国××银行××省分行 2004 年评先表彰项目〉的通知》的有关规定，经各行积极推荐上报，省分行评比审定，××分行等 2 个单位（领导班子）获"综合绩效考评奖"，××分行等 6 个单位的班子成员获"二级分行领导班子成员业绩考核奖"，××分行等 3 个单位获"系统清收不良资产先进集体奖"，××分行等 3 个单位获"城区业务进步奖"，××分行营业室等 7 个单位获"对公存款营销竞赛集体奖"，××县支行×××等 5 人获"对公存款营销竞赛个人奖"，××县支行等 10 个单位获"十佳经营管理奖"，××县支行等 10 个单位获"十佳中间业务收入贡献奖"，××县支行等 10 个单位获"十佳贷后管理奖"，××县支行×××等×人获"十佳支行行长奖"，××县支行×××等 10 人获"十佳零售客户经理奖"，××分行×××等 10 人获"十佳对公客户经理奖"，

××县支行营业室×××等10人获"十佳网点主任奖"，××支行×××等10人获"十佳运营主管奖"，××支行营业室×××等10人获"十佳服务明星称号"。

为充分发挥先进典型的引领作用，进一步推动我行的改革与发展，省分行决定，对以上先进单位和先进个人予以通报表彰。希望受到表彰的先进单位和先进个人戒骄戒躁，再接再厉，再创佳绩。同时，号召全行向获奖的先进单位和先进个人学习，积极进取，奋发有为，努力完成今年各项经营目标任务，为我行的改革发展作出更大的贡献。

附件：2004年度××分行先进单位和先进个人名单

中国××银行××省分行

2005年2月28日

第五节　意　见

结构分析范式

写作目的： 对重要问题提出意见和处理办法。

结构框架： 1. 缘由＋具体意见内容；

2. 缘由＋具体意见内容＋习惯结语。

材料来源： 1. 收集整理领导与职能部门对该事项的具体意见；

2. 参考同类型意见的结构与写作逻辑。

写作要领： 1. 意见适用范围广，政策指导性强，行文内容要有针对性和可行性，文字表述要清楚明确；

2. 意见可分为下级对上级的工作建议、上级对下级提出的工作要求以及工作指导、上级对某项工作作出安排等，要结合使用类型注意表述语气，一般来讲下级对上级要谨慎使用这一公文类型；

3. 要注意区分行意见和决定的区别，决定要求下级无条件执行，意见具有指导性，一般要求下级结合本单位实际贯彻执行。

例文

加快省分行营业部改革发展的指导意见

为加快省分行营业部的改革发展，贯彻落实省分行党委对营业部改革的要求，巩固提升我行主流银行的市场地位，将营业部打造成为"专注城区，特色经营，层级精简，流程优化"的大前台，特提出以下指导意见。

一、切实加强对省分行营业部改革的组织领导

××省是金融资源的富集区，是各行竞争的战略制高点。省分行营业部业务占全行的比重大，对全行效益增长的贡献度高，其业务发展的快慢直接影响到全行的市场地位和可持续发展能力，必须发挥好省分行营业部对全行业务的引擎拉动作用。我们必须清醒地看到，当前省分行营业部的机构活力没有得到释放，员工的主观能动性没有得到激发，与同业相比，机制不活、流程过长、产品落后，市场竞争力落后于他行，突出表现为存款地位下滑、贷款营销不旺，中间业务增长乏力，产品的竞争力不足，与我行的市场地位极不相称。

为保障改革顺利进行，必须要加强对省分行营业部改革的组织领导。省分行将成立营业部改革领导小组，由×××行长任组长，其他班子成员任副组长，成员部门包括省分行机关各部室、培训学校。领导小组下设办公室，办公室设在人力资源部，负责营业部改革工作的统筹、协调和联系，定期评估改革过程中遇到的困难和问题，并提出相应的解决方案，推动营业部改革工作的顺利开展。省分行营业部也要成立相应的领导小组，落实具体人员，加强方案实施工作的组织和协调。

二、重新整合省分行营业部的机构网点和人员布局

要求省分行营业部按行政区域和属地化管理的原则，对城区营业网点划分区域管理，调整网点管理关系和网点布局，提高营业网点的营销服务能力。尽快出台重新整合后的营业部机构网点和人员调整实施方案，进一步明确各支行业务的侧重点，框架如下。（图略）

三、支持营业部完善市场营销体系

（一）分层打造核心客户群。要按照层次对称的原则，明确各自的战略核心客户群，清楚界定管理边界，分层建立省分行和营业部两级战略核心客户群。原则上省级企业、省内重点行业龙头企业等在××落户的项目列为××分行级核心客户，由××分行牵头营销；具有行业优势、发展前景良好、对我行价值贡献较高的优质客户列为二级分行级核心客户，由省分行营业部牵头营销。

（二）建立团队营销机制。改进对优质客户的服务手段和服务模式，打破部门和层级界限，组建跨部门、跨层级的重点客户营销团队，横向由公司、机构、个人、电子银行、房地产、信贷、法律、风险、财会等全部或部分部门负责人和业务人员组成，纵向由省分行、二级分行、支行的项目负责人和具体经办人员组成。对需重点营销的客户和项目，要逐客户或项目建立跨部门营销团队，明确团队成员、信息报告级别、报告路线和信息纵横向流通共享路线，形成纵横结合的矩阵式营销和服务模式，纵向以发挥整体联动优势为目标，横向加强前中后台的配合，强化系统联动和部门协调配合。

（三）实施综合营销和产品交叉销售。推行"1＋N"的营销模式，针对不同的目标客户群体，设计个性化营销和交叉营销方案，实行产品组合营销，充分利用资产业务拉动对公存款、个人业务、债务融资工具、现金管理、网上银行、企业年金、代理保险、本外币结算、贸易融资等业务的共同发展；由财务会计部门牵头，相关前台部门配合，尽快出台"××省分行客户经理综合营销和交叉销售考核激励办法"，明确综合营销和产品交叉销售的激励措施，将客户经理交叉销售能力与本人的等级评定、个人绩效等直接挂钩，激励客户经理主动为客户提供产品组合方案，推动实现对公业务与零售业务的互动、本外币业务的互动，实现产业链条上下游客户的一体化营销。

四、支持营业部优化信贷业务流程

（一）对公客户对等营销、审查。按照核心客户群的分类结果，实现本级行核心客户由本级行前台部门直接发起受理，报同级行信贷部门审查审批，简化业务流程。总行级和省分行级大客户由省分行前台部门直接营销、调查评估，报信贷部门审查审批，加快业务办理效率。对营业部级核心客户的业务需求，由营业部前台部门与经营行联合调查评估后，直接报相关部门审查审批。

（二）个贷业务集中审查、审批。整合信贷业务审查部门和人员，实行专职专业审查、审批。在省分行营业部以"1＋N"模式设立个贷业务审查审批中心，将原票据中心、原个贷中心等的审查职能全部并入该中心，进行集中审查，提高审查的集约度。根据业务辐射范围，可以在城区不同部位分设 N 个个贷业务审查审批分中心，扩大业务的有效覆盖面，提高运作效率。

（三）加快推行信贷审批体制改革。要加大对资深独立审批人的信贷业务转授权，并在条件成熟后，推行专职审议人制度，进行合议审批。允许省分行营业部设立本级行独立审批人及向支行派驻独立审批人，可单独派驻，也可分片派驻，将部分信贷业务审批权下沉，缓解省分行派驻独立审批人的业务量压力。同时，统筹考虑"三农"信贷业务需求，将农户贷款部分权限授予支行行长。

五、加大对省分行营业部的倾斜支持力度

（一）加大综合考评倾斜支持力度。省分行相关部门要完善综合考评机制，适当提高效益管理类指标，包括经济资本回报率、人均净利润、总资产净回报率、信贷成本率、存贷利差率等指标的权重，加大工资、费用等资源与经济增加值单项排名挂钩分配的力度，促使考评机制向省分行营业部倾斜。

（二）加大资源配置的倾斜支持力度。省分行相关部门在对贷款规模、经济资本、业务费用等进行统筹分配时，要充分考虑××中心城市行重点发展的需求，对省分行营业部予以倾斜配置；要加大对省分行营业部的营业网点建设、自助设备投入、电子化建设、安防设施建设和交通运输设备购置等方面的投入，对于省分行营业部在网点建设、招标采购等方面的申请，优先受理、优先审批。在费用配置上，省分行要按照高于辖内平均增幅的标准，为省分行营业部配置营业费用；适度增加省分行营业部固定资产零星购置指标和营销费用；优先审批该部在财务开支、招标采购和零星购置等方面的申请；按照该区域经济发展水平，配置充足的经济资本。

（三）加大产品开发的支持力度，适度在营业部开展产品创新试点。对于投行等新产品、新业务，优先营业部推广。对于××同业比较成熟的新产品，省分行营业部可参照同业制定相关的管理办法和实施细则，报有权审批行同意后实施，其中需报监管部门审批事项按规定执行。积极探索票据业务担保方式创新，在有效风险控制的前提下，可采取先票后押或浮动抵押等方式。增加小企业简式快速贷款额度及担保方式，将简式快速贷款额度从 200 万元增至 500 万元，同时增加专业担保公司担保方式。

（四）加大科技支撑力度。及时响应省分行营业部提出的涉及产品开发、市场营销等项目开发的科技需求，从人力资源、时间安排上给予优先考虑，集中力量快速完成项目需求的开发和推广。加强与省分行营业部数据运行中心的沟通与联系，及时解决系统运行中出现的异常情况，保障柜台业务、自助服务渠道的稳定运行和交易畅通，为客户提供良好的服务环境。

六、加强省分行营业部领导班子和队伍建设

要进一步加大营业部领导班子调整优化力度，强化领导班子和领导干部的思想政治素质、履职能力、开拓创新能力建设，加大不适应、不称职干部的退出力度，在全省范围内选拔一批政治素质好、管理理念新、业务能力强、群众威信高的优秀年轻干部进入营业部领导班子，提高营业部领导班子的知识化、年轻化水平及岗位匹配度。要加强后备干部队伍建设，对于比较成熟的后备干部要大胆启用。加大岗位技术能手队伍的培训工作，从柜员开始加强岗位人员的改造和培养。制订专家型人才培养规划，通过培训让更多的员工成长为专业技术人才，着力打造一支宽领域、多层次的专家型人才队伍。

××分行

2009 年 8 月 28 日

第六节　通　报

结构分析范式

写作目的： 表彰先进；批评错误；传达重要精神；告知重要情况。

结构框架： 1. 引据＋通报内容；

2. 引据＋通报内容＋工作要求。

材料来源： 1. 收集整理好的通报内容；

2. 有关领导和部门提出的工作要求；

3. 参考同类型的通报案例。

写作要领： 1. 通报分为表彰性、批评性、介绍有关情况等不同类型，在写作过程中要注意把握通报事项的典型性、指导性和教育性；

2. 通报的事项一定要进行核实，要实事求是，确保客观反映情况，还应在交代全面情况的基础上进行概括总结典型的特点、问题或者经验，最后要对通报总结的情况提出意见或者要求；

3. 对拟通报的事项要确保实效性，以达到推动工作的目的；

4. 注意区分通报与通知的区别，通知是要求办理或者执行的事前安排，通报是通过反映客观实际的事后总结。

例文

关于××分行2008年质量管理体系第二次内部审核情况的通报

各二级分行，各支行：

根据我行质量管理体系建设要求和工作安排，省分行于2008年9月18日至9月26日，对省分行机关各处室部、各二级分行、部分县级支行和网点共349个审核点进行了质量管理体系第二次内部审核，现将第二次内部审核情况通报如下：

一、内部审核的基本情况

第二次审核由我行组织内审员自行开展，参与审核老师4人、内审员34人，共分成四个小组，历时8天，投入304个人天，抽样349个审核点，其中省分行机关25个、省分行营业部及二级分行职能部门212个、支行及网点112个。抽样全面覆盖了省分行机关和各二级分行管理部门，基本代表了各类型支行和营业网点，审核的内容包括业务操作、综合管理、安全保卫、规范化服务等银行业务和服务过程。在审核过程中发现各处室部、各级行都能按照省分行统一部署，在建立质量管理体系过程中做了大量的工作，质量管理意识和精细化管理水平有了一定提高，主要表现在以下几个方面：

（一）质量管理工作得到了全行员工的重视。各级行认真落实内部审核准备工作，积极配合现场审核，认真听取内审小组审查汇报；全行员工对质量管理体系十分关注，两个多月来质量管理网站的点击次数多达 12 万次；第一次内审发现的问题也根据要求得到了很好的整改。

（二）质量管理体系文件得到了有效落实。质量管理体系基本按照 ISO9001 标准要求运行起来，体系文件已全面覆盖各岗位，各级行、各营业网点均以各种方式组织了学习和讨论，针对体系文件实施中存在的问题，大家从工作中的操作细节出发，积极思考，提出了许多优化建议。

（三）强化了业务管理工作中的质量意识。两次内审的推进将管理重点引向了容易忽视的方面和场所，使管理的均衡性更加协调；进一步强化了管理者的系统思维、风险意识、持续改进意识；使工作记录的整理、归档意识得到了一定的提高。

二、内部审核发现的主要问题

结合质量管理标准、我行质量管理体系文件以及相关法规要求，内部审核组在进行质量管理体系第二次内部审核中，发现除第一次内部审核在体系建设、综合管理、业务操作、规范化服务、内控管理等六个方面的问题仍不同程度存在外，本次内部审核发现的主要问题表现在以下六个方面：

（一）安全保卫方面。主要表现在部分营业网点或重要场所监控设备维护不到位，监控镜头安装不符合要求；未预留押运人员底册或底册维护、制作不符合要求；报警系统不灵敏或不能与 110 联动，安全设施的定期维护和检测等方面有待加强。

（二）设备管理方面。大部分营业网点未对出纳机具进行管理，没有进行适时维护，损坏、停用的机具没有明确的标识；电子机具等设备的维修未造册登记；大部分设备管理部门未对设备、软件的供应商进行定期评审。

（三）业务管理方面。部分贷款办理不及时，未按要求进行贷后检查；业务管理部门有工作计划，但无实施记录；未按要求进行业务自律监管，或自律监管底稿要求限期整改却无整改反馈，对整改情况未进行后续检查等。

（四）网点环境方面。部分营业网点环境不够整洁，为客户提供的服务设施不完善，利率公告牌、一米线、区域提示等不符合规范化服务要求，未能给客户带来正面感受。

（五）客户投诉方面。网点客户投诉意见收集、处理、分析和反馈不及时，在审核时还发现有网点的意见投诉箱中存有 2004 年的客户意见，同时部分行顾客意见收集渠道不明确，方式不统一。

（六）工作记录方面。各业务管理部门以及营业网点普遍存在工作记录不完整，或记录流于形式的问题，不能反映业务与内控管理情况和区分责任落实情况，如各类业务登记簿记录不完整，填写不规范等。

三、内部审核发现问题的整改要求

本次审核就所发现的问题分别通过《问题点清单》及《不合格项报告》方式提出，各单位要按照对应方式进行整改，问题点与不合格项报告的整改情况将与各处室和各级行质量管理工作考评挂钩。具体整改要求有以下几个方面：

（一）"问题点清单"。各级行要对照第二次内部审核"问题点清单"，落实责任部门或责任人的整改工作，并于 10 月 10 日下午下班前，将经各单位负责人签字确认的"内审发现问题整改反馈表"，由各二级分行质量管理办公室落实内审员进行核实签字确认后，扫描为 PDF 格式文件统一通过邮箱上报省分行质量管理办公室，原件由各级行质量管理办公室将本次内审首次会议记录、末次会议记录和实施情况等内审材料一并归档。

（二）"不合格项报告"。各级行要根据下发的"不合格项报告"，落实责任部门原因分析工作，制订纠正计划和措施，办理有关审批手续，组织整改措施的实施，并选择内审员对实施情况进行跟踪验证，各二级分行质量管理办公室对纠正措施效果进行评审后，于 10 月 10 日下午下班前将《不合格项报告》扫描为 PDF 格式文件，通过邮箱上报省分行质量管理办公室。省分行将组织内审员和其他监督检查队伍对不合格项关闭情况进行后续检查。

（三）其他要求。由于内部审核采取抽样方式，因此各单位要组织学习《第二次内部审核末次会议报告》，结合《关于对质量管理体系第一次内部审核发现问题的整改通知》要求，举一反三，对本单位内审发现的问题和开具的不合格项进行整改，对未被抽样的支行和营业网点着重从安全保卫、设备管理、业务管理、网点环境、客户投诉以及工作记录六个方面进行排查。各二级分行要对所辖支行和营业网点的整改进行指导和复核，确保整改工作顺利开展。

×× 分行

2008 年 9 月 28 日

第七节　报　告

结构分析范式

写作目的：向上级机关汇报工作、反映情况、回复询问。

结构框架：1. 引据＋报告内容；

2. 引据＋报告内容＋结语。

材料来源：1. 收集整理报告的具体内容和事项；

2. 参考同类型报告的案例。

写作要领：1. 报告一般分为工作报告、问题报告、答复报告及报送报告等，要根据不同的报告类型选择报告格式。工作报告要将工作进展、主要做法、取得成效等情况分段逐一列出并指出存在的问题及下一步改进意见；问题报告要将问题的来龙去脉陈述清楚，并分析问题的原因，判断将会产生的后果，提出解决问题的方法和措施；答复报告要针对上级询问的问题和要求，有针对性地进行回复报告。

2. 报告主要用于向上级反映情况或者汇报工作，行文时要注意突出重点，详略得当，要以直接陈述为主，开门见山，注意实效。

例文 1

关于小额担保贷款业务有关情况的报告

×××：

根据县政府有关工作要求，我行对小额担保贷款有关问题进行了充分调查研究和汇报沟通，现将有关情况报告如下：

一、×行开办小额担保贷款业务的情况

我行自 2009 年起，与县妇联密切合作，以农村创业妇女为重点，以农户小额贷款为载体，积极开展小额担保贴息贷款业务，累计发放妇女小额担保贴息贷款 1.88 亿元，惠及 2588 户农村家庭，在促进广大农村妇女创业就业的同时，大大降低了妇女创业成本，对推动民生金融工作的开展起到了积极的促进作用。

2013 年 5 月，人民银行××中心支行联合有关单位印发了《××小额担保贷款实施管理办法》。2013 年 6 月，人民银行××中心支行相应制定了《××金融机构小额担保贷款业务管理暂行办法》。省×行根据上述文件要求，为实现小额担保贷款专户管理、单独统计及单独考核的要求，制定了《中国××银行××分行小额担保贷款操作规程》，并于2013年9月初上报人民银行××中心支行。

2013年9月18日，财政部联合有关单位下发《关于加强小额担保贷款财政贴息资金管理的通知》，对贴息贷款政策的标准进行了明确。省财政厅以桂财金〔2013〕61号文件转发了该通知，并提出规范小额担保贷款借款人范围等有关要求。人民银行××中心支行在接到该文件后，根据要求立即叫停了我行的妇女小额担保贴息贷款，并对我行开办小额担保贷款业务的请示不予以批复。

为了重启小额贷款业务，贯彻落实政府有关政策要求，省×行在下岗失业人员小额担保贷款业务的基础上，重新制定了《小额担保就业贷款作业指导书》，并于2014年5月向人民银行××中心支行申请备案。双方就小额担保贷款与小额担保就业贷款有关问题未能达成一致意见，到目前仍未批复我行开办小额担保就业贷款业务。省×行目前正在积极与总行沟通，争取早日修改贷款名称，更改制式合同文本，满足有关开办小额担保贷款的有关条件。

二、×行××县支行农户贷款业务开展情况

据统计，截至2014年10月15日，×行××县支行农户贷款余额为7528万元，比年初增加2485万元，完成××行下达的年增量计划的178%，××辖内其他支行农户贷款均为负增长。其中，农村生产经营贷款余额为5945万元，比年初增加3026万元；农户小额贷款余额为1583万元，比年初减少541万元，不良率高达6%，其中，妇女小额担保贴息不良贷款15笔，共计金额36万元。因我行农户小额贷款不良率连续超过风险控制目标要求，市×行和省×行分别于2013年11月、2014年9月下发文件上收了我行该业务的审批权限。

三、下一步工作打算

由于上级部门对小额担保贷款的定义趋于严格，并出台了明确的管理办法和惩处措施，我行已经不能通过农户小额贷款的平台发放财政贴息的妇女创业贷款，而且由于自身管理不到位，导致农户小额贷款不良率超过风险底线，审批权限被上收，短期内不能办理农户小额贷款。为了进一步服务县域和"三农"发展，我行将择优发放农户生产经营贷款，通过种养大户的带动，促进县域农民增收致富。同时，我行也将积极关注小额担保贷款在人民银行××中心支行的申请备案批复情况，一旦该业务获得审批，我行将立即组织贯彻落实。

×行××县支行

2014年10月18日

例文 2

关于呈送《××金融改革创新先行先试政策研究》的报告

××银监局：

　　现将《××金融改革创新先行先试政策研究》随文呈报，不妥之处，敬请指正。

　　　附件：××金融改革创新先行先试政策研究（略）

2010 年 8 月 28 日

第八节　请　示

结构分析范式

写作目的：向上级请求指示有关事项。

结构框架：引据 + 请示内容 + 结语。

材料来源： 1. 收集整理请示事项的具体内容；

　　　　　　　2. 参考同类型请示案例。

写作要领： 1. 请示事项要一事一请示，主送单位只能是上级领导机关，一般不能越级请示；

　　　　　　　2. 请示行文要简明扼要，注意行文语气，用语要谦敬；

　　　　　　　3. 请示内容要明确要求给予的指示或者批准的具体问题和事情，遇到较为复杂的内容，要提出自身的意见和处理办法，如果有两种或以上方案和意见，要表明自身的倾向性意见以及理由；

　　　　　　　4. 注意区分请示与报告的差异，请示要求上级单位批复，是事前行文，报告不要求上级行批复，是事中或事后行文。

例文 1

××县支行关于创新开办"双高"基地农户贷款业务的请示

××分行：

　　我行拟在《××省分行"甜蜜贷"农户贷款管理办法》的基础上，创新开办高产高糖糖料蔗基地建设农户贷款业务，现将有关情况请示如下：

一、开展支持"双高"糖料蔗基地建设的政策依据

为促进我省糖业可持续发展，加快推进我省500万亩优质高产高糖糖料蔗基地（简称"双高"基地）建设，省人民政府等相关部门在2014年开始陆续出台了《××省人民政府办公厅关于印发××优质高产高糖糖料蔗基地建设实施方案的通知》《关于印发加强和改进我行优质高产高糖糖料蔗基地土地整治及水利化项目建设和管理工作意见的通知》《研究"双高"糖料蔗基地建设土地整治和水利化项目有关问题的纪要》《××省人民政府办公厅关于转发财政厅等部门省500万亩优质高产高糖糖料蔗基地建设资金统筹使用管理暂行办法的通知》等系列政策文件，××县政府也根据××县糖料蔗种植的实际情况出台了《××县人民政府办公室关于印发××县优质高产高糖糖料蔗基地土地整治奖补资金管理细则的通知》等支持"双高"基地建设的文件。这些文件的出台，不仅为"双高"基地建设提供了政策扶持依据，也为金融机构支持该产业发展提供了制度保障。

二、"双高"糖料蔗基地建设补贴情况

根据上述文件规定以及我行实际调查掌握的资料，"双高"基地建设的相关补贴情况如下："双高"基地建设推进办公室（以下简称"双高"办）以先建后补的原则进行补贴，在项目启动后先向实施主体拨付不高于奖补资金总额的10%，项目实施过程中按进度拨付，最多可拨付奖补资金的50%，剩余奖补资金在项目验收合格后按规定拨付。列入2015年"双高"基地建设规划的补助标准如下：土地平整、田间道路、排水设施补贴不超过1500元/亩（以实际建设工程量为准），水利工程补贴1540元/亩，良种补贴500元/亩，"双高"基地补贴200元/亩（由县政府补贴），机耕30元/亩（深耕50元/亩）。列入2016年"双高"基地建设规划的补助标准如下：土地平整、田间道路、排水沟和水利化工程省财政奖补资金总额最高不超过2478元/亩，县财政对水利化建设补贴462元/亩，水利工程补贴1540元/亩，良种补贴500元/亩，"双高"基地补贴200元/亩（由县政府补贴），机耕30元/亩（深耕50元/亩）。××糖业有限公司也发文明确规定对"双高"基地种植业主再给予800元/亩补贴。

三、开办"双高"糖料蔗基地农户贷款业务的风险分析

××县是××省著名的农业大县，除了适宜种蔗的得天独厚的自然条件，也有悠久的种蔗优良传统。建设"双高"基地、种植甘蔗及砍伐需投入资金约4500元/亩，基地建设到验收需要6～12个月的时间，验收后可获得财政等相关部门的

补贴 3770 元/亩（未含××糖业有限公司的补助 800 元/亩），甘蔗收入约 1900 元/亩，即每亩可获利约 1000 元。种植业主与制糖企业签订甘蔗种植收购合同，产品销售市场有保证，第一还款资金来源足额稳定，有能力按期还本付息。该县两家制糖企业生产经营正常，与借款申请人签订甘蔗种植收购合同，并与我行、农户签订三方合作协议书。这两家公司已通过股东会决议，承诺为农户向我行申请借款承担保证担保责任，这两家公司经营能力较强，担保能力充足，风险可控，第二还款来源有保障，有按期偿还贷款本息的能力。从与我行拟合作为农户担保的××担保公司来看，该担保公司与农户合作关系良好，从 2008 年开始为蔗农在我行办理普通农户贷款提供保证担保，累计担保蔗农贷款 1333 笔，金额 5500 多万元，到期贷款回收率 100%，无不良信用记录。

四、开办"双高"糖料蔗基地的具体信贷要求

为了确保该项业务得到有效发展并且突出特色，同时控制好风险，拟对有关信贷要求明确如下：

（一）贷款合作对象。由合作企业根据"名单管理"的原则挑选优质的糖蔗种植大户。要求有多年种植经验、种植规模大、符合"双高"基地建设要求（种植面积在 200 亩以上且为集中连片已打破田埂的土地、种植土地坡度在 15° 以下），借款客户及其配偶信用记录良好、符合相关贷款业务的征信及客户评分要求，无骗（套）取银行信用、恶意逃废银行债务或信用卡恶意透支行为或记录等。

（二）贷款基本条件。种植业主与提供担保的企业签订糖蔗收购协议，由"双高"办做好相关土地前期评估、规划后，种植业主与农民签订租赁协议取得土地承包权（其中协议中应同意打破田埂、租期在 6 年及以上），"双高"办进行实地测量后制定红线图并公示后出规划图。土地平整，田间道路、蔗区排水工程已见雏形，且投入达"双高"基地建设及种植总预算 30% 以上的，可发放贷款。

（三）保证担保客户的选择。我县目前有两大制糖企业，分别为××糖业有限公司、×××糖业有限公司。××糖业有限公司 2016 年度信用等级评为 BBB＋，年度授信额度 8500 万元（其中农业产业链农户贷款担保额度占用为 1800 万元），2016 年 11 月 30 日到期。目前在我行用信 6180 万元、为农业产业链农户担保余额 488 万元（担保贷款 2016 年 6 月末到期）；×××糖业有限公司目前和我行没有发生信贷关系，正在收集资料做信用评级。××县的两家制糖企业是本县的龙头企业，拥有××县所有的乡镇蔗区，此外×××糖业有限公司还包括××镇、×

×镇等蔗区。我行拟与×××糖业有限公司、×××糖业有限公司进行"双高"基地农户贷款保证担保业务合作，在办理该项业务之前，我行将与这两家制糖企业签订银企合作协议，并由该两家企业分别为"双高"基地农户贷款提供保证担保。

（四）贷款的制度保障。省分行于今年5月修订下发了《中国××银行××分行"甜蜜贷"农户贷款管理办法（试行)》，该办法对种植甘蔗的农户贷款进行了详细的规定，我行拟开办的"双高"基地农户贷款制度以该办法为基础，可以作为"甜蜜贷"农户贷款的子产品进行管理。与"甜蜜贷"农户贷款的主要区别是贷款对象和条件更加明确，贷款得到的政策扶持以及保障更加具体，因为贷款风险能够被政府与公司补贴覆盖，所以对合作企业信用等级不再提出明确等级要求。

综上所述，我行拟对"双高"基地建设及种植农户进行贷款支持，且具有政策依据和保障，能够让我行更好地服务"三农"、顺应市场需求、应对同业竞争和业务创新的需要。如果上级行同意我行开办该项业务，我行将对"双高"基地建设及种植农户准入和管理严格把关，切实做好信贷业务风险防范。

以上请示妥否，请批复。

中国××银行××县支行

2016年6月8日

例文 2

**关于邀请省委领导会见×总行××董事长并出席"中国××银行
江苏省分行存款率先超 8000 亿元新闻发布会"的请示**

省党委：

近年来，在省委、省政府和×总行党委的正确领导下，我行紧紧围绕省发展战略目标，加大金融对经济的支持力度，在促进地方经济快速发展的同时，全行各项业务也实现快速发展。截至5月11日，全行各项存款余额达8026亿元，比年初增加668亿元，我行已率先成为××金融系统第一家存款超8000亿元的银行。

为让社会更好地认知×行，让×行更好地服务社会，增强×行金融推动经济发展的作用，我行定于2015年5月18日上午10：30在南京××大酒店举办"中国××银行江苏省分行存款率先超8000亿元新闻发布会"。此次活动共邀请党政、银、企各界代表共约800人参加。

中国××银行总行高度重视此次活动，××董事长前来出席此次活动，并在××开展调研（16 日抵达江苏；17 日在南京调研；18 日上午出席"中国××银行江苏省分行存款率先超 8000 亿元新闻发布会"，下午在南京调研；19 日离开江苏省）。

为此，特恳请省委领导拨冗会见×总行××董事长，并出席"中国××银行江苏省分行存款率先超 8000 亿元新闻发布会"。

中国××行江苏省分行

2015 年 5 月 12 日

第九节　批　复

结构分析范式

写作目的：答复下级机构请示事项。

结构框架：引据＋答复内容＋结语。

材料来源：1. 针对请示事项作出是否同意的批复内容；

　　　　　　2. 参考同类型批复案例。

写作要领：1. 批复必须针对请示作专门的回答，一事一答，在批复的开头要完全引述来文的标题和文号，必要时可以引述来文要点；

　　　　　　2. 批复要态度明确，措辞要庄重准确，必须作出明确的意见表明同意或者不同意，不能含糊其辞，似是而非；

　　　　　　3. 批复一般只回给来文单位，但如果批复具有普遍意义，可以同时抄送所属单位供参照执行。

例文

关于×××京港房地产开发公司"京港大厦"楼盘项目
按揭合作准入的批复

××分行：

你行《关于×××京港房地产开发公司"京港大厦"楼盘项目按揭合作准入的请示》（××银办发〔2007〕18 号）文件及相关资料收悉。同意你行给予×××京港房地产开发公司"京港大厦"楼盘项目个人住房按揭贷款额度 2000 万元。经营行必须采取以下风险防范措施：1. 提取 5% 的保证金；2. 要求售房款全部归行监管；3. 发放贷款前办妥抵押预登记；4. 开发商承担阶段性连带保证责任；5. 适当提高首付比例。具体办理单笔个人住房贷款时，请严格按我行相关制度办理，同时要加强贷后管理，切实防范信贷风险。

中国××银行××省分行

2007 年 9 月 28 日

第十节　纪　要

结构分析范式

写作目的：记录会议主要情况和议定事项。

结构框架：1. 会议概况 + 会议议定事项；

2. 会议概况 + 会议议定事项 + 结语。

材料来源：1. 会议记录；

2. 参考同类型会议纪要案例。

写作要领：1. 纪要与会议记录不一样，纪要是对整个会议的高度概括，要分清主次、有舍有取、详略得当，要将主要观点、精神、议定事项通过综合归纳，通过"会议认为""会议指出""会议强调""会议同意""会议决定""与会人员认为""与会人员一致同意"等固定用语进行引出表述；

2. 会议发言的人很多，观点也很丰富，起草纪要前要对会议记录进行加工整理，对各种意见进行分析综合，去掉与会议中心无关的内容，厘清会议达成的共识，明确会议主题；

3. 与会人员如果意见比较分散，纪要内容要着重按照会议主持人的最后意见进行集中。

例文

中国××银行××省分行行长办公会会议纪要

时　　间：2010 年 6 月 8 日下午 15：30

地　　　点：省分行办公大楼18楼会议室

主　　　持：×××副行长

议　　　题：听取四项重点治理工作情况汇报，部署下一步工作

参加人员：办公室×××、财务会计部×××、内控合规部×××、
　　　　　个人金融部×××、农户金融部×××、信贷管理部×××、
　　　　　资产处置部×××、监察部×××、总务部×××

　　会议听取财务会计部、资产处置部、个人金融部、农户金融部汇报前一阶段基建工程和"小金库"、网点装修、不良资产和委托资产处置、惠民卡等业务重点治理工作进展情况。×××副行长对如何做好下一阶段四项重点治理工作进行了部署。现将会议纪要如下：

　　会议肯定了前期四项重点治理工作取得的成效。主要体现在四个方面：一是高度重视，部署有力。党委书记、行长×××同志在年初纪检监察工作会议上对活动进行部署动员，统一了思想认识；逐级成立四项重点治理工作领导小组，明确各成员单位职责分工；5月18日副行长×××同志召开专题行长办公会，研究落实重点治理工作具体实施方案。活动的各项安排部署措施得力，组织到位。二是重点突出，针对性强。根据上年案件专项治理及案件集中排查活动发现问题情况，省分行将××、××分行确定为重点治理行进行重点治理，各二级分行共确定20个县支行为重点治理行进行重点治理。三是紧密配合，行动迅速。四项重点治理工作领导小组各成员单位密切配合，及时制订符合我行实际的治理工作总体实施方案及四个子方案，工作有计划、有步骤、有措施。四是工作扎实，成效初显。各级行积极行动，采取各种措施进行自查，各部门组成检查组进行重点抽查，目前没有发现重大问题。

　　会议指出四项重点治理工作推进过程中存在的问题和不足，主要表现如下：一是同质同类问题屡查屡犯现象未能得到改变。如上年我行发现的农户小额贷款违规问题，今年仍然存在，涉及的人员数量更多，情况更为复杂。二是部分单位对四项重点治理工作重视不够，治理工作进度不一。三是信息沟通渠道不畅，重点治理过程中的新情况、新问题没能及时掌握。

　　会议就下一步如何推进四项重点治理工作提出了要求：

　　第一，提高认识，狠抓落实。各部门要充分认识治理工作的重要性、紧迫性，把思想认识统一到总分行党委的决策部署上来，把四项重点治理工作作为一项重点任务，按照"谁主管、谁负责"的原则，按照总分行制定的《××××实施方案》要求，扎实推进各阶段工作进度，确保各业务条线重点治理工作的安排部署

落到实处。

第二，认真履职，加强督导。各牵头部门要按职责分工、认真履职，要抓好本条线重点治理工作，要加强与领导小组办公室及下级行的协调配合，要加强对基层行的督促和指导，总结推广好的经验做法，督办典型案件，验收治理效果。因对治理工作不重视、组织不力、措施落实不到位导致总行集中审计或监管部门发现问题的，将严格追究主管部门的领导责任。监察部要加强组织协调，督促业务主管部门抓好工作落实，掌握有关部门"四项重点治理"进展情况，做好宣传、汇总和总结工作。

第三，突出重点，注重实效。根据上年案件风险排查发现的薄弱环节，我行本次活动要重点对私设"小金库"及惠民卡业务进行治理，要在前期自查摸底的基础上进一步深挖细查，敢于并主动揭露问题。其他治理工作的牵头部门也要结合本业务条线实际，确定治理的重点部位和关键环节，开展全方位自查，不留死角，确保治理工作取得实效。

第四，了解进度，掌握方法。各牵头部门要了解本业务条线治理工作开展情况和进度，掌握活动的特点和主要问题，对各个阶段的活动进展状况及问题进行分析，同时还要掌握和推广各行开展活动的好的经验和做法，以点带面，更好地推动全行四项重点治理工作的顺利开展。

第五，加强整改，严格问责。各部门要针对治理工作中发现的问题，从制度建设、权力制约、流程设计、监督管理等方面，分析问题根源，查找存在的漏洞和薄弱环节，制定整改措施并抓好落实。各牵头部门对主要问题的整改意见和措施要在7月底前下发到各行。对自查发现的违规违纪问题，要把握好区别处理政策，严格按照有关办法进行责任追究，对前段时间排查出来的问题，要按照×行长的指示严肃处理，监察部门要尽快拿出处理意见上党委会讨论。对主要问题整改不到位，审计、监管等部门检查发现的，分行党委也要对主要责任人进行问责。

第六，加强信息沟通，营造良好氛围。各部门要明确治理工作信息报告路径和渠道，指定日常联络人员，落实治理工作业务条线纵向报告和监察部汇总报告的双线报告制度，每半个月向领导小组办公室报送一次治理工作进展情况。对发现的重大问题和案件线索要立即报告，并做好保密工作。要及时收集总结推广典型先进经验和好的做法，充分运用经管网、简报、行内信息报刊等载体，加大对四项治理工作实施情况的宣传引导，让全行员工充分认识总行党委强化案件防控的决心，深刻领会重点治理工作的重要性和必要性，在全行营造良好的治理氛围。

第十一节　函

结构分析范式

写作目的： 商洽工作，答复问题，请求批准等。

结构框架： 1. 引据＋致函内容；

2. 引据＋致函内容＋结语。

材料来源： 1. 明确致函的具体内容；

2. 参考同类型函的案例。

写作要领： 1. 函适用于不相隶属机构之间的沟通，但在使用时也要注意尽量向行政级别对等的单位行文；

2. 从函的分类看，可以分为告知函、商洽函、询问函、答复函以及请求批准函等，可根据用途不同选择具体模板；

3. 函的使用较为广泛、灵活，在行文时要注意语气平和谦虚，措辞严谨得体。

例文

关于报送 2011 年度"亮点"工作材料的函

省"亮点"工作小组：

2011 年，我行在省委、省政府和×总行党委的正确领导下，按照"市场争进位，管理上台阶"的总体要求，大力改革创新，深化服务小微企业，推进经营转型，强化风险防控，巩固提升了我行当地主流银行地位。根据《省直、中直××单位"亮点"工作通报实施办法》的有关工作要求，我行报送的主要"亮点"工作是：

"普惠金融事业部制改革取得重大进展"（属于某项重要工作取得重大突破，有数据可反映的通报标准）。

报送理由有以下几个方面：一是该项工作获得了省委书记×××、省长×××的亲自批示；二是该项工作通过了国务院×行改革领导小组和人民银行的现场检查和评估验收；三是中国××银行普惠金融事业部改革试点评估座谈会在××市召开，我行进行了大会发言；四是中央电视台《××××》栏目 2011 年 8 月 18 日进行专题采访报道；五是我行服务小微企业工作取得显著成效，各项业务发展均取得新的突破。相关佐证材料见附件。

　　（联系人：×××；联系电话：××××××）

　　附件：×行××分行 2011 年度"亮点"工作佐证材料

中国××银行××省分行

2012 年 2 月 28 日

第七章　制度办法

第一节　管理办法

结构分析范式

写作目的： 对做好某项工作，作出较为全面、系统、具体的管理规定。

结构框架： 1. 总则（依据、目的、意义、作用等）＋分则（具体措施）/附则（实施意见）；

2. 按照管理办法的内在逻辑，以条目式陈述。

材料来源： 1. 首先要了解制定办法的目的和依据以及通过该办法可以实现的意义和作用，然后全面了解该办法对应的整个经营管理或者业务流程，并且进行归纳概括梳理；

2. 在下发办法前，要通过座谈会、实地调研、征求意见等形式收集行文素材和修改意见；

3. 参考同类型管理办法案例。

写作要领： 1. 管理办法通常要具体、完整，行文时要注意逻辑清楚，层次分明，数据确凿，内容具体，用语严密，具有可操作性；

2. 要注意区分管理办法与实施细则，管理办法侧重全面性和原则性，实施细则侧重精细化和操作性。

例文

中国××银行××省分行制糖企业贷款管理办法

第一章　总　则

第一条　为进一步加强对优质制糖企业贷款的营销和管理工作，根据《中国

××银行信贷管理基本制度》《中国××银行××省分行关于建立信贷资产长效机制的实施意见》《中国××银行××省分行贷后管理实施细则（试行）》等规定，特制定本管理办法。

第二条 制糖企业贷款管理遵循"区别对待、择优扶持"的信贷原则，即，优先支持制糖优良客户，努力提升一般制糖客户，逐步退出限制淘汰制糖客户。

第三条 本办法所称食糖质押贷款包括仓单质押和食糖质押两种形式。

第四条 本管理办法仅适用于制糖企业。

第二章 制糖企业分类管理

第五条 我行的制糖企业按年度信用等级进行分类，其中：AA级及以上为优良客户，A＋级、A级为一般客户，B级为限制客户，C级为淘汰客户。

第六条 对列入优良、一般客户管理的制糖企业，在其年度信用等级有效期内发生改制的，其资产负债率低于70%（一般客户低于80%）及到期信用、利息收回率达100%的，可按原年度信用等级（经有权审批行确认后）进行分类，否则按原客户管理分类下靠一级进行管理；限制类、淘汰类制糖企业改制后仍按原年度信用等级进行管理。改制后，资产、负债结构及生产经营状况发生重大变化，但符合事实认定为AA级以上条件的客户需重新评级的，经省分行审批后，按新的信用等级执行。

第三章 制糖企业准入管理

第七条 对新准入的制糖企业，必须符合以下条件，并由省分行统一审批。

（一）日榨生产能力在3000吨以上且上一榨季榨蔗量在40万吨以上；

（二）根据企业信用等级评定规定，年度信用等级在AA级（含）以上；

（三）无不良信用记录；

（四）盈利企业。

第四章 制糖企业授信和贷款管理

第八条 制糖企业的年度授信按照我行授信制度的有关规定和授权权限执行。

第九条 制糖企业贷款由各行在授权权限范围内自主审批，并按总行规定的报备范围履行贷前报审手续。

第十条 制糖企业流动资金贷款期限原则上控制在一年以内（含一年），对超过一年的中期流动资金贷款，各行在授权权限内审批后向省分行贷前报审。

第十一条 制糖企业贷款抵押率应遵循以下原则：

（一）采用出让土地使用权、房产设置贷款抵押的，优良客户贷款额度不得超过抵押物评估变现值的70%；一般客户贷款额度不得超过抵押物评估变现值的60%；限制类、淘汰类客户贷款额度不得超过抵押物评估变现值的50%。

（二）采用机器设备抵押的，优良客户贷款额度不得超过抵押物评估变现值的50%；一般客户贷款额度不得超过抵押物评估变现值的40%；限制类、淘汰类客户贷款额度不得超过抵押物评估变现值的30%。

（三）采用划拨土地使用权抵押的，优良客户贷款额度不得超过抵押物评估变现值的40%；一般客户贷款额度不得超过抵押物评估变现值的30%；限制类、淘汰类客户贷款额度不得超过抵押物评估变现值的20%。

第十二条 制糖企业贷款采用保证担保方式的，在综合评价保证人偿债能力的基础上，保证人累计担保总额不得超过其有效净资产。

第十三条 采用先阶段性保证担保后置换仓单或食糖质押方式的，应于20××年5月末前办理完相关的质押担保手续。

第十四条 对限制类、淘汰类制糖企业贷款，在清收过程中需办理收回再贷、借新还旧手续的，应要求其将原担保置换为仓单或食糖质押方式，在确实无法置换为仓单或食糖质押方式的，可按原贷款方式办理。对限制类、淘汰类制糖企业办理收回再贷手续，贷款额度不得超过原贷款本金的90%。

第五章 食糖质押贷款管理

第十五条 办理食糖质押贷款的方式：

（一）仓单质押方式。以第三方（仓储方）开立项下为食糖的仓单作为质押物办理贷款，具体操作按照《中国××银行仓单质押短期信用业务管理办法（试行）》执行。

（二）食糖质押方式。食糖质押方式有两种：以存储在贷款人租赁的制糖企业（借款人）仓库的食糖质押和以存储在贷款人租赁的第三方仓库的食糖质押。

以存储在贷款人租赁的制糖企业（借款人）仓库的食糖质押时，经营行必须与制糖企业（借款人）签订《仓库租赁协议书》，并要求制糖企业办理财产保险，明确×行为保险第一受益人。质押食糖需出库的，由经营行按照借款人归还我行贷款额度等比例审批放行，并使用统一格式的出库单。

以存储在贷款人租赁的第三方仓库的食糖质押时，经营行、制糖企业（借款人）和第三方要签订《仓库租赁、委托保管协议书》，并要求制糖企业办理财产保险，明确×行为保险第一受益人。经营行委托第三方对入库质押食糖进行管理，质押食糖需出库的，由经营行按照借款人归还我行贷款额度等比例审批放行，并使用统一格式的出库单。

第十六条 食糖质押贷款额度不能超过质押食糖现值（以当期××柳州糖业市场行情为参照）的80%。

第十七条 办理食糖质押贷款时，经营行必须与借款人在借款合同其他事项中约定：质押期间，当食糖质押率上升至90%（或仓单质押率上升至80%）时，借款人必须在10日内或补充质押物，或补充保证金（要求开立保证金专户），或处置质押物偿还贷款，否则，我行有权提前收回贷款本息。质押率的确认以贷款人的书面通知书为准。

第六章 贷后管理

第十八条 制糖企业重点管理客户的划分应遵循以下原则：

（一）对跨地市的集团性或单户贷款余额（年末数）超亿元（含）的制糖企业，原则上由省分行列为重点客户进行管理；对跨县域的集团性或单户贷款余额（年末数）超5000万元（含）的制糖企业，原则上由二级分行列为重点客户进行管理（具体以省分行或二级分行下发的文件为准）。对列入重点客户管理的制糖企业，相关客户部门和信贷管理部门必须落实管户主责任人和风险监控主责任人，并按规定报告有关情况，出现特殊情况的随时报告。

（二）经营行必须对制糖企业按户落实管户主责任人和风险监控主责任人（其中对单户贷款余额超亿元的制糖企业应实行专职管户主责任人制），按制度要求认真履行贷后管理职责。

第十九条 对制糖企业贷款除按制度规定做好日常贷后管理工作外，要重点对质押食糖或仓单质押项下的食糖进行监管。

（一）经营行管户主责任人必须建立质押食糖或仓单质押项下的食糖管理台账，并定期（每半月）对质押食糖或仓单质押项下的食糖进行检查。在检查中如发现质押食糖数量或仓单质押项下的食糖数量不足时，应及时深入了解质押食糖的去向，并按重大经营事项向经营主责任人报告，采取措施，及时收回贷款。

（二）经营行管户主责任人应定期（每半月）对所管理的质押食糖或仓单质押项下的食糖价值进行测算（糖业市场价格波动幅度较大时应增加测算频率），当质押食糖或仓单质押项下的食糖价值不足时（按第十七条的规定），应及时要求借款人或补充质押物、或补充保证金，或处置质押物偿还贷款并及时向经营主责任人报告风险。

第二十条　对集团性制糖企业贷款采取经营行和管理行共同管理的模式。经营行除做好日常的贷后管理工作外，重点加强对集团客户各子公司生产经营、对外投资、同业融资、抵（质）押物等情况的监管，及时收集并向管理行反馈客户第一手信息；负责集团客户本部管理的经营主办行，要重点加强对整个集团资金流向及关联交易的有效追踪、分析、评价和监管，管理行要做好对集团性制糖企业的监测和管理，并发布相关信息指导经营行对集团性制糖企业的贷后管理工作。管理行、经营行要加强沟通和联系，建立有效的信息共享平台，共同做好集团性制糖企业的贷后管理工作。

第七章　附　则

第二十一条　经营行要加强对制糖企业贷款的管理，对贷款管理不到位造成我行贷款本息不能按期收回的，省分行将根据相关制度规定严肃追究有关责任人的责任。

第二十二条　对尚有固定资产贷款余额的制糖企业，经营行必须要求其在×行建立折旧专户，按月提取折旧资金存入专户用于还贷。

第二十三条　对不能按期归还我行贷款本息的制糖企业，经营行要暂停对其发放贷款，直至全额收回制糖企业所欠我行到期贷款本息为止。

第二十四条　对以100%保证金、全额存单质押或国债（目前不包括记账式国债）质押的贷款按相关规定办理。

第二十五条　本管理办法不适用于以食糖为原料的加工企业和食糖商贸企业。以食糖质押方式办理的非制糖企业贷款，可参照本办法的相关规定执行。

第二十六条　本管理办法自发文之日起实施，之前省分行制定的《中国××银行××省分行糖业贷款管理办法》同时废止。

第二节　管理规定

结构分析范式

写作目的： 为做好某项具体工作而制定的全面、系统、具体的规章性公文。

结构框架： 1. 引据＋具体规定；

2. 引据＋具体规定＋结语。

材料来源：1. 归纳概括梳理要做好该项工作的具体内容；

2. 同样可通过座谈会、实地调研、征求意见等各种不同形式收集行文素材和修改意见；

3. 参考同类型管理规定案例。

写作要领：1. 规定具有强制性和约束力，行文语气多以肯定、说明为主；

2. 规定使用范围较为广泛，凡是需要遵守的行为准则或者执行的事务都可以用规定行文，但规定的内容要限定在为实现准则或者执行事务而制定的范围内。

例文

×××支行会议管理规定

为进一步加强全行会议管理，切实改进全行工作作风建设和提高行政效能，特制定如下规定。

一、坚决执行中央规定

充分认识执行中央八项规定、《党政机关厉行节约反对浪费条例》和×行党委28条措施、省分行23条细则的重大意义，切实把思想和行动统一到中央精神和总行党委的要求上来，不折不扣执行，不断改进工作作风，自觉维护×行的良好形象。

二、明确会议管理职责

×××支行综合管理部负责会议管理的整体组织和协调；落实会场座位及台牌摆放、会议横幅制作及悬挂，清洁卫生、茶水和会场音响等设备管理和操作；会议主办部门负责会议材料准备、会议记录和会议纪要整理；财会运营部负责视频会议系统的技术管理和设备操作维护，负责上级行视频会议进行过程中分行端设备操作。

三、会议管理对象

会议分为机关会议和全行性会议。

机关会议包括党委会议、行长办公会议、行务会议、业务经营分析季度例会、案件风险分析会议、机关全体员工大会、各专业委员会会议等。

全行性会议包括全行工作会议、各条线业务经营分析例会、其他专业工作会议。

四、会议组织流程

（一）会议组织流程图（略）。

（二）会议计划安排。

1. 各部室提请党委会议、行长办公会议、行务会议、各专业委员会议研究或审议的事项，经行领导批示同意并在行长碰头会议提出后，由综合管理部协调安排有关会议，确定会议类别、议题、时间、地点及参会部门，落实和明确会议主持人和出席会议的行领导，并列入行领导日程安排。

2. 党委会议、行长办公会议、行务会议由综合管理部负责组织、协调和筹备。

3. 案件风险分析会议由监察室、各专业委员会由各下设综合管理部、各专业工作会议由对口处室负责组织、协调和筹备。

4. 全行工作会议、业务经营分析季度例会经行领导批示同意并在行长碰头会议提出后，由综合管理部协调安排有关会议，确定时间、地点、参会人员，落实和明确会议主持人和出席会议的行领导。

5. 对经批准的全行性会议，会前编制"机关会议及费用审批表"，明确会议内容、会议地点、参会人员、召开时间和会议预算等，经综合管理部协调后呈分管领导审批。审批表要一式两份，一份送综合管理部，一份本部室留存。会议过程严格执行会议预算，不得超支和挤占其他费用。

（三）会议通知。

1. 通知发布。会议组织部门通过内部邮箱、电话或书面形式发出。

2. 会议通知要明确会议时间、地点、主持人、会议类别、会议议题及参会人员等，具体形式按照《会议通知格式》准备。

（四）会议材料。

1. 会议材料准备。

（1）机关会议。会议申请部门应按《会议文件格式》要求提前准备会议材料；内容包括提请会议议定的事项，本部门意见，征求相关部门意见情况，与议题有关的领导批示、文件、背景资料等；会议材料务必在会前一个工作日报送与会行领导及相关参会部门。

（2）全行性会议。会议材料务必在会前三个工作日报行领导审阅后，由综合管理部统一印制。

2. 会议材料分发。

（1）机关会议。报送行领导的会议材料打印纸制版本交综合管理部呈送行领导；发送相关参会部门的会议材料，非涉密的内部邮箱直接发送至参会部门；涉密会议材料，应由准备材料的部门提出定密建议，由综合管理部核定和标明密级后，将纸质材料发送各参会部门，不得通过内部邮箱发送；参会部门收到会议材料后，要及时研究，认真准备发言意见；开会时，参会部门要将已发会议材料带到会上，会议组织部门不再另发上会材料。

（2）全行性会议。由会议主办部门在会议代表报到时分发至与会人员手中。

3. 会议材料讨论。

（1）机关会议。研究讨论会议材料之前，主汇报部门要就有关问题做简要说明，参会人员要认真参加讨论并围绕会议主题发言，发言内容要简明扼要，观点明确。

（2）全行性会议。参会人员要根据日程安排，认真围绕会议材料进行讨论。

（五）会场布置。

1. 党委会议、行长办公会议、行务会议、全县×行工作会议、业务经营分析例会，由综合管理部安排、布置会场，落实会场音响设备维护、清洁卫生等。

2. 各专业委员会会议、案件风险分析会议、各专业工作会议，由会议承办部室安排、布置会场；综合管理部落实会场音响设备维护、清洁卫生和茶水服务等。

（六）会议记录和纪要。

1. 会议记录。

（1）机关会议每次都要进行记录。其中党委会议由制定参会人员负责记录；行长办公会议由综合管理部及会议主汇报部门指定专人分别负责记录；行务会议、业务经营分析季度例会由综合管理部指定专人负责记录；案件风险分析会议由风险部指定专人负责记录；各专业委员会会议由下设综合管理部指定专人负责记录。

（2）全行性会议由承办部门记录，并根据记录对会议材料进行修改下发。

2. 会议纪要。

会议纪要按《会议纪要格式》要求整理。

（1）会议纪要要素。包括会议会别、会次、时间、地点、主持人、参加人员、议题及会议议定内容。

（2）会议纪要要求。准确反映会议议定的内容、完全忠实于会议议定的事项；表述要清楚，文字要简练，逐条明确列出议定结果。

（3）会议纪要的形成。

党委会议纪要的形成：综合管理部根据领导指示是否需要形成会议纪要，如需要，整理会议纪要后报党委书记签发；

行长办公会议纪要的形成：会议主汇报部门负责并完成整理会议纪要初稿后，发综合管理部参会记录人员核稿，经综合管理部经理审核后报行长或行长委托的主持会议的行领导签发；

行务会议纪要的形成：综合管理部参会记录人员形成会议纪要，经综合管理部核稿后报行长或行长委托主持会议的行领导签发；

案件风险分析会议纪要的形成：风险部负责整理形成会议纪要，经综合管理部核稿后报主持会议的行领导签发；

各专业委员会会议纪要的形成：各专业委员会或领导小组下设综合管理部负责整理形成会议纪要，送综合管理部核稿后呈会议主持人签发。

（4）会议纪要的发送范围。

党委会议纪要：由综合管理部发送党委各位委员，并就相关议题分别发送相关部门；

其他会议纪要：由综合管理部印制后发送出席会议的行领导和相关部门。

根据工作需要，经会议主持人批准，可扩大发送范围。

3. 会议记录和会议纪要的归档。

（1）党委会议记录与会议纪要。由综合管理部相关人员于每年年底封装交综合管理部（机要室）保管备查，原则上两年后封闭移交综合管理部（档案室）存档；

（2）行长办公会议、行务会议、业务经营分析季度例会、案件风险分析会等由记录人员将会议记录交综合管理部（机要室）负责保管，于次年整理移交综合管理部（档案室）存档；

（3）各专业委员会记录与会议纪要由下设的综合管理部负责保管，于次年整理移交综合管理部（档案室）存档。

（七）会议决议落实。

会议主办部室负责决议执行情况的检查和督办，通知承办部室及时办理；承办部门按要求和规定时限办理，并及时将办理结果反馈分管领导和会议主办部室。

（八）会议纪律。

1. 参会人员应严格按照会议通知要求参加会议。党委会议、行务会议、行长办公会议要求部门主要负责人列席或参加，因故不能出席的，需报经会议主持人同意；

2. 增加或变更参会人员，应提前告知会议组织部门，不得在会议中变更人员，与会议无关人员不得自行进入会场；

3. 参会人员应提前进入会议室，按照指定位置就坐；

4. 会议期间，参会人员要关闭各种通信工具，不处理其他公务；

5. 参会人员应严格遵守保密纪律，会后需传达的会议内容要严格按照会议主持人的要求进行传达，不得泄露需要保密的会议内容和议定事项。

第三节　操作规程

结构分析范式

写作目的： 规定业务流程或管理流程的完整操作程序。

结构框架： 总则＋分则＋附则。

材料来源： 1. 对规定事项的完整操作过程进行了解分析，掌握每个环节内容；

2. 通过座谈会、实地调研、征求意见等各种不同形式收集行文素材和修改意见；

3. 参考同类型操作规程案例。

写作要领： 1. 操作规程必须全面具体，要把所有环节以及可能发生的情况都进行考虑并进行规范；

2. 行文用词一定要准确清晰，避免出现理解偏差造成失误。

例文

××银行××分行小额担保贷款操作规程

第一章　总　则

第一条　为加强小额担保贷款管理，规范小额担保贷款操作行为，根据中国人民银行南京中心支行《××小额担保贷款实施管理办法》《××金融机构小额担保贷款业务管理暂行办法》和《××银行信贷管理办法》等相关规章制度，结合我行实际，特制定本操作规程。

第二条　本操作规程所称的小额担保贷款，是指自愿申请，共青团、妇联等组织推荐，人力资源和社会保障部门审查，担保基金担保，经办行核准发放，用于支持符合贷款条件人员自主创业的贷款。

第三条　本操作规程所称担保基金，是指由市、县人民政府建立，同级财政筹集，用于为小额担保贷款提供担保的专项资金。

第四条　本操作规程所称的担保机构，是指受财政部门、人民银行分支机构、人力资源和社会保障部门委托，负责运作小额担保贷款担保基金的担保机构。

第五条 小额担保贷款在遵照《××小额担保贷款实施管理办法》规定执行的前提下，采用农户小额贷款、农村个人生产经营贷款等信贷产品办理。

第二章 贷款对象、条件和用途

第六条 贷款对象。在法定劳动年龄以内，诚实守信、有创业愿望和创业能力，自谋职业、自主创业的农村创业妇女、高等学校和中等职业学校毕业生、大学生"村官"等符合人民银行小额担保贷款对象的客户。

第七条 贷款条件。除符合××银行单项业务制度规定的条件外，还必须满足以下条件之一：

（一）农村创业妇女，必须是具有××户籍，在法定劳动年龄以内，具有完全民事行为能力，诚实守信的农村妇女。

（二）高等学校和中等职业学校毕业生，必须是持有学历证书，毕业两年以内，并志愿到××创业的高校和中等职业学校毕业生。

（三）大学生"村官"，必须是被组织部门录用的大中专高校毕业生，在聘期内开展自主创业的人员。

（四）其他符合人民银行小额担保贷款对象认定的条件。

第八条 贷款用途。小额担保贷款用于从事个体经营的财政贴息微利项目，主要有以下几类：种植养殖类——林果栽培、花草蔬菜种植、家禽家畜水产养殖等；商业类——烟酒零售、服装鞋帽零售、日用品零售、小五金零售、糕点食品零售、音像制品零售、书报刊零售、鲜花零售、玩具文具零售、文化用品零售、水果蔬菜零售、其他商品零售等；服务类——餐饮服务、旅店服务、修配服务、家政服务、卫生保健服务、社区便民服务、租赁服务、中介服务、搬运运输服务、复印打字、理发、机动车美容养护、音像图书借阅、废品回收等；加工制作类——小五金加工制作、饰品加工制作、木铁器加工制作、食品加工制作、服装鞋帽加工制作、家庭作坊加工制作等。

第三章 贷款额度、方式、期限、利率和还款方式

第九条 贷款额度。贷款额度按照《××××小额担保贷款实施管理办法》的规定实行分类控制。其中：妇女贷款单户最高不超过8万元，高等学校和中等职业学校的毕业生贷款单户最高不超过10万元。经办行小额担保贷款总余额不得超过担保基金余额的五倍或财政部门下达的贷款余额控制总额。

第十条　贷款方式。小额担保贷款可采用一般方式和可循环方式。一般方式是指未对借款人授予最高额可循环贷款额度，一次性放款，一次或分次收回；可循环方式是指在核定的最高额度和期限内，借款人可以随用随借，循环使用。具体按照××银行单项业务制度的规定执行。

第十一条　贷款期限。贷款期限或授信期限最长不超过两年。借款人提出展期且担保人或担保机构同意继续提供担保的，可以按规定给予展期一次，但展期期限不得超过一年。

第十二条　贷款利率。小额担保贷款利率可在中国人民银行公布的贷款基准利率基础上上浮，最高不超过3个百分点。小额担保贷款合同有效期内如遇基准利率调整，按贷款合同签订日约定的贷款利率执行。

第十三条　还款方式。贷款期限在一年以内（含）的，采取利随本清、按季度结息到期还本还款方式，贷款期限在一年以上的，应采取等额本息、等本递减等分期还款方式。

第四章　担保方式

第十四条　小额担保贷款采取担保机构担保和担保基金担保方式。

（一）采取担保机构担保的，担保机构应符合《中国××银行信贷业务担保管理办法》规定的相关条件，并由县级支行（含）以上与担保机构签订委托担保协议或协调管理协议。

（二）采取担保基金担保的，必须采用有效抵（质）押担保或保证担保。担保基金应存放于经办行，存放期限应与担保期限一致，并实行专户管理，专项用于为小额担保贷款提供担保。

第十五条　贷款反担保。申请小额担保贷款的借款人可根据现有相关规定采用房产、土地使用权、林权抵质押或保证人担保等方式为担保基金提供反担保，妇女小额担保贷款原则上不要求提供。具体条件由借款人与运作担保基金的指定担保机构或者经办行协商确定。

第五章　贷款申请、发放程序

第十六条　小额担保贷款按照自愿申请，共青团、妇联等组织推荐，人力资源和社会保障部门审查，担保机构审核或担保人承诺担保，经办行审批发放贷款的程序办理。

第十七条　贷款申请

贷款申请人除按××银行单项业务制度规定提供的基本材料外，还应提交以下资料：

（一）农村创业妇女需提供户籍证明原件和复印件，毕业两年内的高校和中等职业学校毕业生需提供毕业证书原件和复印件，大学生"村官"需提供毕业证书、组织部门聘任证明材料原件及复印件。

（二）共青团或妇联等组织签署推荐意见、人力资源和社会保障部门签署审核意见并分别加盖单位行政公章的"小额担保贷款客户推荐表"。

（三）属担保机构担保的，提交承诺担保的相关材料。

第十八条 贷款发放。经办行按照××银行单项业务制度的要求进行贷款受理、调查、审查和审批，符合有关规定的，发放贴息贷款。

（一）贴息贷款标识。在信贷管理系统受理调查环节录入贷款贴息标识，即，在信贷系统受理环节界面【是否贴息】项选定"是"。

（二）合同签订。经办行应根据××银行合同管理的相关规定与客户签订借款合同，其中：农户贷款使用《农户贷款借款合同》，签订合同时，应在合同名称处加盖"小额担保贷款合同"专用章，并在合同"其他约定"栏注明"本合同项下借款为按照《××小额担保贷款实施管理办法》规定的贷款条件、贷款名称及贷款金额、利率、期限发放的小额担保贷款，可享受国家财政全额贴息"。

对不符合贷款条件的，应终止贷款程序，并及时通知共青团、妇联等组织和贷款申请人。

第六章　贷款管理和呆坏账处理

第十九条 经办行应对小额担保贷款实行专户管理，对发放的小额担保贷款单独设立台账，接受有关部门的监督检查，并实行单独统计、单独考核。在办理小额担保贷款业务时，应严格执行政策规定贷款金额、利率和期限，不得擅自更改贷款名称、扩大贷款对象范围、延长贷款时间或提高贷款利率。对不符合贷款条件的，不得发放贷款；对超过财政部门下达控制总额的，要停止发放贷款。

第二十条 经办行小额担保贷款不良率达到20%时，应暂停发放新的贷款，并于暂停业务之日起3个工作日内书面报告所在地人民银行。根据国家有关规定及《××小额担保贷款实施管理办法》，担保基金必须代为清偿不良贷款，待贷款不良率降低后并报经同级人民银行、财政、人力资源和社会保障部门批准后，方能恢复受理小额担保贷款申请。贷款到期不能归还至担保机构履行代位清偿责任之间的期限，最长不得超过 3 个月。

第二十一条　经办行决定停止办理小额担保贷款业务时，应至少提前 30 日报告所在地人民银行，并说明停办原因，提交处置方案。

第二十二条　小额担保贷款到期回收和清欠工作由经办行和担保机构共同负责，共青团、妇联等推荐组织参与。各行要加强与共青团、妇联组织工作沟通和协作，建立到期回收、逾期追偿的工作机制，确保资金全部回收。

第二十三条　小额担保贷款呆坏账核销原则：以人为本，严格认定，逐户审批，对外保密，账销、案存、权在，按年核销。贷款核销按照××银行呆账核销的有关规定执行。

第二十四条　小额担保贷款呆坏账的认定。符合下列条件之一的未结清债权可认定为呆坏账贷款：

（一）借款人因死亡，或按照《中华人民共和国民法通则》的规定宣告失踪或宣告死亡，或丧失完全民事行为能力或丧失劳动能力；经办机构对借款人、借款人财产继承人和担保人进行追偿后，未能收回的债权。

（二）借款人遭受重大自然灾害或意外事故，无法归还贷款，经办机构对借款人和担保人进行追偿后，未能收回的债权。

（三）借款人触犯法律，依法受到制裁，无法归还贷款，经办机构对借款人和担保人进行追偿后，未能收回的债权。

（四）财政部《金融企业呆账核销管理办法》认定的其他情形。

第七章　贷款贴息管理

第二十五条　贷款贴息范围

（一）有下列情形之一的贷款项目，财政不予以贴息：

1. 用于建筑业、娱乐业、销售不动产、转让土地使用权、广告业、房屋中介、桑拿、按摩、网吧、氧吧等经营项目的贷款。

2. 贷款期限或授信期限超过两年的贷款。

3. 贷款利率超过本操作规程第十二条规定最高限额的贷款。

4. 展期或逾期的贷款。

5. 其他不符合财政贴息的贷款。

（二）由指定担保机构运作的担保基金，经担保机构担保、在同级财政部门下达的年末担保贷款余额控制总额以内发放并符合条件的贷款，由财政贴息；超过控制总额的，财政不予以贴息。

（三）由指定经办行运作的担保基金，经办行在同级财政部门下达的年末贷款余额控制总额以内发放并符合条件的贷款，由财政贴息；超过控制总额的，财政不予以贴息。

（四）年末小额担保贷款责任余额在担保基金银行存款余额五倍以内并符合条件的贷款，由财政贴息；超过五倍的贷款，中央和省财政不予以贴息。

第二十六条 贴息资金的计算。贴息资金由经办行负责计算，经办行按照国家财务会计制度和小额担保贷款政策有关规定，计算小额担保贷款应贴息金额。小额担保贷款贴息，在规定的借款额度和贴息期限内，按实际借款额度和计息期限计算。计算贴息的时间按照××银行贷款的结息时间确定。

第二十七条 贴息资金的申请与清算

（一）贴息资金的申请。经办行于每季度结息日后5个工作日内，向当地财政部门申请，同时将贴息资金申报材料复印件送当地人民银行。申请时应提供"小额担保贷款财政贴息资金季度申报审核表""小额担保贷款财政贴息资金季度申请明细表""小额担保贷款计收利息清单"等材料。小额担保贷款属担保机构担保的，将材料送所在市、县担保机构审核，由担保机构确认后报送所在地市、县财政部门申请贴息。

（二）贴息资金的清算。年度终了后10个工作日内，经办行填制"小额担保贷款财政贴息资金年度清算表"和"小额担保贷款财政贴息资金年度清算明细表"，报送同级担保机构、人力资源和社会保障部门审核并签署意见后，报所在市、县财政局进行上一年度贴息资金清算。

第二十八条 为确保数据的准确性，各二级分行、直管支行应按季度统计辖属机构的小额担保贷款数据，并填制"小额担保贷款财政贴息情况季度统计表"，于季后5个工作日内上报省分行。

第八章　附则

第二十九条 本操作规程适用于××银行××省分行辖属机构办理的小额担保贷款业务。

第三十条 本操作规程未尽事宜，按照《××小额担保贷款实施管理办法》《××金融机构小额担保贷款业务管理暂行办法》及中国××银行相关信贷制度的规定执行。

第三十一条 本操作规程由××银行××省分行负责制定、解释，并自下发之日起施行。

第四节　实施细则

结构分析范式

写作目的：规定业务流程或管理流程的完整实施步骤。

结构框架：总则＋分则＋附则。

材料来源：1. 对明确事项的完整实施过程进行了解分析，掌握每个环节内容；

2. 通过座谈会、实地调研、征求意见等各种不同形式收集行文素材和修改意见；

3. 参考同类型实施细则案例。

写作要领：1. 实施细则对应管理办法，是对管理办法具体实施的操作性规定。

2. 实施细则必须全面具体，要把所有过程以及可能发生的情况都进行考虑并明确。

例文

××银行××支行"双高"基地农户贷款实施细则（试行）

第一章　总　则

第一条　为有效满足糖料蔗种植农户生产经营资金需求，根据国家有关法律、法规和《××银行农户小额贷款管理办法》《××银行农村个人生产经营贷款管理办法》等规章制度，制定本实施细则。

第二条　本实施细则所称"双高"基地农户贷款，是指××银行对与企业签订糖料蔗收购协议、与农民签订租赁协议取得土地承包权、建设高产高糖糖料蔗基地并种植甘蔗的农户发放、借款人以糖料蔗结算款及财政等相关部门对基地的补助作为主要还款来源的人民币贷款。

第三条　"双高"基地农户贷款根据贷款额度的不同，分别按照农户小额贷款和农村个人生产经营贷款进行授权管理。

第二章　基本规定

第四条　贷款对象。"双高"基地农户贷款的对象为"双高"基地建设及糖料蔗种植农户，农户应符合《××银行农户小额贷款管理办法》和《××银行农村个人生产经营贷款管理办法》的界定。

第五条 借款人条件。借款人须同时具备以下条件：

（一）年龄在18周岁（含）以上，且申请借款时年龄和借款期限之和最长不超过65年（含），在合作区域内有固定住所或经营场所，身体健康，具有完全民事行为能力和劳动能力，持有效身份证件。

（二）与企业签订了糖料蔗收购协议。

（三）客户信用等级评级结果为一般级及以上。

（四）收入来源稳定，具备按期偿还本息的能力。

（五）借款人及其配偶信用记录良好，申请贷款时不存在到期未还的逾期贷款和信用卡恶意透支，且最近24个月内不存在连续90天（含）以上或累计6期以上的逾期记录，能够说明合理原因的除外。

（六）贷款人规定的其他条件。

第六条 严禁对以下客户办理贷款：

（一）有骗（套）取银行信用、恶意逃废银行债务或信用卡恶意透支行为或记录的。

（二）担任或曾经担任有骗（套）取银行信用、恶意逃废债务行为的企业的主要管理人员，且对企业逃废债行为负有直接责任的。

（三）有嗜赌、吸毒等不良行为的。

第七条 贷款用途。用于"双高"基地建设及农户糖料蔗生产经营和消费，主要包括以下方面：

（一）"双高"基地的建设。

（二）购买糖料蔗种、肥料、农药、农用机具，承包、租赁土地以及劳务支出等。

（三）农户自身及家庭生活消费。

第八条 贷款额度。"双高"基地农户贷款单户贷款最高额度不得超过借款人建设"双高"基地、种植甘蔗及砍伐需投入资金总额的70%。最终贷款额度由农户申请、×行确定。

第九条 贷款方式。分为一般方式和可循环非自助方式。采用可循环非自助方式，在贷款额度有效期内，按照榨季周期循环使用。

第十条 贷款期限。根据农户糖料蔗生产周期、合作企业资信实力等合理确定，采用一般贷款方式的，贷款期限不超过1年（含），可循环贷款额度有效期不超过 3 年（含）。额度内的单笔贷款期限不超过 1 年，且到期日不得超过额度有效期。

第十一条 还款方式。根据农户糖料蔗生产周期、糖料蔗还款结算周期，采取利随本清、按季度定期结息到期还本等方式。

第十二条 贷款定价。根据当地资金供求、同业情况等合理确定贷款利率，原则上在基准利率以上但不高于当地金融机构贷款利率。

第十三条 贷款担保。"双高"基地农户贷款采用农业产业链企业保证担保方式。

第十四条 办理"双高"基地农户贷款业务前，须对合作企业进行准入并签订银企合作协议。与我行开展合作的企业须同时具备以下条件：

（一）企业生产经营情况、财务状况和市场信誉较好，在防控甘蔗疫情、抵御市场价格剧烈波动等方面具有相应经验和能力。

（二）在我行开立基本账户或一般存款账户，愿意接受我行结算监督。

（三）能够为糖料蔗种植农户提供生产资料支持、技术支持、产品收购等服务，市场前景较好。

（四）能够为我行提供合作农户名单。

（五）贷款人规定的其他条件。

第十五条 糖料蔗结算款的设定。

（一）合作企业在×行开立基本账户或一般结算账户，并将该账户作为结算账户，委托×行代理兑付糖料蔗结算款给借款农户，并接受×行结算监督。

（二）农户承诺将生产的糖料蔗全部销售给合作企业。

（三）农户在×行开立惠民卡，并指定该惠民卡账户作为合作企业兑付糖料蔗结算款的唯一结算账户，同意以糖料蔗结算款作为贷款的还款来源。

（四）农户在借款合同中约定授权×行将借款人惠民卡账户的糖料蔗结算款划转，优先用于归还××银行的贷款本息。

第三章 业务流程

第一节 合作企业准入流程

第十六条 合作企业准入流程包括合作企业准入及签订银企合作协议。

第十七条 合作企业准入。由省分行进行合作企业准入审批。

第十八条 签订银企合作协议。经准入同意后，由经营行与合作企业签订

《"双高"基地农户贷款银企合作协议》。

第十九条 合作企业准入通过信贷系统"其他审批"进行操作。根据审批结果，在信贷系统进行合作项目登记，准确录入合作项目总额度、合作有效期、经办机构等信息。

第二节 贷款流程

第二十条 "双高"基地农户贷款流程包括借款人申请、受理与调查、审查、审批、签订合同、放款审核、贷款发放、贷后管理、贷款收回。贷款行应尽量采取集中受理和调查、批量发放方式，提高审批效率。

第二十一条 贷款申请。农户首次贷款时，应填写"'双高'基地农户贷款业务申请表"，并提供以下基本资料：

（一）借款人有效身份证明及惠民卡的原件及复印件。

（二）"双高"基地农户贷款客户推荐表。

（三）借款人与合作企业签订的糖料蔗收购协议。

（四）贷款人要求的其他材料。

第二十二条 贷款受理与调查。农户提交贷款申请后，由客户经理受理审核，对符合贷款要求的申请，由客户经理进行贷前调查。客户经理须在信贷系统录入贷款调查信息，并选择相应的合作项目名称、信贷产品分类等。

"双高"基地农户贷款实行双人实地调查和"亲见本人、亲见原件、亲见本人签名"制度。客户经理应对以下内容开展调查：

（一）借款人及家庭基本信息。

1. 借款人的年龄、婚姻状况、个人品质、健康状况等，借款人及配偶的信用记录。核实借款人及相关当事人身份证件是否真实有效，申请资料是否真实有效，借款人主体资格是否符合规定。

2. 借款人家庭基本情况、收支情况、主要财产情况、负债及对外担保情况。

（二）第一还款来源。

1. 通过查询合作企业推荐的农户名单、实地走访村民等手段，核实借款人提供的糖料蔗收购协议、"双高"基地租赁协议是否真实有效。

2. 实地调查借款人糖料蔗种植场地、种植规模等，分析是否具备足够的经营能力、管理经验和发展潜力。

3. 综合借款人糖料蔗种植面积、产量、收购价格等，分析农户糖料蔗预期年销售收入，评估农户的贷款偿还能力，判断贷款要素的合理性。

　　两名客户经理在贷款调查时，必须与借款人在其糖料蔗种植场地或家庭住所前合影照相，影像资料应与其他调查资料一并上传至信贷系统。

　　客户经理根据调查、分析结果，填写"'双高'基地农户贷款业务调查表"，明确拟提供的贷款方式、额度、期限、还款方式、担保方式等，移送审查岗审查。

　　第二十三条　农户再次贷款时，客户经理要对借款人的糖料蔗种植场地、种植规模等相关情况进行调查核实，重新确认借款人是否符合贷款条件，然后确定是否贷款。不符合贷款条件的，应终止贷款授信。

　　第二十四条　贷款审查。审查岗负责"双高"基地农户贷款业务审查，在对信贷资料的合规性、有效性、完整性和风险可控性等方面内容进行审查后，就是否同意贷款以及贷款的额度、期限、利率、还款方式、担保方式等提出明确意见，并移送有权审批人审批。对不同意向借款人提供贷款的，需说明理由并退回调查岗。

　　第二十五条　贷款审批。有权审批人在授权范围内，根据调查、审查结论等因素审批贷款业务事项。对审批不同意贷款的，贷款受理机构应及时告知申请人。

　　第二十六条　合同签订。贷款审批后，贷款行应与借款人面签《农户贷款借款合同》。在签订合同时，须由借款人在农户借款合同的"其他约定"中亲笔约定："本人授权××银行，在糖料蔗结算款转入本人惠民卡账户后，优先用于归还××银行贷款本息（无论贷款是否到期）。本人再次借款时，如××银行认定不符合贷款条件的，有权终止贷款"。

　　第二十七条　放款审核。签订合同后，放款审核岗负责信贷合同文本的审查和放款审核，并在放款审核表上签署审核意见。审核主要包括以下内容：放款条件是否全部满足、合同的规范性、担保的规范性和有效性等。单笔贷款金额50万元（含）以上的，放款审核岗应现场核实贷款的真实性。

　　第二十八条　贷款发放。放款审核岗审核同意后，由客户经理在信贷系统中准确录入借款凭证信息，按照借款凭证管理的有关规定，打印制作借款凭证和放款通知书，然后将放款审核表、放款通知书和借款凭证交网点柜员，柜员确认后将贷款资金划入借款人的惠民卡账户。贷款发放必须坚持"谁借款入谁的账"，确保贷款发放到农户手中。

　　第二十九条　贷后管理。"双高"基地农户贷款应按照《××银行农户贷款贷后管理办法》开展贷后管理，并重点做好以下工作：

　　（一）经营行应充分发挥合作企业掌握农户个人信用、经济实力、还款能力等情况的优势，要求合作企业协助贷后管理。贷款发放3个月内，客户经理应通过实地检查方式，核实借款人"双高"基地建设进度及糖料蔗种植情况；每半年对合作企业进行走访、检查，重点对合作企业及其所处行业的经营环境、市场供求、发展趋势以及企业经营策略、财务状况等进行检查，并视其对"双高"基地农户贷款的影响程度，及时采取风险防范、化解措施。

（二）经营行应密切关注借款人糖料蔗结算款的兑付进度，糖料蔗结算款拨付到账后应先用于偿还贷款，未能及时兑付的，应核实原因。

（三）经营行要加强贷款资金流向监控，保证贷款按申请的用途使用。

第三十条 贷款收回。合作企业将糖料蔗结算款拨付到借款人惠民卡账户后，贷款行应根据农户借款合同的约定，将所得款项直接划转用于归还贷款本息，直至贷款本息还清为止。

第四章　其他规定

第三十一条 经营行要加强"双高"基地农户贷款全流程管理，确保贷款由农户自愿申请、当面签订合同、贷款到农民账户、贷款由农户本人使用。

第三十二条 对合作企业项下"双高"基地农户贷款不良率超过2%的，经营行应暂停向该企业项下农户发放贷款，待农户或保证人足额偿还，或落实了我行认可的还款计划后方可恢复办理。

第三十三条 "双高"基地农户贷款实行合作企业名单制管理，合作企业准入审批行应指定专人对合作企业信息进行维护和更新。

第三十四条 "双高"基地农户贷款应根据贷款额度不同，分别在"农户小额贷款"和"农村个人生产经营贷款"会计科目核算。在信贷系统中分别选择"农户小额贷款"和"农村个人生产经营贷款"业务品种。

第五章　附　则

第三十五条 本办法适用于××银行××支行管理的经营机构。

第八章　工作材料

第一节　工作要点

结构分析范式

写作目的： 对某业务条线全年工作进行简要安排。

结构框架： 总体目标＋工作措施。

材料来源： 1. 上级单位本业务条线的工作要点；

2. 本业务条线新年度计划以及分管领导和主要领导的重要指示；

3. 本业务条线上年的工作要点。

写作要领： 1. 工作要点与工作计划不同，工作要点只需对主要工作进行概括，不必事无巨细、面面俱到，也无须管怎么做，只要管做什么；

2. 要在业务条线具体职责基础上，对工作要点进行归纳概括，对其内容表述也要简明扼要，不必加以讨论或解释。

例文

×××支行2015年党建工作要点

2015年是全面深化改革的关键之年，也是巩固拓展教育实践活动成果、落实从严治党治行任务的重要一年，进一步加强和改进党建工作至关重要。×××支行严格按照省分行2015年党建工作的总体要求，全面贯彻党的十八大和十八届三中、四中全会精神，深入学习贯彻习近平总书记系列重要讲话精神，围绕××银行2015年工作会议总体部署、二级分行2015年工作会议要求，以全面从严治党为主线，以思想建设为首位，以落实党建工作责任为抓手，强化依法治行、从严治行理念，弘扬比学赶超精神，推进创先争优、争先进位活动开展，进一步提升全行党建工作科学化水平，为×××支行持续稳健发展提供坚强保证。

一、增强管党治党意识，切实落实主体责任

1. 建立健全党建工作责任制。牢固树立抓好党建是最大的政绩观念，明确从严治党的责任主体、责任目标，构建齐抓共管的责任体制。支行党委对党建工作负主体责任，要将党建工作与业务经营同谋划同部署同考核。党委书记是第一责任人，要带头履行好"一岗双责"，真正做到围绕经营抓党建、抓好党建促经营。党委分管成员是直接责任人，要协调各方面力量抓好党建工作规划、目标和政策措施落实。党委其他成员是分管领域党建工作具体责任人，要根据分工抓好分管板块、部门和条线党建工作。党支部书记负责主持党支部的日常工作，组织委员负责协助支部领导落实各项制度和组织工作计划，宣传委员负责做好党支部政治思想工作和宣传教育工作，纪检监察员负责党员的党风、党纪教育工作以及党员遵纪和违纪情况的监督和处理。党建工作领导小组承担具体组织领导责任，负责研究谋划、统筹协调、督促落实党建工作。支行综合管理部承担具体指导、协调责任。各基层党支部委员会负责抓好上级党组织对基层党建工作的部署和落实。

2. 强化党建工作责任考核。建立抓基层党建工作述职评议制度。支行党委书记抓基层党建工作述职评议，由支行党委或党建工作领导小组点评，并组织基层党员、群众评议。支行每年将集中部分基层党支部书记，按照"述职""提问""点评""评议"等程序集中开展基层党建工作述职。健全党建工作年度考核制度。优化网点领导班子考核指标体系，处理好党建工作与经营业绩关系，将党建工作指标纳入网点领导班子和党支部书记的考核，并加大考核力度。充分利用述职评议成果，对网点领导班子和党支部书记党建工作开展考核。考核结果要与领导班子、班子成员绩效、奖惩、调整等结合起来。对重视党建工作、履职尽责到位、评议考核群众反映好的班子及成员要给予充分的肯定，并作为选拔任用的重要依据；对思想上不重视、工作上不作为、评议考核中群众普遍反映差的班子及成员，要及时调整。强化党建工作问责。坚持有责必问、有责必究，对管党治党履职不到位、措施不得力的，诫勉谈话、限期整改；对管党治党不严致使思想混乱、业务滑坡、问题频发、风险蔓延，甚至发生严重腐败案件的，严肃追究责任。

二、学习重要讲话精神，强化思想理论武装

3. 深入学习贯彻习近平总书记系列重要讲话精神。自觉运用好思想建党这个"传家宝"，把学习好、贯彻好习近平总书记系列重要讲话精神作为重要政治任务，纳入党委中心组学习、基层党支部学习，自觉用马克思主义中国化最新成果武装头脑、指导实践、推进工作。要以支行党委中心组和党员领导干部为重点，坚持全面学和专题学、跟进学和反复学、课堂学和实践学、集体研讨和个人自学相结合，读原著、学原文、悟原理。机关部门、网点班子特别是党支部书记要带头学习、亲自宣讲，进一步提高学习质量。尤其要深入学习《习近平谈治国理政》《习近平关于实现中华民族伟大复兴的中国梦论述摘编》《习近平关于全面深化改革论述摘编》《习近平关于党风廉政建设和反腐败斗争论述摘编》《习近平总书记系列重要讲话读本》等，努力掌握基本观点、理论体系和精神实质，做到学而信、学而用、学而行，支行党委中心组每年集中学习不少于 4 次。支行分批、分层组织开展集中培训，引导党员、干部进一步坚定理想信念，坚守共产党人精神追求，努力做到对党忠诚、个人干净、敢于担当。

4. 持续开展社会主义核心价值观宣传教育。深入贯彻落实《××银行培育和践行社会主义核心价值观及企业文化建设的意见》，把培育和践行社会主义核心价值观的任务，融入党的建设和经营管理当中，融入员工日常工作、生活、学习当中，引导党员、干部争当践行社会主义核心价值观的模范。深入开展"学焦裕禄、学雷锋、行业树新风"活动，加大对"雷锋岗"和"学雷锋标兵"的宣传力度，树立自觉践行社会主义核心价值观的鲜明导向，引导党员以焦裕禄精神为镜子、以雷锋精神为榜样，弘扬饶才富精神，正衣冠，找不足，在学习教育中反思，在思想、作风、行动上改进，大力培育和践行社会主义核心价值观，着力打造一支"政治有灵魂、发展有谋略、竞争有本事、服务有水准、干部有担当、员工有品德、集体有凝聚力"的领导班子和员工队伍。

5. 认真做好党员、干部教育培训工作。把理想信念教育、党性党风党纪教育、法治教育、党内规章制度教育、合规教育和道德教育作为教育培训的重点，改进培训方式，创新推广体验式、案例式、情景式、互动式教学，提高教育培训效果。依托省分行党校加强党员教育培训，落实好"带头人计划""标杆计划""生力军计划"。依托省内高校和外部培训资源，落实好"头雁计划""先锋计划""中坚计划""英才计划"等核心培训计划，分层分类培训骨干人才。要严格培训纪律，引导党员干部自觉改进学风。

三、完善整改长效机制，推动作风持续建设

6. 巩固和拓展教育实践活动成果。坚持不懈地开展作风教育，推动全行党员、干部自觉做到为民、务实、清廉。以钉钉子精神，钉牢两批活动以及新发生问题整改任务，认真落实支行领导班子和领导干部的整改任务，实行台账式管理，跟踪督导逐笔销号，不折不扣抓整改落实，深入推进突出问题专项整治，并结合实际，不折不扣抓好整改落实。充分发挥领导人员的表率作用，继续保持作风建设以上率下态势。定期对整改情况进行后评价，对整改不彻底或落后于时间进度的进行通报、督导。建立健全作风建设督查机制，根据中央和总行统一部署，组织对整改落实以及巩固和拓展活动成果情况进行专项检查，重点看整改落实是否到位、是否见到实效、群众是否真正满意。对整改不力的通报批评、作秀的诫勉谈话、反复反弹的严肃问责。

7. 推动反"四风"向深度和广度延伸。支行党委组织要真管真严、敢管敢严、长管长严，深入持久抓好中央八项规定及其实施细则的落实，推动形成作风建设新常态。继续紧盯节假日等重要时间、干部提拔和调岗等重要节点、业务营销等特定场合，加大检查监督力度，保持反"四风"高压态势，坚决防止"四风"反弹回潮。紧盯作风领域出现的新情况新问题，特别是"隐性"、"变种"问题，及时制定相应对策措施，坚决纠正和查处违规现象。对"踩红线""闯雷区"的发现一起查处一起、追责一起。对顶风违纪、影响恶劣的典型案例，指名道姓通报，真正起到处理一起、警醒一片、挽救一批的作用。坚持把解决"四风"问题、改进作风融入党的思想建设、组织建设、反腐倡廉建设、制度建设之中。注重开展警示教育，引导党员干部从周永康、薄熙来、徐才厚等一系列重大腐败案件中汲取教训，受警醒、明底线、知敬畏，始终保持政治上清醒坚定和思想道德纯洁。强化行内宣传和引导，继续营造转作风带行风树新风的良好氛围。

8. 健全和落实改进作风常态化机制。遵循作风建设规律，抓好已有制度的贯彻执行，抓紧制定完善急需制度，抓好新旧制度衔接，搞好上下级制度承接，推动形成作风建设抓常、抓细、抓长的有效机制。严格执行中央八项规定和《党政机关厉行节约反对浪费条例》等文件精神和总行、省分行有关制度规定，并抓好党的群众路线教育实践活动实施意见的落实，紧紧围绕规范权力运行扎紧织密制度笼子。加大制度执行监督检查力度，明确处理违规行为的具体办法，坚决防止上有政策下有对策、无视制度规定的行为。要把遵守法规制度、坚持依法依规办事作为考察任用干部的重要依据，把模范遵守制度、自觉执行制度作为选人用人的一个鲜明导向。

9. 切实加强党内政治生活。认真贯彻落实《××银行关于新形势下加强和规范党内政治生活的实施意见》，坚持用好"坚持民主集中制、开展批评和自我批评、严格党内生活、加强党的团结统一""四大法宝"，更好地推动党员干部严格遵守党内政治生活准则。严格落实民主集中制，完善领导班子议事规则和决策程序，健全集体领导与分工负责相结合的制度，严格按程序决策、按规则办事。落实《××银行关于党员领导干部民主生活会的若干规定》，用好批评和自我批评这一有力武器，开展积极健康的思想斗争，提高领导班子发现和解决自身问题的能力。认真落实"三会一课"制度，每半年党支部至少召开1次党员大会，每季度至少召开1次支部委员会，每月至少召开1次党小组会，党支部书记每年至少上1次党课。坚持民主评议党员、党员党性定期分析制度，结合实际开展主题党日、警示教育等活动，切实提高党内生活质量。

四、从严管理监督干部，推动工作机制创新

10. 强化班子建设。按照政治有灵魂、发展有谋略、竞争有本事、服务有水准、干部有担当、员工有品德、集体有凝聚力的"七有目标"，着力打造学习型、开拓型、务实型、自律型领导班子。对二级支行，强化《××省分行二级支行建设实施细则》落地实施，做好二级支行班子和党组织建设，健全班子决策机制和议事规则，提升基层网点业务拓展和风险防控能力。开展一级支行、二级支行领导班子领导人员集中考核发现问题整改情况后续检查，督促整改落实，切实加强基层支行领导班子和干部队伍建设。

11. 坚持"五好标准"从严选拔干部。按照信念坚定、为民服务、勤政务实、敢于担当、清正廉洁的"好干部"标准，选拔任用干部，树立正确的选人用人导向。从严规范干部资格条件，选好干部队伍，坚持把基层一线作为选拔培养人才的主渠道和主阵地，将基层工作经验丰富、懂营销、善管理的干部提拔充实到网点领导班子。建立和落实"一把手"选任责任制，深入了解干部的德才与实绩，切实把好干部选出来、用起来。认真贯彻落实《党政领导干部选拔任用工作条例》要求，重点把好"动议提名、考察考核、程序步骤"三关，防止随意变通、程序空转，把内外部检查发现问题作为干部考察的重要内容，切实从源头上防止"带病提拔""带病上岗"。

12. 坚持"竞争择优"从严培养干部。按照"拓宽视野、优化结构、改进方式、提高质量"的总体要求，积极培养选拔优秀年轻干部，健全完善优秀年轻干部培养选拔机制。组织开展后备干部库建设。按照"优进绌退、动态管理"原则，组织建立支行正副股级后备人才库，建立健全二级支行领导人员人才库，为全行业务发展储备人才。加大年轻干部培养锻炼力度。完善交流轮岗、基层实践锻炼机制，选派综合素质好、发展潜力大的优秀年轻员工到基层网点任职等，加强年轻领导人员培养锻炼。加大教育培训与党员干部职业发展挂钩力度，不按要求参加党校培训和党委中心组学习，或学习不主动、态度不端正、理论素养不高的党员干部，考核不得评为良好及以上，不得列为后备干部。

13. 强化"激励约束"从严考核干部。改进考核办法，围绕中央要求和总行、省分行党委部署，突出考核落实从严治党责任、一级法人意识、依法治行能力；按照好干部"五条标准"，全面考核干部政治素质、工作实绩、作风表现、责任担当、廉洁自律情况；突出"比学赶超""争先进位"，提升网点领导班子系统内排名在绩效考核中的比重，对副职年度考核实行强制分布，引导干部履职尽责。探索任期制考核，注重基础管理、风险防控、队伍建设等潜绩导向，强化长期激励，防止短期效应。要强化考核结果运用，对作风漂浮、缺乏担当、长期打不开工作局面，且本单位系统内排名末位的干部，及时进行组织调整。

14. 坚持"抓早抓小"从严监督干部。严格落实领导干部个人有关事项报告规定，督促领导人员规范、如实、完整填报个人有关事项，将一级支行班子成员和二级支行主要负责人纳入报告范围。继续做好因私护照集中保管及因私出国境审批工作，从严规范领导人员行为管理。扎实开展干部人事档案专项审核工作，对规定范围内的干部人事档案进行全面审核，重点审核"三龄两历一身份"和主要社会关系等，坚决纠正和解决档案造假，改年龄、改学历、改履历等重点问题，对干部人事档案造假的典型案例，按有关规定严格追责、严肃处理，为选好用好管好干部提供基础保障。加强领导干部履职监督，对涉及纪检监察、审计、内外部检查发现问题但不影响任用的情况，要对发现的问题限期整改，已调整到新岗位的要跟踪督促落实整改；对调整到新岗位继续违规或再犯的，要采取组织措施从严处理。强化重点人员管控，加强对"一把手"、基层行领导人员和"退二线"人员等三类人员的日常管理，切实加强考勤管理和因私出国境审批管理，引导领导人员干部带头遵守《员工行为守则》，恪守职业道德，自觉规范职业行为。

五、提升基层组织功能，增强凝聚力战斗力

15. 以服务型党组织建设统领基层党建工作。推动基层党组织强化以服务为核心的功能定位，扎实提升服务改革发展、服务广大群众的意识和能力。通过机构调整、组织调整、党员调整和重点发展党员等措施，力争3年左右时间消灭网点、部门负责人非党员"空白点"，所有营业网点全部单独建立党支部。认真按照《××银行基层党组织分类定级办法》和《××银行基层党组织分类定级参考标准》要求，推进基层党组织全面晋位升级，实名制管理软弱涣散基层党组织，切实解决带头人不胜任、发展思路不清晰、组织生活不严格不规范、日常管理不民主不公开不作为等问题。健全基层党建联系点制度。支行党委成员和党建工作领导小组成员单位要选择基础薄弱、情况复杂、困难较多的基层党组织作为联系点，每人每年到联系点开展工作不少于2次。要切实为基层党组织解决经营管理中的重点难点问题、群众反映强烈的突出问题，充分发挥联系点的辐射带动作用。强化活动阵地建设，加大对活动阵地建设投入，在严格按照"三亮、五有、十上墙"标准建设的基础上，增加基层党组织带头践行党的群众路线、创先争优、服务"三农"等特色内容，把示范点建成既标准统一又各富特色的党员活动阵地。

16. 把从严要求贯穿到发展党员和党员教育管理全过程。认真落实《中国共产党发展党员工作细则》，从严把好党员入口，从源头上控住总量，提高质量，以网点非党员领导人员、县域青年英才、一线业务骨干为重点，深入开展"双培养"活动，努力把业务骨干培养成党员，把党员培养成业务骨干，努力做到关键岗位有党员、艰苦地区有党员、业务经营单位负责人是党员，努力把优秀人才吸收进党的队伍，防止降格以求、带病入党。加强党员全过程管理，探索推进党员记实制管理，激励党员发挥先锋模范作用。根据总行从严管理党员的意见要求，健全党员能进能出机制，稳妥慎重处置不合格党员，使党员队伍更加纯洁。广泛开展党员示范岗、党员责任区、党员挂牌上岗、窗口单位"三亮四比三评"等实践锻炼活动，引导党员立足本职争创佳绩。

六、加强组织队伍建设，提高党建工作水平

17. 加强党务工作者队伍建设。通过系统内选拔、上下级行交流等方式，把优秀党员选拔到党务工作岗位上来，充实工作力量。进一步充实基层党建工作力量。2015 年支行要设立党务工作专岗，主要负责抓组织建设、思想教育、行为管理等工作；党务人员岗位等级、薪酬待遇应与同等级业务人员一视同仁，继续拓宽党务人员职业发展空间，建立拴心留人的机制和环境。提高党务工作者专业化能力。大力弘扬"安专迷"精神，坚持学习、学以致用，锐意进取、敢于担当，不断提高党务工作者把握大局能力、运用政策能力、知人善任能力、分析研究能力、改革创新能力，加强对党务工作者的教育培训和实践锻炼，努力建设一支政治坚定、作风优良、业务精通的复合型党务干部队伍。带头践行"三严三实"要求，带头开展好"三严三实"教育活动，讲党性、重品行、作表率，把守纪律、讲规矩摆在更加重要的位置，把"三严三实"和中央对组织部门提出的"讲政治、重公道、业务精、作风好"12 字要求，贯彻落实到各项工作中，体现到思想和行为上。

18. 加强理论和实践问题研究。围绕全面从严治党、实现服务"三农"新突破、推动支行持续稳健发展等对全行党建工作提出的新任务，紧扣全行党建工作中的理论和实践问题，以及基层员工和广大客户反映强烈的重点、难点和热点问题，深入进行调研，探索借鉴有益做法，积极推进工作创新。年内，为搭建学习交流平台，增强研究的前瞻性、针对性和实效性，提高党建研究的专业化水平，支行至少开展一次专题调研，开展优秀党建研究成果评选活动。

第二节　工作方案

结构分析范式

写作目的：根据目标对某项工作作出计划安排。

结构框架：前言/引据＋主体（指导思想＋目标/任务＋工作步骤/措施/办法）。

材料来源： 1. 收集为实现工作目标而分解落实的任务、步骤、措施等内容；

2. 通过汇报、座谈、调研等形式征求有关人员的意见和措施，特别是要吸取同类工作开展中的经验教训；

3. 参考同类型工作方案案例。

写作要领： 1. 要将工作方案和工作计划区分开来，工作计划是罗列具体工作的时间安排，工作方案侧重于对实现工作目标的步骤方法和措施的详细布置；

2. 行文时要注意指导思想端正、工作目标明确、工作步骤清晰、工作措施翔实明白。

例文

××分行发展县域房地产信贷业务实施工作方案

为有效指导各级行服务县域房地产信贷业务的开展，巩固我行房地产信贷业务在县域的优势地位，根据××县域房地产信贷业务市场竞争和我行相关业务制度，特制定本实施工作方案。

一、指导思想和目标

认真贯彻国家宏观调控政策，严格执行总行房地产信贷工作部署和××银行2007年工作会议精神，抓住新一轮县域房地产发展机遇，强化营销，控制风险，全面提升县域支行房地产信贷业务营销管理能力，做大、做强、做好房地产信贷业务，以网上决策为支撑，以普通住房开发贷款为切入点，积极拓展个人房地产信贷按揭源，力争个人住房贷款业务增量市场份额超过50%，余额占比第一，新增住房开发贷款不良贷款为零，新增个人房地产贷款不良率低于1%。

二、目标市场和客户

××县域房地产信贷业务目标市场以县城、全国重点镇、省小康示范镇和省重点镇为重点投放区域，其中，法人项目贷款原则上只受理县城、全国重点镇和省小康示范镇所在区域项目。

法人客户：重点拓展在我行和其他金融机构无不良信用记录，信誉良好，开发业绩良好，开发项目盈利，有四级（含四级）以上房地产开发资质的优良房地产开发商；

个人客户：重点拓展县域国家公务员、教育、医院等事业单位职工、金融、电力、通信等垄断行业的正式员工和优质个体工商户、私营业主，以及在县域当地拥有（或共有）且未抵押的一套以上商品房的首次贷款购房人等收入稳定、还款能力强的客户群体。

三、目标产品

法人客户目标产品：商品房开发项目贷款，重点拓展普通住房开发贷款。

个人客户目标产品：重点营销消费类个人房贷业务，其中，以个人一手住房贷款为主打产品，以个人自建房贷款为辅，以个人二手住房贷款以及2005年、2006年创新推出业务产品（个人住房接力贷款、"置换式"个人住房贷款、个人住房固定利率贷款、个人住房混合利率贷款、非交易转按贷款等）为补充；择优发展经营类个人房贷业务，择优营销个人二手商用房贷款，审慎介入一手商业用房贷款（项目贷款楼盘配套商业用房除外）。

四、市场准入

（一）房地产项目开发贷款。县域商品房开发项目准入最低标准：规划建筑面积在1万平方米以上；项目类型为住宅、商住等低风险房地产开发；项目贷款额度在1000万元（含1000万元）以上。

（二）个人房地产信贷业务。

1. 按揭楼盘区域准入要求。重点拓展坐落在县城城区及重点乡镇相对繁华地段、手续完备、变现能力强、旧城（镇）项目改造信贷投入后能较快形成商业氛围的商住楼盘，或新开发、设计前瞻性好，符合现代和未来城乡居民消费特点，适销对路、品质优良的住宅小区楼盘。

2. 项目楼盘按揭准入要求。一是发放项目贷款的楼盘，视同项目楼盘按揭准入，由经营行直接与开发商签订按揭合作协议。二是县域非我行开发贷款支持的住宅项目楼盘按揭准入，由二级分行审批。三是对商业用房按揭楼盘和房地产开发企业达不到准入标准的项目楼盘准入，审批权限一律集中省分行。四是对他行已经介入个人住房按揭贷款的楼盘（一手楼），个人住房贷款不良率低于1%的县域支行可免楼盘准入审批，直接按制度办理单笔个人住房贷款业务。

3. 开办和审批个人房地产信贷业务品种的准入要求。

（1）原则上县域支行可办理和审批个人一手住房贷款、个人自建房贷款、个人二手住房贷款、个人住房接力贷款、"置换式"个人住房（含自建房）贷款、个人住房固定利率贷款、个人住房混合利率贷款、非交易转按贷款等消费类业务品种。

（2）当县域支行个人住房贷款不良率达到1%时，停止该行所有个人住房贷款业务审批权限，上收二级分行审批，当该行清收不良贷款后，个人住房贷款不良率重新低于1%的次月可恢复审批权。

（3）原则上个人商业用房（含一手、二手）贷款集中于二级分行审批。但可以视情况向2000年以来新增个人商业用房贷款不良率在1%以下（含）且个贷资源丰富的县域支行转授一定额度的个人商业用房贷款审批权。当县域支行个人商业用房贷款不良率达到1%时，上收二级分行审批，当该行清收不良贷款后，个人商业用房贷款不良率重新低于1%的，次月可恢复审批权。

五、激励机制

（一）加大对领导的挂钩考核力度，通过机制引导各行的重点经营取向。将房地产贷款特别是个人住房贷款任务完成情况与县支行行长、分管副行长的绩效工资挂钩。

（二）完善客户经理的考核，按绩取酬。要求各行对个人房地产信贷业务进行计价，按经营目标实绩严格考核，激励各行积极拓展业务。

（三）严格考核表彰。省分行每月对县域支行房地产信贷业务的存量、增量进行排名，每年对房地产信贷业务前十强支行及10名项目贷款管理户经理，20名个人住房贷款管户经理进行表彰，以推动县域房地产信贷健康快速发展。

六、风险防范

县域支行房地产信贷业务必须坚持集约化经营，集中县级支行客户部或金融超市办理，严格按照我行现行信贷制度强化管理，符合总分行级优质客户开发的楼盘、总分行级"金钥匙楼盘"的县域房地产贷款可按总行相关政策规定执行，其他县域房地产贷款应做好以下防范业务风险的要求：

（一）房地产项目开发贷款。

1. 严格房地产开发贷款决策。县域房地产开发贷款业务，由受理行（经营行或二级分行）房地产信贷部门受理并初步调查，二级分行以行文上报省分行，省分行房地产信贷处拟定评估方案，成立调查评估工作小组，考察项目现场，并负责调查评估，形成调查评估报告，送省分行信贷管理处审查，报贷款审查委员会审议后交有权审批人决策。

2. 加强项目贷款管理。县域房地产开发贷款，必须制订和落实项目贷款管理方案，明确项目贷款管户职责，管户客户经理要全程参与评估，签订项目风险事项管理责任状，落实监管措施。县域支行房地产开发贷款支持的项目要设 1 名项目管户经理和 1 名楼盘按揭管户经理，项目管户经理以资金监管为主线，项目贷款发放后需经审核符合规定用途方可使用，确保资金不被挪用；商品房销售时监管按揭业务办理的进度和按揭贷款的资金使用，防止按揭业务的流失和资金的挪用，确保销售资金归集到我行，根据销售进度优先收回项目贷款，防止销售收入转投入超概算，减少还贷资金来源。同时，加强对房地产项目贷款抵押物的管理，保证项目贷款抵押物足值有效。楼盘按揭管户客户经理负责个人住房贷款及时有效投放，并及时将情况反馈项目管户经理，此外，还要按规定对该按揭楼盘的个人按揭不良贷款进行清收，一旦该按揭楼盘个人按揭不良率超过 0.9%，要制订清收方案，落实清收责任，限期清收。

（二）个人房地产信贷业务。

1. 明确和落实开发商的阶段性担保。对县域房地产项目楼盘的个人一手住房贷款业务，原则上必须落实开发商阶段性保证担保责任。其中，单个楼盘的个人住房贷款按揭额在 2000 万元以内的开发商阶段性担保的保证金比例不低于按揭贷款额的10%；个人住房贷款按揭额在 2000 万~5000 万元的楼盘开发商阶段性担保的保证金比例不低于按揭贷款额的 5%，个人住房贷款按揭额在 5000 万元以上的楼盘开发商阶段性担保的保证金比例原则上不低于 2%，具体由经营行与开发商协商确定。

2. 建立房价信息库，严防房价虚高。县域支行需每半年按区域或分类核定本县房地产参考价格，报辖管二级分行备案，各二级分行汇总后报省分行汇总建立县域房价信息库。同时，各级行审批楼盘准入时，要参考区域或分类房价，根据楼盘（拟）销售价合理核定每平方米贷款额度，具体办理单笔贷款业务每平方米贷款额需高于核定额的，不论贷款金额大小全部实行贷款调查审查部门分离，需 2人以上进行调查确认，防止房价虚高。

3. 细分客户，按不同客户群体和风险度确定首付款比例。一是对县域的国家公务员、事业单位职工、电力、通信的正式员工，教师、医生等收入稳定的客户群体首次贷款购（建）房给予最低首付款限额；二是对在当地拥有一套商品房且房屋所有权或共有权人为借款人并房屋未抵押他人的客户群体首次贷款购（建）房给予最低首付款限额；三是对前述以外的购房客户群体，根据不同的职业、收入水平的风险，原则上要求在最低首付款限额的基础上提高10%的首付比例。

4. 强化在线监测，及时风险预警。各级行要利用××分行个人贷款风险系统加强对个人房地产信贷业务进行风险预警，经营行风险客户经理要履行职责，加大对个人住房贷款业务的管理，按月对辖内新发放的个人购房贷款业务进行同单位、同金额、同地区、同楼盘等相关信息分析监控。对在线监测发现的预警风险隐患，各二级分行要按照发现假按揭线索及时根据程序进行核实，对确定为假按揭的，要及时将其基本情况、采取的风险化解措施及对有关责任人的处理结果报省分行。对违规发放贷款的，或压案不报的、导致重大假按揭发生的，按总行规定处理。

5. 充实人员，加强队伍建设和培训。办理房地产信贷业务的县域支行（支行无机关办公化的除外）要明确1名房地产信贷业务专管部门负责人），配备3名以上的客户经理营销个人住房贷款业务，个人住房贷款余额超过1亿元以上的支行，负责营销和管理操作的客户经理不少于6人。要做到支行个人房地产贷款业务有部门管，业务有足够的专人营销和管理。

同时，要加强对县域房地产信贷从业人员培训。通过办培训班、以会代训培训房地产信贷客户经理，或业务骨干交流城区支行跟班学习等形式，进一步提高房地产信贷客户经理的责任心、职业操守和综合业务素质，促进从业人员提高办贷效率，主动积极、规范、依法拓展业务，促进房地产信贷业务健康快速发展。

第三节　工作简报

结构分析范式

写作目的： 报告工作开展情况或业务经营情况。

结构框架： 报告主题（包括背景）与工作成效＋工作措施。

材料来源： 1. 工作主办部门或业务管理部门提供的有关材料；

2. 其他同类型稿件参考。

写作要领： 1. 工作简报与业务经营宣传稿件要有所区别，工作简报的结构与内容更为规范严谨，业务经营宣传稿件相对灵活自由；

2. 工作简报要突出"简"字，但是主要业绩与工作措施要概括全面，字数控制在1200字左右为宜。

例文 1

保生活　保生产　保增收　保发展　××分行积极支持抗旱救灾工作

　　20××年 7 月以来，××持续出现高温少雨天气，各地出现不同程度旱情，并呈迅猛扩大蔓延态势。据初步统计，全省 14 个市有 82 个县（市、区）406 万亩农作物受旱，有 84.6 万人和 63.35 万头大牲畜出现临时饮水困难。

　　××分行密切关注旱情发展，在及时评估灾情对我行业务发展带来的影响和积极做好贷款风险监测的同时，围绕"保生活、保生产、保增收、保发展"的四保原则，积极支持抗旱救灾工作。截至 9 月末，该行向灾区 30 万农户发放了惠民卡，并对其中 5800 户进行授信，授信金额达 12345 万元；同时，该行还及时向涉农企业和水利、电力行业共投放贷款 7 亿元用于抗旱保收工作。贷款资金有效缓解了涉农企业和农民的困难，及时解决了抗旱设施设备的更新与维护、渠道疏通、用电用油等问题。该行支持灾区抗旱保收主要采取了以下措施：

　　一是保生活，适当扩大农户授信和贷款额度，满足其抵抗灾害的合理资金需求。该行在当地旱情不断加大的情况下，在今年全省已发放 220 万张惠民卡、授信农户 14 万多户、授信金额 34 亿元的基础上，加大对受旱地区农户的信贷支持力度，将农户小额贷款最高授信额度调整到 5 万元，最长授信期限调高到 5 年，及时缓解因缺水而影响受旱地区农民的基本生活困难问题，也进一步满足了农户生产经营的需要，为做好抗旱保收工作提供有力的支持。

　　二是保生产，大力支持农业产业化企业的生产、购销和技术推广。为确保农业产业化企业在干旱季节能够正常运转，该行根据灾区企业生产经营情况，加快对涉农企业信贷需求报批，让资金尽快投入企业的生产和购销活动中。据统计，该行 20××年 7 月至 9 月向食品制造、农业、畜牧、制糖和其他农业产业化企业分别投放贷款 2.8 亿元、1250 万元、4100 万元、4000 万元和 3 亿元。该行还积极支持农业产业化企业的节水技术推广活动，鼓励农户采用喷灌、滴灌、"三避"技术、免耕栽培等节水灌溉技术，充分发挥耕作节水、化学节水等综合配套技术措施的抗旱作用，确保企业获得充足的农产品来源。

　　三是保增收，强化对农村商品流通网络的支持，帮助农户调整种养结构。该行一方面大力支持农产品冷冻、保鲜、储存、运输和销售设施建设，另一方面加快对农村商品流通网络的信贷支持。不仅在资金结算等方面给予农产品运输企业更加优惠和便捷的服务，还与××省供销联社签订合作协议，为供销系统承担农村商品流通网络工作提供信贷、结算等业务支持，保证干旱地区农产品能够顺利销售。该行还积极支持农户调整种养结构，支持农户扩种经济作物、扩大养殖业务生产，做到灾害损失灾后补，农业损失其他产业补，确保农民不因灾害影响增收。

四是保发展，积极支持大型灌区节水改造、病险水库除险加固等大中型骨干水利工程。水利工程是抗旱保收的主要资源，不仅决定着当前灌区水资源的正常供应，还决定着今后农业的发展。该行积极与水利、电力企业进行对接，主动了解灾情对企业的影响，积极解决企业正常运行的资金需求，做好已发放贷款项目的跟踪落实工作，7月至9月共向水利、电力企业投放贷款2.8亿元。经过银企共同努力，缓解灾区水、电紧张问题，并为灾后农业发展打下坚实基础。

例文2

××分行保险代理"百日会战"成效明显

××分行十分重视保险代理业务的发展，把保险代理业务作为全行业务发展整体不可分割的组成部分来抓，市场份额长期保持当地同业第一。面对今年（20××年）以来银保市场竞争日益激烈的严峻局面，××分行开展了保险代理业务"百日会战"活动，促进了保险代理业务持续发展。截至今年9月末，该行累计实现保险代理手续费收入6000万元，同比增加600万元，增幅为10%，其中该行代理寿险新单保费收入占××银邮渠道的40%，继续以绝对优势保持××同业第一，比第二名高出20个百分点。同时，保险代理手续费收入、寿险保费收入在当地市场份额位列全国×行系统内第一，其中代理产险保费和手续费收入列全国×行系统第十位和第五位。

一、强化银保合作，增强营销合力

该行邀请太平洋产险、平安产险、中国人寿、太平洋人寿、新华人寿、泰康人寿、人保人寿7家重点合作保险公司负责人出席了"百日会战"活动启动仪式，并与保险公司达成了具体合作措施。一是加强基础培训。一方面与保险公司合作对网点柜台人员和客户经理进行基本保险知识、产品营销方案策划、保险理财规划设计等培训，提升综合业务能力和单兵作战能力；另一方面通过邀请财富管理专家举办金融营销心理学、当前经济金融形势分析及投资操作创新等讲座，改变员工营销思维模式，强化营销观念，提高营销素质。二是着重业务培训。与合作公司分片式开展寿险期缴特训营，利用晚上或班前班后时间传授营销技巧，开展业务突击，活动期间累计举办了50期特训营，参加网点380个，受训员工1800多人。三是建立银保联席会制度。及时向合作公司通报会战业务进度，加强高层对

"百日会战"活动的互动和沟通，共同商议解决合作中的问题，保障联合推动活动顺利开展。

二、开展劳动竞赛，鼓励全员营销

该行及时制订并下发了"百日会战"活动方案，通过举行丰富多彩的劳动竞赛提高营销的积极性。一是将二级分行结对子开展擂台赛。根据代理保险业务种类的不同，该行将不同的二级分行结成对子，要求各二级分行分管行长和部门经理缴纳风险金，并从培训费用中配套奖励金，在每一回合擂台赛结束后，按照组内外完成目标的情况，对风险金和奖励金进行清算，形成了你追我赶的竞争局面。二是设立各类竞赛奖项。分别设立手续费收入完成率排名奖、寿险期缴营销先进奖、产险营销先进奖、意外险营销先进奖和重点合作公司单项奖等单项奖励，鼓励各行和员工开展竞争。三是启动全员营销机制。积极开展"爱我×行""一人一车"等系列保险营销活动，调动全行各级部门、各级人员广泛参与保险代理业务营销，各级领导积极带头营销，员工也主动挖掘身边潜伏的业务机会，全体员工树立了"全员营销"的意识。

三、加强业务指导，强化责任意识

该行将加快发展作为当前工作的中心，以"百日会战"为契机，进一步把握发展机遇，努力扩大发展空间。一是深入一线进行"百日会战"活动的宣导、培训和指导，加大对业务落后的二级分行、低产支行和低产网点的督导、指导、帮扶的力度。二是建立周通报制度，密切跟踪"百日会战"和擂台赛进度，定期下发活动点评，每天进行出单短信通报，促使各行适时把握进度。三是明确考核和激励政策，并将激励政策明确地传导至基层和一线员工，及时将激励兑现，保持政策的一贯性和延续性。四是通过召开问责会、下发问责函等形式，要求对存在的问题及主要原因进行分析，并有针对性地制订个性化解决方案，强化发展的责任意识，督促后进迎难而上。五是密切关注监管政策导向变化，通过调整业务模式和产品结构，加强风险管理，坚持合规经营，做到了防风险于未然。

第四节　发展规划

结构分析范式
写作目的： 对某项工作进行宏观长远全面的战略性发展计划。

> **结构框架**：1. 基本情况＋任务目标＋工作措施/行动步骤；
>
>   2. 引据＋战略目标（指导思想＋基本原则＋总体目标）＋主要任务；
>
>   3. 引据＋基本情况（发展现状＋形势分析）＋发展目标（总体要求＋基本原则＋任务目标）＋主要措施＋实施保障。
>
> **材料来源**：1. 上级单位对应的发展规划；
>
>   2. 本级机构上个规划期的有关数据与总结；
>
>   3. 国内外与区域内的经济金融形势及其分析判断；
>
>   4. 各业务职能部门对规划期内的具体目标以及措施；
>
>   5. 通过座谈、调研、征求意见等方式收集掌握材料和修改意见；
>
>   6. 参考其他同类型发展规划案例。
>
> **写作要领**：1. 规划的编制是一个集体行为，需要在领导重视、部门参与、分工合作的基础上，深入调研、专题研究、反复论证；
>
>   2. 规划与计划不同，规划的事项宏大、长远、全面，不仅要求对之前进行系统总结，还要对当下进行分析判断，甚至还要对未来发展进行科学预测，行文不要求事无巨细，但要确保大体轮廓的高度概括。

例文

××银行××分行"十二五"改革发展规划

2011—2015 年，是我国"十二五"时期，也是推进××分行加快有效发展的重要时期。根据《××银行"十二五"发展规划纲要》，结合我行实际，特制定本规划纲要。

一、发展现状与面临形势

（一）业务发展的现状。

"十一五"期间，××分行全行上下认真贯彻科学发展观，积极应对复杂变化的宏观形势和日趋激烈的市场竞争，开拓创新，扎实工作，实现了改革发展的共同进步，各项存款率先同业超 3000 亿元，业务总量和盈利水平实现了翻番，再造了一个××分行，主流银行地位不断巩固。

一是主要指标实现快速发展。规划期末，全行总资产余额 3300 亿元，比期初增加 1300 亿元，年均增长 18%；各项存款余额 2220 亿元，居当地四大行首位，比期初增加 1200 亿元，年均增长 18%；各项贷款余额 2300 亿元，居当地四大行第二位，比期初增加 590 亿元，年均增长 12%；2010 年实现中间业务收入 12.8 亿元，居当地四大行首位，比期初增加 10 亿元，年均增长 38%，中间业务收入占比 16%，比期初提高了 5 个百分点；不良贷款余额 28 亿元，比期初减少 148 亿元，不良率 2%，比期初下降 22 个百分点；2010 年实现净利润 30 亿元，比期初增盈 26 亿元，年均增长 40%；成本收入比 38%，比期初下降 22 个百分点。

二是服务"小微"成效显现。2008 年××总行推进服务"小微"试点以来，全行积极践行"面向小微、商业运作"，扎实推进事业部制改革，并以惠民卡为抓手，着力打造服务"小微"新模式，各项业务发展提速，县域领军银行的地位得到巩固。规划期末，县域各项存款余额 1008 亿元，比 2008 年末增加 319 亿元，年均增长 20%；各项贷款余额 428 亿元，比 2008 年末增加 190 亿元，年均增长 35%；2010 年实现中间业务收入 5 亿元，比 2008 年增加 1.8 亿元，年均增长 23%；实现拨备前利润 16.8 亿元，比 2008 年增加 4.5 亿元，年均增长 16.8%；不良贷款余额 15.8 亿元，比 2008 年末减少 2.4 亿元，不良率 3.6%，比 2008 年末下降 4 个百分点。

三是业务转型深入实施。以落实××总行与省政府战略合作备忘录为抓手，积极实施客户名单制管理和分层管理，探索建立团队联动营销机制，着力打造三级核心客户群，客户营销层次和能力不断提升。全面推进网点转型，强化销售渠道建设，完善服务保障体系，开展文明标准服务导入和营销技能提升导入，初步搭建了财富中心、理财中心、个贷中心三大营销平台；推进重点城市行改革试点，省会主流银行地位稳步提升。大力拓展中间业务，收入结构调整加快，贡献度不断提高。规划期末，电子渠道分流率达 60%，投行、保险代理等业务的市场份额均居××同业和全系统首位。

四是各项改革创新稳步推进。顺利完成外审评估、土地物业确权、不良资产剥离等股改准备工作，发展基础进一步夯实。加快信贷审批体制改革，建立"直接审批、合议审批、会议审批"三位一体的分层审批体制，全面应用信贷决策系统进行网上审批。加快产品创新研发步伐，成功推出边贸网银、存贷双赢、自助宝、无线转账电话等业务产品，业务发展的保障支撑能力不断增强。实施质量管理体系建设，成为全系统第×家省级分行、××金融系统第一家获得国际质量体系认证的单位，精细化管理实现历史性跨越。

五是基础管理不断夯实。推进临柜、授信和技术运行三大重点领域的精细化管理，"三大集中"工作初见成效，业务流程不断优化，交易效率有效提高。人力资源综合改革加快推进，组织机构和薪酬分配制度不断完善，员工绩效水平稳步提高。强化绩效考核和资源配置管理，推进全面风险管理、合规管理体系建设。

创新推出领导班子和领导干部履职问责积分、内控突击"飞行"检查、整体移位检查、员工违规积分管理等，强化案件治理和声誉风险管理，加强系统党建和企业文化建设，实现了全行和谐稳定发展。

六是社会形象得到提升。深化与地方政府的战略合作，大力支持地方经济建设和"三农"县域发展，金融服务主渠道作用突出，连续八年被省政府授予支持地方经济建设突出贡献奖。同时，严格履行企业社会责任，贯彻执行国家方针政策，推进实施绿色信贷，积极参与社会公益。新华社、人民日报、中央电视台、金融时报等主流媒体多次对我行进行重点报道，社会各界反响强烈，形成了"社会满意、形象提升、员工提气"的多方共赢局面。

回顾"十一五"时期，全行各项业务实现了持续快速发展，体制机制日益完善，执行力和控制力得到增强，加快发展的基础更加坚实。但与总行改革发展要求和同业先进相比，我行在经营理念、价值创造、业务结构、绩效水平、管理基础、风险管控、服务效率和经营效益等方面仍有差距，这些问题都需要在"十二五"时期通过深化改革创新和加快有效发展来解决。

（二）当前面临的形势

当前，国内外经济形势正发生着复杂而深刻的变化。从国际看，经济全球化深入发展，我国经济仍面临着较好的外部环境，但国际金融危机的影响尚未完全消除，经济复苏的前景仍不明朗，世界经济波动不可避免对我国产生影响。从国内看，消费扩大、城乡统筹、产业升级、区域协调发展，以及新兴产业和城镇化发展提速等将为银行业带来难得的发展机遇，但我国发展中不平衡、不协调、不可持续的问题依然突出，一段时期内仍面临投资和消费关系失衡、收入分配差距拉大、GDP增速放缓、通胀压力大等不利因素的影响。具体地说，××经济区发展提速，××资源富集区、××经济带加快开发建设，一批重大基础设施和重大产业项目建成投产，工业化、城镇化快速推进，我省资源优势、区位优势正转化为经济优势。省"十二五"规划明确提出，规划期内经济要保持平稳较快发展，地区生产总值年均增长10%，财政收入年均增长15%，力争实现地区生产总值翻一番，财政收入、全社会固定资产投资和进出口总额翻一番以上。随着国家和省"十二五"规划的实施，在以科学发展为主题、以加快经济发展方式转变为主线的政策背景下，未来五年我国、我省经济社会都将发生深刻变化，必将对银行业的服务能力和管理效能提出更高的要求。

——客户需求日益多元化，服务理念和手段急需转型提升。金融脱媒趋势不可逆转，法人客户在要求提供存贷等传统服务的同时，对投资理财、财务顾问、现金管理、网银、避险及信息咨询等综合化服务提出更高要求；个人客户特别是中高端客户对个性化专属服务需求加大，普通客户随着收入增长，对结算、理财等服务需求也日趋增多。同时，随着新农村建设深入实施，农业产业化、工业化、信息化、贸工农一体化、城乡一体化将衍生更多的发展机遇，将对我行城乡联动发展能力形成新的考验。

——竞争环境发生根本性变化，提升核心竞争力的要求更加迫切。随着国家转变经济发展方式，银行业发展环境正发生着深刻的变化，大银行追求全面领先，小银行实施错位竞争策略，力图以差异化、个性化服务占领专业细分市场，同业对金融资源和市场份额的争夺更趋激烈。特别是我省将继续加大"引金入×"力度，一些同业也在加紧延伸布局，村镇银行等机构不断设立，巩固我行县域市场的领军银行地位和培育城乡联动的独特竞争优势面临着严峻挑战。同时，银行业的竞争内容和层次不断升级，资金实力、管理能力、服务能力、创新能力和员工素质等将成为竞争的主要要素。

——国家宏观政策调控能力增强，内外部监管更加严格。预计在规划期内，国家将持续实施积极的财政政策，财政转移支付力度加大，民生工程和"三农"领域投入增加；货币政策也将面临新一轮"收紧—宽松—收紧"的调整期，央行将继续运用多种货币政策工具，实行更为严格的信贷控制和更为频繁的窗口指导，限额存款保险和差别费率政策的出台实施，也将进一步强化对金融机构的市场约束。同时，国际金融危机引发了新一轮加强金融监管的浪潮，对银行基础管理的监管开始向组织机构、业务流程、人员配备、信息科技等具体经营管理环节延伸，随着巴塞尔委员会银行监管改革新标准的引入，银行业将面临差别存款准备金率、资本充足率等更为严格的监管。另外，总行也将继续加大经济资本管理和全额资金管理力度，资本约束和风险管控日趋严格和规范。内外部政策调控和监管力度加大，将对我行提升综合能力、加快业务转型、加强风险管理、强化内控建设等提出更高要求。

二、总体要求与战略目标

（三）总体要求

以邓小平理论和"三个代表"重要思想为指导，以科学发展观统领全局，围绕打造优秀大型上市银行主线，以改革创新为动力，以基础管理提升为保障，以强化城市优先发展、提升"三农"服务能力、加强城乡联动为转型方向，全力提升市场份额，强化管理水平，着力促一流服务、创一流业绩、树一流形象，不断巩固提升主流银行地位和系统内排名，努力把××分行办成机制完善、内控严密、运营高效、服务优质、效益良好、品牌突出、核心竞争力强的现代化商业银行。

（四）基本原则

——坚持顺势而为。牢固树立现代商业银行经营理念，"跳出×行看×行""跳出金融看金融"，引领全行强化市场意识、忧患意识、竞争意识，顺应国家经济发展方式转变的大趋势，准确把握宏观经济政策变化，主动适应和灵活应对内外部环境变化，始终保持正确的发展方向。

——坚持城乡联动。统筹城乡业务发展，深入实施县域蓝海战略和城市行优先发展战略，巩固在县域市场的领军银行地位，提升在城市市场的主流银行地位，强化城乡联动的独特优势，积极稳妥地推进城乡一体化、本外币一体化综合经营，构建"城乡联动、两翼齐飞"的新格局。

——坚持客户至上。进一步树立"以客户为中心"的经营理念，并使之融入客户服务、流程设计、产品研发、资源配置、考核评价等各个方面，使各级行、各条线都真正把客户作为我行安身立命之本和发展壮大之基，通过精细化、差异化、超预期的服务争取更多的优质客户，树立良好的服务品牌形象。

——坚持稳健经营。坚守风险管理底线，持续改革风险管理体制机制，完善风险管理和内部控制的政策制度、组织体系和工具手段，进一步强化资本约束，统筹好业务发展与风险控制的关系，做到业务发展与风险管理相互融合、良性互动，确保总体风险状况可控，实现速度、质量和效益的协调统一。

——坚持改革创新。密切跟踪先进银行的发展动向，瞄准国内外先进同业标杆，着力推进体制、机制、产品、服务、管理等各个领域的改革创新，破解制约我行竞争力提升的体制性、机制性、系统性和基础性难题，在经营理念、管理机制、产品设计、服务方式、内控管理等方面与世界银行业的发展趋势保持一致。

——坚持科技引领。高度重视并充分发挥现代信息科技对业务经营转型和夯实管理基础的支撑保障作用。加大资源投入和保障力度，不断提升持续创新和运营保障能力，促进信息科技与业务发展的深度融合，把信息科技塑造成我行新的竞争优势。

——坚持以人为本。把人才资源作为建设优秀大型上市银行的第一资源，强化人本管理，持续优化员工队伍结构，培养和造就一大批高素质人才，创新人才管理机制，为改革发展提供坚强的人才保障。树立新型企业文化，大力倡导先进理念，坚决革除阻碍进步的旧作风、旧文化，坚持用合规、服务、绩效、精细等新文化因素，引领激发全行员工的积极性、创造性和凝聚力、执行力。

（五）发展目标

按照与总行战略规划目标紧密衔接、与巩固提升××分行主流银行地位的总体目标紧密衔接的要求，在综合考虑规划期内的银行业发展趋势、有利条件和约束因素的基础上，确立"十二五"时期××分行改革发展的主要目标要求。一是保持业务又好又快发展，力争我行在系统内排名稳固提升，在当地同业持续保持领先地位。二是推动发展质量不断提高，力争各项可比指标均达到或保持同业领先水平。三是推进县域业务加快发展，力争所有县支行主要业务指标在当地同业实现"保二争一"。四是打造领先同业的服务渠道，形成电子渠道与实体网点相结合的、领先同业的多渠道服务格局。五是显著提升基础管理水平，力争规划期内无重大刑事案件、无重大违法违纪案件、无重大被诉经济纠纷案件，内控评价等级持续保持一类行，经营管理团队更加出色，企业品牌更加突出，社会形象持续提升。具体发展目标见下表（略）。

三、推进重点及主要措施

（六）着力推进城市行优先发展

随着我省经济社会的加快发展，城市凭借其领先的区位优势、资源禀赋和产业基础，在区域协同发展、产业优化升级和资源分化组合过程中，龙头和集聚效应将进一步强化。必须从统筹城乡业务发展的全局出发，着力推进城市行优先发展战略，以城带乡、城乡联动，实现城乡业务统筹协调发展，不断提高全行核心竞争力。

——构建城市行全面协调发展格局。围绕省城镇化战略规划，合理布局业务发展重心和资源投放重点，促进金融服务投向与经济资源聚集方向的协同，推动城市行统筹协调发展。以××、××为重点，围绕商贸服务、总部基地、保税物流、产业园区、产业集群及相关产业链企业集中区等规划重点加快经营布局调整，适时介入××金融集中区，推进重点城市行实现"横向进位、纵向提升"的预定目标。××、××要围绕省邻海重大产业布局和重要基础设施建设规划，调整强化多层级联动服务体系，不断提升对全行整体业务的贡献度。其他二级分行所在城区要围绕城市定位和产业特点，科学合理布局营销重点，打造地方特色营销组织体系，不断增强服务能力和可持续发展能力。

——明确城市行业务发展重点。围绕省重大产业布局，以产业链条核心企业为营销切入点，重点支持食品、有色金属、汽车、石油化工、冶金、机械、电力等14个产值超千亿元产业。实施高新技术、保税、物流、重点产业等园区，以及港口物流产业链整体营销战略，大力支持技术领先、发展潜力大的中小企业客户群体。加大贸易融资产品、境内外联动产品的推广力度，为优质进出口企业及"走出去"企业提供适销对路的金融服务。发挥服务"小微"品牌效应，大力支持城市企业向县域延伸发展和农业产业化龙头企业总部进城。依托服务网络优势，积极支持交通运输、商贸物流、商务会展、旅游休闲、房地产、市政公用等服务行业。强化综合营销服务，积极为各级政府管理部门提供现代金融服务，择优支持科教文卫旅等公共企事业，促进客户资金在我行系统内流转，不断提高客户市场份额。

——打造城市行优质核心客户群体。紧紧围绕三级核心客户群建设的总体目标，进一步细分客户市场，加紧构建适应竞争需要的客户营管体系，积极实施差异化营销服务，大力推进"扩户"工程，着力培育优质客户群体。公司类客户要以提高综合效益为核心，重点营销百强企业、重大基础建设项目、行业龙头企业，巩固和扩大高端客户市场份额；择优支持成长性强、发展预期好的中小企业客户、产业集群和产业园区；强化客户本外币一体化综合营销，积极营销全球500强、全国500强企业，重点拓展全省进出口100强企业，利用本币业务优势逐步提高中高端客户的外汇业务归行率；紧跟国家产行业政策调整，加快限制类、淘汰类客户退出。机构类客户重点营销财政、医保、社保等具有资金管理职能的政府机构客户，深化与规模效益行业领先的银行、证券、信托、保险等金融机构客户的战略合作，积极营销科教文卫及旅游等企事业法人客户，持续提高市场份额和贡献度。个人类客户要充分发挥品牌优势，重点拓展国家与社会管理、专业技术等高收入行业的从业人员，以及私人投资者、私营业主、工商经营户等，打造个人优质客户群体。

——完善城市行优先发展保障机制。探索构建推动城市行优先发展的长效机制，根据城市市场竞争特点，进一步优化制度流程，扩大对城市行的业务授权，支持城市行开展经营管理体系和业务产品创新。构建与城市优先发展战略定位相适应的经营管理体系和资源配置机制，引导人才及信贷规模、工资、费用、固定资产等资源向重点城区行倾斜，推动重点城市行加快发展。进一步完善城市支行管理机制和政策制度，对业务总量和盈利水平达到一定规模的，要在资源配置和干部配备等方面给予倾斜。根据××经济区和××经济带城镇集群建设实际，适时扩大重点城市行范围，保持业务经营重点布局与地方经济发展热点的有机协调，打造新的业务增长点。积极探索有利于城乡联动的制度安排，通过收益分成、捆绑考核等措施，提高城乡营业机构业务协作的主动性，建立信息交流渠道，完善城乡联动工作机制，切实发挥城乡联动效应。

（七）深入实施县域蓝海战略

——构建完善小微事业部管理机制。严格落实总行事业部制管理要求，做实

"六单管理"，为县支行发展提供长效体制保障。要进一步厘清业务边界，科学设定核算规则，不断完善核算系统，提高核算精度，为优化资源配置、完善考评激励提供基础支撑。要根据城乡两个不同市场不同客户特点和业务发展需要，完善单独的县域信贷管理体制，重点制定准入、授权、流程、担保等方面的差异化政策制度。要按照突出共性、考虑差异的要求，科学设计县支行绩效考评指标体系，并实行单独的资源配置和考评挂钩政策，引导县支行因地制宜地走特色发展道路。同时，在小微金融事业部管理框架下，要按照强化资本约束的要求，做实单独的资本平衡、资金管理和拨备核销，激发县支行发展活力；按照流程银行理念，科学规划设计县支行的组织管理流程、会计运营流程，消除职能交叉重叠和管理盲区，提高事业部的管理质量和服务效率。

——做优做强"三农"对公金融业务。结合国家"十二五"规划对推进农业现代化、加快社会主义新农村建设的重要部署，抓住农业农村经济和县域金融的未来发展长期利好的机遇，推进"三农"县域对公业务发展。以涉农骨干项目和支柱企业为重点，以资产业务为切入点，健全专业化金融业务服务体系，提供涵盖资产、负债及中间业务等综合性金融服务，择优支持××糖料蔗、水果、蔬菜、优质粮食、桑蚕、食用菌、中药材、烟叶、茶叶、土特产十大优势特色农产品支柱产业发展。全面推广"绿色家园"贷款服务品牌，创新特色服务模式，提高服务城镇化建设的能力和扩大服务覆盖范围。创新完善中小企业贷款等产品服务功能，大力支持大型企业和产业龙头企业上下游的配套型中小企业、特色资源开发和特色产业中小企业、区域中市场占有率靠前的中小企业、国家和××重点扶持的新兴产业中小企业、生物技术及新材料的科技型中小企业、区域内具有较大影响力的服务型中小企业、信用良好且经营稳定的出口导向型中小企业。依托横跨城乡的网络优势，积极提供账户管理、现金管理等综合性服务，促进县域企事业单位资金在我行系统内流转，推动县域对公存款的稳存增存。

——做精做实"三农"个人金融业务。坚持"突出重点、量力而行、有限目标、扎实推进"的基本方针，深入推进农户金融业务发展"四个转变"，即从完成任务向发展业务转变、从注重数量和速度向注重质量和效益转变、从传统管理向精细化管理转变和从规模导向向价值导向转变。依托新农保、新农合及其他惠农补贴等代理项目，持续做实惠民卡功能、做强业务。坚持分类指导、因地制宜，推进妇女、青年创业等特色农户贷款服务模式，积极支持种养大户、农业产业化基地农户、专业合作组织成员户和多种经营户等"三农"致富能人发展专业经营，并按照收益覆盖风险和成本的要求，加强贷款定价管理，推动农户贷款业务可持续发展。规划期末，农户贷款余额达 90 亿元左右。以县域"三农"中高端客户为主要目标，坚持城市业务产品加快移植推广和因地制宜创新"三农"县域特色业务产品两手抓，开发推广生产经营、消费信贷、投资理财等综合性个人金融产品，引领"三农"县域金融服务，打造"三农"县域个人中高端客户群体，推进县域零售业务持续发展。

——切实增强县域支行发展动力。推进县支行内设机构改革、信贷审批体制改革和运营体制改革，提升服务能力和运作效率。根据客户规模和县支行实际能力，按照对等营销的思路，进一步完善客户营销管理体系，强化县支行经营管理主体地位，提高市场反应速度和竞争力。抓住县城、重点乡镇、重点工矿区和特色产业集中区等，因地制宜选择产业相通、区位相近、业务相似、客户相仿的集中连片服务"三农"示范片区，通过规模经营、专业运作、精细管理，全面拓展县域蓝海市场，巩固县域商业金融骨干支柱地位。围绕×省打造"经济强县"战略规划，适时调整和扩大省分行直管范围，完善直管政策制度，推动重点县支行率先发展。健全县支行风险管理组织体系和政策制度体系，增强县支行风险管控能力。推进服务渠道建设，稳定县支行网点总量，动态调整网点布局，增加县域新兴工业园区、企业聚集区和经济强镇网点数量，加大各类自助设备的布放力度，力争规划期内实现所有县域网点自助银行业务的全覆盖，大力实施惠农金融服务"村村通"工程，打造以乡镇网点为中心、以电子渠道为骨干、以流动服务为补充的"三农"县域服务架构，提升服务能力和覆盖水平。

（八）扎实推进业务经营转型

转型是转变业务增长方式的重要推动力，是提升我行核心竞争力的根本途径。"十二五"时期，要坚持以市场为导向，以客户为中心，以效益为目标，着力从业务模式、服务方式、营销体系、竞争方式等方面加快推进转型，不断提升市场竞争力和价值创造力。

——推动业务模式转型。突出经济资本回报率对业务增长的引领作用，大力发展经济资本占用低或不占用经济资本、综合价值回报高的业务。一是以优化信贷结构为抓手，推进资产业务增长方式转变。密切跟踪国家货币政策及产行业政策，优先满足信用等级高、定价水平高、综合回报率高的优质法人客户短期流动资金贷款需求，着力调整优化行业分布和期限结构。积极支持抵（质）押担保方式的个贷客户及"三农"县域的个人高端客户，确保个贷和"三农"贷款增幅高于全行贷款增幅。优化存量经济资本结构，把中长期贷款压降到合理比例之内。加大潜在风险客户退出力度，探索内外部资产转让模式，为优质贷款投放腾出信贷规模。从扩大客户群和维系原有客户出发，积极推行银团贷款，推动从拥有客户资产向拥有客户关系转变。规划期内，确保全行 BBB 级（含）以上法人客户贷款占比持续保持在 90% 以上，并不断提高 A＋级（含）以上法人贷款占比。二是以大力发展中间业务为战略重点，推进收入结构的调整优化。在持续巩固扩大个人结算、银行卡、电子银行、保险代理等中间业务优势的同时，紧盯先进同业和客户需求，强化多业务综合营销和交叉营销，重点突破理财、贸易融资等业务发展，着力拓展高附加值的专项投行、企业年金等新兴中间业务收入渠道，加快发展信用卡业务和现金管理业务，有效扩大收入增长点和延伸增值链，巩固和提升市场领先地位。积极实施本外币一体化经营，推进国际业务有效发展，规划期内，保持边贸结算市场份额当地四大行第一，国际结算量年均增长 10% 以上，到 2015 年总量达到 60 亿美元以上。三是以巩固扩大负债业务传统优势为基础保障，坚持走资本节约型发展道路。强化存款立行理念，实施差异化存款定价策略，优化负债结构，建立完善集约型、可持续增存长效机制，探求利率市场化背景下资金来源的成本核算和内部资金应用效益最大化的最佳平衡点，有效达成资金归集和应用、客户价值回报和存款竞争力提升的目标。

——推动服务方式转型。大力倡导"为客户创造价值"的理念，加快由传统金融服务向多元化服务转变。一是加快客户服务平台建设。按照"网点分类、功能分区、业务分流、服务分层、产品分销"的要求，统筹规划网点建设和电子渠道建设，分层次建设一批财富中心、理财中心和精品网点，稳步推进客户服务标准化、个性化。规划期末，全面完成网点标准化建设，全行网点总量保持当地四大行第一，精品以上网点占比达到 35% 以上，自助银行占物理网点总数达到 25% 以上；现金类自助设备达到 3700 台以上，转账电话 17 万台以上，银行卡特约商户 2.7 万户以上，电子渠道业务分流率达到 65% 以上，形成电子渠道与实体网点相结合的、领先同业的多渠道服务格局。二是推行差异化服务模式。针对三级核心客户群体，逐户建立跨层级、跨区域、跨部门的服务团队，组合创新不同类型的综合"产品包"，制订一揽子综合金融服务方案。针对金钥匙贵宾客户，完善落实优先、优惠、理财顾问、信息资讯等专属服务，因地制宜推出"理财沙龙"等个性化增值服务。三是构建客户服务体系。在对公业务领域，组建专业化营销团队，构建完善包括代客理财、支付结算、资产管理、现金管理、托管服务和投资银行等产品线的对公产品服务体系。在零售业务领域，加强大堂经理、客户经理、产品经理、理财经理等专业营销服务队伍建设，推广个贷中心营运模式，推行差异化分层服务模式，构建完善个人贵宾客户增值服务体系，为个人优质客户提供规范、高效服务，确保规划期内个人贵宾客户年均增长 4 万户以上，力争规划期末达到 50 万户以上。

——推动营销体系转型。坚持以市场为导向，以客户为中心的理念，推动从单一部门营销向联动营销转变、单一产品营销向综合业务营销转变，努力构建业务综合营销体系。一是强化直接营销。推动省分行机关由"管理机关"向"经营总部"转变，对中央驻×企业、世界 500 强和中国 500 强在×企业，以及省级政府资金管理部门等大型竞争性介入客户和重大建设项目，推行首席客户经理负责制，从源头上抢抓营销主动权。进一步完善和强化营业网点直接营销功能，充分挖掘和发挥交易结算系统功能，以全方位、多元化金融服务抢占优质客户。二是强化上下联动营销。对跨省、市、县三级的集团性和系统性客户，推行主办行制度，强化三级营销平台联动，组织跨层级、跨部门的营销团队，形成整体合力，提高营销效率。三是强化产品联动营销。以金融服务方案为"媒介"，充分挖掘并满足客户多元化需求，推动融资、融信、融智、理财、保险、结算等对公和零售产品的交叉销售，推行"1＋N"营销模式，拉长客户价值链条，综合联动营销本外币业务产品，提高客户综合价值回报水平。四是强化部门联动营销。深入挖掘对公客户的高管人员以及企业员工的需求，健全公私联动工作机制和考评机制，推进部门联动营销，提高综合营销效益。强化中后台各部门对前台部门的支持、支撑和服务职能，按照最有利于客户需求和提高价值创造能力的标准，进一步优化业务营销流程，变事后管理为事前管理，完善信贷前后台平行作业流程，提高业务运转效率。五是探索推行外部协销。加强与工商、证券、信托等系统性客户，以及银行业机构的合作，充分利用工商验资系统、公积金联名卡、银商通和业务代理等系统平台，大力拓展其关联客户。推进信用卡发卡推行外部协销，探索构建信用卡业务专业化经营模式。

——推动竞争方式转型。推动由同质化竞争向培育差异化竞争优势转变，着力提升全行核心竞争力。一是在城乡客户竞争上发挥城乡联动优势。强化城乡联动，以产业链条核心企业为营销切入点，重点巩固扩大在系统性行业和纵跨城乡的重大项目、集团客户营销上的比较优势；以产业园区为营销重点，在县域和城乡结合部优选扶持一批竞争力领先的优质中小企业群，努力把中小企业培育成为核心客户群的新增长点；抓住扩大内需和农村城镇化、城乡一体化所衍生的个人金融服务需求，把城市业务中的保险、基金、理财、个贷等成熟金融产品推广到县域，在城乡两大市场抢抓高端个人客户。二是在服务产品创新上培育差异化竞争优势。以账户托管和产品营销为手段，创新资金在我行体内循环的链条服务模式；制订"一揽子"融资服务方案，解决不同企业、不同经营阶段的需求。大力开展应收账款融资业务，着力推出国内保理业务，重点研发推进小企业标准厂房按揭贷款和小企业客户贷款在线申请等技术性新产品。创新电话支付、移动支付等服务模式，打造集金融交易、代理销售、理财服务、电子商务为一体的综合电子化服务手段，构建完善纵跨城乡的服务网络。

（九）大力提升基础管理水平

基础管理是我行改革发展事业的根本，是推动业务发展方式转变的重要保障。"十二五"期间，要围绕影响全行管理质量、管理水平、管理效能的关键环节和重点领域，长短结合，标本兼治，着力解决管理领域的基础性、机制性和瓶颈性问题，提升管理科学化、精细化和信息化水平，为全行又好又快发展奠定坚实基础。

——夯实绩效管理基础。强化价值创造导向，建立资源配置与预算、绩效考核的协调联动机制，深化资源配置机制改革，充分发挥资源配置的保障功能和激励作用。突出市场份额和排名、系统内份额和排名的考核权重，深化绩效管理改革。坚持"基本保障、同工同酬、兼顾公平、奖勤罚懒、凭效增资"原则，健全工资分配制度，变"分工资"为"挣工资"；坚持"以岗定薪、以能定档、以绩定奖"原则，推行薪酬等级管理，强化员工薪酬与绩效考核结果挂钩力度，健全工资分配和激励约束机制，推进薪酬制度改革。继续按照"基础保障、战略引导、考核计价、公开透明、激励发展"的原则，进一步优化费用资源配置，保障发展重点和战略引导，同时，加强固定资产预算管理和监督，支撑和保障业务发展需要。完善经济资本和全额资金管理机制，强化业务引导和约束。

——夯实风险管理基础。密切跟踪经济发展趋势和内外部监管要求，科学确立风险管理目标，通过经济资本、风险限额等对风险偏好进行量化，实现风险优化配置和有效覆盖。完善风险管理政策，对业务流程进行再造和优化。按照"横到边、纵到底"的要求，构建完善风险管理组织体系，健全内控合规体系建设，充实各级行风险管理和内控合规队伍，组建省分行、二级分行专职检查团队。积极推行新资本协议，科学、有效地识别、计量、监测和控制风险。强化重点风险领域和重大风险项目管理，深入推进贷后精细化管理。加大不良贷款及委托资产清收压降力度，力争规划期末现金回收率达到15%，自营不良贷款清收处置率达30%以上，贷款损失率控制在45%以下。持续开展操作风险和案件风险排查，加强重点领域、环节专项治理，强化法律风险和声誉风险管理，确保全行安全运营。推进风险管理文化建设，将其融入制度流程，固化到业务系统，内化为从业者的自觉行为。

——夯实运营管理基础。加强运营体系建设统筹规划和组织领导，以效率、质量、安全为原则，以"集中作业、集中监控、集中授权"三大集中推广为主线，以"作业中心、监控中心、现金中心、清算中心"四大中心建设为重点，以构建合理的运营布局、提升业务处理效率、建立科学风险管控体系和实现人力资源优化配置为目标，完善运营组织架构和队伍建设，加快后台中心建设，强化柜面业务流程改造和风险管控，构建功能完善、技术先进、内控严密、运作高效的现代运营体系，力争规划期内作业集中度年均提高 3 个百分点，到 2015 年达到 20% 左右。继续推进质量管理体系建设，完善主体业务基本制度和操作流程，稳妥推进流程银行建设。贯彻执行《企业内部控制基本规范》，不断提升内部控制水平，为推动全行业务经营转型、提升全行核心竞争力提供强有力的保障。

——夯实信息科技基础。加大信息化建设投入，围绕全行战略重点和业务需求，加快业务系统的开发和应用，强化数据应用支持和技术服务。坚持"全面、规范、精细"的原则，完善科技管理制度，建立部门间沟通协作机制，理顺和优化需求、立项、研发、投产、运维等工作流程。加强系统和网络维护，完善应急管理体系，推进灾难备份系统建设，保障系统安全、稳定、持续运行。强化创新意识，加强创新体系的统筹规划和资源投入，搭建产品创新平台，完善产品创新机制，持续开展业务产品创新竞赛，用足用活政策，大胆先行先试，推出一批具有竞争力的自创产品，增强产品比较优势和适应性。

——夯实人才队伍基础。加强组织机构改革后评价，持续优化各级组织机构设置。探索前台事业部改革试点，提升业务条线垂直化管理能力和专业化经营水平。全面实施人才强行战略，加强干部、人才、员工、培训的统筹规划，努力提升人力资源管理的科学化、制度化、精细化、规范化水平。坚持把公开选拔和竞聘上岗作为人才选用主渠道，注重从基层一线和具有基层经验的同志中选拔使用干部。坚持事业留才、发展留才、待遇留才、感情留才、文化留才，推动全行企业年金落地实施，提高核心人才的留存率。加强多层次精细化的人才培训和锻炼，提高人才培养开发的针对性和有效性。积极推行基于成本控制的用工总量管理，建立人力资源投入产出约束机制；健全员工内部流动机制，大力推进竞争上岗和双向选择；健全以劳动合同制为基础的员工退出机制，提高用工法制化水平。健全完善员工行为排查和帮促制度，引导和规范员工行为，提升员工职业素养和忠诚度。

（十）努力构建和谐发展环境

——加强企业文化建设。牢固树立"建文化促发展"的理念，坚持以服务全行改革发展为中心，按照"内化于心、外化于形、固化于制"的路径，进一步完善组织实施和协调推进机制，全面开展企业文化核心理念深植，推进办公视觉识别系统（VI）规范化应用和管理，打造服务、经营、合规、创新、人本等××分行五大特色文化品牌。强化思想政治、精神文明建设与业务经营的有机结合，培育和丰富企业文化理念，创新文化建设载体，深入推进企业文化建设，用先进的文化凝聚人心、鼓舞士气、引领发展。

——积极构建和谐氛围。坚持以人为本，不断丰富人本管理内涵，扎实推进民生工程建设，稳步提高员工工资保障水平，继续实施艰苦边远地区和乡镇网点津贴制度，定期开展访贫问苦和重点帮扶，增强员工归属感和优越感。加强职代会建设，落实好员工的知情权、审议权、通过权、决定权和评议监督权，积极推进行务公开，强化民主管理。推动平等协商和签订集体合同，协调劳动关系，建立健全矛盾表达、发现和处置机制，及时化解内部不和谐因素，强化信访维稳工作，注重源头预防，严格执行"属地管理、分级负责"原则，确保信访总量稳中有降。强化企业公民责任意识，严格贯彻执行国家政策方针，认真履行企业社会责任，积极参与社会公益，加强对外联络和形象宣传，不断提升公信力和美誉度。

四、组织领导及实施保障

（十一）加强组织领导

各级行、各部门要站在战略和全局的高度，充分认识实施"十二五"改革发展规划的必要性和紧迫性，强化组织领导，把握方向，制定政策，整合力量，扎实推进。要制订周密的实施方案和行动计划，细分具体任务目标，纵向分解到各二级分行，横向分解到省分行机关相应职能部门，明确工作责任，加强督导检查，确保思想认识到位，全员参与到位，贯彻执行到位。各级行、各部门要切实负起责任，各司其职，密切配合，通力协作，抓好目标任务和进度要求的落实，确保规划目标的全面实现。

（十二）强化党的建设

强化党的建设，提高党员干部的思想政治水平，为规划实施提供强有力的思想基础和政治保障。探索建立学习型银行建设长效机制，完善党委中心组学习、党校培训、个人自学"三位一体"的学习制度。继续开展"四好班子""五好支部""党员示范岗"等创先争优活动，认真贯彻民主集中制原则，提升党委议事决策的民主化、科学化水平。围绕业务经营中心工作，加强基层党组织建设，密切党群、干群关系，切实发挥基层党组织推动发展、服务群众、凝聚人心、促进和谐的战斗堡垒作用。加快反腐倡廉长效机制建设，坚持以制度管人、管事、管物，使制度中的弹性降至最低、人为操作的空间压到最小，有效监督权力运行。

（十三）改进工作作风

大力弘扬求真务实的作风，坚持按客观规律办事，做到真抓实干，不断改进工作方法，激励干部多干员工受益的事，多干打基础的事，多干有利于长远发展的事。引导各级干部切实增强忧患意识、责任意识、大局意识、市场意识和廉政意识五种意识，做到服从大局，敢于担责，敢于创新，做好表率。进一步完善督导问责机制，促进履职尽职，坚决遏制不作为。增强协调意识，善于在工作中总揽全局、突出重点、兼顾各方、把握节奏、协调发展。进一步精简会议和文件，杜绝内部公关，推动各级领导干部端正思想作风，转变工作作风，严肃生活作风，多出实招、多干实事、多见实效，推动规划的全面贯彻实施。

（十四）建立长效机制

要科学设计考核指标体系和评价办法，把规划目标要求转化为具体指标，强化考核结果运用，把考核评价结果作为薪酬分配、奖惩和任用干部的重要依据，增强规划的导向作用和权威性。要加强规划宣讲和辅导，持续开展监测评估和跟踪分析，定期检查、定期评估、定期通报规划实施进展。需要对本规划进行修订时，要报省分行党委批准，以确保规划的稳健、持续、高效实施。

本规划期，是我行加快有效发展的重要时期。省分行党委号召，全行上下要深入贯彻落实科学发展观，解放思想，坚定信念，开拓进取，真抓实干，为实现"十二五"规划目标而努力奋斗！

第五节　大事记

结构分析范式

写作目的：记录一个时期内本单位的重大事件。

结构框架：时间＋事件。

材料来源：1. 重要会议、重要活动、重要文件、重要批示、重大成果；

2. 组织机构与人事变动；

3. 其他重要事项。

写作要领：1. 大事记要记录重要事项，不能汇总成为"流水账"；

2. 选取材料要真实准确，行文要简明扼要，用语要严谨规范。

例文

×行××分行 2008 年大事记

1 月 5 日，××有限公司年产 60 万吨大规格高性能型材项目银团贷款合同签约仪式在××市××国际大酒店隆重举行，×行××分行党委书记、行长×××出席签字仪式并见证签约，党委委员、副行长×××出席签字仪式并代表我行进行签约。

1 月 8 日，省分行举行机关全体离退休、内退老干部迎春茶话会，省分行党委书记、行长×××出席茶话会并作重要讲话，在家行领导×××、×××、×××、×××出席茶话会。

1 月 9 日，省分行党委书记、行长×××出席我行与××公共资源招标投标服务中心合作协议签约仪式，省分行党委委员、副行长××代表省分行签约。

1 月 10 日，省分行党委书记、行长×××，党委委员、副行长×××、×××、×××，党委委员、副行长×××等领导，亲切看望了离退休的历届行级老干部。

1 月 13 日，省分行党委委员、副行长×××在××会见××集团有限公司副总经理×××一行，双方就进一步加强银企合作交换了意见。

1 月 16 日，省分行党委委员、纪委书记×××到省分行营业部××支行营业网点检查安全保卫工作。

1 月 29 日，省分行党委书记、行长×××带领行级领导×××、×××、×××、×××，逐一到分行机关各部室（中心）看望员工。

1 月 30 日，省分行召开行务会议，省分行党委书记、行长×××传达了总行 2008 年工作会议精神，行级领导×××、×××、×××、×××出席会议。

1 月 30 日下午，省分行党委书记、行长×××在×××中心会见省国资委书记×××、主任×××及其班子成员一行，同时还会见了××投资集团总裁×××、××开发投资集团董事长×××等省国资委管辖的部分××大型国有集团公司的领导。双方畅叙友谊，就加强银政、银企合作事宜进行亲切友好交谈。省分行领导×××、×××、×××参加了会见。

1 月 31 日下午，省分行党委书记、行长×××会见共青团××省委员会书记×××一行，双方就进一步加强相关合作事宜进行友好交谈。会见时，××书记代表共青团××省委、××青年联合会向我行赠送了一面制作精美的"致敬状"，对我行长期大力支持青年工作表示感谢。省分行党委委员、副行长×××参加了会见。

　　2月3日，××银行××分行党代表会议在××胜利召开，会议选举产生了我行出席××银行党代表会议代表。省分行党委书记、行长×××出席会议并作重要讲话，党委委员、副行长×××主持会议，党委委员、纪委书记×××宣读选举办法、监票人名单和计票人名单，在×行级领导×××、×××出席会议，老干部×××、×××作为特邀代表出席会议。

　　　……

第九章 领导致辞

第一节 团拜会致辞

结构分析范式

写作目的：通报情况，表达祝福。

结构框架：1. 单位内部团拜致辞：表达问候＋介绍上年工作情况＋简述今年工作打算＋恳请支持＋表达祝福。

2. 外部单位团拜致辞：表达问候＋介绍本单位情况＋肯定对方作用＋表达合作前景＋表达祝福。

材料来源：1. 本单位的情况简介；

2. 邀约单位的情况简介；

3. 两个单位的合作切入点。

写作要领：1. 注意控制字数，确保篇幅适度；

2. 根据团拜会参与人员的不同，介绍情况要有所侧重，如老干部团拜会，除了介绍工作业绩之外，还要注意补充有关民生等方面的内容。

例文 1

×××行长在2008年机关老干部迎春茶话会上的致辞

尊敬的各位老领导、老同志，同志们：

大家好！今天，我们欢聚一堂，举行老干部新春茶话会，共迎鼠年新禧。在此，我谨代表省分行党委向在座的各位老领导、老同志表示诚挚的问候，祝大家新年快乐！

2007年，在总行党委的正确领导下，××分行围绕打造优秀大型上市银行的总体目标，实施"市场提份额，管理上水平"的工作思路，开创了经营管理新局面。首先，各项业务发展有新提高。具体表现为业务发展取得九个第一：全行各项存款余额 2600 亿元，比年初增加 180 亿元，各项存款存量和增量、储蓄存款存量和增量、对公存款存量、同业存款增量均居当地四大行第一；各项贷款余额 1800 亿元，比年初增加 180 亿元，增量居当地四大行第一；实现中间业务收入 16 亿元，同比增加 3.6 亿元，居当地四大行第一；实现拨备后利润 58 亿元，同比增长 38%，居当地四大行第一。我行主流银行地位得到巩固和提升。其次，经营管理工作有新进步。具体表现为三个方面：不良贷款实现"双降"，全行不良贷款余额 28 亿元，比年初下降 2 亿元，不良率 1.8%，比年初下降 0.3 个百分点；信贷客户结构优化，全行 BBB 级及以上法人客户贷款占比 96%，比年初提高 3.58 个百分点，客户结构不断优化；全行实现安全运营，全年无重大违法违纪案件、无重大被诉经济纠纷案件发生。最后，关注民生工作有新进展。将工资分配向基层和一线倾斜，在规定一线柜员每月基本工资最低标准不得低于 2800 元的基础上，年末对所有网点员工每人普惠 6000 元；调增全辖内退人员生活费；对全辖离退休人员增发生活补助，人均每月增发 280 元；出台直系亲属医疗补助发放制度，减轻员工供养负担；妥善安排好员工职业生涯。这些成绩的取得，不仅是全行上下共同拼搏的结果，也凝聚了各位老同志的关心支持，更离不开历届老领导打下的坚实基础。

2008 年，是我行推进实施"十一五"改革发展规划承上启下的重要一年。我们将在总行党委的正确领导下，做到"三个不动摇"，即坚持服务"三农"的定位与方向不动摇，坚持城乡"两轮驱动"和增强核心竞争力不动摇，坚持严守风险底线不动摇，继续坚持"市场提份额，管理上水平"的思路，更好地服务于××地方经济社会发展，促进我行实现又好又快的发展。

各位老领导、老同志，你们为××银行发展奉献自己的青春和力量，作出了卓越的贡献，是××银行宝贵的财富。虽然你们已离开原来的工作岗位，但对×行的发展仍饱含深切的关注之情、热爱之情。×行的改革与发展，仍然离不开你们的关心和支持。我们真诚地希望你们能一如既往地关心和支持×行的改革与发展，继续发挥余热，为××分行的发展献计献策。

春节即将来临，借此机会，我给各位老领导、老同志提前拜个早年，祝大家身体健康、合家幸福、万事如意！谢谢大家！

例文 2

×××副行长在××市温州商会 2010 年迎新团拜会上的讲话

尊敬的各位领导，各位会长，各位来宾，朋友们：

大家下午好！非常高兴能参加××市温州商会2010年迎新团拜会。借此机会，我代表××银行××省分行向一直以来关心和支持××银行改革与发展的各位领导、温州商会以及社会各界朋友表示衷心的感谢和崇高的敬意！

作为××银行辖属的一级分行，长期以来，××分行以科学发展观为指导，秉承业务经营和服务社会的双重职能，致力于发挥在资金、网络、产品和专业优势，大力实施"提升能力，加快发展"的经营策略，深入推进业务经营转型、精细化管理和内控合规三项工作，在社会各界大力支持下，在全体员工共同努力下，我行的经营实力、竞争能力、发展品质和市场形象不断提升，各项主要经营指标均创出历史最高水平。2009年末，××行各项存款余额1800亿元，比年初增加365亿元，各项贷款余额1080亿元，比年初增加265亿元，存贷款市场份额稳居××金融同业前列，实现拨备后利润38亿元，已成为××金融系统网点最广、存贷款规模最大、客户群体最多的大型国有商业银行。

改革开放30年来，温州人民依靠温州人精神，走出了一条符合温州实际、为海内外普遍认同的"温州路子"，取得了举世瞩目的成就。在这个过程中，大批温州人"走出去"经商办企业，形成了遍布国内外的生产基地和营销网络，架起了温州与海内外交流合作的桥梁，极大地拓展了温州人的生存和发展空间，也有力地带动了温州本土经济的发展。正如国内外新闻媒体评价的那样，哪里有市场，哪里有商机，哪里就有温州人。广大在外温州人先后在全国地级以上城市组建了近200家温州商会，团结在外温州人，为各地经济社会发展贡献力量。目前，温州商会已经成为当地经济社会发展的积极促进者，遍布全国各地的温州人已经成为当地创业创新的重要力量。

××市温州商会以"团结温商企业，加强政企沟通"为己任，发挥温州地区经济发达的前沿优势，积极为××经济发展穿针引线，搭建联系平台。随着《国务院关于进一步促进××经济社会发展的若干意见》的实施，以及××自由贸易区的建成，××市温州商会将在当地经济合作中起到更加重要的作用。在此背景下，×行××省分行与××市温州商会本着优势互补、平等互利、实现共赢、共谋发展的原则，充分利用各自的资源和服务优势，为推动××经济的发展走到了一起，具有深远的战略意义。今后，××银行将与××市温州商会会员企业进一步加强合作，为大家提供一系列便捷高效、量身定做的金融服务，为促进××经济的快速发展作出更大的贡献。

最后，我衷心地祝愿双方合作圆满成功！祝愿温州商会的各位企业家们生意兴隆、财源广进！祝愿各位领导、各位来宾身体健康、万事如意！

谢谢大家!

第二节　庆典活动致辞

结构分析范式

写作目的： 祝贺庆典活动取得圆满成功。

结构框架： 感谢来宾＋介绍庆典单位情况与活动内容＋感谢支持与表达祝福。

材料来源： 1. 庆典单位的情况简介；

　　　　　　2. 庆典活动的基本情况；

　　　　　　3. 参加庆典的人员情况。

写作要领： 1. 注意控制字数，确保篇幅适度；

　　　　　　2. 要对有关方面的关心、支持和帮助予以诚挚的感谢。

例文

××行长在××分行营业办公大楼落成庆典仪式上的讲话

尊敬的××书记，××市长，各位来宾，各位朋友：

大家好！金秋十月，收获的季节，××银行××分行迎来了新办公楼建设落成的大喜日子。借此机会，我代表中国××银行××省分行向××分行表示热烈的祝贺！并对长期以来给予×行巨大关怀、支持和帮助的××市委、市政府及社会各界的朋友们，表示衷心的感谢！

××分行1998年1月1日成立以来，在总行、××市委、市政府的正确领导和人民银行、银监局等部门的监管和帮助下，在××市社会各界的热情支持下，认真贯彻落实党和国家的各项经济金融方针政策，牢固树立商业银行经营理念，以加快自身有效发展为目标，以促进地方经济发展和服务社会为己任，不断深化改革，开拓创新，经过多年的拼搏，各项业务取得了长足的发展。尤其是近年来，全行资金实力不断壮大，资产质量持续改善，经营效益逐年大幅提高，综合竞争实力大大增强，全行的业务经营始终保持了稳健、高效、快速和持续发展的良好状态。

××分行下辖6个县（市）支行，48个营业网点，全行在职员工880人。×

×分行成立后，其营业办公场所一直沿用原××县支行的办公楼，条件简陋。为适应业务发展客观需要，改善员工办公条件，经总行、省分行批准立项，××分行办公大楼于2007年正式动工兴建。在办公楼建设过程中，得到了××市政府相关部门的大力支持。新建设的营业办公楼主楼共6层，建筑面积5500平方米，占地面积8000平方米，总投资近×××万元。新大楼在办公条件和服务功能上实现了较大的提升，更好地满足了我行业务经营发展的需求。××分行新办公楼的落成，进一步向社会展示了××分行的经济实力和崭新的社会形象，实现了全行员工盼望已久的夙愿。

我希望，××分行能够把新办公大楼的落成作为新的起点，进一步增强紧迫感、责任感和使命感，不断更新观念，改进服务，与时俱进，开拓创新，在风起云涌的金融改革浪潮中，继续发展敢于竞争、善于竞争的优良传统，努力将××分行的各项事业推向新的发展阶段，同时也为进一步促进地方经济发展，加快××市建设步伐，作出更新、更大的贡献！

在此，我希望××市委、市政府，社会各界的朋友们，对××银行的事业能够一如既往地给予关心、支持和帮助！

最后，祝××市的经济更加繁荣昌盛！祝××市人民的生活更加美好幸福！祝各位来宾、朋友们，工作顺利！万事如意！

谢谢大家！

第三节　签约仪式致辞

结构分析范式

写作目的： 祝贺签约仪式取得圆满成功。

结构框架： 感谢来宾＋介绍情况＋肯定对方地位＋强调合作共赢＋表达祝贺。

材料来源： 1. 本单位的情况简介；

           2. 签约单位的情况简介；

           3. 主办部门提供的签约背景材料。

写作要领： 在签约仪式上的致辞要注意把握字数，控制好领导致辞时间，一般不超过五分钟，切勿长篇大论，以免参与仪式的人员感到不适。

例文 1

<h1 style="text-align:center">××行长在与新华社××分社
全面战略合作框架协议签约仪式上的致辞</h1>

尊敬的××社长，各位领导，新华社的各位朋友们：

大家下午好！今天，我们齐聚一堂，隆重举行××行××省分行与新华社××分社的全面战略合作框架协议签约仪式，加深双方合作，共促××经济社会发展。在此，我谨代表××行××省分行，对本次战略合作框架协议的签署表示热烈的祝贺！对各位领导、各位嘉宾表示热烈的欢迎和衷心的感谢！

××银行作为一家国际公众持股商业银行，近年来，以打造优秀大型上市银行为目标，加快内部改革和业务经营转型步伐，价值创造力和综合竞争力显著增强。作为××银行的一级分行，××行××省分行始终坚持"以市场为导向，以客户为中心，以效益为目标"的经营理念，依托覆盖广泛的网点网络、庞大的客户基础，充分发挥城乡联动的独特优势，不断创新服务方式，提升服务水平，大力推进各项业务健康快速发展，同时也为××地方社会经济发展作出了应有的贡献。

新华社作为世界最有影响力的四大现代通讯社之一，担负着党和国家耳目、喉舌、智库、信息总汇的职责，肩负着正确引导国内舆论和有效影响国际舆论的重要使命。新华社××分社作为总社的派出机构，成立以来，认真履行服务××经济社会发展的职责，积极搭建××对外宣传平台，协助××各级党委政府、大型企事业单位提升科学决策能力，解决发展中遇到的难题，化解突发公共事件舆情危机，通过加强宣传报道和提供智库服务，在××经济发展和社会文化建设中发挥着越来越重要的作用。

××行××省分行与新华社××分社的战略合作有着深远的意义和广阔的前景。这次签约，必将为我行在灵活制定宣传策略、引导社会热点、疏导公众情绪、及时防范舆情风险以及危机公关等方面提供具体信息支持和解决方案，更好地提升我行的社会形象，推进我行的信息化建设再上新台阶。我们真诚地希望，双方能不断扩大在舆论引导、信息发布、舆情监测、金融顾问和宣传推广等方面的合作，共谋发展大计、共创双赢局面。

最后，衷心祝愿双方的合作取得圆满成功！祝各位领导、各位嘉宾、朋友们身体健康，工作顺利，万事如意！谢谢大家！

例文2

××行长在与××公共资源招标投标服务中心
合作协议签约仪式上的讲话

尊敬的×××局长，各位领导，各位嘉宾：

大家上午好！今天，我们共聚一堂，在这里举行××行××省分行与××公共资源招标投标服务中心合作协议签约仪式，这是双方加深合作、共促××经济社会发展的一项重要举措。在此，我谨代表××行××省分行，对合作协议的签署表示热烈的祝贺！对各位领导、各位嘉宾的莅临表示衷心的感谢！

××行××省分行作为××最大的国有商业银行之一，始终坚持"以市场为导向，以客户为中心，以效益为目标"的经营理念，不断创新服务方式，提高服务水平。2011年，××行××分行围绕打造优秀大型上市银行的总体目标，实施"市场提份额，管理上水平"的工作思路，开创了经营管理新局面，各项业务发展有新提高。具体表现为业务发展取得九个第一：全行各项存款余额××亿元，各项存款存量和增量、储蓄存款存量和增量、对公存款存量、同业存款增量均居当地四大行第一；各项贷款余额××亿元，增量居当地四大行第一；实现中间业务收入××亿元，居当地四大行第一；实现拨备后利润××亿元，居当地四大行第一。这些业绩不仅体现了我行主流银行的地位，更是我行为广大客户和合作伙伴提供更丰富、更优质金融服务的有力保障。

××招标投标管理局和××公共资源招标投标服务中心组建以来，致力于理顺招投标监管机制，完善公共服务平台建设，解决招标投标工作中存在的问题，有力地促进了公共资源招标投标交易活动的公正公平公开，从源头上预防和治理腐败，保障了招投标双方的合法权益，推动了全省经济社会健康发展。

××行××省分行与××招标投标管理局及服务中心的战略合作有着深远意义和广阔前景。双方的合作必将加快公共资源招投标平台的建设步伐，最终实现交易过程阳光化、招标投标电子化、异地评标远程化、电子监管规范化。这次签约，也是我行完善电子商务金融服务领域的良机，将有利于提升我行的社会形象，使我行的服务能力再上新的台阶。我行将充分发挥现代金融服务的便捷、安全功能，全力以赴配合服务中心工作，努力实现优势互补，共同发展。

新年新气象，新岁新征程。我们真诚地希望，双方不断扩大合作领域，提升合作层次，共谋发展大计、共创双赢局面。最后，衷心祝愿双方的合作取得圆满成功！谢谢大家！

第四节 会议开幕式致辞

结构分析范式

写作目的： 表达问候，提出要求。

结构框架： 表示祝贺＋肯定成绩＋提出要求＋殷切期望。

材料来源： 1. 会议主办部门准备的会议材料；

2. 同类型会议的开幕式致辞。

写作要领： 1. 注意控制字数，确保篇幅适度；

2. 提出的要求要切合与会人员的实际情况。

例文

××行长在××银行第二届职工（会员）代表大会上的致辞

各位代表：

大家上午好！在龙年新春，我们迎来了××银行第二届职工代表大会的隆重召开。在此，我谨代表省分行党委，对大会的召开表示热烈的祝贺！向参加大会的全体代表、并通过你们向全行广大员工致以崇高的敬意和亲切的问候！

职工代表大会是企业民主管理的基本形式，是职工行使民主管理权力的机构。2002 年××银行第一届职工代表大会召开以来，我行职代会建设取得了不断的进展。全省各级行工会围绕全行中心工作，努力找准定位，全面履行职能，在动员组织员工建功立业、维护员工合法权益、提高员工整体素质、加强工会自身建设等方面取得了较好成绩，有效调动了广大员工投身改革发展的积极性、主动性和创造性。

当前，××银行已进入了一个全新的历史发展阶段。在昨天的会议上，我代表行党委作了行务工作报告，分析了当前的形势，安排部署了今年各项工作。请各位代表认真审议，建言献策，并从××银行长远发展的高度出发，统一思想，树立信心，凝聚力量，为实现既定的工作目标和任务而不懈努力。同时，也希望大家认真思考和研究，在当前的形势下，工会怎样找准定位，以更好地发挥作用。

借此机会，我就工会工作提五点希望。

第一，发挥好主力军作用。各级行工会要按照党委的部署和要求，紧紧围绕全行中心工作，从"党委所急、员工所需、自身所能"的交汇点上明确定位、找准着力点，进一步增强主人翁意识，把广大员工组织起来、发动起来，形成无坚不摧的改革发展力量。可以通过开展建言献策活动，引导员工贡献聪明才智；通过开展业务技能竞赛活动，推进岗位能手队伍建设；通过开展劳动竞赛活动，推动各项业务的有效发展。在开展各类活动时，要加强与业务部门的合作，并根据银行业竞争的热点，不断创新活动载体，强化活动内容与业务发展的紧密性，使活动能更好地为促进业务发展服务。

第二，发挥好桥梁纽带作用。各级行工会要发挥贴近基层和员工的优势，努力当好桥梁和纽带，成为党委的好助手、员工的贴心人。主动加强与决策层的沟通，通过联席会议或集体协商等有效形式，共同研究解决与员工利益密切相关的重大问题。拓宽民主参与渠道，通过提案、建议案等多种形式，广泛听取员工意见，推动重点问题的解决。同时，对员工的合理诉求要积极对待，认真寻求解决，对不合理或一时无法解决的诉求要做好耐心细致的解释，对可能引发劳动争议、影响员工队伍稳定的重大问题，要协助行党委积极防范和有效处置，使各种利益关系和矛盾及时得到疏通和化解，切实维护好和谐稳定的改革发展局面。

第三，维护好各级员工权益。工会是员工利益的代表，也是重要的制衡和监督力量，各级行工会要积极监督和履行好集体合同制度，依法为员工着想、替员工说话、帮员工办事，努力实现好、维护好、发展好广大员工的根本利益。同时，要深入到广大员工队伍中去，认真倾听员工呼声、真实反映员工愿望、真心关注员工疾苦，加大对困难员工的帮扶力度，努力为员工办实事、做好事、解难事，及时把行党委的关怀和温暖送到员工心坎上。

第四，树立好各类先进典型。"榜样的力量是无穷的"，全行上下要进一步深入开展创先争优活动，鼓励全行员工争当先进，扩大员工参与率，积极开展各类先进的推荐、评选和表彰工作，大力培育和发现各种先进典型。通过弘扬先进精神，广泛组织广大员工开展向先进典型的学习活动，以标杆的示范作用激励员工、鼓舞员工，在全行营造爱岗敬业、建功立业的良好氛围。

第五，开展好教育宣传工作。工会是"职工之家"，各级行工会要持续发挥工会"大学校"的教育、宣传和引导作用，动员和组织员工加强理论和业务知识学习，不断提高员工的思想道德和业务素质，努力建设学习型、知识型、创新型员工队伍，使各级员工将省分行党委的各项决策部署转化为自觉行动，为全行的有效发展建功立业。

各位代表、同志们，你们的一言一策，都将汇聚成推动全行不断前行的不竭动力。我相信，在行党委的坚强领导下，在广大职工代表和全体员工的不懈努力下，××银行的职工代表大会建设和全行各项事业发展一定能站上新起点，焕发新活力，迈上新台阶。

最后，预祝大会取得圆满成功！谢谢大家！

第十章 汇报材料

第一节 综合工作汇报

结构分析范式

写作目的： 向上级汇报全面工作。

结构框架： 1. 基本情况＋主要工作＋意见建议；

2. 基本情况＋主要工作＋今后打算＋意见建议。

材料来源： 1. 通过官网等方式收集本地区、同业与本单位的基本情况；

2. 本年度工作会议材料以及近期工作总结；

3. 向各位领导以及主要部门征求需要反馈的意见和建议；

4. 通过小型组织会议的形式征求意见。

写作要领： 1. 综合汇报材料要将重点放在如何结合本单位实际，创造性地落实上级的工作要求上来，既要总结成绩，也不能掩盖问题；

2. 向上级提出的意见和建议要仔细斟酌，对属于本级能够解决的，不应向上级提出，向上级提出的建议应基本限定在需要授权的"人、财、物"方面；

3. 行文以叙述为主，工作措施要具体，业务数据要翔实。

例文

××银行广西分行工作情况汇报

尊敬的×董事长：

现将××分行的主要情况向您汇报如下，不当之处，请批评指正。

一、基本情况

广西区地处我国南部，简称"桂"，东邻广东，西连云南，西北靠贵州，东北接湖南，东南邻北部湾，西南与越南毗邻。面积约23.67万平方公里，总人口近4602万人，有壮、汉、瑶、苗、侗等××个民族，其中壮族人口约1588万人，占比约为34.50%。全区设××个地级市，××个县级市，××个县，××个民族自治县。

××具有"沿海、沿边、沿江"三大特色优势。其中，海岸线全长1628公里，有大小港口××个，建成万吨级以上泊位××个，吞吐能力达1.1亿吨以上，为大西南主要出海通道；边境线长约637公里，现有国家一类口岸×个、二类口岸×个，边境贸易点××个，为面向东南亚的重要进出口通道；区内大小河流总长4.45万公里，通航里程5591公里，水电资源丰富，累计装机容量达1490万千瓦。矿产资源以铝、锡等有色金属为最，是全国10个重点有色金属产区之一，已探明储量的矿藏有××种，其中××种居全国第一位。经济作物方面，糖料蔗、蚕茧、木薯等产量排全国首位，其中甘蔗产糖量全国第一，占比66%，全区有××个县的一半财政收入来自制糖业税收，1500万人口与蔗糖产业有关。旅游资源方面，有4A级以上旅游景区48处，全年接待游客超过1亿人次，总收入占地区生产总值的7.5%。

截至2010年末，全区生产总值为9502亿元，列全国第十八位，同比增长14.2%，增速比全国平均高3.9个百分点，连续9年实现两位数增长；全社会固定资产投资9622亿元，同比增长22.3%，增速比全国平均快13.9个百分点；财政收入1228亿元，同比增长27.1%，列全国第十九位；城镇化率40.6%，城镇居民人均可支配收入17064元，农村居民人均纯收入4543元。目前，广西正加快推进北部湾经济区、桂西资源富集区和西江经济带等"两区一带"的开发建设，一批重大设施和重大项目陆续建成投产，工业化、城镇化发展提速，特有的区位优势和资源优势正转化为经济优势。今年第一季度，全区生产总值为2247.86亿元，按可比价格计算，同比增长12.1%，增速比全国快2.4个百分点；固定资产投资1340.39亿元，同比增长28.2%；财政收入360.31亿元，同比增长37.2%；城镇居民人均可支配收入5153元，同比增长6.7%，农村居民人均现金收入1686元，同比增长18.9%。

同时，广西积极实施"引金入桂"战略，"十一五"期间，共新引进银行机构26家，保险公司16家，证券期货机构32家，金融业增加值年均增长31.4%，对全省生产总值增长的贡献率超过10%。截至2010年末，全区银行业金融机构各项存款余额1.17万亿元，排全国第二十二位；贷款余额8868亿元，排全国第二十位。目前，广西分行机关内设机构××个、直属单位×个，辖属二级分行（含营业部）××个，支行××个（其中县支行××个，占比××%），营业网点×××个（其中县域××个，占比××%），在职员工××人（其中县域××人，占比××%）。截至2010年末，全行本外币各项存款余额××亿元，居当地四大行首位；各项贷款余额××亿元，居当地四大行第二位；不良贷款余额××亿元，不良率××%，拨备覆盖率为××%，均排当地四大行末位；当年实现中间业务收入××亿元，居当地四大行首位；实现拨备后利润××亿元。

二、主要工作

广西分行党委围绕总行打造优秀大型上市银行的总体要求，立足广西分行巩固并提升当地主流银行地位的具体实际，认真贯彻落实总行会议精神，提出了"市场提份额，管理上水平"的总体要求。今年主要工作目标如下：人民币各项存款增加400亿元，保持当地四大行增量市场份额第一；各项贷款增量控制在总行下达计划以内；实现中间业务收入18亿元，保持当地四大行市场份额第一；不良贷款余额控制在18亿元以内；实现拨备前利润60亿元，拨备后利润50亿元；实现无重大责任事故和无重大案件。

在抓好总行精神落实和全年工作部署的同时，坚持抓业务发展不放松，做到统筹安排、协调推进，实现了"两手抓、两不误、两促进"。第一季度，广西分行在总行综合业务绩效考核排名为第六位，比上年末提升了8位；"三农"板块绩效考核排名为第五位，比上年末提升了8位。截至4月末，人民币各项存款比年初增加90亿元，存量和增量分别居当地四大行第一位和第二位，其中，储蓄存款净增138亿元，同比多增18亿元，在当地四大行中占比58%，排第一位；人民币各项贷款比年初增加70亿元，在当地四大行中占比38%，排第一位；不良贷款占比为2%，比上年末下降了1个百分点；实现中间业务收入5.8亿元，同比增收1.8亿元，增长38%；实现拨备后利润16亿元，同比增盈5.8亿元，增长58%。主要采取了以下工作措施：

（一）整作风，建氛围。一是强化分行机关干部的思想教育。一方面，以通报问卷调查结果和针对性谈话为切入点，党委对各级领导干部提出了树立理念、深刻反思、改进作风、带好队伍、廉洁从业、做好表率六点要求。另一方面，针对分行机关近年来新调进的青年员工较多，而管理偏松的状况，专门召开了青年干部会议，对青年干部在思想、工作及日常行为等提出了具体要求，有效激励和调动了青年员工的积极性。二是加强机关绩效考核。突出以条线指标、工作效率和质量、服务满意度等为重点，按前后台部门的职能，细分工作内容和考核权重，并加大绩效挂钩的力度。三是狠抓机关效能建设。制定专门的机关效能建设考评办法，加强机关日常考勤，整顿机关纪律，规范行为管理，对办文、办事、办会等实行限时办结制，并成立专项检查组实行不定期抽查。

（二）抓机制，求创新。一是强化全行综合考评的导向作用。考核办法突出了市场份额和排名、系统内份额和排名的权重，同时加大了工资、费用的挂钩力度，其中挂钩工资不低于总额的20%（约2亿元）、费用不低于总额的15%，如年内有结余或总行有增配，也全部纳入综合绩效考核挂钩分配。二是健全工资分配办法。按照"基本保障、同工同酬、兼顾公平、奖勤罚懒、凭效增资"的原则分配全行工资。同时，加大计价工资挂钩力度，拿出不低于总额35%（约3.6亿元）的工资，与存款增量、个人贷款和中间业务挂钩，其中存款按对公、储蓄存款日均增量分类积分计价。三是完善费用配置细则。按照"基础保障、战略引导、考核计价、公开透明、激励发展"的原则，将费用分为基础、计价、考评和战略四大块管理。基础保障上适当提高县支行和守押社会化网点的费用配置，计价上主要与存款日均增量、个贷增量和中间业务收入挂钩，战略费用则突出服务"三农"、重点城市行、电子化建设等方面。四是强化经济资本和全额资金管理。严肃计划管理纪律，坚持效益优先原则，做到"算了再放"，不能"放了再算"，贷款规模优先向低风险个贷和AA＋级以上法人客户倾斜。同时，主动适应总行FTP价格导向，合理取舍业务和产品。

（三）精"三农"，迎验收。我行在抓好县域金融服务、做实做精农户金融服务的同时，全力做好评估验收各项准备工作。一是精心制订工作方案。我行制定分解落实了64项改革工作任务，明确了各级行、各部门的工作责任和时间安排，把总行各项工作要求部署落实到位。二是认真组织自评估测评。严格对照总行测评标准，统一从报表填报、材料指导、政策咨询、宣传策划、沟通协调等方面的材料模板，认真组织对分行机关、各二级分行、县支行的验收工作落实情况进行测评，全面摸清了情况。三是狠抓外联工作。先后向自治区党委×××书记、自治区政府××主席专项汇报了我行三农事业部制改革和服务"三农"工作，×××书记、××主席都给予了充分肯定，并作了重要批示。同时，我行多次向区金融办、人民银行××中心支行、××银监局、新华社××分社、自治区妇联、自治区团委进行了沟通汇报，全辖各级机构也分别与当地党政、人民银行等进行了充分沟通和汇报，切实掌握工作主动权，为检查评估营造良好的氛围。四是全力打造服务"三农"示范点。积极建立联系挂点工作机制，重点打造横县、田东、东兴、柳江、灵川和港南6个支行示范点，并取得初步成效。五是全力抓好评估座谈会的筹备。重点做好了服务"三农"宣传片和宣传画册,精细做好了座谈会会务。通过抓评估验收,推动了全行"三农"业务持续有效发展。截至20××年4月末,75个县域支行各项存贷款分别净增58亿元和48亿元,增量存贷比78%,增速均高于全行总体水平;新增惠民卡26万张,完成总行年度计划138%;新增农户贷款9亿元,其中农户小额贷款增加8亿元。

(四)抓转型,促提高。一是抓重点客户。重点抓好全区重大建设项目,以及党政机关、财政系统、社保系统和水、电、气、通信、交通等垄断行业客户和公务员、企业高管、个体户等优质个人客户的综合营销。二是抓资产结构调整。把握好投放的总量与节奏,优化行业结构、客户结构和期限结构,选择支持优质行业和优良客户。同时,加大低端客户退出力度,加强存量贷款再配置管理。三是抓产品联动。重点强化对公理财业务营销,积极拓展信托、账户托管、应收款信托融资、债务融资工具承销、内保外贷和远期信用证等新业务产品。四是抓服务优化。针对三级核心客户群,建立了营销服务团队,积极提供差异化、个性化的优质服务,实行前台和后台"平行作业",提高信贷调查和审查效率。针对金融资产50万元以上个人贵宾客户,构建"财富中心—理财中心—营业网点"三位一体的高端客户服务体系。五是抓制度保障。完善重点城市行、重点经济区二级分行资源配置和授权管理,强化营销激励机制,对各行中间业务收入保持上年同期水平部分和超出部分,实行分段计价,大幅提高超收部分计价标准,增强激励效果。

(五)强基础,严内控。一是抓好"基础管理提升年"活动。严格按总行实施意见的要求,逐级建立了组织领导机构,逐级细化活动工作方案,成立了八大专业小组,重点推动六大方面26项主要工作,目前活动正在有序推进。二是抓好信贷风险防控。出台了2011年信贷政策指引,并按照现金覆盖原则,抓好政府融资平台贷款的整改保全和分类管理。开展了城市法人房地产贷款风险排查,并对"三农"信贷产品超过风险控制目标的按月实行风险预警监测和"停复牌"制。三是抓好操作风险防控。对全辖经营机构开展内控风险检查,特别是针对近期发生的多起涉卡诈骗案件,强化自助设备和银行卡案件防范应急管理措施。四是抓好总行巡视组和集中审计组检查发现问题的整改。实行整改工作"一把手"负责制,制订整改方案,明确整改标准、流程和时限,确保整改到位。五是加强案件风险防控。针对重点领域、重点业务、重点环节,持续开展案件风险排查和专项整治,从严处理各类违规行为,始终保持案件高压态势。

三、几点建议和请求

(一)适当调增我行信贷规模配置。目前,我行信贷规模不足的矛盾十分突出。一方面，面临着严峻的外部竞争形势。在当地四大行中，×行和×行今年下达的信贷规模均达 150 亿元以上，而总行仅下达我行 130 亿元，同比减少 90 亿元，下降幅度达 40%，比总行总规模下降幅度多下降 22 个百分点。同时，我行存贷比较低（截至 20××年 4 月末仅为 58%，在当地四大行中排末位），受地方政府"按存贷比分配财政性存款"的影响，我行对公存款业务将面临新的挑战。另一方面，规模不足将导致我行承受一定的声誉风险，也可能造成优良客户流失。据统计，目前我行已审批未发放的总行级核心客户贷款为 48 亿元（其中合同约定年内发放 40 亿元），已审批未发放的分行级核心客户贷款为 30 亿元（其中合同约定年内发放 28 亿元）；个人贷款（不含农户小额贷款）方面，已累计有 18 亿元未能按合同约定发放。同时，总行在总量规模配置上，明确我行今年"三农"板块信贷规模为 75 亿元，占 56%，而城市行仅占 44%，城乡业务规模配置矛盾突出。鉴于此，恳请总行适度调增我行年度人民币贷款计划 50 亿元。

（二）加大对重点城市行的支持力度。我行营业部列入总行重点城市行后，也是×××董事长的联系点，目前，改革发展步伐明显加快。20××年各项存款已超越×行，今年第一季度各项存款余额历史性夺得××市银行同业第一，各项存款、对公存款、储蓄存款、个人贷款、中间业务收入五项指标增量均为当地四大行首位，但现有信贷政策、资源配置和管理模式已难以满足其加快发展的需要。为此，恳请总行在信贷规模方面给予支持，单独调增我行营业部信贷规模 20 亿元。

（三）加大部分业务和产品的政策支持。当前我行与××行××分行签订了全面合作协议，并就资金存放等业务合作模式达成了一致意见。据预测，××行已审批的土地储备贷款 136 亿元假如全部由我行代理兑付，可为我行形成约 80 亿元稳定的对公和储蓄存款，但是，由于总行未给予我行合作性存放同业业务授权，且存放××行合作性存款利率（期限不超过 6 个月，年利率不高于其总行给予的授权，目前 1 个、2 个、3 个、6 个月的年利率最高分别为 2.9%、3.0%、3.18% 和 3.4%）未能达到总行的要求（我行存放同业 1 个、3 个、6 个月年利率最低分别为 4.3%、5.28% 和 5.88%），目前此项合作无法顺利推进。为增强同业合作关系，增加我行存款和收益，恳请总行转授权我行办理合作性存放同业业务，金额在 60 亿元以内、期限不超过 6 个月，并在利率上给予倾斜，以便进一步深化与农发行的合作事宜。

（四）适当增加处级干部职数。当前，广西实施"引金入桂"战略，金融同业加紧布局，部分行采取了提高机构级别和薪酬激励等措施，造成我行部分高管和业务骨干的不断流失。为适应市场竞争的需要，对城区业务量大、县域发展潜力大的分支行，达到一定标准（城区支行存款超 100 亿元，利润超 2 亿元；县支行存款超 50 亿元，利润超 1 亿元）的，计划实行"高管，高配"，进一步激发其工作积极性和主动性。为此，我行分别上报了《关于增加××分行处级干部职数的请示》，请求总行适当增加广西分行处级干部职数 10 名，以适应形势发展和激烈竞争的需要。

2011 年 4 月 6 日

第二节 专项工作汇报

结构分析范式

写作目的：向上级汇报专项工作。

结构框架： 1. 引言＋专项工作（主要成效＋工作措施）＋意见建议；

2. 引言＋专项工作（主要成效＋工作措施）＋今后打算＋意见建议。

材料来源： 1. 收集专项工作开展的进展、成效、措施等内容；

2. 向分管领导以及对口部门征求需要反馈的意见和建议；

3. 参考同类型专项汇报材料。

写作要领： 1. 专项汇报材料一般分为三类，第一类是向上级主动汇报某项工作，第二类是根据上级要求汇报某项工作，这两类基本可以按照上面的结构框架开展写作，第三类是对某些突发性情况进行汇报，这类写作可以参考第六章中的报告一节的内容；

2. 对于专项工作汇报，反映的情况要客观真实具体，分析问题要深入透彻准确。

例文

2011 年第一季度金融融资工作情况汇报

第一季度，×行××省分行认真贯彻落实全省经济工作会议精神，紧紧围绕省政府提出的 2011 年金融融资总量 3000 亿元目标，努力适应国家实施从紧货币政策的新形势，充分发挥自身优势，不断创新工作方法，积极为全省经济社会发展提供优质、高效的金融融资服务。现汇报如下：

一、第一季度融资业务情况

针对今年资金流动性逐步收缩的情况，我行充分发挥城乡联动、产品服务和网络渠道的作用，为保障信贷投放积极筹措资金，截至 3 月末，全行人民币各项存款余额 1800 亿元，比年初增加 80 亿元，增长 8%，同比少增 60 亿元；存款增量在全国×行系统排名为第十八位，在××四大行中占比 40%。与此同时，我行牢固树立服务意识和全局观念，积极贯彻省发展战略导向，突出重点产业和重点区域，充分发挥服务主渠道作用，第一季度累计投放各项贷款 280 亿元，有力地支持了我省经济社会建设发展。截至 3 月末，我行本外币各项贷款余额 1369.81 亿元，比年初增加 65.56 亿元，增长 5.03%，同比少增 38.13 亿元；贷款增量全国×行系统排名第十二位，在××四大行中占比 38%。

（一）积极支持重点产业和重点区域发展。我行密切跟踪省统筹推进的建设项目，加强与省相关职能部门的联系协调，积极为项目建设提供包括信贷投放、结算服务等综合性服务。同时，加大对我省重点产行业的支持，积极支持省 14 个"千亿元产业"发展，并围绕省"两区一带"经济发展战略，加大对××、××、××等重点发展区域的支持，特别是做好××保税物流中心、××保税港区、××综合保税区、××出口加工区等国家级园区的综合性服务。截至 3 月末，我行累计投放工业贷款 140.14 亿元，同比多投放 9.2 亿元，重点支持了我省制糖、汽车、电力、机械制造、有色金属、钢铁等优势产业发展；投放××经济区的贷款增量占全行的 46%，其中法人贷款增量占全行的 48.32%，信贷投放继续向我省重点发展的区域倾斜。

（二）认真抓好服务"三农"和支持县域发展。我行积极贯彻落实省党委关于推进城镇化和特色资源开发的要求，大力支持县域支柱产业和农业产业化发展，特别是支持全省 151 户国家级、省级农业产业化龙头企业。目前，我行对国家级和省级龙头企业的服务覆盖率分别达到了 100% 和 73.3%。同时，积极支持农村公路、城镇基础设施、农村电网改造和大型水利设施等建设项目，支持县域"好市场、好商场、好渠道、好医院、好学校"等。另外，加强与各级共青团、妇联的合作，大力发展农村青年和妇女创业贷款，积极推进个人生产经营性贷款和农户小额贷款。截至 3 月末，我行县域各项贷款余额 469.9 亿元，比年初增加 42.44 亿元，占全行贷款总增量的 68.78%，增长 9.93%，比全行平均高 5.18 个百分点；县域增量存贷比为 54.06%，比全行整体水平高 14.8 个百分点；农户小额贷款余额为 69.73 亿元，比年初增加了 6.32 亿元。

（三）强化对小企业和民营经济的信贷支持。我行积极落实好省关于发展中小企业和民营经济的要求，进一步优化中小企业金融服务"绿色通道"，对符合条件的中小企业和民营经济信贷需求给予大力支持，加强对省"百家市场"和"万村千乡"商贸超市服务体系的支持，积极投放个人助业贷款和个人经营性贷款，大力支持我省中小企业和民营经济发展。截至3月末，我行个人贷款余额415.04亿元，比年初增加32.84亿元，增长8.59%，比法人类贷款增速高3.03个百分点；小企业贷款余额80.57亿元，比年初增加8亿元，同比多增11.25亿元，增长11.02%，比全行贷款平均增速高6.2个百分点。

（四）以服务产品创新拓宽融资渠道。在信贷规模趋紧的情况下，我行充分发挥自身综合性优势，积极创新产品服务，加大中期票据、短期融资券等新兴业务营销，帮助企业积极拓宽融资渠道，大力支持我省企业壮大发展。例如，我行依托自身优势，成功承销××投资集团二期中期票据10亿元，以及××集团发行的短期融资券15亿元，较大满足客户多元化筹资需求。同时，我行通过产品创新，与××国际集团海内外通力合作，成功为××机器集团有限公司办理了一笔"内保外贷"600万美元的海外融资业务，为解决企业融资难题提供新的思路。截至3月末，我行累计办理银行承兑汇票贴现及转贴现、进口押汇、其他国际贸易融资31.69亿元，服务地方经济发展的能力进一步增强。

二、下一步工作措施

（一）创新工作方式方法，增强金融融资能力。今年以来，央行多次调高存款准备金率，社会融资总量不断收缩。下一步，我行将继续依托自身优势，切实增强融资服务能力。一是抓好资金组织工作。密切关注省重大项目建设动态，以及省财政、社保和住房公积金系统性的资金管理改革，积极提供资金支付结算等业务服务，切实提高客户资金运用效率。二是推出理财产品服务。积极在县域推广对公理财产品，努力为系统性客户和当地集团性企业提高资产融资水平。三是创新开展"内保外贷"、对外担保等业务，为企业客户融资拓宽渠道。特别是要密切关注全省拟发债或重组上市企业情况，重点加强为企业提供债务融资工具承销、投融资顾问、改制上市财务顾问、并购贷款/并购重组财务顾问、对公理财+信托融资等业务，强化对企业客户的融资服务。

（二）突出信贷支持重点，加强服务经济建设。我行将充分利用有限的信贷资源，坚持突出重点加强对全省经济特别是实体经济的信贷支持。一是加大对重大项目的支持力度。持续关注省层面统筹推进的688个重大项目，继续支持交通基建、工业制造等大项目和省级工业园区建设的信贷投放，有力促进全省固定投资对经济增长的拉动作用。二是加大对千亿产业和新兴产业的支持力度，积极介入汽车、石化、电力等产业，促进全省重点支柱产业做大做强。三是加大对重点区域的信贷投放力度。重点支持省"两区一带"开发建设，优先支持港口、交通、物流、电子信息等产业发展。四是不断支持中小企业发展。加大对重点产业、重点项目上下游供应链企业的支持力度，不断创新业务产品，推动小企业稳健发展。五是加大对"三农"和县域的信贷投放力度。重点加强对县域农业产业化龙头企业、县域中小企业以及城镇化建设项目的支持，积极稳妥地推进农村个人生产经营贷款，加大对种养大户、农机大户、私营业主等中高端农户的信贷支持力度，促进全省城乡全面协调发展。

（三）强化信贷资源配置，确保信贷有效投放。进一步加大信贷资源配置力度，一是争取向总行申请增加我行信贷规模。加强与总行对口部门的沟通汇报，争取给予我行更多的信贷规模倾斜，努力为全省经济建设作出应有的贡献。二是强化存量盘活使用。我行将全面监测到期贷款情况，优化贷款收回再贷，合理安排投向和期限，在总量计划内着力解决全省重大在建、续建项目，"三农"县域贷款。小企业的信贷需求，促进贷款结构优化。三是加大"两高一剩"客户退出力度，促进全省经济结构调整。

三、几点工作建议和请求

（一）请求加强给予大项目的推介和投融资平台贷款管理的协调。请求省政府有关部门在今后重大项目建设、招商引资中，为我行推介更多的优质企业和优质项目。同时，请求省政府有关职能部门在政府投融资平台贷款追加担保、落实"三方签字"等工作上给予协调和配合，确保政府平台企业贷款规范运作。

（二）建议省政府协调好拟发债和重组上市企业的融资工作。近年来，××加快推进企业上市融资工作，营造了良好的资本市场发展环境。在当前信贷规模从紧形势下，建议省政府抓好拟发债企业和重组上市公司的筹备和协调工作，并积极向银行征集直接融资需求，以银行特有服务优势为企业提供强有力的金融服务支撑，促进××资本市场加快有效发展。

（三）支持我行对大额不良资产项目的处置。目前，我省部分产行业经营风险逐步显现。请求省政府在进一步加强社会信用体系建设、打击逃废债和金融诈骗行为的同时，帮助我行做好大额不良债权的维护，支持依法加大重组力度，加快银行胜诉案件执行，促进我行盘活优化存量信贷规模，进一步增强支持地方经济建设的融资服务能力。

×行××省分行

2011 年×月×日

第十一章　发言材料

第一节　经验交流

结构分析范式

写作目的： 对工作经验进行总结分享。

结构框架： 1. 工作成效 + 主要做法（ + 工作体会 + 今后打算）；

　　　　　　2. 引言 + 主要做法。

材料来源： 1. 收集相关的工作要点、工作计划、推进方案、工作总结等材料；

　　　　　　2. 参考同类型经验交流材料。

写作要领： 1. 经验交流态度要诚恳，既不能洋洋自得，也不要妄自菲薄，行文时要本着真诚分享的态度；

　　　　　　2. 要从众多的工作资料中总结出真正取得成效的原因，并进行高度概括，还要用具体案例或者数据进行说明，确保经验的说服力；

　　　　　　3. 注意字数要控制在发言时间范围内。

例文 1

××县支行在××分行"三农"和县域业务工作会议上的经验交流报告

尊敬的×行长，各位领导，各位同事：

　　近年来，××县支行在上级行党委的正确领导下，认真贯彻落实服务"三农"工作要求，立足本地实际，拓展服务渠道，提升服务能力，狠抓市场营销，严守风险底线，扎实推进"三农"金融业务发展并取得了积极成效。今年第一季度，××县支行农户贷款余额9990万元，比年初新增1880万元，完成"开门红"计划的228%；农户贷款不良余额与关注余额均控制在计划内，农户贷款风险得到有效控制；新增激活惠民卡4800张，完成"开门红"任务的680%，有余额卡量比年初新增3320张，提前超额完成年度任务；惠农通有效服务点达到338户，比年初增加108户，完成"开门红"任务的138%。

一、主要做法

一是树立服务"三农"正确意识。做好"三农"业务，首先要强化自身政治担当，把服务"三农"作为××县支行党委、领导班子的政治责任和纪律要求，树立责任担当意识、危机意识、机遇意识、创新意识和商业化运作意识，通过发挥好×行的县域优势，培育县域业务发展的增长点，创新产品、工具和模式，提升×行的县域金融市场竞争力。

二是加大"三农"贷款有效投放。××县支行根据上级行"三农"贷款投放的考核方案，制订了具体的、符合××县支行的农户贷款考核方案，加大各项"三农"业务与绩效工资、与营销费用挂钩的考核力度。通过召开"开门红"动员会，解读战略激励业务、产品及计价表，传达农户贷款激励政策，增强了全体员工营销意识。同时强化"三农"贷款投放监测督导，定时通报任务完成计划，确保全行涉农贷款达到任务要求，确保农户贷款稳定快速增长。

三是提升农村基础金融服务水平。××县支行以高度政治责任感拓展惠农通业务。在年初工作会议上明确提出立足××实际，在做真做实的基础上，做出特色、做出亮点。指定专人整理列出惠农通无效服务点清单及成为有效所欠笔数，由网点负责人安排人员亲自上门指导客户使用转账电话、惠民卡及POS机等电子渠道进行交易，并宣传×行智付通各项先进功能，建成农户喜爱的"家门口银行"。及时进行业务拓展通报，不仅将通报通过邮箱发送到各网点，也公布在支行党员微信群，极大地增强了"比学赶超"意识。

四是科技力量助推惠民卡业务发展。针对前期已有自助发卡机以及超级柜台不能发行惠民卡，人工新开惠民卡效率较低的问题，支行分管领导与有关部门积极与上级科技部门沟通，配合完善了发卡机及超级柜台的发卡功能，简化新开惠民卡手续，成为××分行首次成功利用自助银行设备发行惠民卡的支行，在"开门红"期间极大地提高了惠民卡的发行效率，为××支行的惠民卡业务发展发挥了巨大作用。

五是合规经营严控风险守住底线。××县支行党委始终把风险控制放在业务发展的重要位置，在业务发展的同时坚持风控措施到位，从业务流程、岗位设置、责任落实、绩效考核等方面入手，定时进行员工行为排查，全行上下牢固树立

"违规就是风险，合规创造价值"的理念，形成了全行上下狠抓规章制度落实，共同谋业务发展的良好经营氛围，以合规文化的建设为"三农"业务的发展保驾护航。

二、几点体会

一是加强党建，抓好队伍建设，增强队伍凝聚力和执行力，是做好"三农"和县域工作的根本。二是打造战斗力强的营销团队，是推动"三农"金融业务的有效手段。三是合规经营、防范风险，是做好"三农"和县域工作的保障。四是不断创新，是提升"三农"金融市场业务竞争优势的关键。

三、今后工作

2016 年，××县支行将围绕以下工作推进"三农"和县域业务发展。一是落实精准扶贫社会责任，力争引入"政府增信"机制，因地制宜推进金融精准扶贫工作。二是继续支持农业产业化龙头企业，对辖内的农业产业化龙头企业进行一次全面排查，逐户列表开展营销。三是支持重点农业基础设施建设，力争在"双高"糖料蔗基地建设等方面取得进展。四是择优支持新型农业主体，积极支持优质农民专业合作社、专业大户和家庭农场。五是拓宽"三农"服务渠道。新建一家农村金融综合服务站，完善惠民卡、惠农通机具功能，加快"E 商管家""E 农管家"推广力度，激活"金穗惠农通"代理点渠道功能。

××县支行员工有敢于担当的传统，也有不畏困难勇于作为的精神，我们将进一步完善措施、深挖市场潜力，在上级行党委的正确领导下，以更强的执行力，以更认真的态度努力将××县支行服务"三农"工作做好。

例文 2

在××分行 2020 年"春天行动"综合营销启动会上的发言

尊敬的×行长，各位领导，各位同事：

大家上午好！今年以来，在省分行党委的正确领导下，在省分行各部门的帮扶下，××分行认真贯彻落实省分行年初党建和业务经营工作会议以及零售业务工作会议精神，围绕全行零售业务工作总体要求和经营目标，勇于担当、开拓创新，稳步推进零售业务各项工作。现将主要做法汇报如下：

一、树立正确理念，发挥引领作用

一是以党建为统领。我行通过开展"不忘初心、牢记使命"主题教育，持续强化党的政治建设和思想建设，促进党建工作和零售业务工作相融合。充分发挥零售条线党员干部先锋模范作用，组建了农民工代发工资、信用卡分期、ETC 营销、场景建设等专项营销先锋队，强化责任担当，注重合规经营，打造标杆团队，做好示范表率作用。二是以市场为导向。我行新一届党委对零售业务提出了"不唯计划唯市场"的工作目标，要求坚决巩固零售业务在当地同业的优势地位，为全行业务经营作出更多贡献。在同业竞争白热化的情况下，全行上下不以任务为目标，奋力抢夺市场份额。三是以客户为中心。我行认真贯彻省分行"为客户，我可以做得更多更好"的工作要求，真正将服务客户的口号落实到行动中。通过理性分析风险信号，落实有效措施开展风险防控，确保自助服务渠道畅通。通过采取因地制宜、城乡有别的弹性排班制度，保障厅堂服务渠道顺畅。通过完善消费者权益保护机制，落实投诉服务专人专管，积极妥善解决客户投诉问题，提升客户满意度。

二、实施数字化转型，力促高效营销

一是强化培训推广。深入基层一线开展数字化营销模式推广，通过一系列的集中培训、面对面指导，更新员工营销观念，让数字化转型理念深入人心，为打造"线上×行"奠定坚实基础。二是借助营销工具。通过利用客户管理系统、贵宾客户系统两大系统，以及营销宝和金融小店两大数字化营销工具，一方面精准筛选有效客户开展营销，另一方面拓展营销的时间与空间，降低营销成本，提高营销效率，延伸获客渠道。三是提升客户黏性。积极引导客户在微信、支付宝上绑定我行账户作为收付款账户，让客户主动拥抱×行，化无形为有形，发挥流量经营效用，增加客户在我行个人资金的流量和留存金额，实现做大通道、增强个人客户资金黏性的目标。

三、搭建金融场景，创新获客模式

在"场景为王"的发展态势下，我行先行先试，探索打造出了一批可复制、可推广，具有获客持续性、价值创造性的互联网金融场景项目。例如，实现了公安局出入境办证费、户政收费，法院诉讼费，交警罚没款等智慧政务收费类场景项目；建设了××二中、××三中等7家中学的智慧校园一卡通场景项目；实现了水、电、燃气等生活场景缴费全覆盖，打通了微信钱包、企业微信公众号、×行微信公众号、小程序、掌银、网银、智能POS、自助终端等全渠道缴费及掌银签约代扣渠道；搭建了全省首个智慧食堂，并在合作企业食堂进行了推广；在掌银"生活"频道搭建了全省首个跨境电商商城——蚂蚁洋货商城，拓宽了我行掌银用户购买优质商品的渠道；成功对接上线××药业企业ERP系统，助力供应链企业互联网数字化转型。通过以上一系列的场景建设，将我行的金融服务嵌入客户生活消费、生产经营等一系列活动中，让客户足不出户就可以感知需求、获取

服务。

四、通过项目带动，实现批量营销

零售业务的发展除了创新引领之外，更多的仍然需要依靠公私联动和项目带动，财政、学校、医院等薪酬奖金类、土地征拆补偿项目类、大型工程建设项目类、批量兑付类等依旧是获取资金和客户的最重要的源头。以公私联动营销×××卡为例，我行××卡实现批量发卡19400张，实现绑卡9300张，累计带来个人资金流量超过4亿元，高峰时点留存金额超过5000万元，增存效果可观。以"×行汽车节"项目带动为例，我行秉承品牌多样、流程快捷、费率优惠等优势亮点，以促业务、增中收、强合作为目的，邀请多家知名汽车品牌经销商参展，吸引众多客户到现场观摩、选购，对外树立了良好的公众形象和服务口碑，对内实现了信用卡发卡和分期业务等专项营销业绩的批量带动，今年已累计实现汽车专项分期1954笔，分期金额1.65亿元。以惠农E贷—甘蔗贷项目带动为例，我行通过与××糖业的深度合作，全年导入白名单2193户，实现惠农E贷—甘蔗贷投放1.33亿元，贷款客户资金留存2000万元，夯实了乡镇个人存款的基础。

五、畅通获客渠道，扩大服务半径

一是构建"金融生态图"。以物理网点为中心，周边为半径，构建周边居民、商户的金融生活圈，依托外拓营销，扩大获客的覆盖范围。利用好掌银商城、扫码支付等功能，广泛拓展周边高频生活场景，特别是消费商圈场景，深化两户融合，增强获客能力。二是走进专业市场。建立辖内专业市场名单，项目制推进专业市场营销，根据各自专业市场的需求特点，加大时时付、网捷贷、e管家APP（专业市场版）、智能POS等产品推广力度，重点营销支付结算、投资理财、信贷融资三类产品组合套餐，打造与互联网金融差异化的竞争优势，吸引更多个人资金回流我行。三是保留服务渠道。鉴于离行式自助银行拥有服务传统客户的便利性和延伸我行服务渠道的功能性，我行不以当期效益为标准，而是在充分考虑服务渠道补充、服务客户人数、业务办理笔数等情况后，分期分批有序开展撤并。

六、构建支持机制，提供有力保障

一是构建全员营销机制。我行组织开展机关部室"春天行动"全员营销活动和全行员工"学产品　用产品"等系列活动，促进全行员工学懂业务、会用产品，增强员工营销责任意识，激发全员宣传营销零售产品的活力。二是落实分层营销维护。充分利用客户营销系统提供的存量客户营销清单，落实个人客户"拓户提质"精准营销。对长尾客户开展升级有礼活动，对贵宾客户加强产品交叉营销，以存量带动增量，提升客户金融资产。三是加强资源倾斜力度。我行在总体工资极为紧张的情况下，在"开门红"期间，对重点产品和弱项指标加大资源配置力度，抢抓营销黄金期，提高员工营销积极性。四是稳定考核奖惩预期。公平公正公开分配任务，一次亮相，序时推进，同比浮动，不对时点予以额外资源配置，稳定预期，减少博弈。

最后，我用一句话结束今天的汇报："想，都是问题；干，才是答案！"请各位领导同事批评指正，谢谢！

第二节　表态发言

结构分析范式

写作目的：对下一步工作进行表态。

结构框架：1. 引言 + 工作计划；

2. 引言 + 原因分析/经验教训 + 工作计划。

材料来源：1. 分析工作存在不足的原因和教训；

2. 结合上级领导的要求和本单位实际，对如何提升短板进行思考；

3. 参考同类型表态发言材料。

写作要领：1. 表态发言分为两类，经常用的一类一般是某项工作完成进度不好或者考核排名落后，被上级单位点名在公开场合进行表态，以此达到督促业务的目的，这类发言一定要认真查找原因，仔细斟酌下一步工作措施，态度要诚恳，表述要低调；

2. 还有一类表态发言是被上级单位点名在公开场合对下一步工作表明态度，以此发挥引领，振奋精神，更好地推进某项工作落实，这类发言态度要坚决，措施不需要太具体；

3. 字数要控制在发言时间范围内。

例文

××分行表态发言

尊敬的×行长，各位领导，各位同事：

大家好！通过参加经营管理工作会议，我认真聆听了×行长所作的工作报告，积极参与了小组讨论，感觉深受启发、备受鼓舞。会后，我行将立即组织召开党委会、行务会，认真学习会议文件，吃透会议精神，并及时召开本行经营管理工作会议，将会议精神和工作要求传达到基层，以统一思想、坚定信心、鼓舞士气。下面，我代表××分行，就贯彻落实"提升市场份额，强化经营管理"的要求作表态发言。

一、以党建统领全局，敢于担当，在改革发展中展现新作为。重担千钧唯担当。贯彻落实省分行经营管理工作会议精神，最重要、最根本的是坚持以科学发展观为引领，全面加强党对全行经营管理工作的统一领导，牢固树立"四个意识"，自觉维护党中央和上级行党委的权威和统一领导，落实主体责任，敢于攻坚克难，勇于担责负责，大力弘扬求真务实之风，明确任务、压实责任、狠抓落实，确保省分行各项工作要求在××分行全面正确有效地贯彻执行。回到二级分行工作，我也要深入基层、带头攻坚，确保各项工作抓铁有痕、踏石留印，以新气象新作风实现新作为。

二、科学分析形势，找准症结，在践行经营管理目标中迈出坚实步伐。科学准确把握××分行发展形势，明辨利弊，找准症结，是我们谋划和做好工作的重要前提。在逆风中前行，在困境中突破，关键就是看有没有信心和定力、有没有冲劲和韧性。2018年，××分行将全面贯彻落实总行、省分行经营管理工作会议精神，进一步凝聚思想共识，树立强烈的忧患意识和责任意识，既要看到挑战，更要看到优势，坚定发展的信心和决心，调动一切积极因素，抓住一切发展机遇，用好一切有利条件，紧紧抓住"一带一路"倡议、自贸区建设等机遇，围绕地方发展的目标，全力推动各项业务稳中有进。

三、抓实抓细抓关键，精准施策，在破难攻坚中开创工作新局面。围绕省分行党委确定的工作目标和要求，2018年我们要着重抓好以下几方面工作。一是积极化解信用风险。对存量风险客户逐户研究，逐户施策，综合运用核销、打包、风险化解等政策，同时加快存量不良资产清收处置，严控信用风险新增。二是夯实对公业务基础。积极对接地方党政，紧跟重大项目和重点客户，着力构建"三综合"经营模式。三是巩固零售业务优势。大力推广扫码付、手机银行等新兴支付渠道，做大个人消费贷款，持续推动零售业务转型。四是拓展中收业务途径。做大基金、理财、保险等代理类传统业务，做强专项分期业务，弥补国际业务短板，创新开展投行基金等新兴业务。五是抓实双基管理。抓实案件风险管控，抓好安全生产保障，为业务经营保驾护航。

总之，2018年，我将团结带领××分行全体员工，以全面学习宣传贯彻党的十九大精神为动力，以本次会议的工作要求为指引，进一步增强使命感、责任感和紧迫感，拥抱新时代，践行新思想，实现新作为，奋力推进××分行各项事业稳健发展。

第三节　先进发言

结构分析范式

写作目的： 介绍先进事迹。

结构框架： 1. 引言＋先进事迹；

　　　　　　2. 引言＋工作成绩＋先进事迹。

材料来源： 1. 收集相关的先进事迹、工作成绩、工作总结等材料；

　　　　　　2. 参考同类型先进发言材料。

写作要领： 1. 先进一般分为两类，一类是在一定的时间段取得了比较好的工作成果或者业绩，另一类是在某个特殊的时刻表现出的英勇事迹，对于前一类要认真总结分析工作成效，提炼出典型做法与大家分享，适当的地方可以用案例来进行说明，对于后一类要将这个特殊的时刻生动形象全面地反映出来，并且要刻画人物的心理活动，以达到感染人的作用；

　　　　　　2. 总结先进事迹要客观真实，行文要注意语气，保持谦逊的态度；

　　　　　　3. 注意字数要控制在发言时间范围内。

例文

把握当下　立足本职　争创一流

——××分行十大杰出青年事迹报告

尊敬的各位领导、各位同事：

大家下午好！我是来自××县支行的×××，今天能够有幸站在这里向各位汇报，不仅要感谢×行给我提供的广阔人生舞台，更要感谢的是各位领导和同事，感谢你们一直以来对我的关心、支持和帮助！今天，我演讲的题目是《把握当下　立足本职　争创一流》。

首先，要与大家分享的是把握当下。我还清楚地记得刚入×行那年工作总结结尾的一段话，是这样写的："工作刚起步，未来的路还很长，抱着认真的态度去做任何工作，抱着积极的心态去对待生活，这是我想坚持的。"很庆幸，我一直在坚持。可能我们身边会有人抱怨领导不给机会，无论是换岗还是提拔总没有份，觉得一身力气没处使，大有"报国无门"的怨气。但是，我认为世上没有绝对好的岗位，只有干好的岗位，没有绝对好的工作，只有干好的工作，如果不好好把握，再好的岗位也会干坏，再好的工作也会弄砸。2006 年，我刚大学毕业分配到二级分行，当年入行的 7 名同事中只有我一个人直接下放到了网点一线。刚经历过找工作的残酷竞争，我懂得工作岗位的珍贵，并没有去找组织提要求、谈条件，而是在网点从基础的业务学起、从简单的事情做起，从细微之处入手，把琐事做好，把小事做精。在担任客户经理期间，通过对规章制度学习和业务背景分析，我总结了个人信贷业务办理的一些规律，通过《精细化操作在住房贷款中的运用》一文，表述了个人信贷业务操作的整体性、流水性、同一性和统筹性等几个特点，并在实际工作中加以应用，极大地提高了工作效率，规范了工作流程。2007 年上半年，我与另外一个同事半年即超额完成该部全年个贷任务。同时，在省分行布置的一次个贷业务市场调研中，我与同事一起到市区每一家同业机构去蹲点了解个贷办理情况，并将调查进行认真梳理形成文字报告，最终被省分行条线部门发现，居然还有人这么认真对待这个常规调研任务，于是，我获得了一个到省分行跟班学习的机会。在跟班学习期间，结合处室赴基层行调研收集的情况，在处室领导的指导下，我又撰写了《×行服务县域金融产品的有效供给分析》一文，并发表在《中国城乡金融报》理论版，引起了一些反响。如果我当时纠结于为什么就把我一个人分到网点，如果我不把握这些调研的机会，也许今天就不能站在这里假设了。

其次，要与大家分享的是立足本职。每个人的能力有强弱之分、职责有轻重之别，但忠于职守、爱岗敬业是每一位×行人都应恪守的职业道德，我觉得这才对得起自己领的这一份工资。到省分行工作后，我经历过多个岗位，这些岗位的特点总结起来就是加班多，虽然我不是一个聪明的人，但是还好我还能吃一点苦、加一点班。在借用省分行办公室期间，在上级领导的指导下，具体负责质量管理建设工作，承担起 ISO9000 质量管理体系建设的统筹协调推进职责，通过团队协作和全行上下的努力，按期完成体系建设，使我行成为区内首家全面通过质量管理认证的大型商业银行。在办公室金融研究部工作期间，承担了多项课题的执笔工作，其中部分工作成果发表在《农村金融研究》《区域金融研究》等学术期刊，其中《商业银行质量管理研究、设计与实施》还获得××金融学会年度重点课题评比二等奖。在秘书部工作期间，认真做好党委和行领导秘书服务工作，岗位履职到位，多次获得机关先进工作者和优秀党员等荣誉称号。我认为，无论在什么岗位上、做什么工作，只要把感情投入进去，把工作当成事业而不是就业，当成自己人生的一个部分，这样不仅能够得到岗位工作给你带来的荣誉，还能收获能力的提升和同事的认可，并且在创造出无愧于组织信任、家人期盼、岗位职责的业绩过程中体现价值、体验快乐。

最后，要与大家分享的是争创一流。我所理解的争创一流有几层含义，它是一种境界追求、素质要求，也是一种责任体现、行动自觉，还是一种勇气智慧、能力反映。在自身建设上，我力争上游，希望成为一名对×行有用的人。一方面，我积极参加文体活动，个人作品曾分别荣获××银行廉政短信和廉政书法有奖征集活动一等奖和二等奖、总行青年读书行动优秀读书心得等荣誉；另一方面，我利用业余时间开展调查研究，执笔撰写的《蓝海战略中的甜蜜事业》一文，获得总行农村金融学会征文优秀奖，与同事合作撰写的《××经济区建设与大型商业银行发展路径研究》一文，荣获总行青年论坛优秀奖，还有两篇论文获得过总行思想政治工作优秀论文；此外，我还不断加强理论与业务学习，通过全国管理类专业硕士联考，获得××大学工商管理硕士学位，同时通过申报、考试和评审，获得高级经济师专业技术资格。到支行工作后，我与全体员工一起力争先进，努力实现"市场争份额、系统争进位、管理争一流"。2014年，××县支行在总行重点帮扶行中排名第六位，比上年排名提升了31位，荣获了省分行十佳经营管理奖、十佳贷后管理奖和十佳中间业务收入奖。今年第一季度，××县支行各主要业务指标均完成上级行下达的任务，综合考评得分列××分行第一，多项零售业务指标在全省排名前列，荣获了省分行"金钥匙春天行动"零售业务营销示范支行和明星支行。

我的事迹并不光辉，只是在一个个平凡的岗位上多了点滴的坚持。对于今后的打算，我依然认为无论工作岗位如何变化，不变的仍然是继续坚持积极的态度，勤恳工作，认真学习，愉快生活。

谢谢大家！

第四节　竞聘演讲

结构分析范式

写作目的： 竞聘某个岗位工作。

结构框架： 1. 引言＋个人简历＋个人优势（性格特点＋岗位匹配）＋工作打算；

2. 引言＋个人简历＋竞争优势。

材料来源： 1. 收集个人简历、工作总结、竞聘岗位要求等基础材料；

2. 归纳个性特点以及个人优势，并对上岗后的工作进行设想；

3. 参考同类型竞聘演讲材料。

写作要领： 1. 一篇优秀的竞聘演讲稿要做到了解自己、了解岗位，归纳优势、总结成绩，诚恳大方、自信活力，同时不仅稿子要写得好，还要能够脱稿演讲，演讲过程中要注意声音大小、语速快慢，再通过搭配适当的肢体语言才能出彩；

2. 注意字数要控制在演讲时间范围内。

例文

竞聘演讲稿

尊敬的×行长，尊敬的各位领导、各位同事：

大家下午好！我是来自办公室的×××，今天是我职业生涯中的第一次竞聘演讲，非常感谢省分行党委给了我这个展示自我的机会。此时此刻，我感到忐忑、紧张但又充满期待。

我今年28岁，是中共党员、经济师，2006年7月毕业于××大学，获得经济学和管理学双学士学位，先后在××分行××支行、营业部、个人金融部，省分行房地产信贷部，省分行办公室调研科、质量管理办公室、金融研究部和秘书部工作。这次我竞聘的岗位是省分行党委秘书。

回顾自己学习和工作的历程，我用"忠诚、博雅、朴实、刚毅"这八个字总结了自己四个方面的特点，我认为这四个特点符合省分行党委秘书这一岗位的要求。所谓忠诚，是指我对×行事业的态度。×行提供助学贷款支持我完成大学学业，我十分珍惜在×行工作的机会，对于×行我怀有深厚的感情。所谓博雅，是指我具备的能力与素养。我有良好的阅读习惯，知识面较为宽广，我还有广泛的兴趣和爱好，对于书法和摄影有自己独特的理解。所谓朴实，是指我为人与处世的特点。我出生于乡镇教师家庭，从小就读于寄宿学校，能吃苦耐劳、勤奋求实、甘于奉献、与人为善。所谓刚毅，是指我行事的风格与原则。从小受湖湘文化熏陶，我为人真诚、性格率直、胸怀坦荡、敢于担当，能够坚持原则、严于律己、诚实守信。

同时，经过近四年办公室工作的锻炼，我对办公室工作有了较为深刻的认识和体会，从自身能力来讲，我也有信心履行好党委秘书这一岗位职责。第一，具有过硬的政治素质。我能够坚决贯彻执行党的路线、方针和政策，自觉地将科学发展观落实到工作实践中，遵纪守法、作风正派、廉洁自律，曾被评为2008—2009年度省分行机关先进个人、2010年度省分行机关先进工作者。第二，具有较强的学习能力。我深知学习的重要性，正确处理好学习和工作的关系，在较早地获得经济师资格后，今年年初，我又通过了全国管理类专业硕士联考，成为××大学商学院在册的硕士研究生。第三，具有扎实的写作功底。除积极参与或负责全行综合性材料的撰写外，还积极开展调查研究，先后在《中国城乡金融报》《区域金融研究》《农村金融研究》等刊物发表研究论文，曾多次荣获总行各类征文和论坛的奖励，其中执笔撰写的《商业银行质量管理体系研究、设计和实施》一文还被评为××金融学会2009年度重点课题二等奖。第四，具有良好的沟通能力。我工作积极主动，待人诚恳大方，能全力做好领导交办的事项，妥善处理好各类工作事宜。第五，具有一定的组织能力。我担任过质量管理办公室负责人，具体负责全行质量管理体系的导入工作，使我行成为系统内省级分行首家、××金融同业首家全面通过质量管理认证的商业银行。

尊敬的各位领导、各位同事，如果我能得到你们的肯定，我将按照×行长提出的"忠诚、保密、勤奋、廉洁"的要求，以饱满的工作热情，精细的服务态度，更加出色地做好以下几项工作：一是进一步提升服务能力，全心全意服务好党委领导；二是进一步提高写作水平，充分发挥参谋助手的作用；三是进一步加强沟通协调，确保各项工作要求的落实。

谢谢大家！

第十二章　会议材料

第一节　工作会议讲话稿

结构分析范式

写作目的： 对本单位全年工作进行系统布置。

结构框架： 1. 总结上年工作（工作成绩 + 存在不足） + 明确目标要求（分析形势 + 传达精神 + 明确目标） + 布置全年工作（主体业务 + 经营管理 + 重点工作）；

2. 总结工作 + 布置工作。

材料来源： 1. 各条线各部门工作总结；

2. 通过提前召开务虚工作会，收集各条线各部门的工作思路；

3. 就第二年工作提前布置调研，到基层一线掌握一手情况；

4. 征求单位领导对工作报告的思路和想法；

5. 政府经济工作会议材料、上级行工作会议材料；

6. 通过召开行务会收集初稿修改意见，明确全年工作目标，通过召开党委会对材料进行审定。

写作要领： 1. 工作会议讲话稿是一家银行主要负责人的全年工作施政纲领，是一份统领全行全年工作的大材料，对指导一家银行全年工作开展具有极其关键的作用，是工作年度内最重要的讲话材料之一，必须高度重视，集思广益，通力合作完成；

2. 写作之前要掌握大量的基础材料，通过对基础材料的消化吸收，为工作会议讲话稿提供思路和原料；

3. 对于银行来讲，每年的工作内容几乎都是围绕存、贷、中收、利润、不良等指标开展，为了更好地指导工作，在写讲话稿的时候要力求新意，对形势的分析判断要有新意，对政策措施的领会要有新意，对布置工作的措施防

范要有新意，对重点工作的把握要有新意；

4. 对于工作会议讲话稿的每一部分，都要注意行文的用语，如在总结成绩的时候，一定要将最亮点的成绩总结出来，用语要能够鼓舞人心，分析问题与形势要全面准确，用语要让人确实信服，布置工作的时候，行文要层次清楚、逻辑严密、明白易懂；

5. 工作会议讲话稿同时也是银行公文写作的核心材料，全行季度分析、全年工作总结、条线工作要点、工作情况汇报等公文都可以参考借鉴。

例文

×××同志在××支行 2016 年工作会议上的讲话

同志们：

这次会议的主要任务是，贯彻××分行 2016 年工作会议精神，总结我行去年工作，部署今年全行主要工作。下面，我代表支行党委讲几点意见。

一、2015 年工作成绩

过去的一年，面对复杂严峻的内外部经营形势，支行党委认真贯彻落实"比学赶超"要求，围绕"巩固零售业务优势，夯实对公发展基础，提升服务"三农"水平，强化基层基础管理，狠抓案件风险防控，加强员工队伍建设"六项重点工作，全体干部员工凝心聚力、攻坚克难，各项工作取得了较好的成绩。

（一）党建工作初具成效。一是完善基层组织建设。在所有网点建立党支部，并对基层党支部活动进行了规范，探索设计印制了《基层党支部活动记录手册》，规范各类组织活动开展。同时，以××支行创建总行第三批基层党支部活动阵地示范点为契机，将其他支部对照标准要求同步进行创建提升。此外，还建立了支行党员微信群，每天发布正能量信息。二是打造党员示范岗位。在全行营业网点开展第一批党员示范岗创建活动，通过明确标准、开展选拔以及挂牌上岗和考核监督等环节，在网点设立了一批党员示范岗位，同时在支行机关开展全体党员亮明身份活动，强化广大党员的服务意识，展示党员良好形象。三是持续改进工作作风。扎实开展"三严三实"专题教育活动，进一步规范支行会议管理，加强公文管理，加强机关员工劳动纪律管理，正式实施上下班视觉识别认证，按月进行通报处罚。四是队伍建设有效开展。从基层员工和客户经理中提拔了网点负责人 3 名，运营主管 3 名，部门副经理 2 名，优化了全行干部队伍结构，提高了综合素质。

（二）主体业务发展平稳。2015 年末，全行人民币各项存款余额 39 亿元，其中储蓄存款比年初增加 3.9 亿元，全行各项存款日均增长 2.8 亿元，完成上级行下达任务的 88%，任务完成率居第二位。全行各项贷款余额 12.8 亿元，其中个人住房贷款新增 1.6 亿元。全行实现中间业务收入 1999 万元，完成率 106%，实现拨备后利润 7466 万元，同比增加 896 万元。

（三）实现考核争先保位。2015 年××县支行在"金钥匙春天行动"中荣获××分行零售业务营销示范支行和明星支行荣誉之后，在全年综合考评继续排全市第一名，还获得了省分行的一级支行竞争力提升奖的内部控制奖（全省仅有 2 家支行）。2015 年前三季度，××县支行在总行重点县域支行 300 名"强县强行"中综合考评排第五十三位，比第一季度前进 11 位，在省内 11 家总行重点县域支行中排第一位。支行班子综合考评排全市第二名，零售业务条线、对公业务条线以及风险板块与财会运营板块综合考评均在××分行各支行前列。还有一大批干部员工荣获了全国行业级、全省级以及全市级的评先表彰。

（四）经营基础得到夯实。一是风险管理保持优势。法人贷款继续保持零不良，个人不良贷款余额与不良率继续处于系统内领先水平，完成上级行下达的不良贷款控制计划。全年无重大操作风险发生。二是渠道建设取得进展。建设××农村金融服务站和××路离行式自助银行，并将××离行式自助银行改造为农村金融服务站，物理服务渠道进一步拓展。三是达标创建取得实效。"平安银行"创建工作得到有效落实，实现了全年无责任性案件，全行安全运营。四是干事创业氛围良好。打破县城和乡镇网点员工交流壁垒，有组织有计划地轮换，提升员工工作积极性。举办了文艺晚会、竞走登山活动、气排球联赛等系列活动，促进了团队合作。落实了改善基层网点住宿环境、阅读与网络平台以及城区网点定期运动场地的租用等年初确定的为员工办实事事项。这些成绩，是上级行党委正确领导的结果，更是全体员工团结协作、努力拼搏的结果。在此，我代表支行党委，向全行广大干部员工，表示衷心的感谢！

在充分肯定成绩的同时，我们也要清醒地看到经营管理中存在的问题和困难。一是市场竞争力有待进一步提升。2015 年末，全行各项存款时点和日均余额、各项贷款余额在同业的市场份额不同程度下降，影响了我行主流银行的形象。二是内部管理基础仍然薄弱。精细化管理落实不到位，一些业务领域操作风险事件仍有发生。三是信用风险管控压力较大。不良贷款呈现"边清边冒"的现象，防控信用风险、打造系统内不良管控先进单位的目标依然十分艰巨。四是党建工作不扎实。基层党组织生活开展不规范，没有一手抓党建、一手抓发展，各级党组织

"一岗双责"履行仍有差距，不严不实的作风依然存在，"马上就办"精神没有很好执行。

二、2016 年工作要求

今年是"十二五"开局之年，在经济发展新常态下，我行业务发展面临着更加复杂多变的形势，需要我们认真研判和准确把握。面对机遇与挑战并存的态势，我们必须增强忧患意识，树立信心决心，咬紧牙关、自我加压，以坚强的意志和不屈的韧劲渡过难关。应当看到，近几年来，全行业务经营平稳，发展基础夯实，队伍斗志提升，员工收入维持在合理水平，各项主要工作均得到很好的贯彻落实，这些都是我们应对风险和挑战的根本信心所在。

省分行和市分行工作会议强调，要树立和落实"创新、协调、绿色、开放、共享"的发展理念，以强化党建为统领，以"创新发展、防控风险、强化管理"为主线，持续提升"三农"金融服务水平，不断提升市场竞争能力、价值创造能力和内部管理能力，为推进"三大银行"（城市主流银行、县域领军银行、最大最强零售银行）体系建设开好局、起好步。

结合上级行工作会议精神和××发展实际，今年全行工作的总体思路是，全面贯彻落实上级行 2016 年工作会议精神，围绕打造县域领军银行的目标，强化党建统领，贯彻"创新发展、防控风险、强化管理"工作要求，在服务"三农"和地方经济中努力拓展发展空间，不断提升市场竞争能力、风险管理能力、价值创造能力和内部管理能力。

主要工作目标如下：

——存款业务：人民币存款比年初增加 5 亿元，核心存款日均增量 3 亿元。其中，对公存款时点增量 1 亿元，日均增量 0.5 亿元；储蓄存款时点增量 4 亿元，日均增量 2.5 亿元。

——贷款业务：贷款总额增加 1.5 亿元，其中新增农户贷款 0.2 亿元。

——中间业务收入：实现中间业务收入 2200 万元。

——利润执行：实现拨备前利润 8400 万元，拨备后利润 8400 万元。

——不良控制：我行不良贷款余额控制在上级行下达的任务内。

——实现无重大风险事件和重大案件发生。

三、全面建设县域领军银行

省分行提出用三年左右的时间打造城市主流银行、县域领军银行、最大最强零售银行的"三大银行"体系建设愿景。其中，县域领军银行方面，要求实现县域各项存贷款的存量和增量当地四大行市场份额保持在 50% 以上，实现与×××

差距的明显缩小；最大最强零售银行方面，要求全行储蓄存款存量、增量当地四大行市场份额保持第一，个人贷款增量当地四大行市场份额跃居第一，零售中间业务收入总量保持当地四大行第一。从上述目标看，我们已经在当地四大行中达到了最大最强零售银行的要求，因此，我行的主要任务是实现县域领军银行的目标。为此，2016 年，我们着重抓好以下工作。

（一）抓实做好服务"三农"工作。我行在服务"三农"方面的核心就是立足于本行实际，在做真做实的基础上，做出特色、做出亮点。一是落实精准扶贫社会责任。成立支行金融扶贫领导小组，制订金融扶贫实施方案，主动融入当前地方政府精准扶贫工作，以产业辐射带动为重点，力争引入政府增信机制，因地制宜推进金融精准扶贫工作，努力尽到服务"三农"主流银行的社会责任，带动一批建档立卡贫困户增收致富。二是继续支持农业产业化龙头企业。对××辖内的省和××市的农业产业化龙头企业进行一次全面排查，逐户列表开展营销。对有业务合作关系的，进一步加强业务合作的广度和深度，加强我行产品营销，对还未建立合作关系的，争取全部建立业务合作关系。三是支持重点农业基础设施建设。力争在服务高标准农田、"双高"糖料蔗基地、现代农业示范区建设等方面取得进展，实现贷款有效投放。四是择优支持新型农业主体。结合××各镇农业特色，通过农户贷款、农村生产经营贷款等业务品种，积极支持优质农民专业合作社、专业大户和家庭农场，力争年末新营销专业大户（家庭农场）贷款 50 户以上，全行农户贷款增加 2000 万元以上。五是拓宽"三农"服务渠道。初步拟定在××镇新建一家农村金融综合服务站。完善惠民卡、惠农通机具功能，在所有县域网点、金融便利店和具备支付结算功能的"金穗惠农通"代理点，推广上线线上金融服务平台。制订农村电商推广方案，加快"电商管家"推广力度，激活农村商超、农资店等流通型代理点渠道功能。六是加大同业合作力度。积极对接××行交通、城镇化等贷款项目，扩大项目资金结算代理的服务区域，协同服务"三农"。

（二）推动对公业务加快发展。一是强化对公客户分层营销。继续落实分层营销责任和联系人制度，将存量客户逐户落实到各层级领导干部以及网点主任和客户经理，同时对新建街道、工业园区以及新建企业进行拉网式排查，组织营销团队开展专题营销，有效提升高端市场份额。二是加强小微企业金融服务。以工业园区、产业集群、核心商圈，以及地方特色产业和政府重点推进项目的小微企业、龙头企业上下游优质小微企业为重点，与当地工商、税务等政府部门建立合作机制，摸清辖区内优质小微企业分布情况，实施小微客户精准营销。三是强化重点产品营销。深入开展"扩户提质"营销竞赛活动，提高主流客户市场占有率。依托"国库集中电子化"平台、金融社保 IC 卡、对公客户结构性存款等产品，大力抢占财政、社保、公积金等重点板块资金，扩大机构存款来源。大力配合总行推行互联网金融战略落地实施，在农业产业化龙头企业和优质中小企业中拓展"电商管家"业务，有效提供线上支付结算业务等增值服务。四是进一步实施"公私联动"。将优质个体工商户和企业股东、高管人员纳入服务范畴，对于我行暂时无法准入的优质小微企业法人类信贷客户，通过对企业股东、高管个人发放生产经营性贷款进行支持。同时，加强对政府有关部门的沟通协调，做好征地补偿款等项目代发工作。五是深化银政、银保及同业合作。加快机构类客户营销力度，实现对县妇幼保健院的贷款投放，力争成功营销县中医院，继续推广应用"银医通"系统和微信医疗等业务。做好银保业务的全面对接与融合，持续巩固代理保险业务市场份额。探索代签银行承兑汇票、代开信用证、现金代理业务优势，吸收地方银行备付金存款。

（三）支持零售业务做大做强。一是做大个人负债业务。增强客户体验，把握客户资金特点，灵活运用存款、理财、基金等产品吸收社会资金；主动联合对公部门，开展代发工资、第三方存管、代收代付等专项营销活动，盘活存款源头；积极拓展政府机关、部队、高薪行业、高端社区等重点目标市场的优质客户，拓展医保、社保等代理性项目，推进"零售业务批发做"。二是做优个人资产业务。突出抓好住房按揭贷款，推进"农民安家贷"业务，支持农民进城购房；大力推广"薪保贷""家装贷"等拳头产品，积极发展小额消费和经营信贷业务。三是做强零售中间业务。持续做大金融 IC 借记卡规模；加快自助设备投放力度，以量补价弥补收费标准下调、同城化范围扩大、手机银行和网上银行转账减免手续费给传统业务收入带来的不利影响。同时，通过开展专项营销活动，加快个人理财、基金、贵金属、电子银行、信用卡分期等新兴中间业务发展步伐，进一步提升零售新兴中间业务收入占比。四是落实客户分层维护机制。要按照《个人贵宾客户全员营销维护操作规程（试行）》要求，进一步明确管户人员的管户范围、管户数量、管户规范等具体要求，原则上，单个网点储蓄存款排前 300 名或年日均存款余额 20 万元以上客户均要落实责任，实行专人维护。五是做大个人贵宾客户规模。建立 5 万~10 万元存量潜力客户清单，分解落实到网点每个员工，通过开展二次营销将其提升为我行的金卡客户。支行全年至少要营销 1 个私人银行客户。六是强化线上线下服务渠道能力。将传统个人客户向移动金融客户转化，做大移动金融业务。将手机银行、消息服务、快 e 付等渠道服务产品作为借记卡新开卡的标准配备同步营销。同时，通过线上营销与线下活动同步推进的方法，引导现有"80后""90后"客户群体成为我行移动金融的活跃客户，提高其在电子银行客户中的占比。2016年计划实现"80后"个人客户在个人电子银行客户中占比达60%以上。七是持续推进网点标准化转型。继续开展6S建设，加强网点营销环境和营销队伍建设，加大网点电子机具配置力度，提升网点综合服务能力，推动营业网点从交易结算型向营销型转变。

四、不断提升经营管理能力

全面建设县域领军银行，不仅要体现在市场竞争能力的提升上，更要体现为风险管理能力、价值创造能力以及内部管理能力的不断加强。

（一）提升风险管理能力。总行提出的"两个宣战"，其中一个就是"向风险宣战"。从目前情况看，信用风险和操作风险防控是我行全面风险管理的重中之重。一是强力化解存量不良贷款。实施不良清收处置"一把手"工程，各网点负责人为个人贷款不良清收处置的第一责任人和具体管理责任人，同时把清收处置任务列表逐一落实到具体人员和客户，确保清收处置责任和处置措施的落实。坚持"能控尽控、能收尽收、能核尽核、能转尽转、能调尽调"的原则，加大依法清收力度，存量不良贷款和已核销呆账尚未诉讼的，第一季度前要全部提起诉讼，对已经生效的判决要及时申请执行。加大不良贷款核销力度，倒排时间表，强化过程管控，做到能核早核、能核尽核；开展已核销资产专项清收行动，提升风险处置效益。二是严控潜在风险贷款。针对"去产能、去库存、去杠杆"涉及行业和大额个人经营类贷款客户，要抓实风险排查，逐户制订风控预案。三是强化信贷基础管理。按照"哑铃型"信贷发展策略要求，不断调整优化信贷结构。做实信贷"三查"，把好贷前准入、贷后管理、风险监测与风险处置四大关口。继续推进"三化三无"创建工作，提升信贷基础管理水平。四是强化操作风险主动管理。重点防范员工监守自盗、内外勾结、参与非法集资及营业中断等重大操作风险事件。五是落实宣战配套措施。逐级签订风险管控责任状，明确主体责任。重塑良好风险文化，落实风险管理长效机制。坚持"新形成不良贷款立即启动、限时完成责任认定与追究"机制，对新发生不良贷款要同步启动责任认定工作，对存量个人类不良贷款的责任认定工作要在上半年完成。

（二）提升价值创造能力。一是严控经营成本。总行提出的另一个宣战就是"向成本宣战"，要想方设法压降成本，向降成本要效益。传导"三保三压"的费用支出要求，即压机关保基层、压一般保重点、压消耗保发展，优化费用结构，腾出资源支持重点业务、重点领域及营业网点发展。坚持厉行节约，压降运行成本，巩固会议费、差旅费与业务招待费管控成果，从节约一滴水、一度电、一张纸做起，压减办公行政支出。树立合规意识，防止在费用配置和使用过程中出现违规甚至违法行为，要根据业务发展需要列支，在保证合规的前提下据实列支。二是推动绩效考核机制创新。强化对风险合规的考核，加大信贷风险和党建考核权重分。从绝对增量、计划完成，以及同业市场份额提升三个维度进行考核，增加市场竞争力考核维度，对市场份额下降幅度超过一定比例的网点，由支行党委决定进行组织调整。继续实行按季度考核、统一排名管理办法，督促各网点"比学赶超"，促进"争先进位"。三是强化资源配置机制创新。按照二级分行要求，出台《储蓄存款"旬旬增"考核办法》，与各网点负责人绩效挂钩一定比例，持续推动日均存款稳增长。如果上级行在第一季度以后不再对部分零售业务产品进行计价，支行将根据业务发展的实际情况以及财务能力，有选择地开展部分产品计价，提高员工营销的积极性，确保各类指标的均衡完成。需要郑重明确的是，凡违反财经纪律和用工资、费用买存款的，上级行将一律给予开除处理。

（三）提升内部管理能力。在当前经济持续下行、市场波动加剧的情况下，除了信用风险、操作风险外，我们面临的其他内外部风险因素也在不断增多。我们必须强练内功、打牢基础，进一步提升内部管理能力，为改革发展创造安全稳定的环境。一是加强内控合规管理。继续开展以"学一遍守则、抄一遍罚则、写一篇体会、组织一次宣讲、开展一次大讨论、进行一次警示教育"为主要内容的"六个一"活动，将合规教育渗透到业务经营管理各环节、全过程。落实员工岗前合规知识与法律知识考试，进一步完善领导干部学法用法制度，增强全员法治观念。按季度开展案件风险排查，同时强化对重点领域、重点业务、重点环节的检查，发现问题及时进行整改，确保风险被扼杀在萌芽状态。二是加强基层管理。持续推动营业网点的管理、运营和服务转型，落实支行的主体管控责任，增强对网点的管控力。继续推进柜面业务运营改革，完善柜面风险控制措施，强化网点标准化管理，推动网点认真履行业务营销、客户管理等职责，从运营前端控制业务风险。加快超级柜台的有效投放和功能完善，不断扩大业务受理范围，着力提高设备应用率，有效分流业务。持续开展"三化三铁"创建，提升网点运营管理水平。三是加强安全生产管理。各网点和部门"一把手"要切实履行安全生产第一责任人的职责，加大检查督导力度，确保制度执行到位，将各种安全隐患消灭在萌芽状态，持续推进"平安银行"创建工作。严格IT生产运行规范化、精细化管理，抓实基层营业网点信息系统、通信线路及电力保障，确保重要系统安全稳定运行。加强印章管理，严格用印审批和用印监管程序。四是加强员工行为管理。

全面落实员工行为"网格式"管理，责任要落实，采取"人盯人"的方式，扎实开展员工"三种行为"专项治理工作，重点对员工参与民间借贷、经商办企业、恶意透支套现信用卡行为进行专项清查，对于苗头性、倾向性的问题，要抓早抓小，切实防范小错误酿成大问题。

五、切实抓好党的建设工作

省分行和××分行工作会议把从严治党、从严治行提到一个新的政治高度。××银行是党的银行、国家的银行、人民的银行，任何时候都要坚持党的领导、坚持以党建统领业务经营全局。

（一）加强党的领导。坚持和加强党的领导，是我们必须坚守的政治方向、政治原则、政治底线。各级党组织要强化向党中央看齐、向党的理论和路线方针政策看齐的意识，自觉在思想上政治上行动上和党中央保持高度一致。认真贯彻落实上级行党委的决策部署要求，要坚决纠正党建工作、党组织政治意识层层弱化的倾向，层层制定好各级党组织的工作规则，贯彻落实好"一岗双责"，把党的领导落实到党的建设与业务经营同步加强上、落实到发挥党组织领导核心作用上。

（二）加强党建工作。一是加强机构融合。按照"支部建在连上"的要求，坚持党的组织和机构同步设置、同步调整，保持二级支行建立独立党支部达100%，对有条件成立党支部的机关部门也要单独成立党支部，强化对基层党建工作目标量化考核。二是强化监督融合。推进二级支行班子交叉任职，符合条件的行长、运营主管要分别担任党支部书记、纪检委员，不符合条件的要创造条件进行培养。三是提升运营融合。加强文化理念引领与业务运营有机结合，围绕"比学赶超""争先进位"和"两个宣战"，着力营造良好的舆论氛围。培养"敢担当、善作为"的精神，在全行积极开展"马上就办"践诺行动，让"马上就办"深入人心，成为自觉行动。四是坚持业务融合。坚持党建工作与业务经营同谋划、同研究、同部署、同推动、同考核，发挥党建与业务相互促进的作用。凡党建工作不合格的，实行一票否决，党支部书记和班子成员不准评优评先和提拔使用。

（三）加强队伍建设。一是加强党性修养。在全体党员中组织开展"学党章党规、学系列讲话，做合格党员"学习教育。将党的十八大以来历次全会精神和习近平总书记系列重要讲话纳入各支部开展学习的重要内容。推动党员思想教育的常态化，引导党员领导干部做到对党绝对忠诚、工作敢于担当、做人干干净净。二是加快优化队伍结构。以一线业务骨干、后备人才库员工为重点深入开展"双培养"，使入党积极分子从量上保证，从质上推优。开展网点主任、客户经理、运营主管和大堂经理的后备人才库建设。组建支行"青年先锋队"，着力打造一支攻坚克难、敢打敢拼、执行力强、团结友爱的青年队伍，发挥他们在业务营销以及承担社会责任等方面的积极作用。建立服务"三农"党员小分队、党员清收不良贷款攻坚队、党员营销攻坚团队、优秀党员服务示范岗，继续开展党员"一带一""一帮一""一对一"帮扶活动。继续实施网点员工城乡交流，对符合条件的合同制柜员提前进行转岗。三是从严管理干部。严格落实领导干部报告个人有关事项的规定，对不如实报告的，或有意瞒报、漏报的，一律从严处理。严格落实总行因私证照集中保管及因私出国（境）审批工作要求，重点加强关键岗位人员、高管人员和受处罚处分三类人员因私出国（境）审查。

（四）规范工作规则。一是持续开展"三亮四比三评"活动。组织评选优秀党员和党务工作者，对第一批党员示范岗进行考核，开展第二批党员示范岗创建活动，继续在机关开展党员亮身份活动。二是按《××分行党支部议事规则》《××分行基层党组织常用会议流程》，明确要求把业务发展计划、指标分配、费用使用、绩效考核、薪酬分配、员工岗位调整、干部推荐使用等"三重一大"事项都纳入党支部议事范围，要求重大事项要先在党内讨论、研究，再由全体员工会议讨论后公开，强化群众监督、防控风险。三是按照要求做好《××支行基层党支部工作手册》的使用，确保各类党建工作有据可查。通过一系列工作开展，强化党员意识，增强党员的责任感、荣誉感和归属感；充分发挥各级基层党组织的核心领导作用和战斗堡垒作用、全体党员同志的先锋模范作用以及非党员群众干事创业的主体作用。

（五）全面从严治行。落实全面从严管党治党责任，以从严治党推动从严治行。一要严明党的纪律。要全面贯彻十八届中央纪委六次全会精神，严明党的政治纪律、组织纪律、廉洁纪律、群众纪律、工作纪律、生活纪律，把纪律和规矩挺在前面，坚决查处上有政策、下有对策，有令不行、有禁不止的行为。二要强化党内监督。各级党组织要运用监督执纪"四种形态"处置问题线索，持续深入查处发生在员工身边的"四风"和各种违规违纪违法问题。今后，凡是发生案件或者出现区域性风险的，要按"三个重点"原则严肃责任追究，切实推动各级行领导及业务主管部门履行"一岗双责"的责任；对严重违纪问题要坚持"一案双查"，既要追究当事人的责任，又要追究相关领导的责任，既要倒查党组织的主体责任，又要倒查纪检部门的监督责任，通过追责倒逼"两个责任"的落实。三要深化作风建设。巩固党的群众路线教育实践活动和"三严三实"专题教育成果，锲而不舍地落实中央八项规定精神，保持整治"四风"问题高压态势。严厉惩治"乱作为"，严肃问责"不作为"，使广大员工时刻保持积极进取的精神面貌，使领导干部时刻绷紧勤政这根弦。

同志们，2016 年是我行步入"十二五"的开局之年，全行改革、发展、稳定的任务十分繁重。我们要坚定信心，振奋精神，迎难而上，全面完成今年各项任务，努力开创××支行各项工作新局面！

第二节　专题工作会议讲话稿

结构分析范式

写作目的：对专题工作进行总结和布置。

结构框架：1. 总结专题工作（取得成绩＋存在问题）＋明确工作重点＋强调工作方法；

2. 总结专题工作＋明确工作重点。

材料来源：1. 专题工作推进方案；

2. 专题工作进展情况总结与分析；

3. 征求各领导与相关部门对专题工作的推进意见。

写作要领：1. 对于专题工作讲话写作，一方面要全面掌握专题工作的各方面情况以及下一步工作要求，另一方面要摸清讲话领导的意图，掌握领导的意见和想法；

2. 行文中，在分析问题和布置工作的时候，要对事物进行论证，深刻反映讲话人的思想和观点，使听众理解并且受到感染，对于听众关心的问题和工作，要作出切合实际的回答和解释，让听众明确方向，增强信心；

3. 可以根据领导的讲话风格和习惯，穿插一些带有个人特点的内容，比如熟知的谚语、经典的诗词、风趣的比喻等，让讲话多一些生动和文采。

例文

×××行长在"基础管理提升年"活动推进会上的讲话

同志们：

刚才，8 个专业小组牵头部室就"基础管理提升年"活动开展情况作了汇报，可以看出，大家都做了大量富有成效的工作。下面，我代表省分行党委讲几点意见。

一、充分肯定成绩，认真查找不足

今年4月以来，根据总行的统一部署，全行上下高度重视，精心组织开展了"基础管理提升年"活动，成立了工作领导小组和8个专业小组，制订实施方案，全面梳理问题，逐项改进提升，有效夯实了全行管理基础，提升了管理科学化、精细化和信息化水平，具体体现在以下几个方面。

一是运营管理流程逐步优化。有序推进"三大集中"建设，持续优化临柜业务流程，充分利用会计监控系统，开展业务专项检查，强化集中对账管理，实现了柜面操作风险总体可控。目前，16个二级分行联行来账业务全部上收作业中心处理，建成二级分行授权中心10个，集中授权累计上线营业网点280个，授权中心日均授权业务量达2万多笔。二是业务基础得到有效夯实。持续推进三农事业部改革，进一步完善三农事业部核算规则，实现按月生成三农事业部财务报表；探索县支行直管模式，配套制定各项管理办法，有效激发了直管支行的经营活力；研究出台了相关制度办法，明确派驻风险合规经理、独立审批人、运营主管的职能定位，提高业务精细化管理水平。三是前台营销工作有新进步。进一步完善对总行和省分行重点城市行的政策支持；建立营销团队，制订营销与管理方案，落实省分行核心客户名单，明确和细化了营销目标和责任；扎实开展"服务品质提升年"活动，丰富理财产品种类，完善零售产品计价机制，提升对贵宾客户服务能力。上半年系统内条线业务考评中，我行公司业务排第四位，国际业务排第六位，机构业务排第九位，零售业务排第十位。四是风险管理能力日益增强。完善风险管理政策制度，出台了风险水平评价实施细则、风险合规经理管理意见、农户贷款风险管理实施意见；全面清理了政府融资平台贷款，强化重点领域风险管理；出台了信贷政策指引，明确今年全行信贷经济资本配置导向；组织开展了案件风险排查工作，保持案防高压态势。五是绩效管理体系更加科学。及时完善"整体＋'三农'"并行的绩效考核体系，突出市场份额和排名、系统内份额和排名的考核，着力加强绩效管理的培训和辅导；坚持"基础＋激励＋战略"的配置格局不变，进一步完善"绩效挂钩、公开透明"的费用配置；完成了对16个二级分行的财务集中上线，推进财务集中改革。六是信息科技支撑力度加大。完成了票据升级项目、事后监督系统、反洗钱信息管理等系统的推广应用，深入推进网络改造、机房达标、信息安全等信息化建设，为全行经营管理提供了强有力的科技支持。七是人才队伍建设不断深化。规范退二线处级干部管理，着力推进支行领导班子改革，对符合要求的支行、网点负责人适当予以高配，有效拓宽干部员工晋升通道；狠抓机关效能建设，加强机关日常考勤和员工管理，机关办公秩序和办事效率明显改观。

在肯定成绩的同时，我们也要清醒地看到，我行在基础管理方面还存在着一些薄弱环节。一是合规管理意识有待提高。从今年的案件风险排查来看，共发现问题8088笔，金额4.8亿元，处理处罚责任人638人次。在所发现的问题中，惠民卡和农户小额贷款方面的问题比较突出，如发放冒名贷款、员工借用客户资金炒股炒基金以及控制使用农户小额贷款等问题。二是科学管理能力有待提升。目前，我行经营管理中资本约束理念还较弱，经济资本管理意识不强，多维核算、成本管控、贷款定价等工具建设相对滞后，相应的管理机制还有待完善。上半年，我行经济回报率和资产回报率分别为36%、1.8%，排在全国系统内的第十六位、第十位，分别较第一季度后退9位、3位。三是精细化管理理念有待普及。例如，授权管理与各级行的经营管理水平未能完全相匹配，加之规模管理、行业限额等管理手段还比较粗放，信贷结构、收入结构调整较为困难。四是机关效能管理有待加强。虽然经过前期的机关效能建设，机关工作作风有所改观，但是机关部门银行的痕迹仍然较重，部门间协调难、配合难，拖延、推诿、扯皮等现象依然存在。同时，部分机关员工存在学习意识淡薄，面对新问题和新工作束手无策；缺乏工作热情，存在懒惰思想，缺乏进取心等现象。这些情况不仅导致机关工作效能低下，而且影响机关在基层员工中的形象。

二、明确工作重点，着力解决问题

在年初工作会议上，×董事长提出加强基础管理要做到"六个夯实、六个转变"，涵盖了公司治理、营运管理、风险管理、绩效管理、信息科技和人才队伍等方面的内容。在总行"基础管理提升年"活动动员会上，×董事长又明确了活动的具体指导思想和基本思路。结合我行活动的开展情况，针对目前基础管理存在的突出问题，在"基础管理提升年"活动的改进提升阶段，除了按照各专业小组既定的方案推进外，还要立足于当前各专业条线的工作重点，着力解决活动开展过程中存在的突出问题，才能确保活动取得实效。

（一）注重强化履职意识，进一步提升执行力水平。××分行要想真正夯实管理基础，不断巩固提升主流银行地位，关键之一就是要切实提高执行力，因此必须把执行力建设作为各部室的一项重点工作来抓。今年以来，尽管在不同场合我多次对各级领导干部提出要求，并要求工会办制定出台了机关效能考核办法，将各部室效能考核情况纳入综合绩效考核，但是，目前机关的执行力还不够强，突出表现就是各部室领导干部的履职意识不强。在省分行机关员工2011年年中绩效考评的报告上我批示了一段话，讲了三个方面意思：一是有的副处长需要增强责任感和表率作用；二是有的处长存在老好人现象，搞平均主义，人人分数一致；三是有的处长缺乏敢抓敢管的魄力，对处室的员工评议不敢碰硬，评议结果欠客观。机关部门尽职履责不到位，就会导致全行执行力出现问题，就会影响和制约省分行党委的战略执行，进而阻碍××分行实现又好又快的发展。同时，当前存在的违规问题屡查屡犯，办事拖拉效率低下、部门之间推诿扯皮、工作布置流于形式等问题，可以说都是执行力不强的表现。

要想进一步夯实基础管理，首先，要切实提高各级领导干部特别是"一把手"的执行力。各级领导干部要以身作则，履职尽责，率先垂范，廉洁从政，坚持制度面前没有特权，制度约束没有例外，在执行上创实绩、比速度、见高低、论英雄。其次，要切实提高员工执行力。要通过培训、学习等手段，以提升核心技能、岗位素质为重点，提高自驱力，养成守纪律、知服从的习惯，追求全面执行和高效执行，激发员工对×行的忠诚度和责任感。最后，要着力打造团队执行力。每个科室就是一个小团队，每个部室就是一个大团队，要通过打造团队的执行力，增强大局观念、主人翁意识和整体意识，坚持整体利益优先，既明确分工，又团结协作，对内才能形成"比、学、赶、帮、超"的良好风气，对外才能具备敢抢敢拼的勇气。只有全行上下树立"接受任务不讲条件，执行任务不找借口，完成任务追求圆满"的执行理念，才能真正的统一思想、提高认识、指导实践、推动工作。

（二）注重提升客户基础，进一步强化价值创造能力。商业银行价值创造的基础在于客户，客户层次的高低好坏直接影响银行的价值创造水平。客户基础不好，相应的管理成本就会加大，风险隐患就会增多。中央宏观调控政策从宽松转为稳健后，货币流动性不断收缩，社会资金全面趋紧，我行客户基础薄弱的问题开始逐渐暴露，体现在以下三个方面：一是对公存款至今仍未能扭转负增长局面。截至9月6日，我行各项存款余额比年初增加128亿元，同比少增150亿元，其中对公存款比年初负增长26亿元，同比少增158亿元，一直在系统内和同业排名靠后。这里面虽然有上年对公存款超预期增长的因素，也有宏观调控的影响，但是从一个侧面也反映了我行的对公客户基础较为薄弱。二是优质法人客户占比大幅下滑。6月末，全行AA级及以上优良法人客户占比为70%，比年初下降2.8个百分点，优质法人客户贷款占比88%，比年初下降3.9个百分点。三是贷款向下迁徙率超容忍度。上半年，全行贷款风险形态向下迁徙趋势明显，向下迁徙率达1.04%，超过了1%的风险评价容忍度。

提升客户基础不可能一蹴而就，需要有一段较长的时间来逐步进行调整。结合当前的宏观经济形势和我行业务发展的实际，要突出抓好以下两个方面：首先，要抢挖高端对公存款客户。年中工作会议以后，公司业务部牵头制定下发了对公账户营销的有关办法，明确了奖励的标准和条件，但是从目前的情况看，效果还不明显。下一步，每个对公部门都要会同各级行，围绕对公有贷户、新兴市场客户、国际业务客户、专项资金客户、银证和银保合作客户、上市公司、资金监管客户、财政类客户、企业年金客户、同业存款客户以及其他新兴对公存款客户，排出3～5户目标客户，落实责任，实行名单制营销，确保账户营销活动取得实效。其次，要择优支持各类优质客户。提高信贷投放的准入标准，必须按照经济资本配置的高低"算了再放"，优先选择总行级、省分行级核心客户优质项目、经济资本回报率较高的个人住房按揭等个人客户以及AA＋级及以上法人客户、AA级及以上小企业客户。下半年的信贷投放规模还要适当向大型优质法人客户项目倾斜，以维护和巩固与优质客户的良好合作关系。

（三）注重优化业务流程，进一步提高运营管理水平。近年来，我行通过导入质量管理体系对流程银行建设进行了有益的探索，但是局限于原有部门银行的管理架构以及传统管理的路径依赖，并未完全形成全面的、持久的核心竞争优势，政策制度不系统、不适用、操作性不强、流程不畅、边界不清等问题仍然不同程度地存在，要推动建立运营管理新格局，就必须解决内部控制与业务经营的关系，使每项服务和产品都能按照顺序进行标准化、规范化操作，实现前中后台相互制约的同时，又能提高服务质量和效率。××分行作为一家一级分行，在流程银行建设上，有些是可以进行有益探索的，有些需要等总行统一部署落实，目前我行要围绕优化业务流程，通过抓好以下几个方面的工作来提高运营管理水平。

一是加大业务流程改造力度。要通过深入基层调研，收集掌握基层反映强烈、影响涉及面广、客户满意度低的业务品种情况，通过进行研究分析，重新构建业务流程，提高业务办理效率。今年我到基层的几次调研中听到对网点装修报批流程的抱怨，大家反映程序烦琐、流程过长、效率低下，这就说明业务流程存在问题，因此我就责成个人金融部提出网点装修报批流程优化的具体建议，目前已经在研究中。同样，我行的信贷业务流程是否也存在改进的空间，柜面业务操作效率是否还有提高的空间，信用卡的办理效率是否能够跟上同业的步伐等，都值得各个业务部门进行认真思考并进行改进。二是完善规章制度体系建设。一方面要进行查漏，要对制度规范的盲区进行扫盲，弥补制度空白，防范操作风险。另一方面要进行补缺，要对现有制度进行清理，对现行有效的规章制度要查找存在的盲点、漏洞、矛盾和脱节的地方，及时进行修改。目前基层员工已经习惯上质量管理网站查找业务操作文件，各业务部门要及时更新作业指导书，为基层员工提供业务操作依据。三是稳步推进后台集中建设。要根据××分行实际情况，及时与总行进行汇报沟通，重新设计后台集中推进方案，在坚持全行"大后台"改革原则下，做到既能按照时间进度要求推进，又能节约人力资源与费用成本。四是构建内控合规管理体系。全面贯彻落实《企业内部控制基本规范》和《企业内部控制基本规定》，不断健全组织、制度、质量管理和内部监督机制，充分发挥视频监控体系对风险的监控和预防作用，强化柜面业务的合规操作。五是提升信息科技支撑能力。在确保各业务信息系统安全运行的同时，要积极响应业务部门提出的科技开发需求，深度挖掘数据信息资源，主动介入业务流程改造，及时进行风险预警，提升科技对运营管理的支持能力。

（四）注重强化贷后管理，进一步夯实风险管理基础。随着货币政策由适度宽松回归稳健，宏观审慎监管力度加大，市场流动性明显趋紧，民间资金借贷活动十分活跃，我行在存款业务面临巨大压力的同时，贷款风险也开始有逐渐暴露的倾向，贷后管理基础薄弱的情况开始显现。这说明了我行风险管理基础薄弱，各条线、各板块的有效风险治理机制尚未形成，贷款的潜在风险较大。

在当前形势下，加强贷后管理无疑要提上一个重要的议事议程。一是要继续做好政府投融资平台贷款的管理。在提高新增平台贷款准入条件的同时，还要加大对存量贷款的退出力度，要切实推进存量平台贷款整改，强化贷款管理责任，避免出现弄虚作假、消极应对、无所作为等各种不良现象的出现。二是要进一步加强房地产开发贷款的管理。严格执行限额和名单制管理，从严把握项目准入门槛，严格受托支付和资金监管，加强资金监控，严防贷款资金被挪用。三是要高度关注农户小额贷款的风险管理。真正落实"三包一挂"管理办法，严格实行停复牌管理制度，对未出现风险的要因地制宜地采取防范措施，对已经出现风险的要落实责任，有针对性地开展清收工作。四是要切实将贷后管理工作的基本要求落到实处。今年信贷管理工作会议上，我已经就贷后管理的有关工作进行了布置，不仅明确了贷后管理工作的管理职责，而且还提出要建立贷后管理工作监督机制、贷后管理工作考核机制、贷后管理的部门联动机制等贷后管理工作的高效运行保障机制，希望各业务条线切实抓好落实。

（五）注重深化资源配置，进一步深化绩效管理改革。绩效管理是银行经营发展的指挥棒，在全行战略实施与价值管理中发挥着基础性的导向作用，科学的绩效管理有利于省分行党委战略意图和管理要求在全行的传导和实施。今年以来，省分行党委积极倡导"不唯计划唯市场，不唯任务唯发展"的理念，在深化绩效管理方面做了大量的工作，不仅重新制定了绩效考核办法，还健全了工资分配办法，并对费用配置细则进行了完善，收到了很好的效果，有力推动了各项业务快速健康发展。但是，对照总行"基础管理提升年"关于提升绩效管理基础的有关内容以及根据有关绩效管理制度的落实情况，我行还需要采取相应措施，才能进一步提升绩效管理基础。

一是要以促进省分行党委战略的有效传导、价值真实创造和资源集约使用为重点，持续完善绩效考核和资源配置机制，建立健全资源配置标准、成本约束与回报考核制度，真正把全行的资源和力量，统合在发展战略和经营目标之下。财务会计部已经根据部分二级分行的反映，对今年的绩效考核办法进行了修订，对不合理的地方进行了重新明确。二是要加强对绩效管理政策的传导，切实转变"等、靠、要"的观念，要变"分工资费用"为"挣工资费用"，努力通过业务发展、提高绩效来挣工资、挣费用。部分部室还未完全领会这些政策所传导的战略意图，仍然想让省分行重新将费用切块给某项具体业务，但是我可以告诉大家，工资费用已经在年初一次亮底，基本全部分配完了，还想继续分工资费用是不可能的了。三是要建立绩效管理后评价机制，加强全过程绩效管理，不断提高绩效引导的针对性和有效性。据了解，财务会计部虽然就经济资本计量等内容组织了培训，但部分行，特别是支行一级，对经济资本的计算及其对绩效考评的影响还没有完全弄明白，因此，还要通过绩效后评价加强对各级行进行指导。四是要加快管理会计体系的运用，不断扩大管理会计应用范围，不断改进管理会计模型，提升信息平台数据采集和加工质量，建立分部门、分产品、分机构的科学业绩核算体系。

（六）注重激发员工活力，进一步提高人才队伍素质。无论是从全辖的情况看，还是从省分行机关的情况看，目前具备现代商业银行理念和丰富管理经验的高学历、高层次人才还是严重不足。想要通过扩大人才引进范围来提升人才队伍素质的条件还不具备，只有通过搭建"多通道"发展平台，增强人力资源活力，优化劳动组合管理等方式，才能促进各方面人才不断涌现。省分行党委今年以来在激发队伍活力方面也做了不少的工作，比如对退居二线的处级干部实行弹性工作制，适当放宽科级干部的任职年限，对存款超过预定目标的支行和网点负责人进行高配，按照"适人适岗"原则调整了部分处级干部，对长期异地交流的干部调回原籍任职，从部分行当地提拔了一些干部等，就是要通过这些措施来充分调动不同层级员工的积极性，充分挖掘人力资源潜力。下一步要以岗位管理体系落地为契机，进一步加强员工管理，提高员工素质。

第一，加强对员工的管控。机关对员工的考核目前尚未建立完善的、科学的考评体系。在这种情况下，各部室负责人要将各自的队伍带好，要认真研究员工行为的规律，综合利用教育、绩效、职业发展、心理疏导等激励和约束的方式手段，引导和规范员工行为，从机制上调动员工工作积极性，提升员工的职业素养和忠诚度。第二，落实岗位序列体系。在对省分行本部机构设置和人员配备情况调查的基础上，明确内设机构设置和职责归属，积极推进岗位管理体系在全行的落地实施，建立健全管理、专业、操作三大序列岗位设置，实施岗位价值差异化管理，完善人才"多通道"发展平台，让能干事的有机会、干成事者有舞台。第三，完成薪酬体系落地。下一步要在岗位序列体系落地的基础上，全面完成薪酬分配机制改革，制定以岗位价值为基础，以市场为导向，充分激励和有效约束相结合的岗位工资制度，提升薪酬的对外竞争力和对干部员工的激励效果。第四，优化人力资源结构。要以提高人岗匹配度为目标，进一步健全以竞争上岗、双向选择、劳动组合优化为载体的内部流动机制，实现存量员工的有序流动，有效缓解业务增长带来的刚性用工需求。下一步，在岗位落地双向选择和竞争上岗实施过程中，将分行机关部分富余人员充实到基层。

三、讲究工作方法，注重活动实效

目前，"基础管理提升年"活动已经进入改进提升阶段，为深入推进此项活动，确保取得实效，我这里再强调几点工作要求。一是落实"一把手"负责制。各部室、各级行"一把手"作为活动的第一责任人，要结合本单位、本部门、本条线的实际，采取切实可行的工作措施，解决突出问题，提升基础管理水平。今年总行将此项活动开展情况纳入了内控评价的重点，在"基础管理提升年"活动中存在严重控制缺陷的，可以在总分中直接给予最多2分的降分。为此，各部室、各级行"一把手"务必高度重视，强化过程质量控制，逐项落实活动的各项工作任务。二是加强部门协调配合。各部门之间加强协调配合，做到上下互动、左右联动，落实专业小组部门联席会议制度，不定期组织召开部门联席会议，每半个月组织召开一次活动领导小组办公室例会，共同研究解决活动推进过程中遇到的问题，确保活动取得实效。三是抓好巡回督导检查。在这一阶段，总行将组织巡回督导，督促检查各行活动开展情况。各专业小组牵头部门要增强责任意识，切实做好本小组活动的组织部署、督导检查和评估总结，完善活动档案资料，以迎接总行督导组的检查。对活动组织不力、推进不畅的单位，省分行将对相关负责人进行问责。四是完善信息沟通机制。第三季度，总行将适时召开经验交流会，明年1月总行将对活动开展情况进行阶段性总结。为此，从9月起，每月5日前，各专业小组要向省分行活动领导小组办公室报送问题整改台账和活动简报，省分行活动领导小组办公室要认真收集相关情况和问题，进行分类汇总，好的经验要及时推广，发现问题要及时纠正。

同志们，基础管理提升工作任重而道远。全行上下要真抓实干，全力推进，打牢管理基础，为各项业务的持续有效发展提供强有力的保障。

谢谢大家！

第三节　会议主持词

结构分析范式

写作目的：引导会议按照既定议程开展。

结构框架：介绍与会人员＋引导会议议程＋总结会议内容＋提出落实要求。

材料来源：1. 会议通知和议程；

2. 会议讲话材料；

3. 参考同类型会议主持词。

写作要领：1. 按照会议议程来安排主持词，确保准确；

2. 对会议内容的总结要高度概括，对落实要求要简短精练。

例文

××银行2010年年中工作会议主持词

同志们：

大家下午好！

参加今天下午会议的除与会代表外，还包括省分行机关副科以上干部。我们还有幸邀请到总行巡视组组长×××同志出席大会，让我们以热烈的掌声对他的到来表示热烈的欢迎和衷心的感谢！

按照会议议程，今天下午由省分行党委书记、行长×××同志作会议主题报告。下面，请大家以热烈掌声欢迎×××行长作重要讲话。

（×行长讲话）

同志们，刚才×行长就下半年全行工作作了重要讲话。×行长讲话简要阐述了全行上半年的业务经营情况，指出了我行当前业务经营发展中存在的突出困难和问题，分析了当前的经济金融形势以及对我行业务的主要影响。在此基础上，从全局和战略高度，明确下半年必须狠抓负债、资产、中间业务三大业务营销，深入推进业务转型、精细化管理和内控合规建设三大中心工作，深化三农金融事业部和县支行两项综合改革，防控信用、操作、信誉三大风险，推进企业文化建设，确保全行和谐稳定。

×行长的讲话重点突出、措施具体，贯彻落实好×行长的讲话精神，对于全面完成全年的各项工作任务具有十分重要的意义。会后，与会代表务必认真学习，深刻领会，切实抓好贯彻落实。

按照会议安排，明天上午是分组讨论。主要讨论×行长的主题报告和会议印发的参阅文件，请各组召集人组织好会议的讨论。

今天下午的会议到此结束。休会！

第四节　会议结束讲话稿

结构分析范式

写作目的：对贯彻落实会议精神提出具体要求。

结构框架：1. 总结会议情况＋提出落实要求；

2. 总结会议情况＋提出落实要求＋布置具体工作。

材料来源：1. 会议通知与议程；

2. 会议讲话材料；

3. 其他需要穿插布置的事项；

4. 参考同类型会议结束讲话案例。

写作要领：1. 对会议情况要进行简要回顾总结，对贯彻会议的要求要以主要领导讲话为依据，措施要具体，对不好放入主要领导讲话稿中的事项，但是又需要进行布置的，可以在结束讲话时由其他领导进行布置；

2. 行文不宜过长，语言要平实易懂。

例文

×××同志在××银行2016年工作会议结束时的讲话

同志们：

　　××银行2016年工作会议圆满完成了各项议程，今天上午就要结束了。会议期间，省分行党委书记、行长×××同志作了重要讲话，全面总结了去年工作，紧紧围绕总行的要求，结合××分行实际，安排部署了今年的各项工作任务。与会代表围绕讲话及会议印发的专题文件进行了认真讨论。大家一致认为，讲话对全年的工作部署要求明确、措施得力，有很强的针对性和可操作性，对统一全行思想、转变观念、深化认识，抢抓机遇、加快有效发展，实现全行经营转型具有十分重要的意义。总行巡视组×××同志作了一个重要讲话，对我行全年工作提出了很有建设性的意见。会议期间，内控合规部作了内外部审计检查发现问题分析，法律事务部作了"受警醒　明底线　知敬畏"典型案例普法宣讲；财务会计部、风险管理部、公司业务部、机构业务部、零售银行业务部、农村产业与城镇化金融部、信用管理与审批部作了专题宣讲；会议还安排了6个单位进行了现场经验交流和6个单位书面经验交流，表彰了一批先进单位和先进个人。刚才，各二级分行主要负责人就做好今年的各项工作进行了表态发言，这次会议内容丰富、重点突出，对于完成全行全年的各项目标任务，开好"十三五"的头，起好今年的步，意义重大。受×行长委托，在会议即将结束时，我代表党委就会议的贯彻落实再讲几点意见：

一、全面把握会议精神，切实抓好贯彻落实

　　今年工作主要目标和任务已经确定，完成这些目标和任务的路径、措施也已经明确，最终效果如何，关键就在于抓落实。

　　（一）统一思想、深化认识，抓好本次会议精神的贯彻落实。在二级分行层面，会议结束后，各行要及时召开党委会、行务会，认真学习会议文件，吃透会议精神。尤其是"一把手"更要深入研究，理性思考，领会精神实质，准确把握"提升市场份额，强化管理水平"主线和全年工作要求，并联系本行实际研究制定具体的贯彻落实意见。在此基础上，及时召开辖内分、支行行长会，在2月底前将会议精神及时传达到基层，让广大员工领会和把握总行和省分行的战略部署和工作要求，真正把全行思想和行动统一到这次会议精神上来。各二级分行要于2月18日前将会议的贯彻落实情况报告省分行。

　　在省分行层面，一是机关各部室要及时组织员工进行学习和讨论，进一步统

一思想、深化共识，并结合本部门实际，尽快提出具体贯彻落实意见。二是办公室要马上收集汇总大家在会议讨论中提出的意见和建议，2月底前分解到相关部门，各部室要对这些意见和建议抓紧研究解决。三是抓好会议要求的分解落实、督办。办公室要在2月底前将会议各项工作任务进行分解落实到各部门，并明确办结时限，定期通报完成进度；相关部门也要逐项研究细化，制定相应的配套和推进措施，层层压实责任，确保每项工作落实到位。四是积极开展指导、帮扶。会后，省分行各部门要分赴各行，对××银行2016年工作会议精神贯彻落实情况和第一季度各项工作开展情况进行指导、帮扶，通过上下联动，解决工作中存在的突出难点和热点问题。

（二）树立信心、鼓足士气，切实把队伍的精神状态振奋起来。在会议讨论的过程中，大多数行都正确领会了×行长在报告中关于形势的分析与判断，对做好今年的工作信心十足，但也有个别同志存在着某种程度上的压力和对困难的担忧。为此，有必要再次强调信心和士气问题。虽然，目前全行业务经营面临的形势仍然复杂，但我们也要发现，去年全行在区分行党委的正确领导下，正视问题、直面困难、立足实际，在机制、体系建设等方面做了大量的基础性工作，经营管理基础得到了夯实，全行基本形成了思想统一、共识深化的良好的局面，各项工作已步入正轨。各级领导尤其是"一把手"，务必树立信心，采取有力措施，把队伍的士气鼓起来，精神振奋起来。

（三）勇于担当、主动作为，切实把改革发展的责任扛在肩上。向风险宣战，向成本宣战，需要各级领导的担当精神，需要全行员工的主动作为。宣战，不仅要敢于亮剑，还得主动出击。前几年的经验告诉我们，信用风险的化解时不我待，拖不起，慢不得，否则今年的清收压降任务将无法完成。同时，×行长在报告中指出，操作风险对我行而言，解决不好的话，其危害将会远远超过信用风险，更要引起全行上下的重视。除了风险化解与管控之外，改革发展同样是我行的主旋律。在发展上，关于如何发现市场，如何做市场，×行长在多个场合都进行了反复的讲解，这次会议上又进一步进行了阐述。能不能切实收到成效，关键就看我们是否能在依法合规的基础上真正解放思想，是否真正敢于担当。这不仅是对各级领导干部的要求，也是对信贷前后台队伍的要求。

二、关于当前的几项具体工作

（一）扎实抓好第一季度业务经营。第一季度时间已经过半，从业务经营指标进度来看，有喜有忧。截至2月10日，全省人民币各项存款比年初增长58亿元，与第一季度增长160亿的目标相差102亿元，系统内排名第二十四位，16家二级分行中 4 家负增长；人民币各项贷款比年初增加 40 亿元，同比少增 20 亿元，系统内排名第二十六位，6 家二级分行未能扭负，进度缓慢。全行上下必须认清当前形势，增强信心，抓好第一季度有利时机，下大力气抢市场、抓营销，全力以赴抓好资金组织和贷款投放工作。

（二）突出抓好不良贷款的管控。不良贷款给全行带来较大的负面影响，成为影响全行业务发展的主要矛盾和主要问题。新年伊始，省分行就召开了全行不良贷款清收处置工作会议，对全行不良贷款管控工作进行了安排和部署，×行长在会上作了重要讲话，正式吹响向全行不良贷款宣战的号角。本次工作会议再次提出了向信用风险宣战，强调"控新"与"降旧"并举。但是，从前一个多月的情况看，仍然有部分分行没有真正重视这项工作。到 2 月 10 日，剔除转让因素，我行不良贷款仍然比上年末增加约 8 亿元。有的行清收团队没有落实，有的行还沉浸在过节的氛围中迟迟没有开展清收行动。各级行，尤其是在座的"一把手"，要切实做到早谋划、早部署，抢抓防范和化解风险的最佳时机，全面完成全年不良贷款管控目标。

（三）做真做实问题整改工作。整改是纠偏、补漏最行之有效的手段。全行按照中央和总行部署陆续开展了科学发展观的专题学习。近两年来，全行还接受了较多的内外部检查，都从不同角度查摆和揭示了我行业务经营和管理中存在的问题，个别问题还比较严重。本次会议还专门安排了内控合规部作内外部审计检查发现问题分析，并对整改工作提出建议。各级行、各部门"一把手"是整改工作的第一责任人，要亲自抓整改，要正视问题、吸取教训、建章立制、堵塞漏洞，建立持续整改机制，做真做实整改工作，促进全行改革发展。

（四）切实抓好"两会"期间相关工作。一是扎实开展安全生产检查工作，层层落实责任，不留死角。严格落实安全生产管理责任，在全行范围内开展安全生产检查工作，重点对枪支弹药、燃气管道阀门、锅炉、电梯、电闸进行排查，重点加强消防、车辆、电梯和施工四类安全管理，全方位排除重大事故隐患，将安全管理的隐患消灭在萌芽中。二是确保重要系统的稳定运行。各级行、各部门要严格落实 IT 生产 24 小时值班和生产运行制度，规范操作流程，加强对 IT 生产运行关键岗位的管理。要针对薄弱环节完善应急预案，开展应急演练，最大限度降低突发事件的影响，提高应急处置能力。切实加强投产变更管理，防范由此导致的风险。三是切实抓好金融服务工作。要在全面做好"两会"期间网点服务工作的同时，持续加强对自助设备和机具的巡检，确保各项服务正常、有序开展。零售部门要加强网点检查和员工教育，严防各类重大服务投诉及负面舆情事件发生，用心处置各类投诉事件，避免投诉升级。

第十三章　分析报告

第一节　行业分析报告

结构分析范式

写作目的：对某一行业进行全面分析，并从商业银行角度提出政策意见。

结构框架： 1. 总结行业发展情况 + 分析商业银行支持情况 + 提出意见与建议；

2. 总结行业发展情况 + 预判行业发展走势 + 分析商业银行支持情况 + 提出意见与建议。

材料来源： 1. 在统计部门、行业协会等官方网站收集行业材料和数据；

2. 在数据库检索相关行业的最新研究报告；

3. 查阅与该行业有关的专业书籍；

4. 到信贷或者业务主管部门收集有关的信贷数据与信贷政策；

5. 实地开展调研或者召开有关座谈会，收集掌握第一手资料；

6. 参考其他行业分析报告的案例。

写作要领： 1. 行业分析报告首先要具有专业性，在确立选题以后，不要急于动笔，要掌握大量的材料和数据并消化吸收；

2. 行文用语要规范专业，数据分析要准确，预测趋势要有依据，意见和建议要结合本单位实际，要有较强的指导性。

例文

2008 年广西糖业发展与金融支持研究

广西糖业不仅在地方国民经济中发挥着重要作用，而且在全国糖业市场上也占有举足轻重的地位。为全面了解广西糖业的发展状况、影响因素，预测2008年发展前景，适时调整应对策略，有效防范信贷风险，我们对广西糖业进行了研究分析，现将研究情况报告如下：

一、广西糖业发展基本情况

截至2007年底，广西109个县（市、区）中有50多个种植甘蔗，种植面积达1421万亩，其中糖料蔗种植面积达1382万亩，占全区耕地面积的三分之一。目前拥有34户制糖企业（集团），共96间糖厂，日榨甘蔗生产能力超过55万吨，2006/2007年榨季产糖708.6万吨，产糖量占全国的59%，长年稳居中国食糖第一大产区，产量已超过了世界产糖国古巴、澳大利亚的总产糖量。近年来广西糖业发展呈现出以下几个方面的特点：

（一）产业布局日趋合理，生产能力迅速发展。糖业生产向具有原料蔗资源优势的地区集中，形成了以崇左、来宾、南宁、柳州等市为主体，百色、钦州、贵港、防城港等市为辅助的产业基本布局。近年来，广西制糖业通过品种改良、技术引进和糖业改制，全省糖料蔗生产实现了规模总量和品质效益的同步提升，蔗糖生产能力已接近世界糖业强国的生产水平。目前，广西甘蔗平均含糖份14.64%、平均产糖率12.72%、吨糖耗蔗量7.84吨，已基本接近世界糖业强国平均含糖份15.45%、平均产糖率13.6%、吨糖耗蔗量7吨的先进生产水平。

（二）行业市场化程度较高，集团规模效益显现。近年来，广西70%以上的制糖企业经过改制、资产重组建立起了现代企业制度，产业资本结构呈现多元化结构，形成了国有、民营、外资及多元混合投资"四足鼎立"格局。目前，在广西现有的34户制糖企业（集团）中，非国有及控股企业占85%以上，其中20户民营投资及控股企业占全省糖业企业的58%，产能、产量及产值占全省的45%以上，产糖10万吨以上的14户企业集团产能、产量及创利占全省的86%以上。广西制糖业重组兼并和集团化趋势基本完成，具有制造规模化，资源、资金集中化的特点。

（三）循环经济初具规模，产品结构呈现多样化。目前，广西制糖业已基本形成"甘蔗→制糖→糖蜜→酒精→酒精废液→复合肥"和"甘蔗→制糖→蔗渣→制浆→造纸"两条生态产业链和"甘蔗→牛→菇"特色产业循环经济科技种养模式，促进了××循环经济的发展。并且，通过产业的发展，食糖类产品除了传统的白沙糖、赤砂糖外，有原糖、精制糖、低聚糖等新产品，还有废糖蜜进一步加工成的酒精、酵母、氨基酸、固定蛋白饲料等深加工产品，以及用蔗渣为原料生产的纸浆、造纸、纤维板、生物复合肥等产品。目前，××糖业企业蔗渣造纸、废糖蜜生产酒精产量各为 30 万吨左右，在建和规划的年造纸能力 80 万吨左右，酒精 30 万吨左右。

（四）行业效益稳步提高，对经济增长贡献率增加。随着糖业结构的进一步优化、生产成本的进一步降低，广西糖业协会制糖企业成员实行联合定价、联合销售、季产年销的销售政策，近年来糖价在波动中稳步提升，广西制糖行业经济效益持续好转。"十五"期间，广西制糖业对当地 GDP 增长的拉动度平均在 1 个百分点左右，直接贡献率则保持在 1.2% 左右。2006—2007 年榨季共完成工业总产值 274 亿元，工业增加值 106 亿元，同比增长 37%，占全省规模以上工业增加值的 7.4%；实现销售收入 268.13 亿元，同比增长 11.1%。

二、影响广西糖业发展的相关因素分析及前景预测

（一）影响因素分析。当前，我国已成为世界食糖第三大生产国，但从政策因素、灾害因素、国际市场因素以及竞争力因素等方面比较分析，广西糖业发展仍面临较严峻的形势。

1. 政策因素。一是宏观调控力度加大，制糖企业资金需求紧张。国家为防止经济从趋热向过热转变，加大了宏观调控的力度，实行了从紧的货币政策，对制糖行业影响较大。对于制糖行业而言，2007—2008 年榨季开榨以来，糖价在大部分时间里处于持续下跌的局面，同时淡销的状况也一直困扰着现货市场的成交。而制糖行业季产年销的特点决定了一旦制糖企业的资金面出现问题，将会引发农民糖料款不能及时兑现的问题，加上本榨季原料蔗收购成本比上榨季提高 5% 左右，部分企业的生产及制造成本上升，在实施从紧的货币政策、紧缩银根的大背景下，这些因素都将会给制糖企业带来更大的资金压力。一旦销量不能得到有效的好转，随着时间的推移，银行的还款期限日益接近、资金利息压力不断增大等，对糖业发展有很大影响。二是食糖储备政策不完善，影响市场操作效果。近年来国家储备糖的适时吞吐操作弱化了食糖产销的周期性波动，发挥了杠杆效能，不仅以合理的价格保障了食糖的有效供给，还保护了我国食糖企业和蔗农的利益，确保了整个食糖产业的可持续发展。但是，国家储备糖在调控市场过程中仍然面临储备品种单一、市场参考信息不明晰、储备规模偏小等不足。根据国际糖业组织的公认计算标准，一个国家合理的储备量应是该国三个月的消费量，我国 13 亿人口，按人均消费食糖 8.5 公斤，年储备规模应当在 270 万吨以上，至少在 220 万吨左右，其余由地方储备落实。我国 2007—2008 年榨季国家储备糖计划在去年 30 万吨的基础上增长到 50 万吨，但总规模仍偏小，只能起到最低保障作用，对市场操作影响不大。三是节能减排形势严峻，制糖企业技术改造压力加大。目前全自治区百吨蔗耗标煤 5.26 吨，耗电 34.35 千瓦时，仅达到国内清洁生产基本水平；制糖业化学需氧量（COD）排放量约 25 万吨，占全省工业排放总量的 37.5%，位居工业行业首位，有些城市糖业的 COD 排放量占地方全部工业 COD 排放量的 62.5%，全区 96 家糖厂仅有 8 家糖厂进行废水生化处理。能耗高，产少排多，制糖业已成为节能减排的重点行业。××区政府 2008 年糖业工作计划重点之一是全区所有糖厂要建成终端污水生化处理设施并投入运行，全面达到国家清洁生产标准二级以上水平，实现制糖行业 COD 排放量比目前减少 70% 左右，并且明确指出凡是在 2008 年底前污水排放不能稳定达标的企业，一律不允许生产。为达到上述目标，广西制糖企业将面临极大的压力。

2. 灾害因素。由于甘蔗生产周期较长，容易受到旱灾和霜冻灾害的影响。2008 年 1 月至 2 月，广西遭受了 50 年一遇的大面积冰冻、霜冻灾害，全区糖料蔗受灾面积 1051.1 万亩，成灾 640.1 万亩，绝收 101.6 万亩，分别占种植总面积的 75.5%、46% 和 7.3%，对甘蔗种植、制糖企业和糖类市场均产生较大影响。对甘蔗种植的影响有以下几方面：已成熟未砍收甘蔗受冻后蔗糖糖份下降，压榨率也随之下降；受灾时大部分新植蔗未种植，蔗茎不能留种，影响今年甘蔗种植任务；宿根蔗一部分被冻死，需要重新补种，另一部分即使成长后，也容易造成缺兜断垄。受灾害因素影响，2008 年 1 月至 2 月全区成品糖产量 339.46 万吨，增长 10.3%，增幅同比回落 16.5 个百分点；全区有 30 家主要制糖企业产值下降，39 家制糖企业产值增幅同比回落；制糖业完成增加值 44.31 亿元，增长 7.8%，增幅同比回落 15.8 个百分点，对规模以上工业增长的贡献率仅为 8.1%，同比下降 16.3 个百分点。由于糖价比同期低，企业生产成本上升，制糖企业利润下降较大。1 月至 2 月制糖业利润 4.66 亿元，比上年同期下降 36.3%；规模以上工业利润 26.5 亿元，比上年同期下降 13.1%。

3. 国际市场因素。世界糖市场是食糖出口国倾销其高库存量的倾销市场，各国均把国际市场作为其国内市场的"储水池"，把国内市场风险转嫁给世界食糖市场。长期以来，各国政府对国内食糖生产与消费的干预，导致世界糖市扭曲，使食糖生产成本和市场价格相关度不高，对我国国内食糖价格产生一定的影响。同时，世界各国政府通过配额生产、控制进口、调整税率、贷款贴息及补贴等手段进行有效干预、控制总量，从而稳定食糖销售价格。而我国与农业有关的立法、管理机制不健全，糖业生产管理手段落后，农民种植甘蔗完全是自发的、市场化的行为，对市场变化的反应相对滞后，影响了原料蔗的种植。目前我国仍是世界贸易组织（WTO）各国食糖进口关税最低的国家，WTO 各国食糖平均关税为

97%，其中发达国家平均关税为122%，发展中国家为55%，而我国仅为15%。国内食糖生产成本高，当面对低成本、低关税的进口食糖价格时，没有明显的竞争优势，不利于产业保护。2007年我国全年进口累积量达到119万吨，其中印度糖为15.1万吨，泰国糖18.4万吨。

4. 竞争力因素。一是生产方式落后，科技研发力量薄弱。甘蔗种植仍以农户分散经营为主，机械化、规模化程度低，吨糖生产成本的比例高达75%，比其他主产国高出10个百分点。广西种蔗历史悠久，但缺乏高尖人才，技术力量薄弱，研究水平落后。目前，广西甘蔗高糖品种主要从台湾引进，被广泛种植的台糖22号、16号和25号由于引进时间已达十年以上，品种面临退化危险，同时种植品种过于单一，灾害发生时容易大面积受灾。二是生产成本较高，综合利用程度低。广西制糖企业技术工艺落后，劳动生产率低，制糖成本高，吨糖耗煤量为发达国家的两倍以上、耗水量是发达国家的五至十倍；人均年产量20吨左右，与其他主产国200吨/人比相差近十倍；制糖成本高出巴西等国400元/吨左右。目前，广西糖业企业蔗渣造纸、废蜜生产酒精产量各为30万吨左右，复合肥、纤维板等产量不足10万吨，除贵糖、南糖、农垦等大企业之外，大多数企业产品单一，2006/2007年榨季结束时全省综合利用比例仅为17%～18%，综合利用产值不足50%，离区政府确定的到2010年，甘蔗渣制浆造纸能力100万吨左右，酒精60万吨，酵母10万吨，综合利用率达60%以上的产业目标仍有较大差距。三是期货市场发展滞后，规避价格风险能力弱。食糖是农副产品中价格波动最大的商品之一，糖价的大起大落使制糖企业及贷款银行承担了巨大的市场风险，而期货市场的出现可以在某种程度上帮助制糖企业锁定风险。但至今为止广西还没有一家期货经纪公司，仅有三家期货营业部，期货市场规模小，市场主体参与度不高，广西制糖企业仍习惯采用传统的批发零售模式。2006年1月6日白糖期货上市以来，广西市场交易额为100多亿元，这与广西产糖量占全国60%的地位不匹配。一旦糖价下跌，对制糖企业造成的风险和损失很大。而且作为国内主产区的广西糖业，一旦放弃参与和运用期货市场，将逐步丧失在"食糖广西价"的优势，形成被动接受定价的局面。

（二）发展前景预测。基于对2007年广西糖业发展的基本情况和影响广西糖业发展相关因素的分析，我们对2008年广西糖业发展作出如下预测：

1. 2007/2008年榨季广西食糖比正常预计减产。根据中国糖业协会（中糖协）公布的数据显示，本榨季食糖产量正常情况下预计为800万吨，较上榨季的708万吨将增加92万吨，增长幅度为12.99%，产量将创历史新高（业内人士普遍预计将达到 850 万吨）。但是，遭受冻灾后，形势发生变化。按照农业厅公布的数据显示因灾减收糖料蔗 400 多万吨，损失蔗种约 90 万吨，按 12% 的出糖率计算将减产 48 万吨。据预测，冻灾发生时大约有 682 万亩甘蔗未砍收，如果按每亩甘蔗损失 15%、亩产 4.56 吨、平均产糖率 12.64% 计，未砍收甘蔗减产食糖为 58.96 万吨，如果按损失 20% 计，食糖将减产 78.62 万吨，加上预计留种 90 万吨间接食糖减产 11.4 万吨，食糖减产在 70 万～90 万吨，实际产量应该在 760 万～780 万吨。综合各方数据与目前蔗糖生产情况，我们预测受冻灾影响，2007/2008 年榨季广西食糖减产在 60 万～80 万吨左右，但在 2006/2007 年榨季 708 万吨的基础上还将出现小幅增长，总产量在 740 万～760 万吨。从目前各蔗区甘蔗留种的情况来看，除了中北部的来宾、柳州蔗区有小规模的外调较小数量的蔗种以外，其他蔗区甘蔗留种问题基本上得到了较好的解决。另外，3 月以来各蔗区甘蔗出苗的情况比预计正常，蔗芽的成活率比较高，部分受灾害较严重的甘蔗上位芽并未受害死亡，蔗芽正常仍可以继续生长，冻灾造成的损失已控制在最小范围之内，不会对下一榨季产量造成较大影响，在不考虑其他经济作物大量替代甘蔗种植的前提下，预计 2008/2009 年榨季甘蔗种植面积将维持在 1300 万～1380 万亩。

2. 2008 年全国食糖供给略大于需求。供给方面，在全国 1400 万吨预测数的基础上，减去冻灾损失的 60 万～80 万吨、国家收储食糖 50 万吨，加上上榨季食糖结转 50 万吨、对市场有影响的进口糖 50 万吨，可供糖源预计为 1390 万～1410 万吨。需求方面，在本榨季糖价维持低位水平、我国经济继续持续增长及人民生活水平提高、奥运年等因素的影响下，食糖消费方面将继续保持高速增长，按照 8% 的年增长率计算，预计本榨季食糖消费量将达到 1350 万吨。根据以上分析数据，我们判断 2007/2008 年榨季我国食糖供求状况供略大于求，过剩量预计为 40 万～60 万吨。

3. 食糖价格将受到多方面因素影响。基于食糖供求关系与我国食糖价格波动趋势，我们从国际和国内分别来考虑 2007/2008 年榨季食糖价格。国际方面，国际糖业组织（ISO）预计本榨季全球食糖产量为 1.684 亿吨（原糖值），消费量为 1.591 亿吨，过剩量为 930.9 万吨，比原预测数调低了 183 万吨，但至本榨季末，全球糖市供大于求的压力仍较大。而国际糖价承接 2007 年末的涨势，今年 2 月国际糖价高位继续上涨，达 13.13 美分/磅，环比上涨 1.51 美分/磅，增长 13.0%，同比上涨 2.36 美分/磅，增长 21.9%。随着投资基金的继续涌入，糖价的运行区间仍在上移。ISO 认为国际糖价的运行已经脱离了基本面的供求前景。今年 2 月，泰国食糖进口到岸价（珠江三角洲，税后）为 3992 元/吨，比国内甘蔗糖主产区批发价格高出 300 多元/吨。在国际糖价远高于国内、进口糖无利可图和国内食糖供应充足的情况下，今年 1 月我国进口食糖 2.3 万吨，同比下降 48.5%，只占全年进口关税配额 194.5 万吨的 1.2%。目前国际糖价对国内糖价影响微弱。国内方面，受冻灾造成的运输不畅以及减产预期，今年 2 月国内糖价止跌回升，均价为 3644 元/吨，比上月涨 243 元/吨、环比上涨 7.1%，同比上涨 17.6%。自 2 月 22 日开始，国内糖价又开始连续下跌。同时，截至 2 月底，广西食糖销售量为 326 万吨，占食糖生产量 573 万吨的 56.89%，略高于全国 53.19% 的平均水平，略低于上榨季 58.11% 的水平。受多方面因素的影响，国内糖价下跌的空间有限。一是对本榨季和下榨季可能减产的预期，部分企业对未来糖价看涨，惜售囤糖；二是今年 2 月以来 CPI 再创 1996 年来新高，达到 8.7%，在物价持续上涨的大环境下，糖价的继续下跌缺乏大环境的长期支持；三是 2 月工业品出厂价格指数（PPI）同比上涨了 6.6%，原料工业与加工工业的生产成本不断提高；四是石油等能源价格的上涨向原料及加工品的扩散，增加了食糖的生产成本。但是，国内糖价大幅度上涨的可能性也不大。一方面，2007/2008 年榨季食糖供给需求情况越来越明朗，供给大于需求的情况下，食糖价格不会出现大幅度上涨；另一方面，防止通货膨胀目前已成为我国当前经济工作和宏观调控的首要任务，有关物价调控政策、货币从紧政策等都已在调控中出现，虽然有地方政府的支持和扶持，但在目前糖厂生产高峰期间，产多销少、资金紧张，又处于传统消费淡季，制糖企业生产经营费用的压力不断加大，可能使相关企业通过各种方式减轻资金压力，糖价大幅度上行的时机也不成熟。综合考虑，我们认为 2008 年食糖价格将在 3400～4200 元这个区间波动。正常情况下具体走势为，榨季初由于供给压力较大，价格走低；冻灾后对损失估计过高，价格迅速回升到一个较高位（3900 元/吨），但基于对供求面的基本分析导致市场观望态度，价格一度下滑至榨季初水平（3400 元/吨）；在 4 月至 6 月，消费需求相对疲软，糖价将在区间维持振荡；夏季来临后，下游消费市场再度启动，市场需求增加，在 8 月后，随着传统节日的来临，用糖高峰到来，糖价也将达到一个相对高位的水平。榨季结束后最终数据的公布，将影响这个走势。

三、广西金融支持糖业发展状况分析

（一）广西金融机构支持糖业发展情况。

1. 同业市场份额差距缩小。截至 2007 年 12 月末，各金融机构在糖业企业的贷款余额共为 1604715 万元，同比增加 428635 万元，增长率为 36.4%。目前贷款余额最大的三家金融机构分别如下：农行 406968 万元、工行 313652 万元和农信社 314619 万元，合计贷款份额占我省贷款总量的 64.5%。但因糖业是我省的主要

支柱产业之一，各金融机构对糖业企业的重视也日益增加，糖业信贷市场竞争加剧，我行虽然仍为糖业支持第一大行，但与他行差距已相差不大，除上述三行外，目前其他各行贷款余额分别如下：中行100200万元、建行112286万元、交行141000万元、农发行120750万元。

2. 信贷扶持力度加大。随着我区糖业市场的逐步做大做强，各金融机构均加大了对糖业企业的营销力度，贷款投放均有所增大。2006/2007年榨季各金融机构共向糖业企业累计发放贷款1933644万元，同比增长507215万元，增长率为35.6%。其中×行增加130098万元、×行增加100300万元、×行增加86493万元，×行增加84446万元，共占增长总额的79.1%。

3. 贷款投向日趋集中。从近几个榨季情况看，我区正常生产经营的糖业企业数量保持稳定，维持在90家左右。其中15个糖业集团共拥有制糖企业68家，约占全区糖业企业数量的72%。这15家糖业集团生产经营状况良好，市场竞争优势明显，是各金融机构的贷款重点服务对象，各行绝大部分贷款也投向了这些糖业集团，这些糖业集团所获贷款共占糖业贷款的92.01%。

4. 贷款条件逐步放宽。近年来，糖业市场逐渐回暖，糖业企业的效益也日益增加，各金融机构为获取更多的贷款份额，对其的信贷办理条件逐步放宽，特别是担保条件日益宽松。各金融机构以信用方式及保证担保方式（大部分为集团内企业互保）发放的贷款总额达到1294776万元，已占糖业总贷款份额的67%，而以抵押担保及质押担保方式发放贷款总额为633461万元，仅占总份额的33%。

（二）我行对广西糖业金融支持情况。2006/2007年榨季，我行支持的正常制糖企业46家，另外还有34家制糖企业在我行有信贷余额，但目前均已停产、倒闭。因此，下面主要对46家制糖企业的结构和情况进行分析。

1. 我行糖业客户概况分析。从地域分布情况看，我行支持的制糖企业主要分布在南宁、崇左、来宾。具体为南宁12家，占比26.1%；崇左10家，占比21.7%；来宾9家，占比19.6%；百色4家，占比8.7%；柳州和贵港各3家，分别占比6.5%；河池2家，占比4.3%；钦州、北海和防城港各1家，分别占比2.2%。从客户结构看，我行支持正常生产的制糖企业客户结构良好，优质客户占比达97.8%。其中AAA级企业25家，占比54.3%；AA级（包括AA＋级）企业16家，占比34.8%；A级（包括A＋级）企业4家，占比8.7%。从生产能力看，我行支持46家制糖业企业日榨总能力为42万吨，其中日榨能力10000吨（含）以上的有11家，占比23.9%；日榨能力5000（含）～10000吨的有16家，占比34.8%；日榨能力5000吨以下的有19家，占比41.3%。2006/2007年榨季共榨蔗

4862 万吨，产糖 582 万吨，占全省产糖量的 82.1%。

2. 我行糖业贷款情况分析。一是贷款支持力度不断加大。从贷款投放情况看，2006/2007 年榨季我行优先保证糖业生产的重点地区和重点客户的信贷投放，对所支持的 46 家制糖企业共投放贷款 419120 万元，同比增加 84596 万元，增长 25.3%。其中投放数额最大的四个二级分行分别是省分行营业部 132610 万元、崇左分行 113300 万元、柳州分行 83850 万元和来宾分行 41080 万元，共占贷款投放总量的 88.5%。二是贷款质量较好。从贷款质量来看，截至 2007 年 12 月，我行支持的 46 家制糖企业贷款余额为 365263 万元，同比增加 90383 万元，其中正常类贷款 359573 万元，关注类贷款 5690 万元。三是贷款支持重点突出。从贷款支持的重点客户看，2006/2007 年榨季投放贷款额最大的六家糖业集团依次为南华糖业集团 67650 万元、农垦糖业集团 60260 万元、凤糖生化股份有限公司 48000 万元、东亚糖业集团 46100 万元、永鑫华糖有限公司 42300 万元和来宾东糖集团 24200 万元，共占我行贷款投放总量的 68.8%。

3. 我行在 2006/2007 年榨季的主要措施。2006/2007 年榨季，我行通过深入分析我省糖业生产形势和信贷管理情况，制定《制糖企业贷款管理办法》，进一步规范并简化我行糖业贷款的操作规程，放宽贷款条件，通过取消原存量贷款和新增贷款在贷款条件方面的区别政策、下放糖业贷款的审批权限、放宽优良客户的抵押条件、将阶段性保证担保的置换期限后移、增加食糖质押方式等，为糖业客户办理信贷业务提供便利条件，有力促进了我行的贷款投放。

此外，我行还大力支持糖业技术改造和综合开发利用项目。近两个榨季，我行先后支持了南华集团属下的田阳南华纸业有限公司 9.5 万吨蔗渣浆造纸项目 1.5 亿元以及东糖集团属下的东糖纸业有限公司 9.8 万吨文化纸项目 4 亿元，并支持南华集团属下的东门南华、龙州南华制糖公司进行技改，进一步加强了我行与优良糖业集团的业务合作关系。

4. 冻灾后我行对糖业支持情况。冻灾发生后，我行加大了对糖业的支持力度，一方面通过投放糖业贷款帮助糖业企业加紧对原料蔗的抢收，避免造成更大损失，另一方面通过糖业企业提供资金给蔗农购买蔗种，帮助蔗农对此次冻灾中受灾部分的蔗田重新种植甘蔗。2007/2008 年榨季（2007 年 11 月至 2008 年 3 月），我行共累计投放糖业贷款 247766 万元，同比多增 49806 万元，其中冻灾发生后，我行投放贷款 115660 万元，同比多增 18010 万元。投放金额最大的六家糖业集团分别是南华糖业集团、来宾东糖集团、东亚糖业集团、农垦糖业集团、凤糖生化股份和永凯糖业集团，约占总投放量的 80%。

四、我行支持广西糖业发展存在的问题

（一）部分优良客户市场份额流失，我行行业地位受到挑战。由于制糖企业经营效益逐年改善，其他国有商业银行也纷纷加入糖业贷款市场的争夺，特别是南华、东亚、东糖、凤糖等优良糖业集团客户，目前已成为各家商业银行重点支持的对象。据统计，我行在南华糖业集团贷款份额为 29.5%，落后于 × 行的 32.2%；在南糖股份的贷款份额为 12.2%，落后于 × 行（23.5%）、× 行（19.9%）、× 行（17.7%）。另外，我行在东亚糖业集团、凤糖生化股份、永鑫华糖等优良集团客户的贷款份额虽处于第一，但与他行份额相差不大。

（二）部分信贷条件要求较高，不利于我行信贷业务的拓展。虽然近几个榨季我行每年均对制糖企业的管理办法进行修订，不断简化流程，降低贷款办理条件，旨在提高营销效果。但部分条件由于受总行信贷制度制约，我行无法突破，客观上造成了我行营销的被动。例如，× 行可对未完全满足信用贷款条件的制糖企业发放一定的比例的信用贷款；× 行的食糖质押比率超过 80%；他行对集团客户内部保证担保比例无限制；等等。

（三）糖业企业的集团化财务管理，加大了信贷监管的难度。我区糖业企业经过近几年的重组、并购和改制，产业集中度已相当高。目前，我区的 15 家糖业集团下属公司已占据了我区大部分糖业企业，由于这些糖业集团公司自我定位高，产业扩张明显，资金运作集中且隐蔽，而我行的信贷管理工作主要由基层行完成，管理层次上的脱节，加大我行对糖业集团客户的信贷监管难度。同时，对于优质集团客户，各金融机构竞争激烈，"垒大户"的情况频频出现，当行业政策发生变化、遭受严重灾害等情况时，金融机构对风险的估计不足，容易造成信贷损失。

（四）历史包袱仍未解除，不良贷款退出难度较大。截至 2007 年 12 月末，我行糖业贷款不良贷款按五级分类口径余额为 61522.25 万元，占糖业贷款总余额的 13.78%，上述贷款均为 20 世纪 90 年代发放的贷款，由于目前企业已关停，而我行担保保障程度低，清收难度非常大。

五、对策与建议

（一）积极应对市场与政策变化，把握制糖行业营销重点。考虑到本榨季食糖供给情况，食糖价格在短期内难以持续走高，我区食糖产量也将保持在一个相对稳定水平，同时国家宏观经济形势日趋严峻，节能减排力度不断加大，我们认为目前制糖业孕育着一定的市场风险，我行在糖业资产业务营销中要积极把握市场与政策变化，进一步明确制糖企业贷款管理"区别对待、择优扶持"的信贷原则，优先支持优良客户，努力提升一般客户，逐步退出限制、淘汰客户。在营销重点

上，我行在 2007/2008 年榨季重点支持我省生产成本较低的制糖龙头企业，如南华、东亚、东糖、凤糖、永鑫等，在授信总量上，建议不突破上榨季规模，但在信贷资金上应给予重点优先保障。对龙头企业以制糖副产品为原料，具备较好发展前景和经济效益的综合利用项目，如达到一定规模的蔗渣造纸、酒精等项目，也可有选择性地给予支持。

（二）深度挖掘糖业金融资源，实现制糖行业综合营销。我行要紧紧围绕制糖行业特点及其产业链延伸，深入分析该行业中不同主体及其生产发展不同阶段的金融业务需求，最大限度地确保我行对该行业资产、负债和中间业务的综合营销。资产业务营销方面，根据行业发展规划，至 2008 年，广西制糖业将初步形成以蔗渣造纸、蔗渣与纤维板、食糖深加工、生物工程、生态农业、现代物流等颇具规模的新兴循环糖业产业集群。我们应抓住这一契机，选择那些符合国家产业政策、发展前景和经济效益良好、股东实力雄厚的项目作为我们营销的对象。负债业务营销方面，糖业集团资金多由集团总部负责管理，下属子公司货款回笼不足。应由省分行出面与糖业集团总部协调，在做好资产业务营销的同时，做好负债业务的营销，确保企业在我行存款额度的比例不低于其在我行信用额度的比例。中间业务营销方面，制糖业具有非常广阔的中间业务市场，是在做好资产、负债业务的同时应重点营销的一块业务，包括代付甘蔗款、代理保险、银行卡、理财业务、国际结算业务等。首先，做好制糖企业的代付甘蔗款工作是当务之急，这不仅涉及我行代理业务的发展，也涉及银行卡，特别是我行将要推出的惠民卡业务的发展。各级之间要互通信息，上下联动，确保我行代付甘蔗款业务顺畅开展，避免出现企业资产业务在我行做，而代付业务由他行做的不对等现象。其次，区政府正鼓励和引导已具备进入资本市场发券条件的制糖企业抓住国家大力发展资本市场的契机，积极创造条件，充分利用股票、债券、短期融资券、资产证券化等融资工具，优化企业的负债结构，这将为我们开展理财产品提供良机。我行应敏锐地捕捉市场信息，向制糖企业积极推介我行的投资银行等新的公司业务，及早介入中间业务高端产品的营销，扩大我行高端产品的市场份额。

（三）加强对糖业集团的有效监管，防范信贷风险。据统计，2006/2007 年榨季，广西制糖业授信前五大企业（集团）授信额度超过 100 亿元，占全行业授信总额的 54%，集团客户普遍存在授信过度的风险。目前我行支持的优良糖业客户也基本上是糖业集团企业的关联企业，因此加强对糖业集团客户的监管是加强糖业贷款管理的重中之重。新榨季一方面要严格按照有关制度规定做好新榨季糖业贷款的投放工作，另一方面更要加强对糖业集团贷款的有效监管。在风险把握上要注意以下几点：一是要树立风险意识。要根据企业的实际需求、承受能力以及他行授信状况合理确定新榨季各制糖企业的授信额度。二是审慎介入制糖企业技改项目。对没有原料来源保障、达不到技改扩建准入条件的技改项目，坚决不予介入。三是严格信贷条件。对达不到污染物排放标准及总量控制要求的制糖企业，要制订计划逐步退出，严禁对该类企业新增信用。在贷后管理方面，除按《贷后管理实施细则》的有关规定做好日常管理外，还应重点把握以下几方面：一是实施有效的财务监管，将重点放在集团企业的资金流向、对外投资上，严防集团企业抽逃信贷资金或盲目投资等行为。二是密切关注糖业集团客户的经营动向，派驻专门的客户经理，及时掌握和反馈企业第一手信息，实施动态管理。三是及时掌握集团客户在他行的融资情况，防止集团企业通过关联交易过度举债，增加我行信贷风险。四是特别要加强对质押物食糖的定期检查，确保信贷资金的安全。

（四）以服务"三农"为契机，积极开拓糖业蓝海市场。就区内优质制糖企业而言，各行的市场份额差距不断缩小，贷款投向日趋集中，面临着过度竞争的局面，迫切需要我们发现并开拓新的市场空间。2006/2007年榨季，全区农民种蔗总收入164.2亿元，占全省农民纯收入的十分之一强，比上榨季增长27.5%；此外，农户参与农业产业化程度进一步深入，2户国家级重点、5户省级重点及5户市级重点农业产业化龙头糖业企业直接带动70万户农户增收13亿元，户均参与产业化经营收入达1930元，辐射带动4万农户增收近1亿元，可见广西糖业"蓝海"市场的广阔以及我行的优势所在。因此，要继续优化"农业产业化龙头企业＋基地＋农户"的信贷扶持模式，大力发展银行卡、电子银行、电话银行以及基金保险代理等中间业务的营销力度，不断创新金融产品与服务，满足××糖业日益多元的金融需求。

第二节　区域分析报告

结构分析范式

写作目的： 对某一区域进行全面分析，并从商业银行角度提出政策意见。

结构框架： 1. 分析区域发展情况＋分析商业银行面临的机遇与挑战＋提出政策建议；

2. 分析区域发展给商业银行带来的机遇＋分析区域发展给商业银行带来的挑战＋提出政策建议。

材料来源： 1. 收集与该区域有关的政策文件；

2. 在政府官方网站收集区域经济社会发展情况和数据；

3. 查阅与该区域发展有关的蓝皮书及检索相关研究报告；

4. 掌握该区域的信贷政策与数据；

5. 实地开展调研或者召开有关座谈会，收集掌握第一手资料；

6. 参考其他区域分析报告的案例。

写作要领： 1. 在撰写区域研究报告之前，也要收集掌握并消化吸收大量的材料和数据，确保分析的基础扎实牢靠；

2. 行文的结构框架不应拘泥于固有形式，可以根据掌握的材料数据以及选择要分析的层次进行选择，区域研究的范围可以很广，关键是要找准研究方向的切入点和与本单位的结合点。

例文

广西北部湾经济区建设与大型商业银行发展路径研究
——关于×行××分行增强综合竞争力实现可持续发展的思考

一、引言

继国家批准实施《广西北部湾经济区发展规划》、批准设立广西钦州保税港区、广西凭祥综合保税区、南宁保税物流中心后，国务院又出台了《国务院进一步促进广西经济社会发展的若干意见》，继续在政策、项目、资金等方面给予大力支持，广西北部湾经济区的开发建设已经成为区域经济合作新高地和我国沿海经济发展新一极。面对千载难逢的历史机遇，大型商业银行在同业竞争日趋激烈以及经营转型压力不断加大的背景下，如何把握机遇、应对挑战、增强综合竞争力，是我们必须面对的一个现实而又迫切的重大课题。

二、广西北部湾经济区建设与大型商业银行的市场机遇

广西北部湾经济区是由北海市、钦州市、防城港市及南宁市为主体，玉林市、崇左市为两翼的"4+2"格局，该经济区是中国—东盟自由贸易区、泛珠三角经济圈和大西南经济圈的中心结合部，是我国实现以东带西、东中西共同发展新格局的重要节点，区位优势明显，得到了国家的高度重视和大力支持，呈现出全面加速、整体提升的良好局面。最新公布的数据显示，2006—2009年，该区域生产总值从1434亿元增加到2450亿元，年均增长19.6%，其中，2009年在国际金融危机的严重冲击下，该区域发展势头依然强劲，生产总值增长15.9%，比全广西

壮族自治区高出 2 个百分点，比全国高出 7.2 个百分点。经济区良好的发展势头为商业银行各项业务发展提供了良好的机遇和广阔的市场。

（一）广西北部湾经济区及其规划与发展情况

1. 规划情况。北部湾经济区的功能定位是立足北部湾、服务"三南"（西南、华南和中南）、沟通东中西、面向东南亚，努力建成中国—东盟开放合作的物流、商贸、加工制造和信息交流中心。围绕实现上述功能定位，其发展的战略重点集中在优化国土开发、完善产业布局、提升国际大通道能力、深化国际国内合作、加强社会建设和创新机制体制六个方面。通过规划的实施，北部湾经济区将建设成为石化、林浆纸产业、能源、钢铁和铝加工、粮油食品加工、海洋产业、现代服务业、物流产业和高新技术产业九大产业基地。

2. 发展前景。随着广西境内的综合交通网络主干架将与周边国家铁路、公路、水运、航空等交通动脉的全面贯通，该区域将实现其功能定位，成为连接中国—东盟合作的"桥头堡"。同时，随着基础设施的迅速更新和完善，区域经济合作进程的加快，国家之间的合作与协调机制逐渐完善，在现有的南宁高新技术开发区、南宁经济技术开发区以及即将运行的凭祥综合保税区、钦州港综合保税区、北海出口加工区和南京物流保税区这六大国家级经济开发区的带动下，北部湾经济区将成为继珠江三角洲、长江三角洲和环渤海湾经济增长级后的"第四增长极"。

3. 发展近况。广西连续出台近百项涵盖财税、土地等多方面的优惠政策，加快北部湾经济区建设，突出表现为基础设施建设力度不断加大，产业园区建设紧锣密鼓，产业布局不断优化。其中，钦州港、铁山港新港区已建成开港；中国—东盟自由贸易区也于年初如期建成；钦州保税港区、凭祥综合保税区、南宁保税物流中心、中石油钦州 1000 万吨炼油项目、国投钦州电厂项目、防城港红沙核电项目、金桂浆纸项目、中电亚洲防城港项目等已开工建设；中石化北海炼油异地改造项目、斯道拉恩索集团北海林浆纸、金川集团防城港大型铜镍冶炼项目、武汉钢铁（集团）防城港钢铁基地项目等也拟开工建设。

（二）广西北部湾经济区建设给商业银行带来的市场机遇

1. 国际贸易市场更为广阔，商业银行国际业务发展空间巨大。随着北部湾经济区的开放开发，经济区与东盟等国家双边贸易的增长，该区域对外贸易企业的数量将不断增加，从而给商业银行带来众多国际业务客户，促进外汇存款、国际结算、边贸结算、信用证、国际融资等国际业务的发展。

2. 重大产业项目迅速推进，商业银行负债业务发展机遇众多。近年来，国家不断加大对北部湾经济区基础设施，特别是物流、交通、运输、港口、口岸、会展等方面的投资，并将进一步加大对工业园区、保税港区以及重大能源、交通项目的投资力度，这都将给商业银行负债业务带来新的增长点。

3. 相对比较优势不断凸显，商业银行资产业务发展条件良好。东盟广阔的市场，有利于商业银行加大对国内优势产业、产品的支持力度；经济区内重大战略项目的建设，能够为商业银行提供更多优良项目贷款，有利于优化信贷结构；将现有相对饱和的产业及其技术向东盟区域内经济技术相对较为落后的第三层次国家转移，有利于商业银行盘活和清收不良贷款。

4. 区域性金融中心的构建，商业银行国际化发展走出新途径。《广西北部湾经济区发展规划》明确提出"构建南宁区域性金融中心"的战略目标和一系列优惠政策，支持在北部湾地区设立地方性银行，探索设立产业投资基金和创业投资企业等系列创新，商业银行抓住机会、加快发展，不仅能够在该金融中心建成时占有一席之地，还能够找到一条实现国际化的途径。

三、广西北部湾经济区建设与×行面临的挑战

截至 2009 年末，广西区内银行业金融机构已经达到 20 家。尽管×行××分行各项主要业务在北部湾经济区仍处于主流地位，但随着其他银行同业纷纷加大对北部湾经济区的支持力度，市场竞争日趋白热化，该行存在的一些问题和困难逐步暴露出来，对其在广西北部湾经济区的发展形成挑战。

（一）×行××分行在北部湾经济区的基本发展情况

1. 基本情况。该行目前在北部湾经济区的六个地市均设有二级分行，管辖县级支行 39 个，营业网点 369 个，在职员工 5484 人。2009 年，该行各项存款在全社会存量中占比 18.85%，居同业首位，增量占比 14.12%，居同业第二位；各项贷款存量占比 14.78%，居同业第三位，增量占比 11.81%，居同业第二位；中间业务收入居同业第一位；各项存款在当地工行、农行、中行、建行四大行中的存量占比 34.15%、增量占比 31.61%；各项存款存量和增量，以及贷款增量市场份额均列当地四大行第一位；全年实现中间业务收入 9.95 亿元，实现拨备后利润 36.86 亿元。

2. 主要措施。该行充分认识到北部湾经济区的巨大潜力和商机，将该区域作为加快其有效发展的重点市场。一是整合内部资源，在经济资本配置、费用分配、骨干网点与自助银行体系建设、人员配备、经营决策权限等方面给予倾斜支持。二是加大对重点项目的信贷支持力度，推动北部湾经济区经济的快速发展。三是推出财务顾问、投资银行、可循环使用信用业务、活期存款账户透支等业务，为重点客户提供综合金融服务解决方案，提升服务层次和水平。四是创新边贸结算金融产品，开通边贸网银，促进了边贸结算业务的快速发展。

（二）×行××分行在北部湾经济区建设中面临的主要挑战

1. 体制机制束缚竞争需求。一是授权审批制度僵化。大量授信业务需要报批上级行，导致业务链条过长，贷款发放效率低下。二是客户准入条件脱离实际。片面采取"一刀切"政策，客户准入门槛过高，经济区内绝大部分优质房地产客户、县域优质医院、学校等事业单位满足不了信用等级评定标准，优质客户流失严重。三是营销机制不灵活。落户北部湾经济区的客户总部一般不在首府，该行与上级行联动营销机制缺失，该行及其辖属机构难以与这些优质客户进行沟通，重点项目营销困难。

2. 各类风险防控难度增大。一是随着北部湾经济区建设的不断深化，人员、资金、货物流动日趋频繁，金融环境日趋复杂，增加了跨境贸易结算、外汇管理、反洗钱及相关金融风险防控的难度。二是该行在北部湾经济区的不良贷款余额占全行不良贷款余额的42%，信用风险较为突出。三是国际金融危机尚未消除的大环境下，该行支持的出口导向型企业仍面临资金回收困难、订单减少的风险。

3. 金融产品服务创新不够。一方面，部分产品缺乏特色，金融产品与同业趋同性强，缺乏竞争力；同时，大部分新产品以吸纳型和模仿型居多，客户信息需求反馈慢、产品升级换代不及时，在系统运行的稳定性、操作简化标准、服务功能记忆与人性化设计上仍然存在差距。另一方面，业务流程设计上仍以自我为主，缺乏创新，导致服务效率不高、业务流程不顺。还有就是服务规范、标准化程度较低，与其他上市大型商业银行或中小商业银行存在较大差距。

4. 金融人才支持力度不足。随着业务规模的不断拓展，以及更多的金融机构进驻北部湾经济区，×行××分行人力资源供给明显不足，已然成为影响该行持续快速发展。该行40岁以下员工占比不到50%，具有本科以上学历的员工占比仅为27.14%，具有中级以上技术职称的员工占比为19.76%；另据统计，2008年至今，该行共有近300名员工以各种方式离开×行，人才流失严重。

四、对策与建议

面对北部湾经济区建设的历史机遇和同业竞争的严峻挑战，×行××分行不仅要加强对区域发展规划与经贸金融政策研究，用好用足政策，还要处理好竞争发展和经营转型的关系，处理好眼前经营和长远发展的关系。

（一）加大政策倾斜力度，有效激活经营资源

1. 积极争取，加强帮扶力度。以×总行出台《关于重点支持广西北部湾经济区发展的指导意见》为契机，争取在总行层面成立工作协调小组，负责统筹协调北部湾区域各项事务。同时，对一些重大优势项目，开通"绿色通道"，建立业务直接发起机制，提高办贷效率；还要及时响应针对北部湾经济区的金融产品开发需求，优先安排技术力量和有关资源进行开发。

2. 因地制宜，出台信贷政策。根据经济区内客户差异，为其定制相对灵活的信贷政策，对省级及以上政府部门核准的重点项目与工程，取消 GDP 区域准入限制；对列入×总行名单管理的信贷客户和项目，取消报备手续；调整经济区内优质县域医院、学校等事业单位的贷款条件。

3. 比照同业，提高授权额度。比照同业授权水平，扩大基本授权权限；放宽转授权的管制，允许×行××分行在其权限范围内自主决定向下授权比例与额度，同时，允许其在符合国家现行的法律法规、产业政策、监管部门规章强制性规定的前提下进行产品创新和制度创新。

（二）突出优先发展重点，加快重点城市行发展

1. 明确北部湾城市行优先发展战略。城市是金融资源聚集的高地，也是北部湾经济区打造的重点，作为最后一个股改和横跨城乡的大行，在做好服务"三农"的同时，必须以重点城市行为龙头，加快发展速度，强化发展质量，实现全面协调可持续发展。

2. 重构北部湾城市行经营管理体系。以×行××分行营业部列入×总行重点城市行改革试点契机，设立专业营销团队和推行后台集中管理，突出经营和服务功能，优化业务运作流程，推动前台部门向客户主导型转变，实现从做业务向做客户的转变，增强竞争能力。

3. 强化北部湾重点城市行资源配置。优化北部湾城市行班子结构，进一步提高对重点城市行的领导能力和管理水平；重点加强网点营销人员配备，强化网点营销能力；加大财务资源投入，实行战略倾斜，尽快完成网点改造，提高多渠道营销能力；增加资本、信贷计划等经营资源的配置，对北部湾经济区重点城市行经营资源在实行倾斜配置。

（三）积极推进业务转型，提升价值创造能力

1. 大力推进信贷结构调整。严格根据国家产行业政策变化，坚持"突出重点、有保有压"，进一步加快信贷结构调整。突出抓好重点项目客户营销，对列入省年度统筹推进的重大建设项目择优重点支持；密切跟踪营销北部湾临海重大产

业和城市优质房地产客户，积极营销地方重点机构类贷款业务；重视中小企业在调整优化业务结构中的作用。

2. 完善零售业务营销模式。通过广泛推广网点文明标准服务和营销技能导入，搭建网点负责人、大堂经理、个人客户经理、个人理财顾问和柜员分工协作的"五位一体"营销模式；强化公私联动，将单位需求与单位高管、员工及其服务对象的个人金融需求有机结合；强化"1＋N"捆绑营销，全力提高个贷业务市场份额，并带动其他零售业务产品的综合营销。

3. 积极推进中间业务转型。抓住自贸区建成机遇，实施国际业务客户名单制管理，提供一揽子金融服务方案，实施本外币一体化经营；以北部湾经济区为重点，以进出口企业为主攻方向，积极培育业务新增长点，重点拓展大宗进口交易和重点出口行业客户，优化边贸结算客户结构，扩大与越南边贸结算代理行的合作。

（四）加快金融创新步伐，积极抢占市场先机

1. 创新经营体制，提升核心竞争力。推进对公营销体系建设，深化网点转型，优化业务处理模式，树立办现代商业银行理念和高效率银行的市场形象。同时，完善经营考核体系，坚持战略导向、风险管理和面向市场的原则，强化绩效考评，对重点业务实行专项奖励，通过对经营体制改革，激发全员积极性。

2. 革新经营机制，完善制度体系。对现有政策和制度体系进行梳理，及时研究、完善和调整各类制度办法；根据区域内的不同经济发展水平与客户实力，分别制定适应竞争要求的差异化授权；坚持贴近市场、强化服务的原则，在授权、准入、资金、价格、产品等政策上加强对优质大客户的营销支撑。

3. 优化营销模式，完善营销体系。将经济区内优质项目分别列入总行、一级分行、二级分行分核心客户名单，并且要逐一研究三级核心客户需求，特别是针对大客户和北部湾经济区重大项目，制定特殊流程，实行整体营销、特事特办。同时，理顺各层级管理职责和要求，针对核心客户设计新的营销和管理模式，提升营销和管理层级，提高业务发起行级别，缩短决策链条，提高运作效率。

4. 研发金融产品，满足金融需求。抓好现有业务产品的梳理、整合，借鉴同业成熟的新产品，细化政策配套措施，增强产品开发的针对性和时效性。可以研发满足广西糖业和汽车产业上下游企业需求的金融产品；完善应收账款融资、仓单质押，以及小企业简式快速贷款、自助循环贷款等产品；针对沿海大项目、大工业和大物流服务，推出融资、结算、理财等综合服务产品。

（五）全面提升发展质量，提高经营管理水平

1. 严密防范各类风险。针对经济区内高风险行业、"两高一剩"行业、正常关注贷款迁徙率较高的行业，实施区别对待、动态监测和预警；严格控制负债率高、偿债能力低的县级政府投融资平台或非经营性政府投融资平台贷款；加强贷款定价和期限管理，适当控制票据贴现规模，增强抵御市场风险能力；关注货币政策及总行全额资金管理的导向，合理确定转存期限，有效防范流动性风险。

2. 强化内控合规建设。加大备付考核和奖惩力度，加强对网点尾箱、ATM、库房等环节的现金管理；强化银企对账和会计在线监控，对重要岗位定期实施监督检查，严格落实重要岗位人员交流、轮岗和强制休假制度；进一步推动守押市场化，加快电视监控联网建设，推进城区安全保卫集约化管理，强化金库管理，抓好针对银行的案件防控。

3. 推行精细化管理。在授信业务、临柜业务和技术运行三大领域推行精细化管理。授信业务方面，推进转授权差异化管理，改革审批体制，实行客户名单制；临柜业务方面，建立现金清分中心、银企集中对账中心，推广柜员指纹身份认证系统、电子验印系统，实现后台业务集中处理；技术运行方面，完善技术运行流程体系，提高技术运行质量。

（六）打造金融人才高地，不断强化队伍建设

1. 强化员工队伍建设。深入实施"人才强行战略"，大力扶持系统内人才发展和专业技能型人才引进，坚持"两手抓"，全方位造就高质量人才队伍；对北部湾区域重点城市行实行用工总量"单列计划、专项配置"，按照其业务增长情况配置人力资源，实现人员总量与市场份额相称，重点加强网点营销人员配备，提高网点大堂经理、个人客户经理和个人理财顾问的配备率；注重引进、培养"两手抓"。

2. 完善员工激励机制。拓展员工成长渠道，拿出一定额度的效益工资，根据重点城市行各项业务的同业排名情况予以专项奖励；全面推进后备干部队伍建设，加快后备干部人才库建设，加强后备干部基层锻炼，大胆起用优秀后备干部；推行员工人性化管理，以机制留人、感情留人和事业留人。

3. 建立科学培训体系。注重高层次人才培训与全员培训的协调发展，提高员工整体素质；注重一般性培训与个性化培训的协调发展，着重开展个性化培训，使培训由粗放型培训向集约化培训转化；注重继续教育与培训的协调发展，鼓励员工积极参加在职研究生、专业技术职务资格考试以及各类含金量高的资格认证考试，优化现有人力资源结构。

第三节　业务分析报告

结构分析范式

写作目的： 对商业银行某一时期的业务情况进行全面分析，并提出政策建议。

结构框架： 1. 全面业务经营分析：业务经营分析＋系统内比较分析＋同业比较分析＋存在问题＋政策建议；

2. 专项业务经营分析：专项业务经营情况＋专业项业务分析＋存在问题＋政策建议。

材料来源： 1. 各类业务经营数据报表（当期、同期、上期）；

2. 各业务条线的专题业务分析材料；

3. 召开会议听取领导和部门对各类业务的分析以及下一步发展的意见和建议；

4. 参考同类型业务经营分析的案例。

写作要领： 1. 商业银行业务经营分析可以用一个口诀概括，即"比任务、比先进、比同业"，意思就是对银行业务分析要围绕任务目标、系统先进和银行同业进行三个维度进行比较；

2. 整个业务经营分析要用数据说话，围绕不同的经营指标，通过对数据进行分析，运用环比、同比等不同方法进行比较，最后得出趋势、走向和结论；

3. 行文数据要准确，文字要精练，分析要符合逻辑，建议要切实可行，可以用适当的图标配合进行直观说明；

4. 在展开具体分析时可以按照存款、贷款、中收、利润、不良等主体指标逐一开展，也可以围绕已下达的年度主要任务开展分析，不必拘泥于固定的模式，可以根据不同情况有所侧重。

例文

××银行 2010 年 1 月至 9 月业务经营分析报告

1 月至 9 月，全行认真贯彻落实年初、年中工作会议精神，深入实施"提升市场份额，强化管理水平"的经营策略，强化服务"三农"，加快业务转型，推进精细化管理，加强内控及风险管理，各项业务得到健康快速发展。

第一部分　主要业务经营指标计划执行情况

一、整体经营计划执行情况

（一）利润：1月至9月全行实现拨备前利润36亿元，同比增盈9亿元，分别完成总行和省分行年度计划的103%、101%；实现拨备后利润29亿元，同比增加2.6亿元，完成总行年度计划的104%。

（二）中间业务收入：1月至9月全行实现中间业务收入9.6亿元，同比多增2.6亿元，分别完成总行和省分行年度计划的80%、78%。

（三）人民币存款（含同业存款）：9月末，全行人民币存款（含同业存款）比年初增加316亿元，同比多增6亿元，分别完成总行和省分行年度计划的103%、76%。其中，人民币各项存款比年初增加333亿元，同比多增39亿元，分别完成总行和省分行年度计划的112%、83%；储蓄存款比年初增加176亿元，同比多增40亿元，分别完成总行和省分行年度计划的104%、98%；对公存款比年初增加156亿元，同比少增0.6亿元，分别完成总行和省分行年度计划的123%、70%；同业存款比年初下降18亿元，同比少增33亿元，完成总行和省分行年度计划的−209%。

（四）人民币各项贷款：9月末，全行人民币各项贷款比年初增加186亿元，同比少增17亿元，控制在总行下达的计划内。

（五）外币存款（含同业存款）：9月末，外币存款余额为8800万美元，比年初下降3000万美元，同比少增7800万美元，分别完成总行和省分行年度计划的−338%、−326%。

（六）委托资产现金收回额：1月至9月，全行累计收回委托资产现金3.8亿元，分别完成总行和省分行年度计划的196%、158%。

（七）不良贷款余额控制：9月末，全行本外币不良贷款余额为34亿元，比年初下降3.6亿元，分别比总行和省分行年度控制计划多1.6亿元、2亿元。

二、二级分行计划执行情况

（一）人民币各项存款（不含同业存款）：全辖11家二级分行年度计划完成率超过75%，A分行（105%）、B分行（102%）提前完成全年任务计划；C分行（59%）、D分行（65%）和E分行（74%）3家二级分行计划完成率不足75%。

（二）人民币储蓄存款：全辖12家二级分行年度计划完成率超过75%，其中A分行（125%）、B分行（120%）、C分行（111%）、D分行（107%）、E分行

（103%）、F分行（102%）、G分行（100%）提前完成全年任务计划；H分行（65%）和I分行（65%）计划完成率均不足70%。

（三）人民币对公存款：全辖6家二级分行年度计划完成率超过75%，其中A分行（130%）、B分行（103%）、提前完成全年任务计划；8家二级分行计划完成率不足75%，排名后三位的行分别是C分行（26%）、D分行（48%）、E分行（50%）。

（四）人民币同业存款：A分行、B分行、C分行提前完成全年人民币同业存款任务计划，完成率分别为423%、380%和158%。其他二级分行年度计划完成率均不足15%，其中10家二级分行较年初负增长，计划完成率排名后三位的行分别为D分行（-947%）、E分行（-774%）、F分行（-719%）。

（五）人民币贷款（含贴现）：9月末，全辖新增人民币贷款（含贴现）186亿元，A分行（124%）、B分行（108%）、C分行（107%）计划完成率排名前三位；D分行（-28%）、E分行（56%）、F分行（60%）计划完成率排名后三位。

（六）中间业务收入：全辖10家二级分行计划完成率超过75%，A分行（86%）、B分行（84%）、C分行（83%）排名前三位；D分行（65%）、E分行（70%）、F分行（72%）、G分行（74%）年度计划完成率不足75%。

（七）利润：全行12家二级分行拨备前利润计划完成率超过75%，其中A分行（119.07%）、B分行（107.84%）和C分行（101.42%）提前完成全年任务计划，D分行（71.12%）和E分行（73.32%）未按时间进度完成任务计划；拨备后利润总额排名前三位的行分别是F分行（7.48亿元）、G分行（6.01亿元）和H分行（2.09亿元）。

第二部分　业务经营和财务运行情况

2010年1月至9月我行业务经营的主要特点如下：各项存款稳步增长，增量再创同期新高；贷款投放节奏把握合理，结构持续优化；中间业务增势良好，但与×行差距被持续拉大；盈利水平大幅提升，存贷利差水平继续攀高；不良贷款压降压力较大，拨备覆盖率有所提高。

一、各项存款增势良好，增量再创新高

全行持续强化存款业务营销，深入开展各项存款"超两千亿"、对公存款"超千亿"活动，适时提高存款考核计价标准，着力提升网点服务能力和质量，特别是在第三季度，各项存款增势较好，不仅初步改变了第二季度存款营销的被动局面，而且重新夺回市场第一，但全行存款时点现象十分明显，第四季度资金组织工作仍存在较大压力。9月末，全行本外币存款（含同业存款）余额为2160亿元，比年初增加310亿元，同比多增0.8亿元，增长16.8%。本外币各项存款（不含同业存款）余额2145亿元，比年初增加331亿元，同比多增34亿元，增长18.2%。其中，人民币各项存款增加333亿元，同比多增39亿元，增长约18%；外币存款（含同业）下降3005万美元，同比少增7840万美元。从历年同期存款增长情况看，今年9月末全行本外币各项存款增量突破330亿元，为历年新高，分别比2006年、2007年、2008年、2009年多增了197亿元、199亿元、182亿元和34亿元。从今年各月本外币各项存款增长情况来看，呈现出弱"N"字形走势，即第一季度增势迅猛，存款余额迅速攀升，第二季度增速回落，6月出现了负增长，第三季度企稳上扬，增量再创新高。

（一）人民币各项存款齐增共长，第三季度增速有所回升。第三季度，全行人民币各项存款业务力改第二季度增长的颓势，储蓄存款和对公存款迎来同增共长的局面，增长速度有所回升。9月末，全行人民币储蓄存款余额为1216亿元，比年初增加177亿元，同比多增40亿元，增长17.0%，分别完成总行和省分行年度计划的104%、98%。人民币对公存款余额为922亿元，比年初增加155亿元，同比少增0.44亿元，增长20.2%，分别完成总行和省分行年度计划的123%、70%。

从储蓄存款和对公存款日均增量走势来看，储蓄存款2月、3月两个月增速较快，分别增长76亿元、23亿元，4月以后增量明显下降；对公存款1月、3月增长较快，分别增长46亿元、55亿元，后6个月增长也明显放缓。第三季度××全社会人民币各项存款共增加197亿元，我行增量为100亿元，占比约为50%，比××多增了61亿元，这也使9月末我行人民币各项存款余额比××多49亿元，市场排名重回第一。整体来看，上半年人民币各项存款稳定性较强，进入第三季度特别是第三季度最后几天，全行人民币各项存款时点现象十分突出。9月末全行人民币各项存款余额为2139亿元，而9月25日余额仅为2079亿元，5日内各项存款增长了60亿元，时点现象非常明显。若按照9月25日全行各项存款余额计算全行增量，我行1月至9月人民币各项存款增量仅为272亿元，其中第三季度各项存款增量也仅为38亿元，增速明显放缓。

（二）同业存款第三季度略有回升，整体跌势不改。9月末，全行人民币同业存款余额为14亿元，比年初下降18亿元，同比少增33亿元，降幅56%。尽管9月末余额比6月末增加了3.9亿元，但全行人民币同业存款整体下滑的态势依旧在持续。

（三）外币存款持续下降，下降区域较集中。受外围宏观经济环境和人民币持续升值等因素影响，全行外币存款持续下滑。9月末，全行外币存款（含同业存款）余额为8794万美元，比年初减少3005万美元，同比少增7840万美元，降幅为25.5%。其中外币储蓄存款余额为1627万美元，比年初下降217万美元；外币对公存款余额为7128万美元，比年初减少2794万美元。从外币存款下降的区域分布来看，较为集中，主要在A分行、B分行和C分行。9月末，该三家二级分行外币存款比年初减少4002万美元，占全行外币存款下降额的133%。

（四）活期存款占比持续攀升，存款活期化趋势明显。9月末，全行本外币活期存款余额为1565亿元，余额占比为72%，比年初提升了1.3个百分点；定期存款余额为580亿元，余额占比为27%，比年初下降了1.3个百分点。其中一年以下定期存款余额为120亿元，占全部定期存款的比重比年初提高2.3个百分点，增量为25亿元，增量占比为38%，同比提高了18个百分点。从存款增量期限结构看，活期存款增量占比为80%，同比提高了4.2个百分点，是全行存款增加的主要来源。

二、贷款实现稳健投放，结构有所优化

前三季度，全行贷款业务整体保持了稳步投放的节奏，体现了全行经济资本控制的要求，不断追求结构优化和转型，符合市场投放预期。9月末，全行本外币各项贷款余额为1266亿元，比年初增加186亿元，增长17.2%，同比少增25亿元。其中，人民币贷款余额为1260亿元，比年初增加186亿元，增长17.3%，同比少增17亿元；外币各项贷款余额为7732万美元，比年初减少594万美元，降幅为7.1%，同比少增12232万美元。从历年同期增长情况来看，今年前三季度全行人民币各项贷款增加186亿元，比上年同期少增17亿元，高于全行2008年及之前的年度增量。从贷款投放进度情况看，今年前三季度单季贷款增量分别为103亿元、48亿元和38亿元，占全行新增贷款的比重分别为54%、25%和19%，呈现逐季回落的态势，但整体上保持相对稳健。

（一）公司类贷款投放节奏放缓，客户结构持续优化。9月末，全行人民币公司类贷款（不含票据贴现）余额为877亿元，比年初增加115亿元，增长15.1%，同比少增9.5亿元。前三季度公司类贷款增量分别为87亿元、25亿元和3亿元，增长幅度呈递减趋势。从贷款投放行业情况看，集中度较高。制造业、房地产业、建筑业三大行业贷款增量合计为60亿元，占公司类贷款增量的52%。从贷款种类结构增量情况看，房地产贷款、项目融资贷款、其他一般固定资产贷款、流动资产贷款分别增加13亿元、26亿元、48亿元和27亿元，增长率分别为16%、11%、46%和9%，单位其他一般固定资产贷款增幅继续保持领先。从法人客户资质结构情况看，优良客户占比继续提升。6月末，全行 AA 级及以上法人客户贷款余额为 859 亿元，余额占比为 97%，比年初提高 8.8 个百分点；AA 级及以上法人客户贷款比年初增加 175 亿元，占全行公司类贷款增量的 151%。

（二）个人类贷款持续高速增长，住房贷款继续领跑。9月末，全行个人贷款余额为 359.88 亿元，比年初增加 97.10 亿元，同比多增 25.66 亿元，增长 36%，高出全部贷款增幅 19 个百分点，增速为公司类贷款的 2.5 倍，成为全行贷款增长的重要动力。从个人贷款增长结构来看，个人住房贷款、个人生产经营贷款、农户小额贷款依然是增长的绝对主力。相比而言，个人住房贷款增长最为强劲，个人生产经营贷款增长较为平稳，农户小额贷款增长略显疲态。9月末，全行个人住房贷款比年初增加 50 亿元，占个人贷款增量的 52%，增量占比同比提高 18 个百分点，成为个人贷款增长的主力；个人生产经营贷款比年初增加 19.6 亿元，占个人贷款增量的 20%，增量占比同比提高 0.25 个百分点；农户小额贷款比年初增加 21 亿元，占个人贷款增量的 21%，增量占比同比下滑了 16 个百分点。个人住房贷款、个人生产经营贷款、农户小额贷款等三类贷款共增加 90 亿元，占个人贷款增量的 93%。

（三）票据贴现余额有所回升，配置调节作用明显。9月末，票据贴现余额为 24 亿元，比年初减少 26 亿元，比 6 月末增加了 9.6 亿元，同比少增 33.5 亿元。受宏观经济金融形势和监管要求的影响，今年总行对我行实施规模控制，为保障优质客户贷款的投放，确保全年财务目标的实现，上半年全行不断压缩贴现规模，加快实体贷款的投放，促进了全行贷款结构的优化调整。下半年以来，受全行未评级和评级低客户占比基数偏大等因素影响，全行资本控制压力较大。为顺应全行经济资本控制要求，以及贷款结构调整需要，全行发挥票据贴现对贷款结构的调节作用，第三季度对票据贴现进行了适当回补，使票据贴现余额较 6 月末出现小幅回升。

（四）新发放贷款执行利率仍然偏低，法人类贷款议价水平有待提升。1月至9月，全行累计发放贷款 658 亿元（不含扶贫贴息贷款），加权平均执行利率为 5.25%，同比提升了 0.8 个百分点，其中，法人类贷款加权平均执行利率为 5.31%，同比下降 0.03 个百分点；个人类贷款加权平均执行利率为 5.86%，比 6 月末提升了 0.05 个百分点，同比上升了 0.03 个百分点；票据贴现加权平均执行利率为 3.43%，同比上升 1.84 个百分点。第三季度全行新发放法人类贷款加权执行利率为 5.32%，比第一季度提高了 0.06 个百分点，但比第二季度下降了 0.08 个百分点，整体水平依然不高。从平均浮动水平来看，全行新发放法人类贷款加权执行利率的平均浮动幅度比同期下降了0.07个百分点，其中第三季度全行新发放法人类贷款加权执行利率的平均浮动幅度比第二季度下滑了0.21个百分点，同比提高了0.94个百分点。前三季度，全行执行下浮的新发放的法人类贷款为156.91亿元，占全行新发放贷款的39.67%，同比下降了3.39个百分点。上浮30%以上的法人类贷款占比仅为0.13%，同比下降了0.28个百分点。

三、中间业务增势良好，但与先进同业差距持续拉大

1月至9月，全行实现中间业务收入9.7亿元，同比增收2.6亿元，增长约37%，完成省分行年度计划的78%，计划完成率高于历年同期，也是近年来我行第一次完成前三个季度序时计划任务目标。从23项中间业务收入明细计划执行情况看，共12项能够按时间进度完成计划，完成率排名前三位的是外汇买卖业务收入、电子银行业务收入和对公国际结算等业务收入，年度计划完成率分别为146%、120%和110%；未能完成序时计划的共11项，完成率排名后三位的分别是柜台国债业务收入（31%）、国内贸易融资及对公委托贷款业务收入（45%）和人民币对公结算与现金管理业务收入（48%）。从各类收入项目情况看，投资银行业务、个人人民币结算业务和自助银行业务收入位居总额前三位，分别为29175万元、22597万元和10201万元，三项合计61973万元，占中间业务收入的64%。前三个季度，自助银行业务收入取代代理保险业务收入成为全行第三大中间业务收入来源。从增收情况看，投资银行业务、电子银行业务（含自助银行）和代理保险业务同比分别增收10943万元、6376万元、3228万元，三项合计增收20547万元，占全行增收总额的76%，是全行中间业务收入增收的三大主要来源。从二级分行情况看，共有6家二级分行增幅超过全省平均水平，排名前三位的行是A分行（78%）、B分行（65%）、C分行（48%）；共有8家二级分行增幅低于全省平均水平，排名后三位的行是H分行（20%）、E分行（21%）、Y分行（22%）。

四、盈利水平提升较快，存贷利差持续回升

9月末，全行实现拨备前利润35亿元，同比增加9.8亿元，增长38.9%；实现拨备后利润29.5亿元，同比增加2.6亿元，增长9.7%。财务收支总体情况及主要因素分析如下：

（一）营业收入大幅增长，收入结构持续改善。1月至9月，全行实现营业收入58亿元，同比增加10.25亿元，增长21.5%。其中，存贷款利差收入、中间业务净收入保持较快增长，同比分别增加10亿元和2.6亿元，增幅分别达42%和39%。从占比结构上来看，资金运用净收入占比同比下降5.6个百分点，中间业务净收入占比同比提高0.95个百分点，收入结构继续优化。

1. 存贷款利差收入同比增幅较大，存贷利差水平持续回升。1月至9月，全行实现存贷款利差收入 34.22 亿元，同比增加 10.28 亿元，增长 42.9%。全行存贷款利差为 4.44%，同比提高 0.38 个百分点，比上年提高了 0.31 个百分点。从存款付息情况来看，受活期存款基数较大、增量占比较高等因素的影响，全行存款付息成本继续下降。1月至9月全行本外币各项存款付息 15 亿元，同比下降了 0.01 亿元，降幅为 0.07%，存款付息率为 1%，比上年下降了 0.17 个百分点，比上半年下降了 0.01 个百分点，同比下降了 0.22 个百分点。从贷款收息情况来看，1月至9月全行实现贷款利息收入 49 亿元，比上半年增加了 17.7 亿元，同比增加 10.1 亿元，增长 26%。全行贷款平均收息率为 5%，同比提高 0.16 个百分点，比上半年提高 0.1 个百分点。贷款收息率的持续攀升及全行贷款基数的持续扩大，有效增加了全行贷款利息收入。从各二级分行情况来看，全辖共有 8 家二级分行存贷利差高于全行平均水平，排名前三位的分别是 B 分行（6%）、F 分行（4.8%）、K 分行（4.7%）；排名后三位的分别是 Y 分行（4%）、A 分行（4.2%）和 L 分行（4.1%）。

2. 资金运用净收入保持平稳增长。1月至9月，全行系统内往来净收入 15 亿元（剔除系统内手续费分配收入），同比增加 1 亿元，增长 7.1%。资金运用净收入占比为 26%，同比下降了 5.6 个百分点。

3. 中间业务净收入增长加快，占比同比提升。9月末，全行实现中间业务净收入 9.4 亿元，同比多增 2.6 亿元，增长率达 38.2%，比上半年提高了 1.1 个百分点。中间业务净收入占比为 16%，同比提高 0.9 个百分点，但比上半年下降了 0.9 个百分点。

4. 公允价值变动损益同比大幅下滑。9月末，全行公允价值变动损益为亏损 56 万元，同比下滑了 3.77 亿元。2009 年同期，我行公允价值变动损益实现收入 3.76 亿元。

（二）财务成本控制良好，人员费用增幅回落。1月至9月，全行成本费用 20 亿元，同比增加 3.7 亿元，增长 22.7%。人员费用支出增幅有所回落，人员费用支出 11.6 亿元，占费用总额的 56%，占比比上半年下降了 6.5 个百分点，同比增加 2.23 亿元，增长 23.8%，增幅比上半年回落了 29 个百分点。业务费用支出较快增长，全行业务费用支出（含其他手续费支出，不含折旧）6.8 亿元，占费用总额的 33%，同比增加 1.29 亿元，增幅 23.4%；固定资产折旧累计支出 2.16 亿元，占费用总额的 10.5%，同比增加 0.21 亿元，增长 10.8%。

（三）营业税金随收入增加。随着我行应税收入的增加、营业税金及附加也相应增加，1月至9月，全行营业税金及附加支出3.12亿元，同比增加0.58亿元，增长22.8%，占全行营业支出（业务费用、营业税金及附加、资产减值损失支出合计）的17.6%。

（四）资产减值准备支出大幅增加。9月末，全行共计提资产减值准备支出5.60亿元，其中信贷资产减值准备支出5.62亿元，较上半年多支出0.25亿元。今年我行资产减值准备支出大幅增加主要有以下两方面原因：一是××项目贷款9.5亿元从正常类贷款调至次级类贷款，单项计提贷款减值准备支出3.8亿元；二是受总行减值准备计提政策变动的影响，我行增提资产减值准备支出约2.8亿元。以上两项致使我行计提信贷资产减值准备支出6.6亿元。

五、不良贷款压降形势不容乐观，拨备覆盖率有所提升

9月末，全行不良贷款余额为34亿元，比年初下降3.6亿元；不良贷款占比为2.7%，比年初下降0.8个百分点，不良贷款实现了"双降"，但不良贷款余额与年度压降目标计划仍然相差了2.5亿元，第四季度面临的压降形势仍不容乐观。从不良贷款形态结构看，次级贷款余额为18亿元，占不良余额的52%，比年初减少5.8亿元；可疑贷款余额为15亿元，占不良余额的45%，比年初增加1.68亿元；损失贷款余额为0.98亿元，占不良余额的2.8%，比年初增加0.5亿元。9月末，全行信贷资产减值准备余额32亿元，比年初增加5.6亿元，比6月末增加0.11亿元，全行拨备覆盖率为93%，比年初（70%）提升16个百分点，比上半年提高了7个百分点。从各二级分行拨备情况看，共有10家二级分行拨备覆盖率超过100%，排名前三位的行分别是Y分行（460%）、Q分行（280%）、A分行（270%）；未达到全行平均水平的三家分行分别是K分行（55%）、B分行（79%）和E分行（92%）。

第三部分　银行同业状况比较分析

1月至9月，全省银行业继续保持平稳运行态势，但受宏观经济形势变化的影响，银行机构存贷款增长速度明显放缓。9月末，全省金融机构人民币各项存款（不含同业）余额11287亿元，比年初增加1702亿元，同比少增510亿元，增长17.8%；人民币贷款余额8511亿元，比年初增加1243亿元，同比少增728亿元，增长17.1%。9月末，我行各项存款余额、对公存款余额、对公存款增量在全省金融机构中排名第一位。我行在全省金融机构中具体对比分析如下：

一、各项存款

我行人民币各项存款（不含同业存款）余额市场份额为18%，居同业第一位，比第二位××高 0.4 个百分点（金额多 49.8 亿元），份额比年初提高了 0.11 个百分点；人民币各项存款增量市场份额为 19%，居同业第二位，比××低 4.3 个百分点（金额少 73.33 亿元），份额同比提高 6.3 个百分点；我行人民币各项存款增长率为 18%，比全省金融机构平均水平高 0.68 个百分点。我行人民币对公存款余额市场份额为 16%，居同业首位，份额比年初提高了 0.36 个百分点；人民币对公存款增量市场份额为 18%，居同业第一位，份额同比提高 2.61 个百分点。我行人民币储蓄存款余额市场份额为 22.01%，居同业第二位，落后于××3.4 个百分点（金额少 190 亿元），我行份额比年初下降 0.16 个百分点；我行人民币储蓄存款增量市场份额为 21.1%，居同业第二位，落后于××10.3 个百分点（金额少 87 亿元），份额同比下降 0.86 个百分点。我行同业存款余额市场份额为 3.09%，比年初下降 8.24 个百分点，同业存款增量市场份额为 −10.72%，同比下降 22.63 个百分点。我行外币存款余额市场份额为 11.26%，居同业第二位，落后于×行，份额比年初下降 3.15 个百分点。

二、各项贷款

我行人民币贷款余额市场份额为 14.8%，居同业第三位，分别落后××和×行 2.7 个、0.4 个百分点（金额分别少 231 亿元、38 亿元），份额比年初提高 0.04 个百分点；人民币贷款增量市场为 15.04%，居同业第二位，落后××6.5 个百分点，份额同比提高 4.6 个百分点。其中我行票据贴现余额市场份额为 17%，居同业第二位，比年初减少 26 亿元，下降额居同业第一。我行外币贷款余额市场份额为 6%，居同业第五位，份额比年初下降 0.17 个百分点。

三、中间业务收入

9 月末，我行中间业务收入在当地四大行的市场份额为 33.97%，比上年末下降 0.8 个百分点，同比上升 0.9 个百分点，居同业第二位，比×行低 0.51 个百分点，分别比×行、×行高出 12 个、24 个百分点；中间业务收入增幅为 38%，高于当地四大行平均增长水平（34%）4 个百分点。×行实现中间业务收入 9.8 亿元，占比为 34%，同比上升 0.66 个百分点；×行、×行分别实现中间业务收入 6.2 亿元、2.8 亿元，占比分别为 21%、9.9%，同比分别下降 1.1 个、0.53 个百分点。从明细项来看，我行人民币结算业务、代理保险业务、投资银行业务、电子银行业务等项目收入市场占比位居同业首位，占比分别为 45%、56%、37% 和 45%。与同业对比，2010 年 1 月至 9 月×行实现住房资金委托存贷款及个贷中间业务收入 10628 万元，比我行多收 9659 万元；实现信用卡业务收入 12675 万元，比我行多收 6718 万元；实现代客理财业务收入 8903 万元，比我行多收 7108 万元；实现国内贸易融资及委托贷款业务收入 2757 万元，比我行多收 2656 万元；实现托管业务收入 1772 万元，比我行多收 1538 万元；实现代理基金业务收入 2819 万元，比我行多收 922 万元。六项合计收入 34560 万元，比我行多收 28603 万元。

四、各二级分行主要业务指标同业比较

9 月末，我行人民币各项存款存量市场份额排名同业第一的二级分行仅有 B 分行、L 分行、C 分行、F 分行，F 分行排名比上半年提升 1 位；有 9 家二级分行排名第二位；A 分行排名同业第三位。全行有 8 家二级分行人民币各项存款存量市场份额比年初上升，其余 6 家均比年初下降。人民币各项增量市场份额排名同业第一的二级分行仅有 A 分行、B 分行、C 分行，其余二级分行均在当地排名第二位。9 月末，我行人民币贷款存量市场份额排名同业第一的二级分行仅有 B 分行，有 8 家二级分行同业市场排名第二，4 家二级分行同业市场排名第三，A 分行排名第四。G 分行同业排名比年初提升一位，由第四位升至第三位；I 分行和 L 分行由年初的第一位降至第二位。

第四部分 全国×行系统状况比较分析

1 月至 9 月，全国×行各项业务保持平稳运行态势，存贷款业务稳步发展，中间业务保持较快增长，利润同比增加较多，不良余额控制较为理想。9 月末，全国×行系统人民币各项存款余额为 86000 亿元，比年初增加 11300 亿元，增长 15.1%，同比少增 1600 亿元。人民币各项贷款余额为 45800 亿元，比年初增加 6000 亿元，增长 15.1%，同比少增 2700 亿元。实现中间业务收入 360 亿元，同比多增 116 亿元，增长 47.5%。实现拨备前利润 1196 亿元，同比增加 340 亿元，增长 39.7%。实现拨备后利润 880 亿元，同比增加 260 亿元，增长 41.9%。不良贷款余额 990 亿元，比年初减少 200 亿元，不良贷款占比为 2%，比年初下降 0.8 个百分点。我行在全国×行系统内具体对比分析如下：

一、各项存款

9 月末，我行人民币各项存款在全国×行系统内排名第十三位，比年初前进 1 位；人民币各项存款增量在全国×行系统内排名第十二位，与上年同期持平；我行人民币各项存款增长率比全国×行系统平均水平高 3 个百分点。其中，储蓄存款余额在系统内排名第十五位，比年初前进 2 位，储蓄存款增量在系统内排名第十一位，同比前进 4 位；对公存款余额在系统内排名第十四位，与年初持平，对公存款增量在系统内排名第十二位，同比前进 2 位。

二、各项贷款

9月末，我行人民币各项贷款余额在全国×行系统排名第十四位，与年初持平；贷款增量系统内排名第十四位，同比前进2位；我行各项贷款增长率比全国×行系统平均水平高2.8个百分点。

三、中间业务收入

9月末，我行中间业务收入在系统内排名第十二位，比上年同期后退1位，比排名第十一位的××分行少1230万元，比排名第十三位的××分行多324万元；我行中间业务收入增幅比全国×行系统平均水平（48%）低10个百分点。

四、不良贷款

9月末，我行不良贷款余额占全国×行系统不良贷款总量的3.9%，比年初下降0.29个百分点，在系统内排名（由小至多）第二十八位，比年初后退2位；不良贷款占比较全国×行系统平均水平高0.6个百分点，在系统内排名（由低至高）第二十六位，比年初前进1位。拨备覆盖率比全国×行系统平均水平（159%）低65个百分点，在系统内排名第三十二位，比年初前进2位。

五、利润

9月末，我行拨备前利润占全国×行系统拨备前利润总量的2.92%，同比下降0.08个百分点，在系统内排名第十二位，比去年同期前进1位；我行拨备后利润占全国×行系统拨备后利润总量的3.32%，同比下降1.49个百分点，在系统内排名第十二位，同比后退4位。

第五部分　当前业务经营中应关注的几个问题

前三个季度，全行全体员工多角度强化营销，多举措加快发展，多渠道拓展业务，全行业务发展取得了可喜的成绩，大多数指标完成情况较为理想。但我们也要看到当前全行结构转型推进缓慢，风险防控形势严峻，任务突击现象依然存在，特别是当前部分行、部分指标发展明显偏慢，个别指标徘徊不前甚至出现倒退，对全行业务发展造成了很不利的影响，直接导致了全行上半年综合绩效考核滑落至第十八名，比上年全年下降了10位，而造成全行综合绩效考核排名落后的这些主要因素在第三季度并未得到有效改观。

一、存款稳定性欠佳

第三季度全行重夺了各项存款同业第一的位置，存款业务整体实现良性发展，但当前全行的存款工作离全行年度目标仍有差距，时点现象十分突出，后续增长压力必须持续予以关注。一是计划完成率落后近年水平，完成全年任务计划存在较大压力。9 月末尽管我行按时间进度完成了存款任务，但计划完成率仅为 76%，仅比序时计划多了 1.9 个百分点，比 2008 年同期低了 32 个百分点，比 2009 年同期更是低了 39 个百分点。距离省分行提出的到第三季度末完成全年计划 85% 的目标也相差了 8 个百分点。9 月末我行人民币存款比年初增长 314 亿元，距离年度计划尚相差 94 亿元，第四季度各金融机构势必会加大营销公关力度，竞争形势将空前激烈，全行完成年度计划压力不言而喻。二是存款稳定性较差，时点现象明显。9 月末全行人民币各项存款余额为 2139 亿元，而 9 月 25 日余额为 2079 亿元，5 日内各项存款激增了 60 亿元，时点现象非常明显。考虑到该因素，我行完成全年任务的实际压力明显加大。三是人民币同业存款和外币存款弱势不改。9 月末，全行人民币同业存款较年初下降了 18.9 亿元，外币存款较年初下降了 3005 万美元，完成日均增量年度任务已经不可能。

二、贷款结构不合理

全行贷款投放总体较为平稳，整体执行利率有所提高，但结构失衡和不合理现象比较明显。一是行际之间投放差距大。9 月末，A 分行、B 分行、C 分行、D 分行 4 家二级分行贷款投放计划已超出年初省分行下达的控制计划，而 F 分行则较年初出现了负增长（金额为 −1.6 亿元）。二是期限错配风险持续加大。9 月末，全行人民币中长期贷款余额为 872 亿元，占比达 69%，比年初提高了 2.6 个百分点，而活期存款占比继续提升，9 月末已升至 76%，比年初提升 1.3 个百分点，以活期存款支撑中长期贷款的现象进一步明晰，错配风险加剧。三是经济资本控制压力较大，贷款投放质量仍有待提高。1 月至 9 月新增法人类贷款中，AA 级以下及未评级、免评级的法人类客户贷款新增 28.8 亿元，占全部新增法人类贷款总额的 7.6%，加之我行中长期贷款比重大，我行经济资本控制面临很大压力。四是新发放法人贷款执行下浮利率占比仍偏高。1 月至 9 月全行新发放法人贷款的加权执行利率平均下浮 1.6%，新发放下浮利率贷款占比为 39.6%，比总行今年下达的年度计划（38%）高出 1.6 个百分点。

三、中收在发展中落后

尽管我行中间业务增势良好，但无论从同业、系统内还是我行自身情况来看都不甚理想，发展中落后的态势很明显。一是同业差距被持续拉大。9 月末我行与×行的中间业务收入差距从 6 月末的 520 万元被进一步拉大到了 1452 万元，要赶超×行重夺同业第一难度不断加大。二是发展速度明显落后系统内兄弟行。9 月末，我行中间业务收入增长速度比全国×行系统平均水平低了 10.8 个百分点，我行与排名第十一位分行的差距也由上半年的 628 万元拉大到了 1230 万元。三是计划执行情况有待加强。从各二级分行计划执行情况来看，完成省分行前三个季度中间业务收入目标计划（85%）的二级分行仅仅只有 H 分行，I 分行、G 分行、R 分行、B 分行四家二级分行尚未完成序时计划。四是中间业务收入结构有待优化。全行理财业务收入、国内担保承诺业务收入等高附加值的业务计划完成情况不理想，住房资金委托存贷款及个贷中间业务收入等业务与×行差距较大。

四、不良控制压力大

1 月至 9 月全行不良贷款持续双降，资产质量有所提高，但全行不良贷款占比仍偏高，全行不良贷款控制压力仍然较大。一是宏观经济面临的不确定因素仍较多，资产质量反弹压力较大。当前全球经济处在缓慢复苏的阶段，不排除会出现"二次探底"，随着人民币缓慢升值、房地产调控力度加大，全行部分行业贷款投放面临的风险防控压力增大。二是完成不良贷款压降计划存在压力。当前全行不良贷款余额为 34.59 亿元，比年初下降了 3.62 亿元，但仍高于省分行年度控制计划 2.59 亿元，不良贷款压降效果不明显也在很大程度上影响了全行综合考核绩效排名的有效提升。三是部分行不良贷款边压边冒的势头明显，下半年以来不良贷款持续增加。K 分行、B 分行等分行下半年以来不良贷款多月出现反弹，G 分行 7 月、8 月、9 月连续出现不良贷款环比上升，此类现象应引起相关行高度关注。四是不良贷款结构持续恶化。9 月末尽管全行次级类贷款比年初下降了 5.8 亿元，但全行可疑类和损失类贷款持续增加，分别比年初增加了 1.68 亿元和 0.5 亿元，不良贷款结构恶化趋势明显。五是县域不良贷款持续出现反弹。9 月末，县域不良贷款分别较年初和上半年增加了 1.1 亿元和 0.02 亿元，反弹势头较明显，后期防控压力很大。

第六部分　有关工作建议

第四季度将是同业竞争最为激烈的一个季度，也将是影响全行全年最终经营成果最为直接的一个季度。第四季度的业务发展得好不好、冲刺得好不好直接关系到全行全年的最终考核结果，也关系到 2011 年全行的资源配置。距离 2010 年结束只有不到两个半月的时间，全行要树立信心，鼓起勇气，打起精神，发动最后的全面冲刺。

一、树立信心把握重点，全面完成各项任务

一是认真梳理各项任务完成进度情况。省分行明确，今年全行坚持各项年度目标计划绝不动摇，各行、各部室不要有侥幸的心理，不要与省分行博弈，要全面加强进度管理，对各项任务计划要做到心中有数，提高对计划的控制力，确保

各项任务计划顺利完成。二是要树立大局意识。任务完成较好的行、部室要保持干劲，不要有"停下来歇一歇"的心理，要争取为全行业务发展多作贡献，任务完成较差的行、部室要善于捕捉当前工作重点，重点分析，重点突击，迎头赶上。三是树立信心。1月至9月全行业务整体发展良好，为全行完成全年计划目标打下了坚实基础。各行、各部室要树立信心，坚决完成各项任务计划，尤其是对于存款计划、中间业务收入计划、不良贷款控制计划、经济资本控制等指标，各行要将其作为当前工作重点，强化执行，多措并举，确保完成各项目标计划。

二、强化重点市场营销，突出重点项目发展

（一）强化存款业务营销。从目前形势来看，今年在计划执行方面最大的压力来自存款业务。各行要始终将资金组织工作作为重点工作抓紧抓好，多措并举，确保完成全年任务计划。一是要对症下药，解决营销存在的突出问题。各行要认真分析存款营销存在的问题和原因，及时提出应对措施，尽快扭转被动局面，对应督导的省分行机关部室要认真履行好帮扶和督导的作用，切实帮助其解决实际问题。二是要加强存款业务的监测。各行要全面加强对存款业务的监测，对于大额款项进出要严格监控把关，要进一步落实客户经理和网点主任的责任，做好客户的维系工作，尽量防止大额存款频繁流出，确保第四季度全行各项存款稳中有升。三是强化考核和资源配置。各行要进一步强化存款营销的考核，适当加大存款业务激励力度，充分调动员工营销的积极性，要因地制宜地加强资源配置力度，促进存款业务发展。

（二）加快信贷结构调整。一是要顺应全额资金管理体制要求，合理调整信贷结构。当前全行全额资金管理体制倾向于引导各行投放一年以及一年以内的贷款，减少中长期贷款的投放，从而适当降低全行中长期贷款占比。各行要顺应总行的要求，加快信贷结构调整，适当降低中长期贷款的发放，增加系统内往来收益。二是要加快县域贷款投放。加快县域贷款投放既是解决县域资产空心化的唯一途径，也是提升县域核心竞争力的根本需要。各行要关注县域贷款投放进度，要着力解决贷款投放出现的突出问题，加强沟通汇报，积极抢占县域贷款市场。三是关注贷款投放的质量。当前全行向评级低客户投放的贷款占比仍然偏高，这不仅直接影响我行信贷资产安全，也将极大占用全行经济资本。各行要进一步加强对该项业务的梳理，对于能评级的客户尽快进行评级，逐步减少评级低和未评级客户贷款的投放。同时要加快个人住房类按揭贷款等经济资本占用较少的贷款的投放，确保全行经济资本控制在总行下达的计划内。四是有效控制下浮贷款占比，努力提升议价水平。各行要合理把控同业竞争与利率下浮、投资银行业务收入与利率下浮之间的利害关系，认真测算和博弈，力求实现全行收益最大化，努力提升议价水平和能力，将下浮贷款占比控制在总行下达的计划内。

（三）加快中间业务发展。与上年相比，中间业务收入同业排名下滑是导致上半年绩效考评我行排名下滑的重要原因，这一状况在第三季度并未得到有效改善，我行中间业务收入仍然位列×行之后。为此，各行、各部门一是要继续加强领导，以实际行动践行"'一把手'责任制"，"一把手"要靠前指挥，要全面落实责任到网点、到客户经理，落实时间进度到月、到周、到天，及时通报总结和分析，加快寻找对策。二是要放开视野，拓宽业务思路。各行对于任务完成差的项目要再加一把力，实在有困难的，要拓宽业务营销的思路，要积极寻找其他可以弥补的项目，以防留下缺口，不能把包袱丢给省分行。三是要加强同业的研究和认知。要深入研究竞争同业竞争对手的优势，多了解和发掘同业的市场和产品，努力改进自己工作方法、营销方式、产品功能上的不足，迎头赶上。四是要继续加强中间业务收费的管理。近期省分行对各行中间业务收费情况进行了抽查，从检查的情况来看，存在的问题不少，"跑冒滴漏"现象屡禁不止。各行要进一步提升收费意识，该收的要按照要求严格进行收取。五是要抓好各项政策的落实和冲刺。全行开展的代理保险"奔亿"工程、惠民卡增存创收活动效果较为明显，各行要继续抓好各项政策的落实，以此为契机，全面冲刺第四季度中间业务收入计划。

三、强化信贷风险管理，提升风险防控水平

当前全行不良贷款余额高出省分行年度控制计划2.6亿元，不良贷款边压边冒的现象时有发生，防控压力较大。各行要做到以下几点：一是要严格执行各项信贷制度，不断提升风险管理水平，扎实做好信贷事前调查、事中控制、事后管理各项工作，防止出现不良贷款边压降边大幅冒出来的现象。二是要加强不良贷款清收，落实跟踪好重点项目、重点企业不良贷款清收事宜，同时要强化与总行的沟通汇报，积极做好××高速公路等有关贷款的回调工作。三是突出做好农户小额贷款的风险防控工作。各行要全面加强农户小额贷款的监测，多策并举加强农户小额贷款贷后管理，确保各行农户小额贷款不良率维持在低水平。四是密切关注房地产业宏观调控所带来的风险。下半年以来，全行个人住房按揭不良贷款一度出现了反弹的苗头，尽管成功对其进行了压降，但在当前政府加大对房地产宏观调控的形势下，各行要积极强化对个人住房类贷款和单位房地产行业的监测和防控，保持对住房贷款的高压态势。五是做好迁徙贷款的监测和分析，同时着力抓好逾期贷款的催收工作，防止其形成新的不良贷款。

四、抓好费用预算管理，加强费用预测和控制

第四季度是全行费用支出的最高峰，各行要根据本行业务发展情况，加强费用预测和控制，处理好业务发展与有限费用之间的矛盾，避免最后时刻突击花钱。各行要转变财务理念，增强成本核算意识和节约意识，做到量入为出，增收节支，严禁突破省分行下达的全年费用计划，不要出现费用挂账、下甩费用等违规现象。同时各行要树立成本管理意识，全面加强对各项目的成本和效益的评估，突出对各项目和业务风险、成本、收益的综合思考，使我行的财务资源流向有效的价值创造标的。

第四节　风险分析报告

结构分析范式

写作目的： 对商业银行整体经营风险进行全面分析。

结构框架： 引言＋风险分析＋风险判断＋对策建议。

材料来源： 1. 对商业银行经营产生影响的经济金融政策文件与新闻报道；

2. 各主要行业业务分析报告；

3. 各条线业务分析报告；

4. 风险监测与考核数据及其分析；

5. 参考同类型风险分析报告案例。

写作要领： 1. 风险分析报告首先要分析全面，将商业银行经营管理中面临的风险逐一进行分析，其次是分清主次，重点分析信用风险、市场风险和操作风险，再兼顾其他风险；

2. 风险分析的基础是数据和数据比较，判断依据包括各类政策与形势走向，为了使分析更为直观，可以辅以图表进行说明；

3. 风险分析报告一般由商业银行专业部门的专职人员负责编制，每家商业银行都有自己的编制要求，根据具体要求，再围绕"分析、判断、建议"三个层次展开即可。

例文

2010 年上半年业务经营风险分析报告

上半年，面对复杂的经济形势和适度宽松的货币政策，全行上下全面实施

"提升市场份额，强化管理水平"经营策略，积极推进全面风险管理建设，进一步完善风险管理政策制度，推广应用风险管理工具，严格信贷审查审批，全力清收处置不良贷款，有效开展合规风险检查，较好地促进了各项业务的快速发展和风控水平的有效提高，具体表现如下：客户结构不断优化，风险评价结果有所提升，风险抵补能力不断增强，无重大案件发生，全行经营风险状况总体上保持平稳、可控。但是，在肯定成绩的同时，我们更应清醒地认识到，在以往事实风险得到逐步化解的同时，我行业务快速发展新积聚的风险正在逐步形成和显现，全行上下必须引起高度重视，密切关注，积极应对。现将2010年上半年业务经营风险分析报告如下：

第一部分　全行资产总体风险状况分析

6月末，全行本外币资产2110亿元（剔除资产减值准备32亿元），比年初增加198亿元，增幅约为10%。不良资产37亿元，比年初减少0.9亿元；不良资产率1.8%，比年初下降0.23个百分点；资产减值准备余额32亿元，比年初增加5.4亿元；资产拨备覆盖率86%，比年初增加16个百分点。

从信贷资产风险状况看，全行信贷资产总额1230亿元，其中，人民币贷款余额1224亿元，比年初增加149亿元；外币贷款11185万美元，比年初增加2859万美元。本外币贷款合计比年初增加151亿元，增幅14%，其中，法人客户贷款增长114亿元；个人客户贷款增长72亿元；票据贴现减少35亿元。不良信贷资产37亿元，比年初减少1亿元；不良资产率3%，比年初下降0.5个百分点。信贷资产减值准备32亿元，比年初增加5亿元，拨备覆盖率86%，比年初增加16个百分点。

从非信贷资产风险状况看，全行非信贷资产911亿元，比年初增加52亿元，增长6%；非信贷不良资产0.4亿元，不良率0.05%，与年初持平；预计损失额0.22亿元，比年初增加0.02亿元；不良贷款预计损失率52%，与年初持平。非信贷资产减值准备金额0.13亿元，拨备覆盖率30%。

从表外业务风险状况看，全行表外业务余额513亿元，比年初增加21亿元，增长4.3%，主要是承诺类业务增加；表外业务风险敞口457亿元，比年初增加19亿元，敞口率89%，比年初增加0.12个百分点；无垫款余额。从业务结构看，担保类业务总体上保持平稳，承诺类业务增加较快。

从总体上分析，上半年，全行资产风险得到了有效的控制，不良余额持续下降、资产拨备不断增加，但风险管理力度有待进一步提高。全行不良贷款余额、占比仍处于高位，同时，贷款与不良贷款规模在系统内、同业间的排位不相当、不匹配。在系统内，6月末，我行贷款规模位列系统内第十五位（从大到小），比上年末提升1位；不良贷款额37.28亿元，不良贷款率为3%，位列系统内第二十六位（从小到大），比上年末后退了3位，比全国平均水平高0.71个百分点。在同业间，6月末，我行本外币贷款占比为15%，存量排名第三位，增量排名第二位；不良贷款占五大行不良贷款总额的60%，比上年末上升了0.5个百分点，不良贷款率比五大行平均不良率高出1.6个百分点，仅比上年末缩小了0.3个百分点的差距。

第二部分　全行风险评价状况分析

一、全行自评情况分析

6月末，经对风险水平评价指标测算，全行整体风险评价结果为86分，比第一季度末提高了1.4分，评价结果对应等级为B级。从与第一季度的比较情况来看，除去4项指标得分为满分不变之外，有5项指标得分比第一季度低，分别是贷款向下迁徙率、被诉案件发生率、利率敏感性存贷款比率、经济资本占用率以及到期贷款现金收回率指标，其中同比下降最多的是贷款向下迁徙率指标（-1.80分）；另有3项指标得分比第一季度高，分别是不良贷款率、逾期贷款增长率和贷款损失准备充足率指标，其中上升最多的是逾期贷款增长率指标（+3.45分）。在县域评价方面，自评初步结果为85分，比上季度末提高1.32分，评价等级为B级，具体指标的变化趋势基本与全行总体指标的变化情况一致。

全行第二季度的风险评价得分没有达到预期的A类等级，主要有两个原因：一是××高速公路投资建设有限公司9.5亿元贷款风险形态没有实现回调，不良贷款率仍然较高；二是××建设投资有限公司等大额不良贷款的风险形态从次级迁徙到可疑类，致使贷款向下迁徙率增加较多。

二、分地区自评情况分析

6月末，经对风险水平评价指标测算，全行16家二级分行中，评价结果为A类行的9家，比第一季度末增加了4家；B类行2家，比第一季度末减少了5家；C类行2家，与第一季度末持平；D类行1家，比第一季度末增加1家。

总体来看，各二级分行风险水平评价好于上季度末，主要受益于到期贷款逾期余额的同比大幅减少。行际间差距主要体现在不良贷款指标上，高不良率的二级分行得分较低，影响了风险评价等级。

第三部分　全面风险状况分析

一、信用风险情况分析

上半年，全行通过严格执行总行信贷政策制度，强化潜在风险客户退出力度，实施客户名单制管理和差异化授权管理，优化客户结果，严格贷款风险分类管理，加大不良贷款清收力度，全行信用风险管理效果明显，总体向好，各项信用风险指标如不良贷款率、贷款拨备覆盖率不断优化，但贷款向下迁徙趋势明显，"三农"业务风险仍然较大。

（一）新发放贷款风险分析。上半年，按照"控制总量、均衡投放"的要求，全行贷款投放按季度按比例控制，累计新投放法人客户贷款 266 亿元。从新增贷款期限来看，短期贷款 144 亿元，中长期贷款 122 亿元，占比分别是 54%、46%，比例为 1.7:1，短期贷款占比比第一季度（两者比例为 2:1）有所下降，全行贷款长期化的趋势明显，贷款的流动性略显不足；从新增贷款结构来看，投向实体经济贷款 219 亿元，占比 82%，投向政府投融资平台拉动项目 47 亿元，占比 18%，经济实体和政府投融资平台类贷款比例为 4.6:1，总体来看，经济类型结构比较合理。上半年，当年新发放法人贷款客户中形成不良贷款 1 户，系××市××贸易有限公司 400 万元贷款因欠息而暴露风险，其风险形态从正常调整为次级。

（二）贷款质量分析

1. 不良贷款情况分析。6 月末，从不良贷款余额形态结构上看：次级类 19 亿元，占比 50%；可疑类 17.5 亿元，占比 47%；损失类 0.8 亿元，占比 2%。全行不良贷款呈现以下三个特点：

（1）新发生不良贷款较多。6 月末，尽管全行不良贷款余额比年初有所下降，但仍然面临着较大的压力：一是不良余额大、占比高的问题尚未从根本上解决。二是贷款风险形态向下迁徙趋势明显，风险发生的可能性进一步增强。三是新发生不良贷款较多，上半年累计新发生不良贷款 14.8 亿元，同比去年增加了 12 亿元，客户信用风险管理压力增大。

从新发生不良贷款的业务品种看，新发生法人客户不良贷款 11 亿元，主要是××高速公路投资建设有限公司 9.5 亿元（由正常认定为次级），××金属有限公司 0.99 亿元（由关注认定为次级，并迁徙至可疑）等客户贷款迁徙至不良风险形态反映。累计新发生个人客户不良贷款 3.2 亿元，主要集中于个人住房贷款（2.0亿元）。

（2）出现区域性反弹。从区域情况看，全辖有 A 分行、B 分行、C 分行和 D

分行四行的不良贷款出现反弹，反弹最大的是 B 分行，比年初增加了 1.2 亿元。在不良率方面，有 A 分行、B 分行和 D 分行 3 家二级分行比年初上升，其他各行均有所下降。

（3）不良贷款结构有所变化。首先，在客户结构上，法人客户不良贷款持续下降，个人类不良贷款有所上升。全行法人类不良贷款 34 亿元，比年初下降 1 亿元；不良占比 3.9%，比年初下降 0.7 个百分点。个人类不良贷款 2.8 亿元，比年初增加 0.25 亿元；不良占比 0.85%，比年初下降 0.14 个百分点。其次，在不良贷款类别上，向下迁徙较为明显，6 月末次级类贷款比年初减少了 4.9 亿元，可疑类增加了 3.6 亿元，损失类增加了 0.35 亿元，合计比年初减少了 0.9 亿元。可疑类贷款增加主要是 ×× 建设开发有限公司 3.12 亿元和 ×× 金属有限公司 0.99 亿元等贷款风险形态从次级调入可疑所致。再次，在行业分布上，全行不良贷款主要分布在电力燃气及水的生产和供应、交通运输及制造业等主要贷款行业上。最后，在区域结构上，不良贷款仍主要集中于 E 分行、F 分行、H 分行，三行不良贷款合计为 29 亿元，比重为 78%；其他二级分行的贷款质量相对较高。

2. 不良贷款清收处置情况。6 月末，全行累计清收自营不良贷款本息 43210 万元，累计委托资产现金清收 27895 万元，实现委托资产处置手续费收入 3425 万元，委托资产清收及手续费收入均已完成年度工作计划。全行督办的大额不良贷款客户共 12 户，不良贷款余额 28 亿元，上半年累计清收处置大额不良贷款本息 10 亿元，其中，重组盘活 ×× 水电有限公司不良贷款 9.4 亿元；收回 ×× 水电有限责任公司等现金 1.5 亿元。

3. 到逾期贷款情况分析。6 月末，全行到期贷款 346 亿元，到期贷款收回率 99.5%，同比上升 1.1 个百分点，同比上升 4.2 个百分点。从逾期贷款情况来看，全行整体呈下降趋势。但 B 分行、C 分行、Q 分行、H 分行、J 分行和 K 分行的逾期贷款逾期比年初有所上升。

4. 潜在风险客户退出情况分析。上半年，全行共退出潜在法人客户贷款金额 3.2 亿元，完成总行年度退出计划的 100%；涉及潜在风险客户 44 户，其中完全退出客户 19 户、部分退出客户 25 户，潜在风险客户退出计划有效实施。

（三）产行业贷款风险情况分析

1. 集中度风险分析。

（1）行业信贷结构总体优化，集中度风险平稳。6 月末，全行制造、电力、交通运输等重点行业贷款集中度均有所下降，房地产行业集中度有所提升，但均在监管标准范围内波动。

（2）单一客户贷款集中度和单一集团授信集中度合理。6 月末，前十大单一客户贷款余额合计 238 亿元，比年初增加 14 亿元；集中度合计 20%，比年初下降 1.5 个百分点。最大单一客户（××电网公司）贷款余额 59 亿元，比年初减少 1.9 亿元；单一客户集中度 4.8%，比年初下降 0.8 个百分点。前十大单一客户贷款形态均为正常类，无不良贷款。前十大集团客户授信总额 240 亿元，集中度合计 19%。其中，最大单一集团客户授信（××电网公司）用信余额 62 亿元，单一集团授信集中度 5.1%。今年以来，我行单一客户（集团）集中度呈缓慢下降趋势，且控制在监管标准以内。

2. 重点行业风险分析。

（1）重点支持行业情况分析。

a. 电力行业。我行电力行业贷款 223 亿元，集中度 18%；不良贷款 9 亿元，比年初下降 11 亿元；不良占比 4%，比年初下降 5 个百分点。受益于××水电有限公司贷款重组形态回调以及对××水电的收购工作顺利开展，电力行业贷款质量提升较快，但大额不良贷款仍然较多，不良率较高，处置工作任务较重。电力行业是我行重点关注和支持的行业，今年，国家一方面重点治理淘汰落后小火电机组，另一方面推进电力体制改革，要完成电网企业主辅分离改革。我行要积极优化贷款结构和质量，重点跟进大型电力项目，拓展新能源发电项目。

b. 政府融资平台贷款。我行政府融资平台客户 38 家，贷款 121 亿元，比年初增加了 1.4 亿元，集中度 9.8%，无不良贷款。今年以来，政府融资平台贷款存在的规模迅速扩张、偿债风险日益加大等问题引起了国务院和监管部门的关注。我行对此高度重视，及时组织开展了政府融资平台公司贷款的清理工作。上半年，我行认真执行总行关于政府融资平台的风险提示，共否决 12 笔政府融资平台信贷业务，金额共计 43 亿元。另外，按照××银监局的统计口径，我行政府平台贷款 178 亿元，其中不良贷款 3 亿元，系××建设开发有限公司 3 亿元不良贷款。

c. 交通运输行业。我行交通运输行业贷款 118 亿元，比年初增加 13 亿元，集中度为 9.6%，略有下降；不良贷款为 9.6 亿元，比年初增加了 9.5 亿元，不良率 8%，剔除××高速公路投资建设有限公司贷款 9.5 亿元不良贷款的影响，交通运输行业的不良贷款呈下降趋势。我行交通运输业贷款主要集中于道路运输业，贷款余额为 81 亿元。目前，××正在快速完善路网建设，交通运输行业应是我行重点支持的行业，但要注意防范信用风险，避免形成大额不良贷款。

d. 制造业。我行制造业贷款 275 亿元，集中度为 22%，贷款余额和集中度均有所下降；不良贷款 7 亿元，比年初增加 1 亿元，不良率 2.5%，我行制造业贷款主要集中于制糖业和钢铁业。制糖业是我行重点支持的行业，第一季度，糖价呈快速上升趋势，第二季度尤其是进入5月后，糖价有所下滑，但白砂糖现货价格基本还保持在5100元/吨左右，利润空间相对较大。而随着经济增速的放缓，钢铁需求减弱，国家及时启动了对钢铁行业的结构调整工作，我行对此需高度重视，积极关注钢铁上下游企业信用风险。

e.房地产业。我行房地产业贷款104亿元，比年初增加26亿元，集中度为8.4%，贷款余额和集中度均有所增加；不良贷款率3.3%，高于全行平均水平。从区内房地产投资情况看，延续了往年快速增长的趋势，至5月末，共完成房地产投资总额388亿元，同比增长64.8%；其中住宅投资276亿元，同比增长77.8%。但第二季度全区商品房的价量双双下滑，6月××新建商品房成交均价为6137元/平方米，比今年最高的2月下降了576元/平方米，下降幅度为8.6%，区内其他城市也有不同程度的下降，短期内房价具有一定的下跌趋势。

（2）重点关注行业情况分析。6月末，我行重点关注行业贷款余额289亿元，比年初减少9.3亿元，比去年同期增加6亿元，集中度为23%；不良贷款余额10亿元，占全部不良贷款的比重为28%；不良率3.6%，高出全行平均水平0.6个百分点。其中，明显产能过剩行业贷款49亿元，比年初下降0.19亿元，同比减少18亿元；潜在产能过剩行业贷款240亿元，比年初增加0.55亿元，同比增加了24亿元（主要是集中于电力贷款）。总体来看，我行重点关注行业贷款投放控制效果明显，整体贷款余额比年初有所下降，对明显产能过剩的行业贷款进行逐步压缩和退出，对潜在产能过剩行业有选择性地支持了区域优势行业。

（四）贷款组合风险情况分析

1. 法人客户结构趋于优化。6月末，全行法人客户1701户（CMS数据），其中，AA级以上的法人客户868户，贷款余额合计811亿元，客户数量和贷款余额占比分别为50%、90%，分别比年初提高3.4个和1.9个百分点；今年AA级以上客户增加了71户，贷款余额增加了87亿元，占全部法人客户数量增量及贷款增量的245%和110%。D级法人客户102户，比年初增加9户，主要由根据总行制度将不良贷款客户全部调入D级等级形态反映所致。在全行信贷规模尤其是县域法人客户贷款规模快速增长的情况下，全行法人客户结构能实现不断优化，AA级以上客户贷款占比稳步提升，贷款结构明显向好，实属不易。

2. 贷款期限长期化趋势明显。从趋势上看，全行中长期贷款占比明显上升。6月末，短期贷款368亿元，比年初增加13亿元，占比30%；中期贷款余额246亿元，比年初增加64亿元，长期贷款610亿元，比年初增加73亿元，中长期贷款存量和增量占比分别是 69%、91%。上半年，105% 的新增法人客户贷款和 76% 的新增个人客户贷款期限为中长期。

（五）"三农"业务风险分析。6 月末，县域贷款 383 亿元，比年初增加 54 亿元，增幅 16%，不良贷款 14.8 亿元，比年初增加 1 亿元；不良占比 3.8%，比全行平均不良率高出 0.83 个百分点，比年初下降 0.3 个百分点。其中，"三农"个人贷款 169 亿元（县域个人贷款 165 亿元），比年初增加 38 亿元，不良贷款 1 亿元，比年初增加 0.2 亿元，不良率 0.6%，比年初下降 0.2 个百分点。

1. 县域法人贷款风险情况分析。

（1）县域法人贷款质量明显低于全行平均水平。6 月末，县域法人贷款 218 亿元，比年初增加 16 亿元，增长 8%，略低于全行平均增速；不良贷款 13 亿元，比年初增加 0.8 亿元；不良率 6%，比年初下降 0.07 个百分点，高出全行法人客户不良贷款率 2.4 个百分点，高出全行贷款平均不良率 3.2 个百分点。县域法人贷款增长较为平稳，但不良贷款余额占比较大，并且呈增长趋势，同时集中度较高，行业上主要集中于电力行业，区域上主要集中于 A 分行和 B 分行。

（2）客户结构优化形势严峻。总体来看，AA 级以上优质客户贷款占比不高，贷款增加主要集中于一般客户。6 月末，县域 AA 级（含）以上法人客户贷款余额 166 亿元，比年初增加 3.5 亿元，占比 76.35%，比年初下降 4.5 个百分点，比全行平均值低 14 个百分点；一般客户贷款余额 42 亿元，比年初增加 14 亿元，占比 19%，比年初上升 5 个百分点；限制淘汰客户贷款余额 9.9 亿元，比年初减少 0.5 亿元，占比 4.6%，比年初下降 0.6 个百分点。

2. 农户小额贷款风险分析。

（1）贷款发展较快，整体风险偏高。总体来看，农户小额贷款前两年快速投放所积聚的信用风险在今年逐渐暴露。6 月末，农户小额贷款余额 51 亿元，比年初增加 14 亿元，增长 38%，高出全行贷款平均增速 28 个百分点；不良贷款余额 0.29 亿元，比年初增加 0.2 亿元，是年初余额的 3.2 倍；不良率为 0.6%，比年初提高了 0.4 个百分点，增幅约为 109%；到期贷款收回率 97%，比全行平均水平低 2.3 个百分点。从系统内的对比情况来看，我行农户小额贷款余额位列第六位（从大到小），不良贷款余额位列第四位（从大到小），不良率位列第八位（从高到低）。从各行的情况来看，只有 C 分行的不良贷款余额有所下降，其他各行不良余额均有所反弹，增量前三位分别是 B 分行（+758 万元）、G 分行（+241 万元）、H 分行（+226 万元）；在不良率方面，前三位是 Q 分行（1.21%）、J 分行（0.85%）、B 分行（0.76%）。

（2）风险积聚较快，潜在风险凸显。关注类贷款增幅较快，凸显出农户小额贷款的潜在风险很大。6月末，农户小额贷款关注类余额2.7亿元，比年初增加1.8亿元，是年初余额的3倍；关注类余额占比5.4%，比年初上升3个百分点。上半年关注类贷款增长超过1000万元的有4家行，分别是B分行（+8166万元）、G分行（+2575万元）、A（+2312万元）、W分行（+1087万元）。

（六）信用风险抵补情况分析

1. 信用风险缓释情况。6月末，全行已采取抵质押、保证担保等风险缓释措施的各项贷款余额1040亿元，比上年末增加了116亿元，整体贷款风险缓释率为85%，比上年末下降了1个百分点；其中新增贷款的风险缓释率为78%。按贷款类别划分，法人贷款风险缓释率79%（比上年末下降2个百分点）；个人贷款缓释率99%（与上年末持平）；另外房地产法人贷款风险缓释率达到了100%。

2. 信贷资产拨备情况。6月末，全行信贷资产减值准备32亿元，拨备覆盖率86%，贷款总准备金率2.6%。其中，"三农"贷款减值准备11亿元，拨备覆盖率75%，贷款总额准备金率2.9%。从各二级分行信贷资产风险抵补水平看，拨备覆盖率最高的是L分行（470%），最低的是B分行（50%）。全行拨备覆盖率高于100%的二级分行有12家；低于全行平均水平的有4家，分别是B分行和L分行。

二、市场风险情况分析

（一）利率政策分析。预计短期无加息可能。考虑通胀压力与实体经济目前的状况，我们分析认为，尽管5月物价涨幅创阶段性新高，未来两个月预计还有上升趋势，但因为楼市调控和政府融资平台监管加强可能影响投资和消费增速，人民币汇改重启，人民币将进入缓慢上升通道，短期内加息的必要性被大大降低，利率调整可能延后。同时，央行在公开市场方面的操控能力更加灵活，预计近期货币政策仍将以公开市场操作和存款准备金率等数量调控手段为主，以达到均衡信贷投放的目的，加息等"价格型"调控手段短期内基本不可能出台。

（二）利率风险分析

1. 贷款执行利率有所上升，但仍有提升空间。6月末，全行累计新发放人民币法人贷款加权执行利率为5.39%，比上年末提升0.1个百分点，比第一季度末上升0.13个百分点；平均浮动水平为−0.8%，比上年末提升1.7个百分点，比第一季度末上升1.8个百分点，全行贷款执行利率有所上升主要是因为第二季度有效控制了下浮利率贷款：第二季度我行下浮利率贷款占比为36%，比第一季度下降了6.7个百分点；上浮利率贷款占比28%，比第一季度上升了10个百分点。上半年，全行中长期贷款占比增加，但累计新发放下浮利率贷款占比却达到了

40%（已超出总行下达的38%的年度计划），中长期贷款投放的增加并未有效提升我行贷款执行利率，显示出我行对中长期项目贷款及优质大客户的议价能力有待加强，全行累计新发放下浮利率贷款占比尚未达到总行要求，贷款利率定价水平仍有较大提升空间。

2. 存贷利差继续扩大，定价周期有所延长。6月末，全行本外币各项贷款收息率5.4%，与上年末基本持平，比第一季度末上升0.03个百分点；存款付息率1%，比第一季度末下降0.01个百分点，继续呈下降趋势；存贷利差4%，比上年末上升0.16个百分点，比第一季度末上升0.04个百分点，存贷利差继续扩大。贷款收息率上升主要因为全行第二季度累计新发放人民币法人贷款加权执行利率和平均浮动水平较有所提高；存款付息率下降则源于存款活期化趋势加强，我行第二季度月均活期存款占比为71.88%。6月末，全行累计新发放人民币法人贷款中执行一年期以上固定利率的贷款占比为0、执行按年浮动再定价方式的贷款占比为6.56%，比第一季度上升了0.56个百分点，但仍控制在总行下达的年度计划之内；执行按季、按月浮动定价方式的贷款占比为83%，比第一季度下降了0.7个百分点、比上年末提高了21个百分点。总体来看，全行定价水平和利率风险防范能力有所加强。

3. "三农"业务定价水平整体得到提高，但部分行利率管理水平仍有待加强。6月末，我行"三农"县域总体贷款收息率为5.57%，比第一季度末上升0.05个百分点，比全行整体水平高0.19个百分点；存款付息率为0.96%，与第一季度基本持平，比全行存款付息率水平低0.07个百分点；存贷款利差为4.6%，比第一季度末上升0.06个百分点，比全行整体水平高0.26个百分点。从各二级分行来看，部分行的"三农"县域存贷款利差比其本行全行平均利差水平低，如H分行（4.6%）比其本行全行平均水平低1.2个百分点。6月末，全行"三农"县域累计新发放人民币法人贷款加权执行利率为5.4%，比全行加权执行利率高0.02个百分点；利率平均浮动水平为1.36%，比全行平均浮动水平高2.18个百分点。"三农"县域贷款利率浮动幅度虽高于全行平均水平，但利率下浮贷款占比不断提高，第二季度利率下浮贷款占比为29.87%，比第一季度占比上升了0.53个百分点。

（三）汇率风险分析

1. 汇率政策分析。根据国际清算银行公布的数据，5月人民币实际有效汇率为119，环比大幅升值3.37%。6月19日，央行宣布"进一步推进人民币汇率形成机制改革，增强人民币汇率弹性"，即正式改变2008年7月以来盯住美元的汇率政策，回归以市场为基础，参考一篮子货币进行调节的人民币汇率形成机制；6月22日，央行正式宣布扩大跨境人民币结算贸易试点，推进人民币国际化进程。我国主动改革汇率形成机制，退出实际盯住美元且增加汇率弹性，有利于掌握主动权，也表明了当前人民币汇率需要稳定的态度。我们认为，人民币升值的趋势不会改变，但在回归以市场为基础后，升值将是一个缓慢渐进的过程，更有利于国内产业升级和经济结构调整。

2. 全行外汇业务状况。上半年，我行外汇业务发展较为平稳，贸易融资业务继续保持了"零不良、信用证零垫款"；目前全行涉及外汇汇率风险的业务主要是自营外币贷款、委托代理贷款和人民币债务理财业务。从目前情况看，我行外币贷款额度较小，汇率波动幅度有限，对外币信贷资产影响不大，但外汇理财业务风险不可忽视。

（四）流动性风险分析。总体来看，受央行贷款规模管制、准备金率多次上调、中长期贷款较多等因素影响，我行整体流动性逐渐趋于紧张，流动性风险管理压力逐渐加大，全行流动性风险总体呈现以下特点：流动性比例和流动性缺口率快速下降，中长期贷款占比持续扩大，期限错配明显，流动性潜在风险加大。

1. 资产负债期限错配现象明显。从存、贷款期限结构看，全行90天内到期的贷款余额占各项贷款的7%，比年初减少3个百分点，而90天内到期的存款占各项存款比重高达79%，期限错配现象十分明显。受此影响，致使全行流动性缺口率为−917%，比年初下降520个百分点，同比减少了225个百分点，不满足监管标准。

2. 流动性比率下降，短期流动性略有趋紧。6月末，全行流动性比例仅为4.7%，比年初减少6.5个百分点，比3月末下降11个百分点，距离监管标准有较大差距，同时也显示了我行短期流动性略为趋紧。

3. 受政策调整影响，核心负债比例提高较大。今年5月总行下发的《商业银行流动性风险管理办法》重新明确了核心负债定义，基于此，我行核心负债比例与修改前相比提高了17.7个百分点，满足银监会不低于60%的监管目标要求。

4. 备付率有所上升，无息资金占用有所减少。6月末，全行库存现金为12亿元，比年初减少2亿元；超额准备金存款9.9亿元，比年初增加2.6亿元；全行备付率为1.08%，比第一季度末上升0.13个百分点。备付率的提升主要是因为月末大额资金走款频繁，我行为防止人民银行账户透支而出现支付风险，增加了在人民银行的头寸。

三、操作风险情况分析

上半年，全行各项业务经营安全平稳运行，无重大经济刑事案件发生。但从尽职检查和日常监测情况来看，全行操作风险管控压力仍然很大，潜在操作风险隐患不容忽视。

（一）操作风险管理情况

1. 经济纠纷案件情况。上半年，全辖累计发生案件74件，标的总额1.2亿元，分别比上年减少70件和1.3亿元。其中，主诉类案件51件，诉讼标的总额1.27亿元；主诉类案件仍以贷款类案件为主；被诉案件26件，标的总额0.06亿元，被诉类案件以涉及银行卡业务案件为主，共发生11件，占全部被诉案件的42%。

2. 操作风险报告系统监测情况。上半年，全行共报告操作风险事件29件，涉及风险金额252万元。其中，重大事件11件，风险金额196万元；一般事件18件，风险金额55万元。

3. 尽职检查情况。

（1）内控突击检查情况。上半年，全行组织4次"飞行"突击检查，共对8家二级分行的23个营业网点进行了内控突击"飞行"检查，发现问题116个（次）。从检查情况来看，主要问题仍然存在于会计内控制度执行不到位、柜面业务操作不规范、安全设施存在隐患等方面。

（2）业务检查情况。

a. 2009年新发放贷款信贷大检查情况。该检查涉及贷款金额362亿元，检查共发现问题78个，涉及贷款3875笔、金额65亿元。

b. 总行信贷大检查情况。该次检查主要对政府融资平台、房地产开发贷款和个人生产经营性贷款进行了检查。通过检查，发现我行有58户贷款存在问题，其中，政府融资平台19户，房地产法人客户18户，50万元以上的个人生产经营贷款21户。

c. 贷款分类偏离度监管检查。经过对我行123户法人客户贷款分类情况的检查，认定123户样本客户贷款偏离度为0.09个百分点。

d. 风险专项评估工作。上半年，我行开展了对银行卡与电子渠道业务、信息科技两项风险专项评估工作。从评估结果来看，反映了我行在业务操作风险的防控方面还存在许多隐患，潜在风险较为突出。

（二）操作风险情况分析

1. 后台运营管理操作风险分析。

（1）业务操作风险。主要如下：一是柜员违规自办业务，1月至4月共发生

43 笔，涉及 12 家二级分行，主要表现形式是柜员借卡给亲属使用，而亲属又拿卡到柜台给柜员办理业务等。二是系统挂账，1 月至 4 月共发生 195 笔，主要是网点在发放委托（住房公积金）贷款时，委托资金未到账，网点先放款，造成我行垫付贷款资金，进而形成资金风险。三是柜面业务操作不规范，主要表现为办理支票业务未折角核对预留银行印鉴，办理需对客户身份联网核查业务的不联网核查客户身份，办理挂失业务手续不合规等。四是会计核算不准确，主要表现为结算系统贷款利率设置不准确，导致少收、多收贷款利息等。

（2）制度执行风险。一是会计内控制度执行不到位。表现为不执行"一日三碰库"制度、办理授权业务不审核会计凭证、柜员离职休假不及时作休假处理等。二是对账管理不合规。表现为未按规定建立对账单发送、收回登记制度，账户户名与预留印鉴不一致等。

（3）岗位履职风险。主要表现为会计主管授权未认真审核相关业务凭证，未对柜员业务即时审核，未按制度规定查库等。

2. 财务会计操作风险分析。

（1）备付金管理风险。从上半年的监测情况来看，存在着制度执行不严、操作不规范的现象，主要表现如下：一是不按规定核算，存在备用金账户大额取现等现象。二是个别行超范围在备用金账户中列支不属于备用金管理规定允许范围内的开支项目。

（2）新财务核算系统上线后的操作风险管理压力增大。财务管理系统二期上线后，全行核算主体由原来的 15 个增加到 112 个，财务核算风险由集中转向分散，风险管控的半径也随之加大，增加了操作风险管理的压力。

3. 信贷管理操作风险分析。

（1）贷款资本金管理风险。主要表现为部分项目贷款资本金为债务性资金，项目资本金前期投入不实，存在以伪造虚假进账单、变造账单金额等形式虚构项目前期投入的情况。

（2）合规管理风险。主要表现为向审批手续不全的项目发放贷款，贷款重组存在超权限审批和超期限等。

（3）贷后管理风险。主要表现为未能对企业提供的虚假会计报表进行甄别，未按限制性条款要求及时收回贷款，对客户欠息风险未及时催收和发起风险分类等。

4. 法律管理操作风险分析。

（1）柜面操作风险向法律风险迁徙。由于柜员操作不当、审查不严等引发操作风险后，逐渐演变成客户起诉银行的法律风险。主要表现如下：一是柜员审查开户人证件、印签等不严，作案分子成功冒名办理支取、挂失、换卡等业务，客户资金损失后将银行诉至法院。二是柜员操作出现重大过失，误用交易代码，客户资金损失后，将我行诉至法院。

（2）诉讼时机把握不准。抵押物被其他债权人申请查封在前，我行失去优先处置权，突出表现为贷后管理和诉讼制度之间缺少一个有效的连接制度。

（3）客户欺诈银行资金苗头初现。主要表现形式为，我行柜员按照客户填写的存款凭条，将钱存入某账号后，客户以户名不符为由，拒绝签字确认交易，并要求取消业务来诈骗银行等。

5. 声誉风险。上半年，我行声誉风险主要涉及第一季度《××早报》的"银行信息系统更新咋就这么难？""不堪索款纠缠储户欲告银行"两篇报道，分别对H分行T支行和K分行L支行的柜台服务问题进行了负面报道，对我行社会声誉和品牌形象造成了一定的负面影响；第二季度全行无负面信息报道。

第四部分　当前应关注的主要风险

当前，世界经济已步入"后危机时代"，呈现出发达国家复苏力度不均和新兴经济体过热两个相悖的情况，两者的复苏步调逐步显现出一定的差距，世界经济的复苏仍然存在较大的不确定性。从国内的情况来看，经济增长逐步放缓进入正常增长通道，经济正朝着宏观调控的预期方向发展，今年实施的"松财政、紧信贷和控项目"的调控政策效果明显，国家适时加大了对高耗能高污染企业贷款以及房地产的调控力度，加快了对地方政府项目贷款的清理强度。在货币政策方面，央行货币政策委员会第二季度例会强调：下半年将继续实施适度宽松的货币政策，要保持政策的连续性和稳定性，增强调控的针对性和灵活性；继续落实"有保有控"的信贷政策。因此，下半年，货币政策基本定调，但宏观政策的调整力度会继续加大，银行监管力度也会随之加大，我行所面临的经营环境并不宽松，潜在风险依然较大，结合我行业务发展实际情况，我们认为，有以下几个方面的风险值得关注：

（一）关注贷款向下迁徙风险。一是要重视关注类贷款的管理。6月末，我行关注类贷款余额84亿元，比年初增加15亿元，比第一季度末增加3亿元，半年增幅达21.7%，比全行贷款平均增速高8.8个百分点。关注类贷款的快速增长显示了我行信贷资产快速扩张带来的潜在风险呈扩大态势，贷款潜在风险在加剧。二是要重视贷款风险形态的向下迁徙管理。6月末，全行贷款向下迁徙率为2.5%，远超总行风险评价指标确定的1%的目标值。贷款向下迁徙率过高，表明我行贷款质量在逐渐恶化。

（二）关注产业结构调整。今年以来，国家宏观调控的重点一直是推进产行业结构优化和升级，不断淘汰落后产能。继第一季度《国务院关于进一步加强淘汰落后产能工作的通知》出台后，第二季度《关于2010年深化经济体制改革重点工作意见的通知》和《国务院办公厅关于进一步加大节能减排力度 加快钢铁工业结构调整的若干意见》等行业调整政策又相继出台，这些政策会对我行的长短期业务都产生较大的影响，我行应予以积极关注。

（三）关注"三农"及小企业业务风险。一是关注农户小额贷款风险。随着我行农户小额贷款的陆续到期，农户小额贷款的信用风险逐渐暴露，农户小额贷款不良余额呈现持续上升趋势。二是要重视县域法人贷款信用风险管理。有效的客户选择是防范信用风险的基础，而我行在县域法人客户选择方面的效果亟待提升。三是关注小企业贷款信用风险。6月末，我行小企业不良贷款1.5亿元，增幅为14%。

（四）关注政府投融资平台贷款风险。上半年，政府融资平台贷款的风险引起了国务院和监管部门的高度关注，国务院专门出台了《国务院关于加强地方政府融资平台公司管理有关问题的通知》，银监部门也出台了相应的管理办法。我行分别按照总行和银监局的要求对政府融资平台贷款进行了自查，经过初步清理和自查，发现有问题的政府融资平台贷款5户，涉及金额17亿元。

（五）继续关注房地产贷款风险。在国家连续出台宏观调控政策后，个人住房贷款会得到一定程度的抑制，住房销售出现下滑，房企资金链可能会受到影响，个人住房贷款风险显现，对此我行应高度关注。

（六）关注操作风险管理。从我行上半年操作风险的总体来看，操作风险事件主要集中于制度执行不到位等"高频率、低损失"事件，虽无重大操作风险事件发生，但屡查屡犯的现象十分严重，尤其是柜面业务操作风险，反映了部分经营行的合规风险意识淡薄，经营行领导对风险管理重视不到位、对风险认识不到位、对制度学习不到位、对存在问题整改不到位。经营行是防范操作风险的重要平台，如各经营行不能很好地防范操作风险事件，则全行操作风险管理也将难以有效实施。

（七）关注风险水平评价。6月末，全行风险水平自评价结果比第一季度有所提升，但距离我行的目标还有很大差距，风险评价结果与我行的经营业绩状况不相匹配，反映了我行风险管理水平亟待提高。风险水平评价是全行综合绩效考评的重要组成部分，但目前受制于不良贷款率以及贷款向下迁徙率较高等因素影响，我行风险评价一直停留在B类，对此我行应引起足够的重视和关注。

（八）关注市场风险。一是央行启动人民币再次汇改后，预计人民币会进入一个缓慢持续升值的通道，我行各项外汇业务的汇率风险值得关注。二是受央行贷款规模管制、准备金率多次上调、中长期贷款较多等因素影响，我行整体流动性逐渐趋于紧张，加之实行全额资金管理后，辖区内各级行因贷款投放、存款下降或其他因素引起的资金不足等造成的流动性风险将很难被上级行及时发现，流动性风险监测和管理面临新的挑战，流动性管理压力逐渐加大。

第五部分　风险管理对策建议

下半年，我们要积极贯彻落实全行年初和年中工作会议精神，坚持有效发展理念，增进全行风险管理能力，提升全行风险评价结果，因时而变，因势而变，顺势而为，主动落实宏观和货币政策，确保全行各项业务的快速健康发展。

（一）落实国家宏观调控政策，主动调整信贷结构。一是要认真学习国家产行业调整政策和央行货币政策，超前研究风险管控问题，及时调整经营方式方法，主动应对宏观政策的变化对业务经营带来的影响。二是要积极应用风险管理工具，大力推行客户名单制和继续实施重点行业限额管理，积极调整和优化信贷投放结构，形成合理的贷款产行业结构。三是要严格信贷准入标准，有的放矢，做好信贷投放的有效增长。四是要加大对过剩和淘汰行业客户贷款的退出力度，避免被动退出和无效退出，尽量减少因产行业结构升级给我行带来的信用风险损失。

（二）加强贷款分类管理，客观反映客户贷款风险。一是要加强贷时分类，发挥贷时分类的决策参考作用，要将贷时分类测评结果作为审查、审议、审批的重要参考。二是要加强贷款分类监测工作，避免出现法人客户贷款因期限因素影响，被贷款风险分类批处理程序下调分类形态的情况，减少非预期财务成本。三是要从严控制贷款风险形态的向下迁徙。

（三）强化政府融资平台贷款，切实防范信用风险。一是深入推进政府融资平台贷款的整改保全工作，逐项目落实整改责任人，通过解包还原、重新立据、增加担保等整改保全措施，完善平台贷款手续。二是要适时启动融资平台贷款风险专项评估工作。三是坚决执行总行最新的融资平台贷款管理政策，并积极传导到信贷业务条线，提高营销工作的针对性和有效性。

（四）积极推进不良贷款的清收处置工作。一是要努力做好不良贷款的现金清收工作，现金清收要作为不良贷款处置的首选方式。二是要有效推进大额不良贷款的重组工作，有效降低贷款的实质信用风险。三是要积极向总行申报符合条件的大额不良贷款风险形态的回调工作，有效化解大额信用风险事件。四是要采取切实措施做好农户小额贷款的清收管理工作，遏制农户小额贷款质量的进一步恶化。五是要做好对2009年新形成不良贷款的问责工作，并及时做好责任审计和责任追究工作。六是要做好不良贷款诉讼时效管理工作，及时保全贷款债权。

（五）切实强化房地产信贷管理。一是要审慎信贷政策，严格项目准入，严格审查审议，严格项目资金管理。二是要适度支持中心城市和县域优质房地产客户，保持房地产业务的健康、平稳、持续发展。

（六）强化尽职管理，降低操作风险。一是要加快推进合规文化建设，加强职业操守和道德教育，增强合规风险意识。二是加强交易合同履约管理，防范法律风险。三是要加强业务的科技支撑力度，落实好柜面业务的机器制约和尽职情况的系统制约，督促各岗位认真履职，切实降低全行操作风险。

（七）继续推进全面风险管理体系建设。一是要落实风险管理组织体系建设，继续完善派驻风险主管、独立审批人的制度建设，充分发挥派驻风险主管（经理）的监测报告和督促评价职能以及派驻独立审批人的专业审批职责。二是要落实风险管理政策制度，各行要认真贯彻风险水平评价制度，并结合自身实际，不断提升风险水平评价结果。

第五节　社会责任报告

结构分析范式

写作目的：总结发布商业银行年度社会责任履行情况。

结构框架：引语＋逐项社会责任履行情况＋结语。

材料来源：1. 与社会责任有关的部门与条线工作总结；

2. 上级单位以及其他企业社会责任报告。

写作要领：1. 社会责任的定义有很多，一般来讲指的是从责任管理、市场责任、社会责任和环境责任四个方面评价企业社会责任发展水平，要把商业银行的社会责任报告编撰好，首先要明确商业银行的社会责任范畴，然后在这些范畴内再逐一进行分类总结；

2. 社会责任报告一般用于对外发布，其内容要符合商业秘密管理要求，行文要诚恳，数据要真实，对一些特别案例要进行专门表述。

例文

中国××银行××省分行2008年度企业社会责任报告

2008年，×行××分行新一届党委在总行党委、省委省政府的正确领导下，深入学习实践科学发展观，围绕总行战略目标，积极贯彻落实总行年初和年中工作会议精神，认真组织实施"提升能力，加快发展"的经营策略，进一步树立"以市场为导向，以客户为中心，以效益为目标"的现代商业银行理念，全面提升价值创造能力、风险管理能力、客户服务能力和社会责任能力，在兼顾国家、客户和员工利益的同时，始终关注社会所面临的问题和挑战，努力结合××银行的专业优势和实际情况，积极支持××经济建设和社会发展、支持文化教育、关怀弱势群体、扶贫救困等社会公共事业，为促进社会的和谐发展、推动社会进步付出了应有的努力。

一、改善民生，发展经济

2008年，我行积极支持国家宏观调控政策和××区域发展政策，加强对实体经济、科教文卫事业的金融服务力度，落实百姓安居工程，积极扶持基础设施建设和中小企业发展，为促进××经济社会又好又快发展作出了重要贡献。

（一）积极引导信贷资源有效投放，支持地方经济建设。针对2008年内外部经营形势和政策导向加快变化的特点，我行在坚持审慎、控险原则的基础上，正确把握国家产行业政策和"绿色信贷"要求，努力增强信贷管理工作的适应性和灵活性。主要体现在以下几个方面：加快对A、B、C、D等××经济区信贷事项的审批速度，全年投放贷款168亿元，支持了一批重点项目；根据同业竞争动态，加快对重点项目和优质客户的审批速度，全年新增法人贷款九成以上投向AA级以上优良客户和总行省分行审批未评级项目公司客户；针对下半年支持扩大内需、加快信贷投放、促进经济发展的需要，进一步加快各类上报信贷事项的批复和上报总行事项的初审速度，累计投放各类贷款258亿元。

（二）大力支持教育、卫生、文化传媒行业发展。2008年，我行继续大力支持××教育、卫生和文化传媒行业发展，累计向教育行业投放贷款5.4亿元，主要支持了"211"高校、普通高校、国家重点中专及省级示范性高中的基础设施建设和流动资金需求，该行业贷款余额比年初增长1.6亿元；累计向卫生行业投放贷款9.6亿元，主要支持了二级甲等及以上医院、县级重点医院的基础设施建设和流动资金需求，该行业贷款余额比年初增长2.8亿元；累计向文化传媒行业投放贷款4150万元，主要支持了××电视台、××广播电视信息网络股份有限公司和××日报社等客户的流动资金贷款需求。

（三）大力支持百姓安居乐业工程。我行正确理解和贯彻国家宏观调控政策和房地产产业政策，在做好拓展业务的同时，通过主动优化信贷结构，努力防范和化解信贷风险，较好地促进了房地产市场的发展，支持了百姓安居乐业工程。截至 2008 年末，我行房地产开发贷款余额 69 亿元，比年初增加 3000 万元，土地开发贷款余额 14.8 亿元，比年初增加 2.2 亿元；住房开发贷款余额 34 亿元，比年初增加 1.6 亿元；全行个人房地产贷款余额 146 亿元，比年初增加 12 亿元，增长 9.0%，其中个人住房贷款余额 134 亿元，比年初增加 13 亿元。

（四）积极扶持基础设施建设和中小企业发展。2008 年，我行累计向电力行业投放贷款 180 亿元，支持了城市和农村电网改造和冰灾地区恢复生活生产，该行业贷款余额比年初增加 13 亿元；累计投放交通运输行业贷款 39 亿元，支持了××高速公路、××铁路建设，该行业贷款余额比年初增加 18 亿元；其他主要支持行业还包括水利、采矿、化工等地方支柱产业。上年，我行累计向制造业投放贷款 200 亿元，支持了循环造纸业、电子设备制造业等行业的发展，其中制造业贷款余额比年初增加 28 亿元；累计发放小企业贷款 24 亿元，重点支持了汽车机械、电力工业、农产品加工等地方重点工业龙头企业的上下游优势中小企业发展，积极培育产业集群，增强产业配套能力，增强县域经济活力。

二、面向"三农"，普惠百姓

我行按照×总行的统一部署，扎实推进"三农"金融服务及战略事业部改革试点工作，深度开辟县域蓝海市场，加大"三农"和县域贷款投放力度，创新服务手段，"三农"金融服务工作取得了显著成效。

（一）顺利完成"三农"金融服务试点的阶段性工作。我行成立了服务"三农"金融工作推进委员会，调整了三农板块机构设置，成立了三农对公业务处、三农个人金融处，建立健全了试点工作组织架构，其中，试点行 A 分行、B 分行主体被纳入三农金融事业分部，调整充实服务"三农"人员共计 66 人。建立三农金融服务试点工作例会制度，加强对试点工作和服务"三农"制度办法执行情况跟踪指导。派出工作指导小组深入试点行现场指导，发现、挖掘和总结试点工作中的成功经验，针对不同类型支行、不同业务、不同客户编写案例，为下一步推广"三农"金融服务提供借鉴和参考。此外，我行还制订了《深化和扩大服务"三农"试点实施方案》，编制了深化和扩大试点工作进度表，对各个阶段的试点工作进行了总体安排和部署，有力有序有效地推动全行"三农"金融服务工作向纵深发展。

（二）积极推进三农战略事业部制改革。为建立三农金融事业分部的全面成本收入归集与分摊等机制，我行制定了三农金融事业分部财务独立核算、绩效管理和激励约束等六个制度办法，推行独立审批人派驻制、风险经理派驻制和上岗资格认定制，并根据×总行修订后的"三农"政策制度，整合形成了服务"三农"的26个制度办法。对纳入事业部制的试点行实施资源倾斜，单独下达信贷计划，实行专项管理，单独配置经济资本，优先安排试点行经济资本计划，单独安排费用，单独配置固定资产，配置试点行专项费用。试点期间试点行累计少上缴准备金7亿元，累放各项贷款98亿元，投入240万元购置ATM等自助设备共192台。

（三）提升"三农"金融服务水平。我行始终以贷款作为服务"三农"的重要抓手，重点加大对县域优质客户贷款支持力度，2008年累计发放县域及城市涉农贷款272亿元，同比增加36亿元，其中，发放农业产业化贷款68亿元，发放小企业贷款26亿元。我行在××镇、××乡等安装离行式自助银行的基础上，在××村、××村安装自助服务终端2台，实现了无网点乡镇村的自助银行"零"的突破。2008年全年，我行累计向县域投放自助设备1088台（现金类设备500台、自助服务终端588台），投放了转账电话4888台，使广大农户足不出村、足不出户便可享受到优质的现代金融服务。并且通过流动式金融服务活动，延伸服务半径，累计举办108场"投资理财进县域百场巡讲"活动，发放农户贷款646笔，金额7000万元，累计发放"三农"服务连心卡896张。

（四）以惠民卡为载体加快农户小额贷款的发放。惠民卡推出以来，我行准确把握其"广覆盖、普惠制"的市场定位，在全辖范围内开展惠民卡和小额农户贷款百日营销活动，针对我省现有或潜在的农户小额贷款客户，以及农业产业化龙头企业原料配套生产户、财政补贴户等，采取"公司＋农户""公司＋农民专业合作组织＋农户"等方式批量发卡，整县、整乡、整村成建制地推进。截至上年底，我行共发行惠民卡58万张，在全国×行系统排第五位，完成农总行下达全年发卡任务的190%。在积极推进惠民卡发放的同时，我行调整转授权，允许各行开办农户小额贷款业务，并对新增惠民卡配套农户小额贷款授信覆盖面达到30%，用信覆盖面达15%，还要求各行以惠民卡发放为切入点，对"三农"中的种养大户、农机大户等优质个人客户积极发放农户小额贷款。2008年，全行累放以惠民卡为载体的农户小额贷款5500笔、金额1.6亿元。

三、服务客户，伴您成长

我行牢固树立"以客户为中心、以市场为导向"的经营理念，加快金融创新的步伐，适应客户需求的变化，通过发现问题，解决问题，不断完善，持续改进，来提高我行的竞争能力。

（一）与客户建立战略合作关系。2008年12月25日，我行与省人民政府举行"支持××经济区建设　促进××城乡经济发展"战略合作备忘录签字仪式。××省党委书记、省人大常委会主任×××，省党委副书记、省长××，××银行党委书记、行长×××，党委委员、副行长××等参加了签约仪式。130多家重点企业代表出席签字仪式。在签字仪式上，我行行长、党委书记×××代表××分行分别与省交通厅、电网公司、农垦集团有限责任公司等9家企业签订了业务全面合作协议，同时与××市、××县、××县签订《整市整体推进金融产品合作备忘录》。根据备忘录安排，××银行将根据科学发展三年计划建设进展情况，围绕××经济区建设和"三农"发展重点，积极合理配置信贷资源和规模，加大融资力度，重点支持交通基础设施建设、电力、有色金属等七大优势产业发展和林浆纸等重点产业技术改造升级，以及××工业园区、××港保税区等一批重大项目建设；重点支持农村公路建设，扶持一批经济实力强、科技含量高、辐射范围广的农业龙头企业。同时进一步深化"三农"金融服务，依托新型农村合作医疗、财政直补等项目带动，积极发放小额农户贷款，提高对农户金融服务覆盖面。同时，我行部分辖属单位也分别与当地政府和各类重点客户签订战略合作协议或合作备忘录。

（二）加快推进零售业务转型。网点转型是零售业务转型的基础，我行按照"先形似，后神似"的总体思路，从网点规划布局、运营方式和流程改造等方面入手，加快网点由交易型向营销型转变。一是加快网点改造，实施"赢在大堂"策略，加强网点的规范化建设。上年，我行已对80个骨干网点进行了装修，已完工投入使用31个，已批复设立金钥匙理财中心17家，有8家已正式营运，共有30个网点设置了非现金区，232个网点设立了自助服务区，190个网点设立了独立贵宾服务区，715个网点开设了贵宾窗口。二是加强电子渠道建设，加大网点自助设备的建设力度，提高自助设备的使用效率。2008年，我行ATM（含CRS）、自助服务终端达1776台，比年初增加了595台，电子机具市场份额位居金融同业首位，业务分流达48%，比年初提高5.8个百分点。三是加强网点队伍建设，充分发挥个人客户经理营销作用和大堂经理的引导分流作用。我行上年设立个人业务部79个，配备大堂经理568人、专职个人客户经理468人。全行取得"保险代理从业人员资格证书"的员工达1996人，比年初增加1363人，网均持证为2.37人，已超额完成网均持证1人的目标；全行共有理财师66人，比年初增加44人。四是以客户满意度为标准，建立分层服务模式，加快客户服务品牌的建设。上年我行个人优质客户数量达 63.9 万户，比上年底增加了 25.48 万户，个人优质客户贡献率达 57.46%。

（三）积极推进对公业务转型。一是制定了《省分行直管客户管理办法》等系列制度办法，以管户经理为枢纽，建立直管直营工作机制，对客户直接实施营销、维护和贷后管理。2008 年我行已明确省分行直管客户 55 户。二是大力推广方案营销，针对烟草、移动等直管客户需求，提供批零业务一揽子综合金融服务解决方案，细化包括资产、负债、中间业务等各项具体业务指标，有效实现对公、个人、银行卡、电子银行、投资银行、企业年金等相关业务和产品的服务。三是改进对优质客户的服务手段和服务模式，打破部门和层级界限，组建跨部门、跨层级的重点客户营销团队。组建了 36 个服务团队，初步摸索出了一套直管客户的服务方式。四是制定了《直管客户服务领导小组工作规则》《直管客户经理业务营销及操作管理流程》等相关配套制度和工作规则，将纵向汇报为主的业务流程转变为按管理行层次发起、横向配合的业务流程，真正实现经营层次提升，提高了服务效率，优化业务流程。

（四）关注客户满意度水平。为了掌握客户对我行提供的金融服务的认同程度，保证客户需求和期望得到有效实现，我行根据 ISO9001 标准的要求，制定了《客户服务控制程序》《零售客户满意度评价作业指导书》和《对公客户满意度评价作业指导书》，并在全省范围内布置开展客户满意度调查活动。这次调查本着分级管理、归口负责的原则，分零售客户和对公客户两大板块进行，各二级分行开展调查的网点数不少于辖内网点数的 30%。调查结果显示，在零售客户方面，全辖 14 个二级分行 847 个营业网点中有 300 个网点参与了本次调查活动，其中城区网点 146 个，县城网点 99 个，乡镇网点 55 个，调查覆盖面达 35%，共计发放调查问卷 60419 份，收回 36846 份，问卷收回率 61%，对我行服务整体评价表示满意或基本满意的有 34509 份，占 93.7%。在对公客户方面，全辖共抽查了 57 个对公客户，问卷收回率 100%，对我行服务的整体评价表示满意 57 份，满意率达100%。据分析，客户满意度比较高的原因有以下几个方面：一是高度重视优化客户服务工作；二是重视营业环境建设；三是重视培育良好的服务文化，尤其是在"迎奥运金融服务"活动中，认真开展金融服务检查和员工岗位练兵活动，较好地提高了员工的服务意识和能力。

四、以人为本，关心员工

我行以"四支队伍"建设为重点，持续不断地加强队伍建设，以人为本，关心员工，把"人才强行"战略落到实处，把和谐理念贯彻到每一个角落。同时，按照《××分行企业文化建设实施意见》的要求，加强组织领导，认真抓好企业文化的实施推广工作，在员工中不断强化核心价值理念、经营理念和行为准则，通过一系列活动，鼓舞了士气，激发了活力，营造了求真务实、奋发向上的文化氛围。

（一）加强员工队伍建设。我行在 2008 年开展了以加强领导班子建设和自身建设相结合为主题的党委民主生活会，强化"一把手"工程建设，着力提高领导尤其是"一把手"的宏观大局能力、处理危机能力、带队伍能力和勤政廉政能力，共举办 3 期处级干部、1 期县域支行行长培训班，在全国省级分行率先引进德鲁克管理培训，取得了明显的成效。同时，围绕业务转型，开展大规模的岗位培训工作，培训内容涉及零售产品、服务礼仪、大堂经理和个人客户经理的工作职责、工作流程等，让一线员工的操作和服务行为有依有据，统一规范，全年共集中培训员工 96 期，198000 人次。通过开发了网上考试系统，鼓励员工参加网上考试，对考试合格的员工给予奖励，先后有 39500 人次获得了柜员、会计主管网上考试的奖励。还强化合规培训，制订合规手册培训方案，开展劳动合同法视频培训，强化岗位操作人员对合规手册和操作手册的学习，提高全员合规意识和能力。按照《××分行企业文化建设实施意见》的要求，强化组织领导，充分发挥工会、共青团等群团组织作用，加强以"八荣八耻"为主要内容的社会主义荣辱观教育，不断强化员工核心价值理念、经营理念和行为准则，培育员工正确的职业道德和价值观。

（二）激发员工创造活力。我行围绕"让员工成就理想·与客户共创卓越"的企业文化核心理念和改革开放三十年为主题，先后举行演讲比赛 33 场，参加听讲人员达 3064 人次，较好地激发员工投身改革发展热情，其中选出的优秀选手在地方监管机构组织的演讲比赛中还荣获二等奖。去年 4 月，组织优秀员工开展拓展训练，调动优秀员工代表到基层行进行先进事迹巡回报告，发挥先锋模范作用，深受基层员工欢迎。去年 5 月，××分行、××分行、××分行等单位认真挖掘本行优秀运动选手组队参加××银行业金融机构"迎奥运"职工田径运动会，在参赛的 19 家金融机构中喜获团体总分第三名的好成绩。据统计，全省各级行共组织开展闹新春、迎奥运、银企联谊等文体活动 192 次，参加人数达 8512 人次，极大丰富了广大员工的业余文化生活。在奥运会举办前夕，我行广泛开展"迎奥运"岗位技术练兵活动，通过举办各种业务技能比赛，进一步激发广大员工提高服务本领，也为奥运期间金融服务提供了具体保障。

我行还通过展示女工风采、维护女工权益，激发女工工作热情。举办了"镜头中的女员工"摄影作品比赛活动，其中 3 件作品荣获总行比赛三等奖，《女行长一线营销忙》被选登于《中国××金融报》，展示了女员工在银行改革发展、构建和谐家庭的风采。同时，各级行还及时组织女员工参加"妇女安康保险"及体检，认真组织"三八"妇女节慰问活动，及时看望生病住院的女员工及家属等，保障了女员工的权益，进一步激发女员工敬业爱岗的热情。

（三）构建和谐××分行。督促指导各二级分行把落实职代会制度作为深化民主管理的重要渠道。据统计，全年行领导与员工谈心 10 人次，全省各级行共召开职代会 93 次，收集员工提案 501 条，已解决落实提案 451 条，办结率达 90%，广大员工的参政议政权利得到了尊重和落实。全省各级行广开言路，开通"行长信箱"，认真听取员工在维权、业务经营、新业务发展中的建议和呼声，适时对涉及职工切身利益的事项如干部任用、入党、绩效考核制度、薪酬分配、中间业务计价奖励分配、评选先进、招投标、团购房进展等情况进行公开，不断扩大行务公开的范围。据统计，2008 年全省各级行共实行行务公开项目达 133 个，有效落实员工的知情权和监督权。积极做好送温暖慰问活动，在"两节"期间，全省各级行本着"全覆盖、不遗漏"的要求，行领导对困难职工和特困劳模进行了全面走访慰问。据统计，全行共筹集慰问款物总额 186.65 万元，慰问困难职工 864 人，慰问特困劳模 65 人。同时，对特困员工，各行开展了积极有效的救助工作，如××分行某内退员工的孩子患白血病，移植骨髓需要费用近 40 万元，为了帮助这个不幸的家庭渡过难关，××分行给予困难补助后，向全行员工发出捐款倡议，辖内 747 名员工踊跃捐款 3.85 万元，体现了该行员工团结互助的精神风貌。

五、热心公益，大爱无疆

多年来，×行××省分行始终积极投身各项社会公益事业，并将扶贫济困、支持教育事业、开展各类志愿者服务作为履行企业社会责任的一项战略目标，在 2008 年体现得尤为明显。

（一）抓好抗冻、抗震和抗洪救灾工作。面对今年突如其来的冰冻、洪涝等自然灾害，我行上下认真贯彻落实总行党委的抗灾部署，紧急行动起来，迅速采取有力措施，积极投入到抗灾救灾工作中，实现了保开门、保服务和保安全。在上年年初的冰冻灾害中，我行对受灾严重的昆明等二级分行直接下拨费用 300 万元，用于购买应急物资，受灾行及时启动现金供应应急预案，保障现金供应充足，始终坚持开门营业，方便灾区人民办理金融业务。与此同时，我行及时制定并印发了《关于进一步加强金融服务全力支持春耕备耕工作的紧急通知》，对支持春耕备耕和灾后恢复重建工作进行了全面的部署。各行以大局为重，采取特事特办措施，开辟"绿色通道"，在依法合规的前提下，简化程序，加快受灾行额度授信、贷款审批和发放速度，确保贷款及时到位。在抗冰灾期间，我行累计投放各项贷款82亿元，并通过省红十字会向灾区捐款160万元，全行员工共捐款42万元，帮助灾区职工群众解决生活困难和生产自救。在抗震救灾过程中，我行踊跃捐赠并缴纳特殊党费团费共计237万元，为帮助灾区同胞渡过难关贡献力量。同时，在获悉四川分行震灾受伤员工转到××治疗后，根据对口慰问原则，我行领导多次到医院慰问看望伤员，并就联系落实住房、安排其女儿到××就读等工作进行了周到细致的安排，得到兄弟省分行及受伤员工的感谢和高度赞扬。在去年9月"黑格比"台风引发的洪灾中，我行立即启动应急预案，行领导亲自指挥受灾行员工全力做好财产转移和人员转移，加强安全防范工作，确保营业场所、金库、运钞车和计算机系统的安全运营，将损失降到最低限度。洪水过后，受灾行干部职工放弃国庆长假休息，积极开展恢复生产工作，及时恢复正常营业。

（二）积极扶贫帮困，踊跃参加慈善、志愿活动。我行继续扎实做好定点扶贫各项联系工作，行领导亲自到我行帮扶点——××县××村进行考察帮扶项目，做好调研工作，在我行的支持帮助下，落实帮扶项目，解决了乡村修路、饮水工程、种养项目资金10万元，加快了社会主义新农村建设步伐。下辖各级行也积极扶贫帮困，回报社会，如××分行"扶贫济困送温暖"慰问小组先后到××县××村进行慰问，送去价值8万多元的慰问品；××分行积极开展"扶贫支教"，年内共向学校捐助款项2万元，得到了当地群众及社会舆论的好评。同时，我行利用渠道优势，独家代理了国家开发银行（以下简称国开行）生源地信用助学贷款结算代理业务，帮助家庭贫困学生实现大学梦。2008年12月，××分行与国开行签订代理协议，并在××县代理一笔，2009年将在××区内全面铺开。在奥运火炬传递期间，我行组织机关50名团员青年员工参加"2008年北京奥运会火炬接力传递"活动。活动中，机关团员青年员工顶烈日，冒酷暑，以最佳的精神面貌和姿态参加了传递活动，展示了我行员工"喜迎奥运　支持奥运"的风采。

六、崇尚绿色，提高效能

我行深刻认识到，保护自然环境、实现可持续发展，是全世界人民的共同愿望，也是我们义不容辞的责任。一方面，我行按照国家宏观调控要求，积极调整信贷结构，树立"绿色信贷"理念；另一方面，在日常管理工作中，我行通过开发推广效能管理系统、综合公文管理系统、信贷决策系统，提高了办事效率，实现了无纸化办公，增强了环保意识。

（一）开发效能管理系统，提高办事效率。我行在2008年成功开发效能管理系统并顺利运行，把分行机关的综合文书工作、信贷管理事项和行领导交办的各项督办事项纳入效能管理系统进行在线监控和效能评估，推进了全行高效能和精细化管理。该系统以单一事项为主要载体，将我行综合办公信息系统中的请示批复事项、信贷管理系统中的信贷审查审批事项以及行领导督办等临时性、开放性事项等信息整合形成数据仓库，借助分析、报表、查询等技术手段，以全方位的角度，全程跟踪限时办理事项的办理过程，汇总各处室办理各项限时办理业务的总体情况，落实限时办理制度，完善责任追究制度，促进机关办事效率的提高，实现效能管理系统与我行相关系统的对接和数据共享。对于业务经办部门，效能管理系统支持便捷、及时、全面地掌握限时办结事项的动态信息，支持对限时办结事项的异常变动进行监控与预警；对于效能系统监管部门，该系统能够支持全面了解各部门各类限时业务办理情况，支持对各处室限时办结事项的异常变动进行监控和预警，支持开展各处室效能考评工作；对于高层决策者，该系统不仅支持全面有效监控各类限时办理业务的动态，而且支持开展各处室效能考评工作，还能够掌握和分析本行各类限时办理业务的情况与特点，为调整业务限时办理时间、人力资源配置等决策提供有效支持。通过效能管理系统的建设，利用科技手段加强在线监控，对内加强了内部作风建设，提高工作效率，对外树立了廉洁高效的企业形象，确保我行首问负责制度、限时办结制度、责任追究制度的有效落实。到年底，共上线督办事项431个，已完成414项，平均办结率96%。

（二）推进综合公文信息系统，强化电子化管理。我行在机关已经全面推广综合办公信息系统，在实现网上收文、发文、签报、督办和档案管理的基础上，继续在各级行推进综合公文信息系统电子化管理。一方面组织部分分行参加总行举办的远程工作站电子公文加密系统应用管理培训班，举办两期远程工作站系统升级培训班，另一方面完成综合办公信息系统（二期）的推广方案，选择省分行营业部和孝感分行作为试点行，准备在全辖范围内推广该系统。该项工作的不断推进，为实现全行无纸化办公起到了重要的促进作用。

（三）实现信贷决策网上操作，提高无纸化办公水平。我行不断优化、完善业务运作流程，在全辖全面实现信贷决策网上操作，法人、个人贷款业务的受理、调查、审查、审议、审批等信贷决策各个环节，以及贷后管理、信贷档案管理等工作全部通过电子化程序处理、网上作业和记录，实现了信贷资料的高效、动态、共享和集中管理。2008年3月中旬，我行成功承办了全系统信贷管理专题会议暨信贷业务网上作业现场会，并在会上作了题为"积极推行CMS信贷审批系统，有效提升信贷运作水平"的典型经验介绍。总行副行长××、信贷管理部等13个部室有关负责人、各一级分行主管信贷业务副行长、境外分行有关负责人，以及各分行信贷管理、个人业务、公司业务、农业信贷等部门负责人在内的 250 多人参加了会议。此次会议是××银行近年来规模最大、范围最广、总体层次最高的一次现场会，我行网上审批系统的推广工作获得总行和兄弟行的高度评价。

（四）贯彻国家节能减排调控政策，树立"绿色信贷"理念。2008 年，我行继续贯彻国家节能减排调控政策，树立"绿色信贷"理念，严把客户准入关，对于不符合国家环保、能源消耗、污染排放政策的客户和"两高一剩"行业贷款实行"五禁一限"政策，强化信贷风险控制；制订下发《2008 年电力行业授信实施方案》，对房地产、公路、电力、有色金属、黑色金属冶炼等 9 个重点行业实行行业授信管理，有效控制最高授信额度。去年 9 月末，针对新增的不良房地产开发贷款，我行召开了新增不良房地产开发贷款清收工作会议，制订 10 个新出现风险项目的清收管理方案，一户一策，有步骤、有计划地落实好清收工作，共收回不良贷款 1.68 亿元。同时，积极开展风险大排查工作，在前 5 次客户贷款风险自查的基础上，共抽调信贷、财会、审计等业务条线 37 人组成 4 个专业小组，对重点城市行进行为期 7 天的法人信贷客户风险排查工作，共抽查 2000 万元以上法人客户 78 户，个人 50 万元以上客户 40 户，新暴露不良贷款 2.6 亿元。并进一步加大潜在风险和事实风险客户退出力度，2008 年我行累计退出风险客户 178 户，退出金额 8.6 亿元，完成全年退出计划的 280%，其中退出"两高一剩"行业法人客户贷款退出范围的风险贷款 3.6 亿元。

2008 年，我行还荣获了省委省政府颁发的"扶持县域经济发展突出贡献奖"。省委书记××在我行与省政府"支持××经济区建设、促进××城乡经济发展"战略合作备忘录签字仪式上评价说："××省委、区政府与××银行的合作十分密切，关系很融洽，×行××分行近年来对当地社会经济发展作出了巨大贡献，对此，省委、省政府表示衷心感谢。同时希望××银行一如既往地支持××加快发展，特别是对××经济区的建设项目给予信贷倾斜。"同时，我行代理中央财政转移支付、普及企业年金业务知识和政策法规等方面的工作也分别得到了财政部驻×专员办、省财政厅和国资委的好评。

我们深知我行股份制改革的成功离不开政府的扶持，经营业绩的取得离不开广大客户和社会各界的支持。我们也始终不忘对国家和社会的责任，把承担企业社会责任贯穿于经营管理的各项活动之中，同时，对如何更好地履行社会责任，我们还将继续不断探索和实践。

第十四章　调研报告

第一节　总结经验类调研报告

结构分析范式

写作目的： 总结介绍某单位某项工作的具体做法和效果。

结构框架： 1. 引言 + 按照事物发生的内在逻辑关系的调研情况 + 结语；

2. 引言 + 按照事物发生的内在逻辑关系的调研情况。

材料来源： 1. 该项工作的计划、实施方案、工作总结；

2. 与该项工作有关的理论背景及其影响与意义等材料；

3. 同类性质工作的调研报告案例。

写作要领： 1. 总结经验类调研报告的写作重点是总结具有普遍的典型经验，一般是详细介绍某单位某项具体工作的做法和成效，具有较强的针对性和政策性，对指导和推动工作有重要意义；

2. 要注意把握这类报告跟经验介绍的不同，调研报告内容广泛，经验介绍只总结成功经验，调研报告一般用第三人称，经验介绍一般是第一人称；

3. 行文要以叙述为主，用事实说话，围绕某项工作而展开，其总结的成效应该对当前工作具有参考价值和指导意义。

例文

以 ISO9000 质量管理标准促进内控管理和业务发展
——××银行××分行实施 ISO9000 质量管理初显成效

2008 年初，××银行××分行引入 ISO9000 质量管理标准，经过近十个月的努力，成功建立了 ISO9000 质量管理体系，并通过××管理体系认证（北京）有限公司评审，获得了 ISO9001∶2000 国际质量体系认证，成为××省首家按照 ISO9000 国际标准建立质量管理体系的省级商业银行。该行在实施质量管理体系过程中，将主要业务管理与 ISO9000 标准紧密地融合在一起，接近或达到了质量方针和质量目标的要求，质量管理体系的建立和运行已取得初步成效。现将有关情况调研报告如下。

一、ISO9000 质量管理体系实施背景

××银行××分行结合实际，导入和建立 ISO9000 质量管理体系，主要是基于以下三方面的需要：一是提高竞争力的需要。该行在与省内同业激烈竞争中，在不少业务方面与同业的差距已越拉越大，市场竞争能力面临严峻的挑战。×行、×行、×行、×行先期实现了股份制改造和上市，其机制、产品、服务和流程等方面优势日益显现，综合竞争能力明显增强。省内各家银行在传统的存贷款、代理、结算及新兴的中间业务、投行业务等方面竞争均日益激烈。二是优化流程和提高效率的需要。目前，×行的经营管理基本上仍围绕"部门银行"的传统体制运行，在金融竞争日益市场化、金融产品日益复杂化和组合化、客户需求日益个性化的发展趋势下，原有的"部门银行"体制越来越不适应竞争的需要，对客户需求的响应和调动内部资源的能力受到体制阻隔，流程冗长，效率低下，难以依据客户或管理的性质差异提供有区别的服务。同时，庞大的分行系统、大量的职能重合以及部门之间的协调不畅，都会形成过高的交易费用和经营成本，急需进一步优化业务流程和节省成本，实现内部运营的高效率。三是提高风险管控能力的需要。由于仍然延续"部门银行"的条块管理模式，目前×行内部管理制度和规定虽然很多，但并未按照现代商业银行业务流程和服务对象的特点建立全方位的科学管理体系，存在不少管理"盲点"，导致管理不到位。同时，由于部分岗位分工不明确，存在多头管理的现象，不仅影响工作效率，而且也隐藏着金融风险。

二、质量管理体系认证实施过程

（一）梳理内部管理和业务环节。成立 ISO9000 质量管理工作的组织机构，全面了解国内商业银行导入质量管理标准和建立质量管理体系的基本情况，聘请顾问、咨询人员，在顾问咨询人员的协助下，针对××银行××分行业务情况，梳理内部管理和业务运作的各个环节，重新识别质量管理体系所需要的过程，确定过程的顺序和相互作用、必要的资源和信息、对过程实施控制的准则和方法，设计并确定 ISO9000 质量管理体系的实施方案。

（二）编制质量管理文件体系。确定质量管理体系的基本框架和文件构成，明确质量方针和质量目标，以及质量管理体系、管理职责、资源管理、银行服务的实现、监测、分析和改进等方面内容。认真做好质量手册、程序文件和作业指导书的编制和审查。在编写体系文件过程中对每个业务条线管理工作和具体业务操作进行了规定，并进一步细化了相关部门和岗位的职责，严密了业务接口。建设质量管理网站，将文件放到网上，易于质量管理体系文件得到广泛的应用。

（三）试运行。质量管理体系文件正式发布后，对全体员工进行质量体系文件培训，让所有的人都知道如何使用，充分发挥质量管理体系的效用。组织内部审核和召开管理评审会议，对文件体系建立后的使用效果、存在问题等进行审核或评审。采纳内部审核和管理评审的意见和建议，以及通过多种形式征集基层员工建议和意见，对质量体系文件进行更改，保证了体系文件的适用性，使其能够达到一个相对完美的程度。

（四）通过国际认证。2008年11月，××管理体系认证（北京）有限公司按ISO9001质量管理要求，对××银行××分行质量管理体系进行认证，对质量体系要素的符合性和现行质量体系实现规定质量目标的有效性进行确认，经过对两个阶段的正式评审，对不合格项进行有效关闭后，××银行××分行获得权威机构颁发的质量体系认证书。

（五）完善实施。质量管理体系认证工作结束后，××银行××分行按照新的体系标准实施内部管理和业务运作，并对质量管理体系执行情况开展内部审计，持续改进。一是监测体系运行情况，完善质量管理体系。二是推广质量管理网站，修改维护体系文件。质量管理网站覆盖到各级机构和基层营业网点，经过签批的修改通知立即发布在质量管理网站上，各级行和基层营业网点的所有员工能在第一时间掌握最新的程序文件和作业指导书，有效保障了文件的传递效率。截至2009年末，质量管理网站的点击率达到23万人次，满意度测评满意率达72.72%。三是开展客户满意度调查，掌握服务提供情况。在试运行期间完成的一次客户满意度调查显示，全辖14个二级分行847个营业网点中有300个网点参与调查，共计发放调查问卷60419份，收回36846份，问卷收回率61.0%。对×行服务整体评价表示满意或基本满意的有34509份，占93.7%。

三、实施质量管理体系的成效

（一）强化社会责任，提升了客户服务能力。××银行作为银行业金融机构的主要成员，既是我国经济及运行体系的核心参与者，也是社会组织体系的重要组成部分，承担着建立和谐劳动关系和公平竞争市场、可持续发展环境的法律义务和道德责任。通过建立质量管理体系，获得第三方机构认证和定期监督，证明××银行××分行建立了一套完整的质量管理体系，具备了确保服务和产品满足顾客需求的能力，能够持续满足标准的要求，不断改进，有利于提升××银行的形象，构建良好的品牌优势和信誉优势。作为服务型的经济组织，××银行"以客户为中心、以市场为导向"的经营理念与质量管理体系强调"以顾客为关注焦点"的原则实际上是一致的。通过实施质量管理体系，确保全行的一切经营和管理活动都坚持以顾客满意为出发点和归宿点，强调后手是前手的顾客，前台是后台的顾客，下级行是上级行的顾客，全行为客户服务，不断地识别客户的需求，加快金融创新适应客户需求，提高服务效率和客户满意度。

（二）提高分行机关员工素质，进一步增强了全行员工的质量与服务意识。按照"谁负责管理，谁就负责编写"的原则，××银行××分行机关员工几乎都参与了质量管理体系文件的编写工作，通过编写体系文件，提高了理论与实际相结合的能力，提升了业务规范化管理水平。同时，反馈机制要求机关员工根据基层行需求对作业指导书进行修改或将其他制度办法转编为操作性强的作业指导书。机关业务管理人员不再像以前直接转发上级文件，不再是从公文到公文，而是必须将文件的精神吃透，结合基层业务操作实际，对作业指导书进行修改，这就要求机关业务管理人员必须做到熟练掌握所分管的业务。同时，ISO9000标准的实施有力推动了××银行××分行员工树立国际上先进的质量管理理念，质量意识、服务意识、制度意识得到提高。例如，体系文件封面明确了编制单位、撰稿、审核、批准等各类责任人，为以后对文件的持续改进提供了追查依据，也保障了体系文件的编写质量；各级行业务经办人员通过学习运用PDCA过程方法，养成了过程方法管理的习惯，使每项工作从策划、实施到检查、验证全过程自始至终得到关注和控制。

（三）质量管理体系建设为流程银行建设打下基础。流程银行具有"以客户为中心""业务流程再造""系统性""持续性""扁平化""充分应用IT技术""合规部门地位突出"七个方面的主要特点。通过对比研究分析，发现流程银行特征与ISO9000的八项原则有五个相对应之处。一是以客户为中心与以顾客为关注焦点相对应。二是业务流程再造与过程方法相对应，过程方法就是对流程进行控制。三是流程再造的系统性与管理的系统方法相对应。四是流程再造的持续性与持续改进相对应。五是充分应用IT技术与基于事实的决策方法相对应。可见，质量管理体系建设可以为流程银行建设打下良好的基础。流程银行的核心要求是要按照最有利于满足客户需求和创造客户价值的标准，重组核心业务流程，实现内部运作的高效率。质量管理体系强调对各部门的职责权限进行明确划分、计划和协调，而使企业能有效、有秩序地开展各项活动，保证工作顺利进行的特点，符合流程银行的核心要求。质量管理强调文化管理，认为通过文化管理可以保证管理系统运行的正规性、连续性，不仅能提高产品（或服务）的质量，还能建立客户对企业的信心，最终提高企业在市场上的竞争力，这也符合流程银行关于重新构造企业文化理念的要求。质量管理体系文件的分层和受控方法，可以缩小管理半径，缩短管理链条，提高管理效率，符合流程银行改造组织流程的要求。

（四）质量管理体系建设提升了精细化管理水平。精细化管理大致有五个重要特征：流程优化、操作规范、管理精准、持续改进、全员参与。精细化管理的特征与质量管理体系原则有对应关系。如持续改进和全员参与的表述完全相同，流程优化与过程方法有内在的联系，操作规范与系统方法可以对应，管理精准就是基于事实的决策。质量管理体系建设将八项原则贯彻落实到各项工作中去，主要体现在以下几个方面：按照最有利于满足客户需求和创造客户价值的原则，对营运流程进行重新设计和组合，重建完整的业务流程，并相应对组织流程和管理流程再造，实现内部运营的高效率；明确界定部门和岗位职责分工，建立统一、标准化的作业程序规范，最后以程序文件或作业指导书的形式固定下来，并加强对体系文件执行的监督检查，从而使流程中每个动作都能做到制度化、标准化和规范化；以精益求精的态度对待管理的每个细节，不断地优化各项运作流程、规章制度和支持系统，实现管理精细化水平的不断提升。

（五）促进合规管理，提高了案件风险防范能力。在编写体系文件过程中，密切结合法律、法规以及银监会等监管部门的规定和指引，力求在文件体系中体现各项监管要求；科学梳理并修订各项业务的操作，形成完整的作业指导书，为合规管理提供了一个很好的落脚点，使合规原则真正落实到业务流程的每一个环节和每一位员工。ISO9000质量管理体系在管理理念上，表现为"事事皆过程"的管理思想，强调流程控制、过程控制，通过确定影响顾客满意度和金融安全的关键性过程和重要过程，明确受控范围，制定操作文件，加以从严控制，有效防范风险；突出控制的程序化、标准化，明确"做什么、由谁做、何时做、何地做、为什么做、如何做"，基层人员不用再去收集各类通知、文件和文件汇编，而仅通过作业指导书就可以按照流程的要求开展各项业务。同时，体系运行过程中，能够通过规范的程序对管理工作进行规范，通过过程记录对流程进行跟踪，极大地改进了业务管理模式，还在一定程度上减少了"师傅带徒弟"导致员工有章不循、凭借经验操作的现象。2008年客户投诉为682件，比2007年同比减少208件，降低了23.37%；2008年在继2007年全年无重大案件发生的基础上继续保持无重大案件发生，内控评价保持二级水平。

（六）文件体系高效运转，提高了制度执行力。质量管理体系符合实际、文件化、过程有序、职责分明，并引入信息技术、计量模型、数据统计等现代化管理手段，把职责落实到相应部门和岗位，细化目标，量化考核，合规管理，质量管理文件体系高效运转，从而大大提高了制度执行能力。突出表现为，一是建立了一套优越完整的文件体系。已正式颁布实施的质量管理体系共有文件 469 个，基本涵盖了全行所有的业务，摆脱了以往业务操作类公文在内容上存在的零散、繁杂、重复和矛盾等弊端，通过及时淘汰与更新，全行各项业务制度保持了最新的状态，保证了运行管理和使用上较强的适用性和便利性。二是打造了一个方便快捷的文件传输渠道。质量管理体系文件通过传统公文形式和质量管理网站两种方式传输，上级行的精神能够顺畅地传达贯彻到各个层级。例如，各岗位员工能够通过质量管理网站的发布渠道，在最短的时间内看到各项更新的作业指导书，还能够下载办理各项业务的记录表单，提高了业务操作的效率。三是建立了积极有效的反馈机制。一方面，可以通过体系文件的满意度测评对体系文件进行测评与反馈，充分掌握体系文件的使用和适用情况；另一方面，可以通过质量管理网站的意见反馈，对提出的业务问题在线问答，以轻松活泼的方式取代了烦琐的请示，及时解决业务操作中的疑难问题。

第二节　反映情况类调研报告

结构分析范式

写作目的：对某一方面的现实或者历史情况进行调查，为各级领导了解情况、研究问题、制定政策提供依据和参考。

结构框架：1. 引言＋调研情况＋政策建议；

2. 引言＋基本情况＋情况分析＋政策建议。

材料来源：1. 与调研情况有关的政策文件及分析材料；

2. 到实地开展走访、座谈，收集一手资料；

3. 参考其他同类型调研报告案例。

写作要领：1. 充分掌握材料是撰写反映情况类调研报告的基础，只有充分掌握材料，才能全面了解情况，为开展研究提供参考；

2. 在充分掌握材料的基础上，要开展综合研究和比较分析，最终发现主要问题，并且提出切合实际的解决办法；

3. 调研报告所反映的情况，不能道听途说、捕风捉影、主观臆测，要尊重客观实际，确保绝对真实；

4. 行文用语要准确恰当，多用叙述语气。

例文

关于广西北部湾经济区有关情况的调研报告

为支持广西北部湾经济区发展，落实我行与广西区政府签订的战略合作协议，出台重点支持北部湾经济区的政策指导意见，受行领导委托，公司业务部一行四人到了广西分行开展调研，现将有关调研情况报告如下。

一、广西北部湾经济区及其规划与发展概况

（一）广西北部湾经济区基本情况。广西北部湾经济区是由北海市、钦州市、防城港市及南宁市为主组成的经济区，考虑到区域发展的需要，在交通、物流的规划建设中，把处在"两翼"的玉林市和崇左市包含进来，形成"4＋2"的格局。该经济区地处北部湾经济圈的中心位置，面积达7.27万平方公里，是中国—东盟自由贸易区、泛珠三角经济圈和大西南经济圈的中心结合部，是我国实现以东带西、东中西共同发展新格局的重要节点，是连接我国与东盟、东亚与东南亚的走廊，是西南地区最便捷的出海大通道，是促进中国与东盟全面合作的重要桥梁和战略枢纽。

北部湾经济区的开放开发得到了国家的高度重视和大力支持。2008年国务院批准实施《广西北部湾经济区发展规划》，标志着广西北部湾经济区开放开发上升为国家战略，广西北部湾经济区进入了新的发展阶段。目前广西北部湾经济区经济发展势头良好，呈现出全面加速、整体提升和民生改善的良好局面。

一是生产总值总量和增速全面提高。2008年经济区生产总值达到2219亿元，比上年增长16%，增幅比全区水平高2.7个百分点，对全区生产总值增长的贡献率达到36%。二是经济区财政收入不断增长。2008年经济区财政收入272亿元，比上年增长29%，增幅比全自治区水平高9个百分点，对全区财政收入增长的贡献率达到44%。三是规模以上工业增幅再创新高。2008年经济区规模以上工业增加值507亿元，比上年增长23%，比全自治区水平高0.4个百分点，对全区工业增长的贡献率达到27%。四是全社会固定资产投资全面提升。2008年经济区固定资产投资总额1288亿元，比上年增长33%，增幅高出全自治区6.4个百分点，对全区固定资产投资总额增长的贡献率达到40%。五是经济区社会消费需求持续增强。2008年该区社会消费品零售总额871亿元，比上年增长23%，比全区水平高0.2个百分点，对全区社会消费品零售总额增长的贡献率达到37.5%。六是经济区进出口总额迅速增长。2008年经济区进出口总额60亿美元，比上年增长48%，增幅比全区水平高5.2个百分点，对全区进出口总额增长的贡献率达到49%。

（二）广西北部湾经济区规划概况。《广西北部湾经济区发展规划》从九个部分对经济区的发展规划进行了说明，可以简单概括为以下三个方面：

1. 功能定位。北部湾经济区的功能定位是，立足北部湾、服务"三南"（西南、华南和中南）、沟通东中西、面向东南亚，充分发挥连接多区域的重要通道、交流桥梁和合作平台作用，以开放合作促开发建设，努力建成中国—东盟开放合作的物流基地、商贸基地、加工制造基地和信息交流中心，成为带动、支撑西部大开发的战略高地和开放度高、辐射力强、经济繁荣、社会和谐、生态良好的重要国际区域经济合作区。把北部湾经济区定位为"重要国际区域经济合作区"，突出了开放合作的主题，表明北部湾经济区在我国对外开放战略中将担任更重要的角色。这一功能定位以面向东盟合作和服务带动"三南"为支点，把构建国际大通道和"三基地一中心"作为核心内容，把北部湾经济区建设成为带动、支撑西部大开发的战略高地和重要国际区域经济合作区作为目标，凸显了北部湾经济区的地域优势，符合国家发展战略要求和广西北部湾实际，在国家区域发展格局中富有鲜明特色。

2. 规划重点。围绕实现上述功能定位，其发展的战略重点如下：一是优化国土开发，形成开放合作的空间优势。优化空间布局，密切区域合作，强化城市间功能分工，保护生态环境，打造整体协调、生态友好的可持续发展空间结构。二是完善产业布局，形成开放合作的产业优势。充分利用两个市场、两种资源，优化投资环境，以市场为导向，发挥比较优势，大力发展高起点、高水平的沿海工业、高技术产业和现代服务业，承接产业转移，形成特色鲜明、竞争力强的产业结构。三是提升国际大通道能力，构建开放合作的支撑体系。加快建设现代化沿海港口群，打造泛北部湾海上通道和港口物流中心，构筑出海出边出省的高等级公路网、大能力铁路网和大密度航空网，形成高效便捷安全畅通的现代综合交通网络。四是深化国际国内合作，拓展开放合作的新空间。积极参与中国—东盟自由贸易区建设，进一步提升中国—东盟博览会的影响力和凝聚力；继续参与大湄公河次区域合作，推动南宁—新加坡通道经济带建设，形成中国—东盟"一轴两翼"区域经济合作新格局；深化国内区域合作，加强与珠江三角洲地区的联系互动，发挥沟通东中西的作用。五是加强社会建设，营造开放合作的和谐环境。大力发展教育卫生、劳动就业、文化体育、广播电视、社会保障等社会事业，加强基本公共服务体系建设，维护社会稳定，促进社会和谐。六是着力推进改革，创新开放合作的体制机制。加快建立促进经济发展方面有机结合的体制机制，加大企业改革力度，建立生态补偿机制，深化土地管理、投融资、劳动就业等方面的体制改革，建立统一开放竞争有序的现代市场体系。

3. 产业布局。按照建设中国与东盟的区域性物流基地、商贸基地、加工制造基地和信息交流中心的要求，广西壮族自治区政府在《关于促进广西北部湾经济区开放开发的若干政策规定的通知》（桂政发〔2008〕61号）中明确提出了在北部湾构建九大产业基地，即石化、林浆纸产业、能源、钢铁和铝加工、粮油食品加工、海洋产业、现代服务业、物流产业和高新技术产业，并要求加快北部湾九大产业基地建设，重点建设沿海的化工区、石化基地、钢铁基地、林浆纸基地，包括南宁的铝加工基地、化工基地，北海、南宁的电子信息、生物、制药、新材料等高技术产业基地，以及海洋产业、轻工食品加工、南宁国际现代物流等基地，推动形成产业集群。

（三）广西北部湾经济区的发展前景及近况

1. 广西北部湾经济区的发展前景。北部湾经济区将成为连接中国与东盟的"桥头堡"。为打造连接东盟的区域性国际交通枢纽，在"十一五"期间，广西与周边国家、邻省之间将建成约45条二级以上高等级公路，其中平均与每个相邻省份（国家）建成9条二级以上高等级公路通道（通往广东省的高等级公路通道将达到17条）；边境县（市）至少有1条二级以上公路与越南连接，所有的一类口岸以及具备条件的二类口岸建成二级及以上公路通道。广西将形成境内综合交通网络主干架，实现与周边国家铁路、公路、水运、航空等交通动脉的全面贯通。同时，在中国—东盟自由贸易区框架下，广西北部湾经济区与东盟国家在农业、汽车产业、物流、旅游等领域的合作将日渐深入，积聚效应正日益凸显，该经济区将成为中国与东盟的海陆空交通枢纽和区域性物流基地、商贸基地、加工制造基地、信息交流中心，成为连接中国—东盟合作的"桥头堡"。

北部湾经济区将成为国家战略中的"第四增长极"。北部湾经济区处在东南亚和东北亚两个经济板块之间，并与中国泛珠三角经济圈、西南经济圈对接，其自身自然资源丰富且基础设施正在得到迅速更新和完善。随着区域经济合作进程的加快，国家之间、地区之间及城市之间的合作与协调机制逐渐完善，北部湾经济区巨大的发展潜力将会在各种叠加的机遇中释放。我国珠江三角洲、长江三角洲已形成两个经济增长极，环渤海湾经济增长极也初步形成，北部湾经济区的崛起将成为我国沿海经济发展进程的必然趋势，在国务院批准实施《广西北部湾经济区发展规划》后，在现有的南宁高新技术开发、南宁经济技术开发区以及即将运行的凭祥综合保税区、钦州港综合保税区、北海出口加工区和南宁物流保税区这六大国家级经济开发区的带动下，"第四增长极"的目标正在逐渐实现。

2. 广西北部湾经济区的发展近况。2008年底，《广西壮族自治区人民政府关于促进广西北部湾经济区开放开发的若干政策规定》颁布实施，共出台包括70多项涉及10余个厅局，涵盖财税、土地等多方面的优惠政策，吸引海内外投资者到广西北部湾经济区投资。另外，据了解国务院即将出台"支持广西社会经济发展意见"，将推出一系列支持广西以及北部湾经济区发展的政策。2009年第一季度北部湾经济区新签项目104个，总投资136亿元，与2008年同期相比增长60%，目前北部湾经济区正在掀起经济建设的热潮。据初步统计，在当前和今后一段时期内，经济区将不断加强以下几个方面的建设：

能源方面：中石油钦州1000万吨炼油项目今年底将正式投产，预计年销售收入将达到600亿元，预计一期、二期及其配套项目总投资1400亿元，每年可实现工业产值3000亿元，税收超过310亿元；国投钦州电厂项目开始启动；防城港红沙核电项目已进入国家核电发展规划，国家发展改革委已出具同意红沙核电站开展前期工作的"路条"，目前正在争取正式核准；北流生物质发电工程已完成核准手续，部分条件落实后即可正式开工建设；南宁火电项目已正式启动，国家能源局正式发文同意开展前期工作。

交通方面：北部湾经济区内已开工或即将计划开工的高速公路有钦州—崇左、玉林—铁山港、六景—钦州港、南宁外环、防城—东兴等；续建机场项目有南宁吴圩国际机场扩建工程；水运项目有钦州中石油10万吨级码头、防城港西湾10万吨级航道一期工程、北海铁山港4个泊位码头以及计划开工的钦州港金鼓江航道工程核防城港钢铁基地专用码头；铁路方面有南宁—广州、南宁—钦州、钦州—防城港、钦州—北海等高速铁路。

物流方面：钦州保税港区正在进行一期工程建设，预计今年底实现封关运行，目前正全速推进集装箱码头、口岸查验、监管服务设施等主体工程和配套工程建设，已累计完成投资16亿元，该保税港区是目前我国对外开放层次最高、政策最优惠、功能最齐全的特殊经济功能区之一；南宁保税物流中心项目一期建设工程已全面展开，已进入紧张施工阶段，年底前可能实现封关运行，它将涵盖保税仓储、国际物流配送、简单加工和增值服务、进出口贸易和转口贸易、口岸以及物流信息处理和咨询服务功能6大功能，极具前沿优势、通道枢纽与核心城市的战略地位；凭祥综合保税区总体规划已完成，详细性规划也已通过评审，前期工作正在紧张进行，该综合保税区是我国目前获得批准的在陆地边境线上设立的唯一的综合保税区，也是目前国务院批复的综合保税区中面积最大的一个；北海出口加工区和防城港保税物流中心也被列入物流重大项目。

城建方面：北部湾经济区初具规模前将会形成2万亿~2.5万亿元的投资规

模，其中基础设施建设约 4000 亿元，城市建设投资约 4400 亿元，城市人口增加带来的房地产投资约 3000 亿元。仅就钦州市来说，未来 3～5 年内城市基础设施建设项目总投资预计即可达 1150 亿元，其中融资需求约为 800 亿元。

二、广西分行在北部湾经济区的发展与问题

（一）广西分行在北部湾经济区的基本情况。广西分行目前在北部湾经济区的南宁、北海、钦州、防城港、玉林、崇左六市均设有二级分行，管辖县级支行 39 个，营业网点 369 个，在职员工 5480 人。截至 2009 年 3 月底，北部湾经济区全社会存款余额 4194 亿元，其中我行存款余额 815 亿元，占比 20%，居于第一位，工行占比 17% 居于第二位；北部湾经济区全社会贷款余额 3588 亿元，其中工行贷款余额 616 亿元，占比 17%，居于第一位，我行占比 14% 居于第二位，比第三位建行的 13% 高出不足 1 个百分点。另外，今年第一季度末的数据显示，我行北部湾经济区的六个二级分行存款余额占广西分行的 48%，贷款占广西分行的 50%，中间业务占广西分行的 38%，账面利润占广西分行的 58%。广西分行充分认识到北部湾经济区的巨大潜力和商机，积极做好该区域的金融服务工作，将北部湾经济区作为加快有效发展的重点市场。主要做到了以下几方面：

一是加强与经济区政府领导沟通。2008 年以来，广西分行班子多次拜访广西壮族自治区党委、政府高层领导和南宁、北海、钦州、防城港、玉林、崇左六市领导，就今后双方进行全方位的业务合作进行了充分细致的沟通，并与部分地市签订战略合作协议。二是对北部湾经济区给予政策倾斜。广西分行整合内部资源，在经济资本配置、费用分配、骨干网点、自助银行体系建设、人员配备、经营决策权限等方面给予倾斜支持，进一步提高经济区所在行的竞争力。三是加大对重点项目的信贷支持力度。去年以来，广西分行先后支持经济区建设的重点行业、重点项目和重点企业超过 200 个，累计投放贷款 200 多亿元，其中，今年第一季度广西分行南宁、北海、钦州、防城港四市各项贷款余额比年初增加 91.88 亿元，推动了经济区经济的快速发展。四是大力推进对公大客户服务转型。今年广西分行将北部湾经济区的 42 家大客户列入直管范围，推出财务顾问、投资银行、可循环使用信用业务、活期存款账户透支等业务，为广西投资集团、富士康科技集团、斯道拉恩索等客户提供综合金融服务解决方案，进一步提升了服务层次和水平。五是进一步创新边贸结算金融产品。广西分行在开通系统办理边贸结算业务的基础上，去年 2 月又开通了边贸网银，促进了边贸结算业务的快速发展，该行去年边贸结算量 85 亿元人民币，同比增加 16 亿元人民币，增长 23%，业务量稳居同业第一位。

（二）广西分行在北部湾开发开放中的机遇。北部湾经济区的开放开发，在给广西带了来重大发展机遇的同时也给我行带来了加快发展的历史机遇。

1. 北部湾经济区的开放开发，将为广西分行国际业务的发展提供广阔的空间。近年来，广西分行在边贸结算、国际卡收单等国际业务方面发展较为迅速且占有较大的市场份额，优势明显。随着北部湾经济区的开放开发，经济区与东盟等国家双边贸易的增长，该区域对外贸易企业的数量将不断增加，将给广西分行带来新的国际业务客户，从而促进该行外汇存款、国际结算、边贸结算、信用证、国际融资等国际业务的发展。特别是经济区与越南双边贸易的增长，将为广西分行国际结算业务特别是边贸结算业务提供广阔的发展空间。

2. 北部湾经济区的开放开发，将为广西分行负债业务的发展带来新的机遇。近年来，国内外对广西的投资发展较快，随着北部湾经济区的开放开发，具有独特区位优势的广西北部湾经济区将成为国内外，特别是东盟等外来投资的热点地区。同时，为适应中国与东盟建立自由贸易区所带来的人流、物流、资金流、技术流、信息流的增加，近几年广西对北部湾经济区基础设施，特别是物流、交通、运输、港口、口岸、会展、城市设施、商贸城和旅游等方面的投资逐年加大，并将进一步加大对钦州、凭祥综合保税区以及南宁物流中心的建设、沿海港口扩建和高等级公路等基础设施建设的投资力度，这都将给广西分行负债业务带来新的增长点。

3. 北部湾经济区的开放开发，将为广西分行资产业务的发展创造良好的条件。一是东盟广阔的市场，为北部湾经济区原有的优势产业和产品提供了发展的空间，有利于广西分行进一步加大对优势产业、产品的支持力度。二是广西将围绕中国—东盟博览会，进一步加大对港口、口岸、道路、信息、城市等基础设施建设，为我行提供更多优良贷款项目，为广西分行资产业务的发展和信贷结构优化创造良好的机遇。三是广西将现有的优势技术、设备，以及一些在国内相对饱和的产业、产品及其技术、设备向经济技术较为落后的东盟第三层次国家转移，将有利于广西分行盘活和清收不良贷款。四是北部湾经济区的农产品及制糖业、造纸业等部分农林加工支柱产业与东盟的同一性，将有利于双方优势农业和产业的合并，促进农业产业化的发展，为广西分行信贷存量结构的优化创造良好的条件。

4. 北部湾经济区的开放开发，将为广西分行带来新的发展机遇。《广西北部湾经济区发展规划》明确提出了"构建南宁区域性金融中心"的战略目标和一系列优惠政策，支持在北部湾地区设立地方性银行，探索设立产业投资基金和创业投资企业，扩大企业债券发行规模，支持符合条件的企业发行企业债券等。同时，随着经济区开发的不断深入，双边贸易和资金流动所带来的人民币清算和交易服务、人民币国际信贷服务以及随之带来的人民币国际化进程，能够将南宁打造为一个强有力的，连接北部湾经济区金融市场、东盟金融市场与珠三角金融市场的区域金融平台。在这个区域金融中心的打造过程中，广西分行强化自身在区域经济发展中的主流地位，可以使我行在区域金融中心占有一席之地。

同时，随着北部湾的开放开发，众多优质企业的金融服务需求将不断增强，在对广西分行的服务水平提出新挑战的同时，也为该行发展投资银行、财富管理、资产托管等高附加值的中间业务创造了有利的条件。

此外，北部湾经济区与东盟地区都具有丰富的文化、民俗、生态资源，旅游产品互补性很强，具有巨大的合作空间。广西与越南国际旅游列车、海上旅游航线的开通，将使北部湾经济区的旅游业得到进一步的发展。每年在南宁举办的中国—东盟博览会，也将使广西北部湾经济区成为中国与东盟各国商品交易中心，促进区域内相关行业和产业的发展。这些都将给广西带来新的经济增长点，从而为广西分行带来新的发展机遇。

（三）广西分行在北部湾开放开发中存在的困难和问题。目前广西分行在北部湾经济区仍处于主流地位，但随着"风声水起北部湾"，其他金融同业纷纷加大对北部湾经济区的支持力度，广西分行存在的一些问题和困难逐步暴露出来，这些问题和困难开始逐渐对广西分行在该区域的发展形成困扰，特别是在城市基础设施项目和其他重大项目上，广西分行被边缘化的趋势日益明显，据调研的不完全显示，可以分为以下几个类型。

1. 客户准入门槛过高。主要表现在三个方面：一是政府投融资平台客户要求过高，广西北部湾经济区只有南宁一个城市可以介入政府出资成立的企业法人，无一县（县级市）财政收入能够满足地方政府投资项目的信贷要求。二是房地产开发客户要求过高，绝大部分广西地方房地产开发企业达不到总行规定的客户准入标准或项目准入标准。三是事业单位信用等级准入要求过高，广西大部分县域优质医院、学校等事业单位满足不了信用等级 AAA 级的要求。

2. 信贷审批权限过小。目前总行对广西分行的集团客户授信审批权限和单一客户授信审批权限与当地同业相比过小，大量授信业务需报一级分行或总行，导致业务办理时间过长，影响贷款发放的效率，造成基层行在客户关系维护管理上处于被动状态，削弱了客户对广西分行的信心。此外，基层行还反映信用等级评定体系不够细化，不能满足处于发展期的优质季节性行业和贸易融资类企业的金融需求。

3. 项目遭遇合规瓶颈。目前北部湾经济区处在发展初期，大部分大项目刚立项不久，虽然获得了国家的批文，但部分其他合法手续难以在短期完善，按照总行现行制度难以介入此类项目。同业竞争十分激烈的情况下，在大项目营销和业务办理过程中的瓶颈限制十分明显。

4. 营销力度需要增强。北部湾经济区内大部分客户的总部都不在广西，广西分行及其辖属机构不容易与其总部进行沟通，仅与子分公司接触，不能影响其总部的决策，不利于广西分行推进项目营销工作。同时，部分项目首次营销到位后，由于我行部分制度不够灵活，在办理具体业务过程中未能及时满足客户金融需求，导致地方政府和客户对广西分行认可度降低，该行后期的营销难度也逐渐加大。

5. 金融产品创新不够。一方面，广西分行目前拥有的大多数法人类金融产品与同业趋同性强，部分产品设计缺乏特色，不适应地方经济发展要求，导致产品知名度不高，竞争力不强。另一方面，部分新产品以吸纳型和模仿型创新居多，客户信息需求反馈慢、产品升级换代不及时，在系统运行的稳定性、操作简化标准、服务功能记忆与人性化设计上仍然与同业存在一定差距。

三、金融同业在经济区发展政策的比较分析

针对广西分行存在的上述问题，我们召集了北部湾经济区内 6 个二级分行行长及部分辖属支行行长开展研讨，研究了解同业的政策、措施和做法，深入比较我行在授权、准入、流程、制度等方面与同业的优劣。与会代表表示，同业及早地从宏观上对区域经济发展趋势进行调研，出台了一系列前瞻性政策措施，其创新能力已经走在我行前面，我行有"一步被动，步步被动"的趋势。下面主要结合广西分行部分项目的运作情况，对同业的各项政策进行对比分析。

（一）同业的营销层次提高。目前，广西分行的大项目营销以一级分行为主，二级分行主要负责落实，与支行三级联动，总行基本处于缺位的状态。部分同业采取"一站式"营销，其总行不仅直接参与营销，而且还直接与地方分行组织精英团队，对大项目共同进行评估审查，然后其总行直接进行审批，一步到位。广西防城港红沙核电项目是广西区 2008 年统筹推进的重大项目之一，总投资约 690 亿元，计划分期建设 6×100 万千瓦压水堆核电机组，其中一期工程 2×100 万千瓦机组投资约 272 亿元，所需资本金约 54 亿元，项目业主拟向银行申请固定资产贷款 217 亿元。×行、×行、×行总行对中广核集团进行总部营销，已获得授信，我行还尚未正式同中广核集团对接。类似的案例还有上思华润水泥项目，该项目总投资 16 亿元，其中企业自筹 5 亿元，申请项目贷款 11 亿元，企业自筹约占项目总投资的 31%。×行通过总行、深圳分行直接对其总部进行营销。在尚未实地收集资料的情况下，该项目获得×行授信 2.5 亿元，并在项目四证（建设工程规划许可证、国有土地使用权证、建设用地规划许可证、建设工程许可证）未取得情况下发放了贷款。

（二）同业的机构建制提升。大部分金融同业在北部湾经济区原有机构层级较低或无分支机构的情况下，通过提高分支机构建制或积极进驻等方式，密切与经济区的接触，明显呈现出金融同业"抢滩"的现象。×行已将钦州、防城港支行升格为分行，并在干部的调整、配置和交流上优先支持北部湾区域，同时将招聘的新入行员工向北部湾区域各行倾斜；原未进驻钦州的×行、×行、×行、×行等银行现已在钦州建立筹备机构，同时开展信贷业务，并计划年内成立分支机构；×行和×行等银行也有意向在钦州设立分支机构，并已派营销团队到钦州开展业务，通过各种关系进行项目营销。

（三）同业的授权额度扩大。通过调研发现，××金融同业近年来的授权额度扩大，普遍比我行高，具体表现如下：在信贷业务基本审批权限方面，×行集团客户及单一客户审批权限的授权额度为 50 亿元，单项业务审批权限为 18 亿元；×行单一客户审批权限与单项业务审批权限的授权额度为 4 亿元；×行集团客户及单一客户审批权限的授权额度为 2 亿元，单项业务审批权限为 1 亿元。相比之下，总行对广西分行集团客户审批权限的授权额度为 8 亿元，单一客户的授权额度为 6 亿元，单笔业务审批授权额度为 2 亿元。

×行的审批权限与其他同业有所区别，它不区分固定资产和流动资金贷款，而以客户的信用等级作为划分标准。例如，AAA 级客户或资产风险分类为正常类且客户评级在 AA 级（含）以上的总行级重点客户及总行级战略客户（含集团客户成员企业）的单户授信额度有 13 亿元（含）以内的审批权，AA 级客户的单户授信额度有 9 亿元（含）以内的审批权，A 级（含）以下未评级客户有 7 亿元（含）以内的审批权；同时，AAA 级客户或资产风险分类为正常类且客户评级在 AA 级（含）以上的总行级重点客户及总行级战略客户（含集团客户成员企业）在授信额度内的中长期信贷业务具有全额的审批权，其他的审批权限等同于单户授信额度；此外，授信额度内单笔短期信贷业务审批权限为全额，新设项目法人单户授信额度有 2.5 亿元（含）以内的审批权，个人信贷业务有全额的审批权。

（四）同业的准入条件较贴近市场。与我行相比，广西金融同业在政府投融资平台项目、城市和县域基础设施项目、房地产开发项目等方面的准入要求低，特别是重点的政府投融资平台中的城市基础设施项目上，同业的准入条件极为宽松。基层行对此类问题反映最强烈，认为现行制度对城市基础设施项目的支持不足，机制不顺畅，导致营销不力。分类具体分析如下：

1. 政府投融资平台中的城市基础设施项目。从他行对此类城市基础设施建设贷款的运作特点看，基本上有以下共同点：一是未对此类项目设置准入标准。二是对项目的评估重点有别于一般固定资产贷款项目，因项目本身不产生直接收益性现金流，省略了项目自身的敏感性分析、经济回报分析等，而侧重于因项目运作而产生的社会效益及综合经济效益分析。三是对项目还款来源的考证都从财政本级收支结余及财政全部债务偿债的能力分析入手。四是各投融资平台提供的贷款抵押物基本上属于公益性或社会基础设施用地范畴，贷款方式多以信用为主，担保为辅。五是在目前国家加大城市基础设施建设投资、拉动内需的特殊时期，在贷款各环节的操作上采取了"边建设边报批"等特殊信贷政策和做法。

而我行为城市基础设施建设项目设置了标准，要求满足上年度生产总值在1000 亿元以上的城市（含上年度生产总值在 1000 亿元以上的市辖区）本级政府出资并依法成立的企事业法人或上一年度生产总值在 500 亿元以上（含）、1000 亿元以下（不含）且财政收入 50 亿元（含）以上的城市本级政府投资项目，且融资企业信用等级在 A＋级（含）以上才能进入，并且操作上仍按照原有的固定资产贷款办法规定要求，待借款项目资料齐全后才开始进行贷款运作。因大部分城市投融资公司作为政府运作城市基础设施建设的载体，并不以经营者身份参与建设，无经营收入，费用也不作损益处理，我行无法对其进行信用等级评定，企业准入条件也难达到。贷款担保、用信方式等方面也缺乏灵活性，未能及时调整信贷政策和制度来适应市场变化的需要。

根据我行的标准，钦州、北海、防城港、玉林和崇左等市政府出资并依法成立的企事业法人。广西分行全部无法介入，即使南宁市的部分项目可以介入，但由于制度的不适，广西分行的市场份额明显偏低。凭祥综合保税区项目是国家在北部湾经济区建设的重大项目，经过大力营销，该项目业主广西凭祥综合保税区开发投资有限公司的基本账户已选择落户我行，但由于该公司刚成立，注册资金、财务报表等基础资料不是很齐全，在向广西分行申请贷款支持时，仅提供了营业执照、组织机构代码证、贷款卡、公司章程、公司成立批复、一期实施方案等材料，广西分行不能突破规定为其提供贷款支持。而 × 行仅凭上述资料，突破制度规定，批准了该公司 3 亿元的授信，广西分行在该项目竞争中陷入被动局面。

2. 县域基础设施项目。此类项目受到了总行《关于政府投资项目信贷业务管理的意见》的影响，该意见对县域政府投资项目要求县上年度财政收入须在 20 亿元以上方可审慎介入，并且还须先报总行审核名单。根据这一规定，北部湾经济区没有具备此条件的县份。信用社等金融机构趁此机会，加大对县域财政投资的基础设施贷款。以南宁市部分县域基础设施项目为例，南宁分行根据之前的农村城镇化贷款方面的规定，对具有偿还能力、风险可控的武鸣、横县、宾阳的财政垫付性基础设施项目贷款进行了拓展，武鸣、横县的贷款材料已具备上报条件，目前这些工作已全部终止。但×××行在3月对南宁所辖县域增加了7.9亿元贷款的基础上，4月又增加了6.8亿元贷款支持；×××行也给予横县8000万元、武鸣1000万元、武鸣东盟投资区9000万元的贷款。

3. 房地产开发贷款项目。城市房地产开发贷款方面，按照现行最新的城市房地产客户准入标准和项目准入标准，广西北部湾经济区内大部分二级分行很难支持正处于起步阶段的房地产行业，因为大部分房地产开发企业为新办企业，不具备三级及以上房地产开发资质，达不到连续经营商品房开发3年以上、累计开发面积15万平方米以上和信用等级AA级以上要求。在县域房地产开发贷款方面，按照现行规定，我行无法介入北部湾经济区内的县域房地产项目。目前×行、×行、×××行等同业在房地产市场的门槛低于我行。房地产开发贷款客户准入标准高，不仅影响到房地产开发项目的营销，还极大地波及到个人住房贷款的营销和拓展。

（五）同业评级授信要求低

1. 地方机构类客户。我行对地方机构类客户的授信评级要求高，由于此类客户无法落实抵押或质押，但信用等级评定够不上我行的基本要求。×行对此类垄断性客户的贷款条件比较宽松，×××行对此优质客户不评级授信，在审批权内自主发放。例如×行，在不到2个月的时间内，就完成了对玉林市第一人民医院门诊综合楼建设项目的期限10年，信用方式担保的2.6亿元贷款，而广西分行还有待落实一系列的限制性条款后才能够发放贷款。

2. 集团性客户。我行对集团性客户实行统一授信、分配额度，但由于总行对部分集团公司的授信未能及时下达，广西分行部分项目贷款无法运作。广西分行受此影响的项目有广西保利房地产有限责任公司的龙湖蓝湾项目、恒大地产集团南京有限公司的恒大绿城项目。

（六）同业的具体措施灵活多样。在激烈的市场竞争中，同业纷纷推出灵活多样的各种措施，积极抢占市场份额。我们在调研中发现的一些情况如下：

1. 打包整体营销。×××行、×行、×行把一个城市、一个地区、一个园区、一条产业链等看作一个客户或项目进行市场营销运作，营销效率和市场竞争力大幅提高，并且比较符合北部湾经济区的发展实际。而我行仍然采取传统营销方式，就单一客户或单一项目进行营销，营销观念和方式已经落后。例如，×行总行就已对北海市铁山港区发展进行重点支持，将重点项目进行"打包"，凡在"打包"

范围内的，成熟一个，发展一个；×行将柳州市城市路网12个项目33亿元采用信用贷款方式一次报批；×××行将柳州市城市路网10个项目60亿元采用信用贷款方式一次报批；×行对钦州市城市设施16个项目贷款11.7亿元一次报审。

2. 项目捆绑营销。在国家强力扩大内需的背景下，北部湾经济区的建设不断提速，各行竞争力度明显加大，在部分项目中挤兑的现象严重。例如，××行在向玉林市城建项目发放贷款2.5亿元后，原本以×分行为主办行的总投资77.5亿元的玉林—铁山港高速公路项目被其抢走，并与区政府联合下文，重新规定结算开户等内容，对已在我行开立的账户进行销户。

3. 先放款后用款。××行、×行、×行可以先批先放，对手续不完善、配套资金一时不能到位的项目，可通过政府或相关职能部门出具限期补齐承诺函以及其他合法手续后，按资本金到位的比例等要求用款。而我行贷款要求资本金到位后才发放。例如，×行在钢铁项目上下游配套企业储备土地的土地储备中心营销贷款方面，在正常条件未完全具备情况下，先放款，后落实限制性条件（待资本金到位后才按规定比例用款），在去年发放贷款1.5亿元的基础上，今年第一季度再发放5.5亿元贷款。

4. 个人客户统一授信。同业为抢占个人贷款的优质客户群，采取一些灵活的操作办法。例如，×行对辖区公务员或掌握一定经济支配权的事业单位人员进行统一额度授信，其中厅局级干部额度为30万元以下，科级干部额度为10万元以下，客户在授信范围内可以随借随还，不用抵押；×行推出账户存贷挂钩办法；×××行的个人小额贷款业务，贷款用途灵活，资料收集简化，还可以采取公务员担保方式发放5万元以下的个人小额贷款。

（七）同业的业务办理效率高。由于我行贷款产品市场适应能力不强，业务创新和贷款运作跟不上市场的需求，在同业激烈的竞争环境下，客户选择了与融资更便捷的银行，对我行客户营销工作产生了极大的不利影响。同业的效率主要体现如下：

1. 调查评估效率高。×行只需收集借款企业的基本资料、项目概算资料（原件或影印件）、项目前期准备工作完成情况报告、自筹资金和其他建设资金、资金筹措方案及其落实资金来源的证明材料（原件）和要求提供的其他资料等。调查（评估）环节由有权审批行的前台部门和经营行进行联合调查。×行总行建立了重点备选项目库，对一些比较成熟的项目在落实资金和计划的前提下向客户出具贷款承诺；对于一些较大的项目，一级分行可以与总行共同进行市场调查。以东兴新边民互市区项目为例，该项目由广西东兴××有限公司投资开发，×行直接营销，将项目运作直接提级至审批行，减少环节，提高效率。

2. 审查审批效率高。×行、×行等银行主要审查贷款项目的立项、地方政府出具的财政资金兜底文件的合法性，对项目还款来源的考证从当地财政本级收支结余及财政全部债务偿债的能力分析入手，并以最优惠的贷款条件予以审批，便于其经营行在放贷时与他行竞争。××行总体评审的重点是借款人资格、资产负债及财务经营状况、项目资本金和其他配套资金的来源及落实情况、还贷资金来源及可靠程度、贷款风险度的预测和担保方式等，单个项目逐一审查的重点是市场与风险预测、项目总投资、项目财务效益。同业与我行比，整体审查环节少，审批效率高。

例如，印度尼西亚金光集团亚洲浆纸业有限公司投资建设的金桂浆纸一体化工程项目，该项目是其在国内建立的第十八家控股浆纸厂，建设总规模为 180 万吨浆、310 万吨纸，计划总投资人民币 410 亿元。××行已审批贷款 28 亿元，已发放 3 亿元；×××行已审批贷款 13 亿元，已发放 2 亿元；×行与××行各审批贷款 5 亿元和 1 亿元，待我行贷款审批后一起发放。类似的还有南宁绿城水务建设项目，该项目是南宁市政府融资平台下的城市基础设施建设项目。广西分行突破信贷制度，比×行早 1 个月向总行上报贷款，但前后历时 4 个月才完成审批，而×行前后 1 个月就完成审批工作，在今年 2 月就向该客户发放贷款 2 亿元。广西分行再次上门营销，客户最终才勉强同意提款 7500 万元，距用足 2.45 亿元授信相差较远。

（八）同业的金融产品推陈出新。同业还推出了许多具有灵活性和竞争力的金融产品。

1. 个人业务产品类。×行的理财金账户，×行的汇聚宝，×行的"新股随心打""乐当家卡"等在业内都具有很大的知名度；×行新推出的"无驱 U 盾"产品，简化了网上银行客户证书的安装流程，使网上银行业务更加大众化和平民化，已经被更多的公众所接受。

2. 公司业务产品类。××银行的"融资共赢链""现金新干线"，××银行的"财智星"，××银行的"全程通"等产品，真正实现了围绕核心客户设计个性化的金融服务方案，针对客户多种需求提供一揽子品牌产品，为客户提供"一站式"的全流程服务；×行目前推出注册资本过渡贷款，专门用于财政出资的企业，具有较强的灵活性和竞争力。

四、广西分行当前急需总行解决的几个问题

调研组一行通过实地考察，对北部湾经济区掀起的经济建设热潮有了切身的体会，对北部湾经济区内激烈的同业竞争有了更加深刻的认识，对广西分行迫切发展的要求也有了更加真实的感受。根据北部湾经济区当前的发展形势和广西分行的实际情况，结合当地金融同业的竞争状况，我们建议总行从以下6个方面解决广西分行当前所面临的问题。

（一）尽快出台支持北部湾经济区的政策。建议尽快讨论、完善和修改《××银行关于重点支持广西北部湾经济区发展的指导意见》，尽早在全行实施，扭转我行在北部湾经济区边缘化的趋势，避免出现我行在发展中落后的状况，促进我行在北部湾经济区业务快速发展。

（二）进一步加强对经济区的指导和帮助。建议总行成立北部湾区域工作协调小组，负责统筹协调北部湾区域各项事务，优先办理北部湾经济区各类重大事项。同时，建立业务直接发起机制，打破原有信贷流程由支行发起、层层上报格局，对一些重大优势项目，开通"绿色通道"，直接派驻调查团队，采取特事特办运作，提高办贷效率。还有及时响应广西分行针对北部湾经济区的金融产品开发需求，优先安排技术力量和有关资源进行开发。

（三）给予广西分行灵活便捷的信贷政策。建议总行制定客户分类标准和实行客户名单制管理时，考虑北部湾经济区内客户经营发展的差异性，因地制宜，区别对待，并从几下几个方面的业务给予广西分行灵活的政策：

1. 城市基础设施贷款方面：对列入城市本级政府出资并依法成立的企事业法人，承建的总行优质项目和属于"国十条"及省级以上发展改革委核准的重点项目、重点工程，不受GDP区域准入的制约；对列入总行名单内的客户和项目办理信贷业务，可取消报备手续。

2. 县域基础设施贷款方面：把农村城镇化贷款客户的信用等级要求由"AA级及以上"调整为"A级及以上"；农村基础设施贷款对象调整为县级（含）以上政府授权投资或出资设立的企（事）业法人，以及经县级（含）以上政府招投标确定、承担农村基础设施项目建设任务的非政府类企（事）业法人；取消总行《关于政府投资项目信贷业务管理的意见》县域区域准入标准中的"县（市）上年度财政收入在20亿元以上"的要求。

3. 房地产开发贷款方面：将房地产开发及经营性物业抵押贷款业务准入审核审批权下放至广西分行；取消总行《县域房地产开发贷款业务准入规定》中商品住房开发贷款区域准入规定。

4. 机构类客户方面：调整北部湾经济区域内县域医院、学校的信用贷款条件，将部分生源足、效益好的县域高级中学纳入教育行业支持类客户；允许广西分行对北部湾经济区域内信用等级在 AA 级以上的县域二甲以上医院发放信用贷款（同时采用收费权质押）。

（四）提高广西分行的授权额度。建议比照同业授权水平扩大广西分行的基本权限，对集团客户授信审批权提高至 50 亿元，单一客户授信审批权提高至 18 亿元，单项业务最高审批权提高至 18 亿元；放宽转授权的管制，除需一级分行以上进行调查评估的事项外，其他的可由广西分行自主决定；授权广西分行结合业务实际，在符合国家现行的法律法规、产业政策、监管部门规章强制性规定的前提下进行产品创新和制度创新，报总行备案后执行。对于其他需要根据广西北部湾发展的实际情况的授权权限，广西分行将专门行文向总行申请。

（五）加大北部湾经济区内大项目营销力度。建议建立对北部湾经济区的整体营销和高层营销机制，将北部湾经济区内的项目分别列入总行、广西分行、二级分行分核心客户名单，其中北部湾经济区内的凭祥综合保税区、钦州港综合保税区、北海出口加工区和南宁物流保税区纳入总行优势行业重点客户对待，并对客户名单实行差异性分类管理，按照"谁牵头营销就由谁发起申报"的原则，实行"一次调查、一次审查、一次审批"。

第三节　揭露问题类调研报告

结构分析范式

写作目的：揭露或分析某一问题，提出改进意见。

结构框架：1. 发现问题＋分析问题＋解决问题；

　　　　　　2. 剖析现状＋对比先进＋分析问题＋判断形势＋解决问题。

材料来源：1. 与揭露问题有关的总结分析材料；

　　　　　　2. 通过组织访谈、座谈会等收集一手资料；

　　　　　　3. 参考其他同类型调研报告案例。

写作要领：1. 揭露问题类调研报告一定要有很强的针对性，其目的是解决存在的问题，对实际工作进行指导；

　　　　　　2. 分析问题要认真研究分析，找准主次、明辨是非、找准本质，可以通过数据分析对比，揭示事物的本质和规律，增强对事物性质特点界定的准确性和可比度。

例文

关于提升××分行对公业务竞争力的调查报告

对公业务是全行业务的支柱和创效主体，提升对公业务竞争力对建设国际一流商业银行集团具有重要意义。为扭转我行对公业务的不利局面，促进对公业务可持续发展，课题组就对公业务开展了专题调研，通过分析发展现状及存在的问题，结合内外部机遇与挑战，探讨提升对公业务竞争力的对策及建议。

一、近四年对公业务发展现状

（一）对公存款发展情况

1. 对公存款总体情况。2014—2017年，除2015年外，我行人民币对公时点存款基本呈现正增长发展趋势，平均增长率为2%，其中2016年增速达到9.8%。人民币对公日均存款余额逐年递增，尤其是2017年，比上年增加6.74亿元，增长率达14.8%，增长速度较快。四年间，我行人民币对公时点存款增加了3.66亿元、日均存款增加了4.83亿元，虽然对公存款整体实现了增长，但年均增长并不平衡，大起大落现象明显，如2015年、2016年时点存款增长率相差了16.77个百分点，2014年、2015年日均存款增长率相差了11.6个百分点。

2. 同业对比分析。2014—2017年，当地四大行人民币对公存款总增量36亿元，其中，A行共增15亿元，占比41%；B行共增13亿元，占比36%；C行共增4.7亿元，占比13%；D行共增3.66亿元，占比10%。A行、B行占领了对公存款增量市场的绝对份额，C行、D行基本处于落后水平，四行呈两极分化局面，我行总增量排当地四大行末位。四年来，A行对公存款时点增量市场份额逐年上升，我行对公存款时点增量市场份额均下降，虽2017年末仍居当地四大行首位，但领先优势进一步缩小。

3. 系统内比较分析。2014—2017年，××分行人民币对公存款余额在××银行系统排名分别为第七、第九、第八、第十位，存量贡献度分别为4%、3.5%、3.6%和3.4%；增量排名分别为第十二、第十三、第十、第十位，增量贡献度分别为2.3%、−5.6%、3.1%和2.2%。综合来看，我行对公存款系统内存量贡献度逐年下降，增量贡献度较低，排名靠后。

4. 条线结构分析。2014—2017年，四年来我行对公存款中公司类存款依赖结构性存款产品的推广，占比总体提升，特别是在2016年达到了57%，而同时机构类存款占比则逐年下降。从增量上看，前三年公司类存款增长较快，机构类存款则连续两年负增长，机构类存款作为×行系统及金融同业对公存款稳定器，在我行呈现弱化趋势。

2017 年，我行在"抓资金源头""把政府作为第一大客户"的经管理念下，大力拓展机构类存款业务。但受结构性存款到期不能续做的影响，公司类存款大幅下降。截至 2017 年末，全行机构类存款余额 27 亿元，占比 52%，公司类存款余额 24 亿元，占比 47%。机构类存款虽挽回弱化趋势，但从整体来看，仍较 2014 年末下降了 4.3 个百分点，尚有增长空间。2015—2017 年，全行人民币对公存款共增长 2.59 亿元，总增幅 5.35%，年均增速 1.99%。其中，公司类存款共增加 3.32 亿元，总增量贡献度 127.8%，总增幅 16.1%，年均增速 5.2%。机构类存款负增加 0.73 亿元，总增量贡献度 -27.8%，总增幅 -2.7%，年均增速 -1.0%。

5. 客户结构及贡献度分析。

（1）两户建设"扩户"情况。一方面，三年来，我行对公"两户"（客户、账户）增长缓慢。至 2017 年末，对公有效客户 7758 户，对公结算账户 8567 户，分别较 2015 年末净增长 368 户、184 户，增幅分别为 5%、2%。另一方面，我行对公客户基础薄弱、不牢固，高价值客户占比低。2017 年末，人民币对公日均存款 5 万元以下的对公客户占比达 78%，日均对公存款 500 万元以上客户占比仅为 2%。

（2）大额客户"提质"情况。按客户存款规模进行分类，对公存款余额在 5000 万元以上的客户数量总体呈上升趋势，但上升速度较慢。统计表显示，三年来我行 5000 万 ~1 亿元客户基本维持不变，1 亿元以上客户增加了 2 户。2016 年 1 亿元以上客户的增量还包括了开办结构性存款业务的大额资金客户。因外地结构性存款业务存款资金均在 1 亿元以上，除去这一因素，我行大额对公存款客户的逐年增长率并未有明显提升。

（3）客户贡献度情况。从大客户的贡献度来看，我行近三年前十大对公客户集中在财政、公积金、政府融资平台及开办结构性存款的资本公司等客户，虽占比逐年下降，但 2017 年末前十大客户仍占比高达 44.5%，充分体现了对公存款资金的源头性。

（二）对公贷款发展情况

1. 对公贷款总体情况。2014—2015 年，我行人民币对公贷款均为负增长，其中 2015 年下降最多。2016 年，通过对××集团、××高速等重大项目及××市中医院、××人民医院、××学院等重点领域的有效投放，形势开始好转，增长率扭负为正。2017 年，依托政府购买服务项目贷款，对公贷款实现增长 3.14 亿元，存量对公存款基本恢复到 2014 年水平。

2. 同业对比分析。2014 年以来，当地四大行人民币对公贷款基本呈现增长趋势。当地四大行中，B 行前三年均为正增长，且市场份额都有提升，2016 年市场份额超过我行 0.8 个百分点；我行 2015 年、2016 年市场份额均下降，到 2017 年才有所提升。除 2016 年外，我行人民币对公贷款市场份额均排当地四大行之首，但优势地位微弱，与第二名的 B 行仅差 1.6 个百分点。

3. 系统内比较分析。2016—2017 年，××分行人民币对公贷款余额在××银行系统排名分别为第八位、第九位，存量贡献度分别为 3.37%、3.31%；2017 年末增量排名为第十位，增量贡献度 2.84%。对公贷款存量贡献度逐年下降。

4. 客户结构分析。2014—2017 年，全行对公贷款客户逐年减少且降幅明显，2017 年比 2014 年减少了 43 户，虽有政府购买服务贷款支撑实现贷款增长，但对公贷款客户基础薄弱的情况不容忽视。贴现方面，2016 年仅××公司一户就在我行贴现余额 3.4 亿元，而受准入困难的影响，小微业务转为贴现客户较多，但金额不大。

5. 行业分布分析。2014—2017 年，随着社会经济结构的调整，金融改革不断深入，我行在总结前期营销经验的基础上，依照行业政策及信贷指引进行行业结构调整，不断优化信贷质量。贷款投放主要由民营企业转向国有企业，由批零、制造、矿业等行业转向水利环境、基础设施建设、高速公路等行业，由中小企业转向大中型企业。从近四年贷款各行业占比来看，全行法人类贷款集中在交通运输及仓储邮政业、批发和零售业、制造业、采矿业、房地产业、水利环境及公共设施管理业等行业，行业集中度超过 95%。2017 年末，交通运输业是我行占比最大的行业，一是由于存量船务企业风险贷款仍在维持，二是新增投放贵合高速项目，占比较 2014 年上升了 6.3 个百分点。制造业、批零业占比虽大幅下降，但仍是我行贷款的主力，合计占比为 22.9%。此外，通过政府购买服务业务的投放，租赁和商务服务业在 2017 年末占比达 16.6%，首次进入我行贷款分布前三大行业。

6. 不良贷款分析。2014 年以来，受外部需求收缩、内部多种矛盾聚合影响，我国宏观经济下行压力加大，部分企业经营困难，我行法人不良贷款逐步凸显。至 2015 年，我行不良贷款余额达 6 亿元，占比 15%。2016 年以后，通过一系列资产处置措施，不良贷款余额及占比实现了双降。但与此同时，对不良贷款的处置压降，给对公贷款增长带来了较大压力，全行近四年共消化不良贷款 8.5 亿元。

7. 关注类贷款分析。2015—2016 年，我行风险客户集中爆发，关注类贷款占比持续上升，2017 年由于加大信贷投放力度，占比有所下降，但关注类贷款余额变化不大。截至 2017 年末，我行法人关注类贷款余额 10.75 亿元，余额在我行贷款占比 24.1%，关注类贷款在全省关注类贷款占比 18.3%；我行关注类贷款客户 14 户，比年初减少 4 户，但仍为全省系统中关注类贷款客户数最多的二级分行。在本年的关注类贷款余额监测中，回调正常 0.46 亿元，收回 0.3 亿元，下迁不良 0.2 亿元；2017 年度的法人关注类贷款管控中，关注类户数和余额有所压降，同时新增关注类也得到有效控制，总体管控效果良好。目前，我行实施风险化解的贷款仍有 11.11 亿元，这部分客户信用压降难度大，基本无贷款形态回调空间，这将导致我行 2018 年法人关注类贷款余额压降、管控难度加大，关注类贷款风险防控形势依然严峻。

（三）对公中收发展情况

1. 对公中收总体情况。2014—2017 年，××分行分别实现对公中间业务收入 3314 万元、2988 万元、1846 万元和 1424 万元，同比增幅分别为 -19.95%、-9.84%、-38.22% 和 -22.86%（同期全省平均增幅分别为 -12.02%、-20.12%、-14.57% 和 18.63%），系统内贡献度分别为 4.57%、5.16%、3.73% 和 2.43%，呈现收入逐年下降，系统内贡献度从 2015 年起呈逐年降低的趋势，且降幅明显。

2. 对公中收对全行中收贡献分析。2014—2017 年，××分行对公中间业务收入大幅下跌，对公板块中收在全行中间业务收入中占比呈逐年下降，占比分别为 34.93%、29.01%、19.78% 和 16.23%，总降幅达 18.7 个百分点，对公业务未能体现出全行创效主体的作用。

3. 板块结构分析。从板块内部结构来看，投资银行业务收入作为对公中间业务收入的最大支柱，受客户基础薄弱、外部监管趋严等因素影响，从 2014 年占比 33.27% 降至 2017 年的 23.81%，而机构中间业务收入占比不断巩固，2017 年末占比较 2014 年增长了 12.19 个百分点。同时，近年来通过"扩户提质"活动的不断推进，2017 年公司中间业务收入占比超过投行业务，比 2014 年增长了 5.33 个百分点。从各细项来看，2017 年末，除结售汇业务收入凭借总行下划分配的收入较 2014 年增长 95.5% 外，其余项目均为负增长，其中交易类中间业务收入（即外汇买卖业务收入）、托管及养老金收入、资产管理中收业务收入和投资银行业务收入降幅较大，分别下降了 100%、94.4%、84.1% 和 69.3%，整体对公板块中间业务收入较 2014 年下降了 57%。

二、同业对公业务先进经验

通过分析近四年我行对公存款、对公贷款及对公中收发展情况，发现我行各项对公业务市场份额均呈现逐年下降的趋势，在发展中落后的情况越来越明显。与此同时，同业在竞争中暗中发力，有许多地方值得我行分析借鉴。

（一）同业对公营销高层化、专业化

同业在对公存款营销中采取综合营销策略，如×行、×行等商业银行在部队存款、棚户区改造资金、国库资金等系统性客户及专项资金营销中实行总行、分行、二级分行联合营销机制，成立专门的营销团队，为相应客户制订较为全面的、有针对性的综合营销方案。我行在营销团队建立和综合营销方案专业性等方面与同业存在一定差距。

（二）同业金融产品丰富多样

同业信托融资产品、企业发债等融资产品丰富，能有效带动对公存款增长。例如，去年××市开发投资集团有限公司在××银行发债3亿元，对该行对公存款贡献较大，A行、××行、××行等银行的资金池业务也快速拉动了对公存款增长，而我行一直未能办理类似的金融产品。目前各行普遍通过以贷引存的方式吸收存款，客户向银行申请贷款获批后将基本存款账户迁至他行。

（三）同业综合捆绑营销能力较强

×行、×行目前以宽授信、严用信的方式开展营销，如取得项目可行性研究报告即做授信，目标客户大部分是国企、政府平台等，采用信用方式，只要企业符合用信要求即可用信，增加谈判筹码。例如，2017年××市信用联社向××资产公司授信13亿元，目前已陆续提款，在资产业务和负债业务方面完成了切换，有效带动对公存款的增长。同时××市信用联社以此为条件，向××区政府提出了代发工资要求，最终取得了××区行政事业单位的工资代发权。

（四）同业加大对各大源头系统的支持

A行、B行、××行、××行等银行对各大系统的资金投入不断加大，例如，A行对×××住房维修资金实行系统上线管理，吸收存款3.5亿元；2014年，B行上线"××建筑灵通卡"系统，集中管理了全市农民工工资保障金及保证金两项资金；××行运用新农合医保系统上线，带动全市社保资金的存入约1.5亿元；而我行在各大系统的招标、投入建设等方面力度不大。

（五）同业挖抢方式层出不穷

同业在营销对公客户上方式方法多样化，如××行通过捐赠计算机设备将原在我行开户的"新农合"账户完全抢挖过去；A行通过捐赠一辆救护车给人民医院，增设原由我行贷款的9000多万元存款账户到其行，瓜分了原由我行独占的存贷款市场份额。

（六）同业加大对集团性客户的信贷支持

例如，给予××油脂、××港务集团、××产业园区投资公司、×××公司等平台融资租赁和项目贷款支持，并针对性地为客户打造个性化的融资服务方案，抢占贷款份额。去年，上述公司的融资在B行增7亿元、A行增4.5亿元、C行增7.3亿元。再如，我行重点客户××纸业有限公司，2017年受总行授信控制影响，在我行的贷款减少了2亿元、贴现减少了2.72亿元，而与此同时，D行趁势挖抢该公司贷款份额，给予其增量授信3亿元，累计授信达13亿元，并允许采用信用方式，截至2017年末，该公司在各行贷款共计53.25亿元，我行仅0.4亿元，市场份额仅为0.75%。

三、制约对公业务竞争力提升的原因分析

目前，我行对公业务发展主要面临着对公存款增长乏力、中间业务收入增长缓慢、对公贷款增长后劲不足、风控压力仍然较大等问题，究其根本主要是我行对公业务发展基础薄弱、竞争力下降、创新能力落后等原因所致。

（一）主观营销理念不强

一是发展信心不足。对于保持我行对公业务特别是对公存款平稳发展、市场份额提升，无论是二级分行前台部门还是各支行，"不想干、不愿干、不会干"思想和现象较为普遍，特别是面对对公存款竞争态势加剧、对公存款急剧下降、结构性存款停办的严峻形势，各部门、各支行均缺乏"争先进位、比学赶超"的信心。二是发展意愿不够。在2015年信贷风险集中爆发后，对公从业人员更多地将精力、资源用于化解不良风险，在营销中采取谨慎、求稳的作风，且由于责任追究力度大、范围广，受处分后个人积极性受挫，干部员工队伍不稳定，主动作为不够、担当不足，缺乏战胜困难、改变面貌的勇气。三是发展意识不强。在对公中间业务收入方面，传统依赖存贷利差的观念没有根本扭转，对中间业务重视不够，尤其是在当前监管政策趋严、同业竞争趋烈的形势下，消极畏难，理念滞后，"不会收、不敢收"的情况突出，导致中间业务发展相对落后。

（二）内外部政策限制

1. 外部政策变化压缩信贷空间。一是政府购买服务类信贷业务受限。2017年7月，受规范地方政府债务管理相关文件的影响，我行原已审批未投放的4个政府购买项目，贷款金额7.16亿元难以投放。二是PPP贷款审查审批受限。政府购买服务业务受限后，我行改变思路，将PPP项目作为营销重点，实现储备项目4个，贷款金额18.7亿元。但2017年11月10日《关于规范政府和社会资本合作（PPP）综合信息平台项目库管理的通知》出台，严格规范项目入库，随后11月

17 日下发的《关于加强中央企业 PPP 业务风险管控的通知》，对央企参与 PPP 项目进行了限制。总行目前也暂停 PPP 项目的受理和审批，我行已储备的项目目前仍未获得实际进展。三是公路行业贷款投放受限。2017 年 7 月，财政部、交通运输部联合下发《地方政府收费公路专项债券管理办法（试行）》后，受政府隐性债务控制的影响，总行已暂停审批政府还贷类的高速公路项目，如我行过境的××高速公路、××高速公路项目均未能获批，下一步能否投放尚存在不确定性。

2. 内部政策调整制约贷款增长。一是信贷审批权限小、受限产品多、整体形象不佳。当前我行信贷等级行为 D 类行，获得信贷授权额度小、范围窄，"三新"业务均需要上报区行审批，导致我行业务环节多、效率低的问题突出，极大地影响同业竞争能力。二是停牌品种多。如增量简式贷、国内保理业务均被停办，"4321"政策性担保的小微企业业务也因担保问题无法继续推进。三是行业限额范围扩大。2017 年 12 月 29 日，总行下发了《关于下达 2018 年一季度行业信用限额序时管控目标的通知》，将造纸业、农副食品加工业、风电行业等均纳为设限行业，严格新增用信，我行××油脂、××纸业有限公司等贷款大户均为管控对象，对于我行作为内部银团参加行的××风电项目总行也暂停审查。四是信贷规模进一步趋紧。目前除总行核心客户外，其余的贴现业务均无法办理，且贴现利率高至 5.2%，今年以来受到影响的贴现业务约 500 万元。

（三）风险防控压力较大

1. 关注类风险客户较多。2017 年末，我行纳入关注类贷款管控范围内的法人客户共 14 户、信用余额 10 亿元，在全行法人信用余额中占比 24%，其中 13 户（信用总额 10.66 亿元）属已实施风险化解客户，形态下迁的压力较大。例如，××、××、××、××四家船务公司，是我行多年以来的用信大户，2017 年末在我行贷款余额 4.8 亿元。在行业整体陷入困境的大背景下，我行通过调整贷款期限对其实施了风险化解，虽然目前大部分航运企业经营情况有所好转，但经营收入除了维持公司的正常营运外，余下部分只能够按时支付利息，暂无法依靠自有资金偿还贷款本金，资金链依然趋紧，若遇到他行抽贷、断贷，企业将难以继续生存。因此，我行信贷资金风险管控工作依然面临巨大压力。

2. 存量不良处置难度大。目前我行存量法人不良贷款有 4 户，不良贷款余额仍高达 1.68 亿元，其中××、××不良贷款金额较大，该 2 户合计金额为 1.48 亿元，受限于诉讼清收流程较长、政府行政干涉、抵押物拍卖市场预期不高等因素影响，短期内通过现金清收的空间不大，对该 2 户大额不良贷款的清收处置主要只能依靠核销等手段进行先出表再清收。

3. 内控合规管理压力大。监管部门进一步整治银行业市场乱象，投行业务合规管理有待提高，存在一定后续检查风险，国际业务监管压力加大，对全行宏观审慎监管和反洗钱合规管理提出更高要求。对公业务风险管理的压力一定程度分散了各级行营销精力，削弱了市场竞争力。

（四）盈利创收能力不足

1. 部分传统中收贡献缩小。一是根据《国家发展改革委 中国银监会关于取消和暂停商业银行部分基础金融服务收费的通知》要求，我行需减免约 8500 个企事业结算账户维护费，将导致结算业务服务收入减少约 100 万元。此外，受服务同质化、市场竞争激烈等因素影响，常规的结算业务收入也常常被牺牲用于营销客户存贷款及其他业务。二是保险业务收入同比减少。受 2016 年 3 月出台的《中国保监会关于规范中短存续期人身保险产品有关事项的通知》的影响，2017 年整体银行同业约有 30% 的中短期代理保险产品被压缩和停售。我行全年代理保险手续费收入同比减收 180 万元。

2. 新兴业务增收后劲不足。一是投行业务创收能力不强，高度依赖传统业务，与贷款相关的顾问收入占比较大，但资产证券化顾问收入、企业并购重组财务顾问、综合财务顾问等业务尚未实现突破。二是新兴业务客户基础相对薄弱。新兴业务对客户资质准入门槛相对较高，薄弱的客户基础严重影响我行新兴业务发展。同时，我行现有客户结构相对较差，低层次客户居多，2017 年末有用信余额法人 AA + 级以上客户仅有 11 户，占比仅为 16%，其中除去内部银团贷款客户、医院及学校客户，仅有××市开发投资集团符合准入条件。此外，由于我行客户资质相对较弱，对其授用信审批较为审慎，出现客户有需求无授信或授信额度不足的情况。

（五）营销队伍建设不足

1. 分层营销联动不强。基层行尤其是基层网点普遍认为对公业务营销是"上面的事、领导的事"，整体营销职能较弱，营销工作未能全面铺开，指标推进未得到有效重视。此外，大部分基层营业网点未配备对公客户经理，导致分层营销责任制流于形式，无法达到"户户有人管"的要求。2017 年末，我行有 8 个网点未满足对公业务开办率要求，网点对公业务开办达标率仅 78%，在全省排名第十一位。

2. 对公人员配备不足。目前我行对公业务条线从业人员 43 人（二级分行对公前台部门正副职 6 人、一级支行分管行长 6 人，对公客户经理 31 人），仅占全行人数的 6.7%。由于人员不足，客户经理把主要时间和精力消耗在事务工作上，前台部门后台化现象严重，难以真正走出大门、走进市场，不能全身心投入到客户营销维护工作中去。

3. 客户经理素质不高。目前我行对公客户经理业务知识不够全面，仅注重传统贷款业务操作和办理，凭经验、凭模板做事较多，没有真正掌握其他对公产品尤其是新兴业务方面知识。此外，资源配置难以计量到个人，人员责任担当不强，对公客户经理的素质与业务创新发展要求不适应的矛盾突出。

四、××分行对公业务当前面临的发展形势分析

综观国内外宏观经济形势和地方区域发展，当前我行对公业务发展呈现机遇与挑战并存的态势。从总体来看，××市借力"一带一路"利好政策加速发展，将为我行拓展新行业、新客户、新项目带来丰富的营销资源，全行对公业务发展前景看好。

（一）从宏观大势看，国际国内面临错综复杂的深度调整期

国际方面，全球经济将延续缓慢复苏趋势。国际货币基金组织（IMF）预测，2018年全球经济将持续扩张，增速比2017年有所提高。但全球金融体系脆弱性没有根本缓解，"逆全球化"思潮涌动，热点地区地缘政治风险上升，保护主义加剧，国际市场商品价格上涨势头放缓，经济发展的不确定性增加，都将对全国经济发展产生直接或间接的影响。国内方面，我国经济长期向好基本面不变，但经济下行压力仍然存在，结构性矛盾比较突出，地区经济走势分化，经济金融风险隐患、外部需求回升的基础不稳固等仍影响经济稳定运行，经济形势依然复杂。

（二）从区域竞争看，××市正处在慢进亦退的竞争激化期

近几年来，××市取得了长足发展，但经济发展还存在不少困难和问题。一是全省排位在不断靠后。2017年××市生产总值全省排名第八位，比2011年下降了2位，财政收入总量、规模以上工业总产值及外贸进出口总额排名均出现下降趋势。而在沿海三市中，××市被原发展水平相当的××市超过，同时与总量稍微落后的××市的差距在明显缩小，××经济区发展呈现你追我赶的态势，××市面临的周边竞争压力加剧。二是基础设施短板问题突出。港口、码头、铁路、货场等集疏运体系仍未能有效满足货物大进大出的需要，存在海铁联运"最后一公里"问题，严重制约了千万标箱集装箱干线港的建设。县域工业园区的道路、供水等设施配套不完善，影响企业生产和项目落户积极性。三是产业结构单一。产业转型滞后，传统资源型产业比重偏高，新兴产业还没有形成规模，新增长点不足，税源结构单一，财政增收乏力。"十一五"以来引进2049个企业（项目），到目前产生税收贡献项目仅499个，占比不足四分之一。四是重大项目建设缓慢。

尤其是重大工业项目数量少，投资增速不快、占比低。2017 年，总投资 5000 万元以上项目开工率仅 42.2%，竣工率仅 53.1%，完成投资仅占全市投资的 26.5%，重大项目个数和投资占比远低于全省平均水平。工业投资仅增长 11.3%，占全市投资比重仅为 36.6%，低于全省平均水平。

（三）从发展利好看，××市正迎来大有可为的黄金机遇期

一是 2018 年全国、全省经济基本面总体平稳健康，发展基本态势企稳向好。根据中央、省经济工作会议释放出来的信号，明年中央、省积极的财政政策取向不变，稳健的货币政策保持中性，结构性政策将发挥更大作用，改革开放进一步加大力度。中央明确强化措施推进西部大开发，新增财力和地方政府专项债券向西部地区倾斜。省全面实施××经济区升级发展行动计划，推进××城市群建设。二是为贯彻落实党的十九大精神，××市委三次全会提出了建设"一带一路"南向通道陆海枢纽城市，构建大开放、大通道、大港口、大产业、大物流新格局的新时期××发展新目标新思路，明确了在国家新战略下××自身的新定位，突出了××的发展重点，为不断开创经济社会发展新局面指明了方向。三是南向通道建设带来了重大发展机遇，作为"一带一路"南向通道重要节点城市，××市迎来了历史性窗口期和战略性机遇期，战略地位日益提升，区位优势更加凸显，对企业前来投资发展的吸引力不断增强。四是一批支撑性项目加快建设和重点企业投产达产，××一期修船、××轻型载货汽车、××石化异辛烷等产业项目投产达产，××化工新材料一体化基地、××高速公路等重大项目加快建设，××造船项目即将开工建设，工业、投资有望保持较高增速。五是省和我市对现代服务业发展的支持力度加大，商贸、物流等服务业将实现大发展，第三产业发展有望提速，将推动经济朝着更高质量、更有效率、更可持续的方向发展。

五、提升对公业务竞争力的对策建议

对公业务是全行的经营支柱，是我行争先进位的基础，我行要进一步强化发展战略和市场定位，加强对宏观经济、国家战略、重点客户、重点行业、重点区域的前瞻性、系统性研究，进一步完善机制体制，积极搭建对公业务发展平台。根据总行、省分行党委的安排部署，结合当前我行对公存款发展情况，建议从以下六个方面抓好对公业务各项工作。

（一）坚持党建统领，推动经营理念转型

严格贯彻落实总行"振兴战略"，坚持以党建为统领，筑牢业务发展和党建工作两根支柱，充分发挥各级党组织、党员干部战斗堡垒和先锋模范作用，保持战略定力，强调主动进攻、协同作战。一是在思想观念上，不忘"争当第一"的初

衷，坚决摒弃畏难、消极情绪，重拾信心，增强赶超先进同业的决心和勇气。二是在战略导向上，坚持"以市场为导向、以客户为中心、以效益为目标、以服务为法宝、以风险为底线"的经营原则，鼓励结合自身实际，创造性开展对公业务营销工作。三是在工作策略上，要采取"保、抢、挖"，稳扎稳打，步步为营，以各行每年的增量市场份额第一为目标，一步一个脚印，最终重夺总量第一的市场地位。

（二）抓好营销设计，力促对公存款增长

1. 夯实对公客户基础。一是坚定不移加强"两户"建设，实施"保、抢、挖"战术，保住我行存量客户、抢夺新注册客户、挖掘他行优质客户，做大我行对公客户和账户总量。二是突出重点客户，在持续抓好粮油、港口、公路、房地产等重点客户营销维护、提高资金留存率工作的基础上，真正把政府及融资平台作为最大、最重要的客户进行营销合作，加大对地方经济发展的支持力度，提高我行在政府金融资源分配中的话语权，进而拓宽对公存款来源渠道。三是认真落实高层对接，加快推进与××市政府、××产业园签订战略合作协议，逐步树立我行社会形象，扩大和巩固我行影响力。

2. 健全营销体制建设。一是认真落实分层营销，按照"分层管理、分层考核"的原则，坚持分级负责、整体联动，根据营销力量配备和客户服务层次，努力实现对公存款50万元以上客户"户户有人管"的目标：网点、一级支行和二级分行分别负责100万元（含）以下的、500万元（含）以下的和500万元以上的对公客户营销管理，打造多级联动、立体营销、综合服务的前台营销服务体系，切实增强整体营销服务能力。二是对各级财政、社保、公积金、医疗等重要政府部门或事业机关单位，由各级"一把手"和分管对公副职带头、组建专门营销团队对接，通过建立定期联系工作机制，加强信息互通，确保第一时间获取资源信息，及时为对方提供优质高效综合金融服务，将源头营销落到实处。三是强化二级分行对公前台部门及各支行的统筹协调，摒弃"部门银行"思想，由公司、机构、三农板块联合发力，统筹好部门之间、上下级之间的关系，确保各方协同分工、方向一致、目标一致、行动一致，推动"三综合"营销、"十转型"要求的真正落地。

3. 强化业务创新驱动。一是抓产品创新吸存。在日常营销中广泛使用大额存单等成熟产品稳定存款。同时，充分利用总行在关键时点对结构性存款、保本理财等优势特色产品放宽政策之机，积极营销新客户、新资金。二是抓存贷联动引存。一方面，加大对××纸业有限公司等大型集团客户的信贷支持，增加客户黏性，密切银企合作关系，提升我行存款份额。另一方面，深挖有贷户资源，有效落实有贷客户存贷比要求，将客户优势转化为我行营销新资金优势，扩充资金来源。三是抓产品服务组合增存。重点营销交易银行业务，通过结算套餐服务，深挖供应链上下游客户金融资源，由做时点存量向做过程流量转变。加强 CMM 系统推广力度，充分利用其筛选目标客户功能，洞察"资金在哪里、资金流向哪里"，锁定对公存款营销目标，使过程在系统内闭合，使资金变为流动中的存量。

（三）厘清发展重点，做大对公信贷业务

1. 做大做强政府信用类信贷业务。一是密切关注 PPP 政策，充分利用 PPP 政策的窗口期，迅速行动，密切对接××建工集团、××路桥集团 PPP 项目的本地项目公司及政府出资方，加速推进现有成熟项目早完成审批、早形成投放。二是稳健做好已部分投放政购项目的整改投放工作，如××区综合供水项目，力争通过整改为一般固定资产贷款模式或"增信＋政府确认方式"模式，在监管风险可控的前提下，完成审批并进行后续投放。三是深入推进与××市开投公司、××公司、××公司等政府商业化运作的平台公司合作。近年来政府发债相对受阻，政府运作实施其他项目的资金来源不足，通过商业化运作平台公司进行融资的需求比较旺盛。我行应积极与政府沟通，对具有稳定现金流的国有企业开展融资，实现现金流不能完全覆盖的单一项目通过企业综合还贷能力来覆盖。

2. 突出抓好重大项目营销储备。一是围绕"一带一路"倡议，进一步梳理省层面统筹推进的重大项目、"一带一路"项目和"十三五"规划项目，重点跟踪营销××集团箱码头、××产业园区标准厂房建设、××化工新材料一体化等重大项目，主动作为、力求实效。二是做好已审批项目的"二次营销"。对已审批未投放的××集团、××集团、××集团、××学院、××市妇幼保健院等重点项目，加快推进，加强与客户积极沟通，做好后续贷款投放，使已审批项目贡献最大化。三是积极跟进省分行直管客户落地××的××集团 30 万吨油码头、××风电、××高速公路、××控股 100 万吨乙烷制乙烯等项目，做大我行贷款份额，切实发挥大客户对贷款投放主力军作用。

3. 积极推进普惠金融业务。充分发挥二级分行小微企业金融服务中心的示范性作用，着力将××支行、××县支行打造成普惠金融服务示范支行，通过以点带面，全面提升全行普惠金融服务水平。加强源头信息收集梳理，扩大小微企业客户源，加强与××工业园、高新技术工业园、××保税港区的联动，对入园小微优质企业开展集群营销。发挥我行"税银通""科创贷"等新产品优势，充分利用"4321"担保体系，重点营销单户贷款 500 万元以下的小微企业客户，做真做实做优普惠金融服务。

4. 加强服务跨境金融融资支持。强化贸易融资支持实体经济能力，加大国内信用证项下贸易融资业务拓展力度，在确保贸易背景真实性的基础上，加大国内信用证开证业务、国内证下福费廷、买方押汇、卖方押汇等表内外融资业务的营销力度，为国内贸易客户提供更多贸易融资支持。加大对××港务等国有大型企业集团及××油脂、××粮油、××机械等国有大型工贸型生产企业、××市进出口50强企业等贡献度大的外向型、集团性客户进出口贸易融资支持。支持"一带一路"倡议下重点领域建设，积极对接服务"一带一路"倡议，充分利用国际贸易融资、涉外保函、境外发债、境外银团等金融服务，支持地方优质企业"走出去"和国际产能合作。

（四）拓宽增收渠道，提升对公中收贡献

1. 巩固传统基础结算业务优势。一是重点抓好"两户建设"，进一步扩大我行有效账户和企业网银活跃客户基数，以此拉动我行账户年费、企业网银年费、跨行交易手续费等公司中间业务收入的增长。二是强化开户配套产品营销，加大单位结算卡推广步伐，重点抓好现金管理代收代付产品、资金归集、电子支付、票据池、多级账簿等产品营销，并针对支付结算量大的对公客户，创新推出款式多样的结算套餐产品。三是紧抓信息源头，根据省分行不定期下发的新注册企业名单，落实专人跟进并上门营销企业开户。四是强化代收代付业务，提高对代收代付业务重视程度，加强公私联动，开展代发工资、代发拆迁款等源头性营销，强化客户分层管理，针对供电、烟草等集团性大客户以综合营销为切入点，强化综合定价，提升总体贡献度；针对中小企业客户，经营行和网点应发挥营销主阵地作用。

2. 巩固代理保险业务收入地位。发挥网点、网络、客户优势，做大做强代理保险业务。加强与各家保险公司开展网点沙龙、产说会等专项营销活动，针对性选择重点产品，加快推进趸缴业务营销，从量上提升份额。做大传统财险、意外险和返还型意外险，努力将团体意外险、健康险培育成全行代理保险业务新的增长点。同时，积极开展"一人两车"专项营销活动，努力激发全行营销代理保险业务的潜能。积极提取各时期保险到期的客户清单，分派到个人管理，进行二次营销。

3. 大力拓展国际结算业务。一是以一年期流贷客户作为营销重点，梳理本市结算客户前二十名单，如××港务、××机械等客户，加大国内信用证开证业务的拓展力度。加强收益较高的进口结算业务、信用证、托收等单证结算业务的拓展力度，实施名单制管理，有针对性地开展营销工作，提高单证业务占比。二是着力提升国际业务组合产品收入贡献度。针对辖内××油脂、××粮油及××油脂公司等总行核心客户创新推广结售汇与本外币存款、国际结算、表内外贸易融资组合产品，挖掘跨境投融资业务需求，适当嵌入即远期结售汇、外汇期权等交易产品，推动结售汇及外汇买卖业务量及收入的有效增长。

4. 着力营销新兴中收业务。一是加快推进资产管理业务。继续加大理财客户签约户数营销，夯实客户基础，做大理财产品规模，提高资产管理中间业务收入。二是抓好投行业务营销。加快理财融资、债券承销、股权融资计划、票据转贴现、产业基金等新兴表外业务推进力度。以产业基金、理财融资为重点抓手，加快推进×××集团理财融资项目、××产业园投控集团产业基金项目，积极跟踪××工业投资公司、××新城置业公司融资业务需求，加强行司联动，拓宽中间业务收入渠道。

（五）优化队伍建设，增强业务发展动力

1. 充实对公客户经理队伍。通过统筹规划，以"网点瘦身"、前后台交流等方式，配备数量充足、结构优良的客户经理，优化人员年龄和学历结构，把"懂业务、懂产品、懂政策"的人员充实到公司业务队伍建设中，逐步达到对公客户经理队伍占全行员工总数10%的总行要求标准。

2. 提升对公客户经理综合素质。完善对公客户经理分级分层培训体系，培养一批综合型人才、新兴业务人才、金融科技复合型人才。结合当前业务发展的需要制订培训计划，通过培训、借调、交流等有效形式，提升支行以上层级的对公客户经理的专业化水平。通过深化对公业务转型，提升营业网点对公业务人员的基础金融服务和产品知识水平，并有意识地加强对公客户经理实战训练，以战代训、以老带新，提升对公客户经理队伍综合素质。

3. 优化对公客户经理队伍管理。受对公业务特征制约，对包括计价在内的对公客户经理个人绩效落实精细化考核难度较大，可从打通晋升渠道、加强对员工职业生涯的指导设计入手，对通过岗位资格考试和指定职业资格考试人员实行适度激励，推动持证上岗，提高人岗适配度。同时，将高专岗位指标重点向市场营销、风险管理等重要专业领域和投资银行、金融市场、资产管理等新兴业务条线倾斜，向专业团队负责人、重要岗位领头人、贡献突出的网点负责人倾斜，充分调动对公条线干部员工队伍的积极性、创造性。

（六）强化风险管控，保障业务稳健经营

1. 强化全面风险管理理念。建立全业务、全过程的风险管理模式，落实"向风险宣战"，稳步推进由部门银行向流程银行的转变，全面推行精细化管理，加大风险文化建设。

2. 加强对公贷款管理。一是认真汲取历史教训，回归本源、专注主业。进一步强化信贷"三查"制度落实和押品管理工作，严格贷前尽职调查、贷时尽职审查审批、贷后尽职检查管理的制度落实，实时监控客户资金归行情况，提高贷款到期现金收回率水平。二是持续打好存量不良贷款清收化解"攻坚战"和增量不良贷款"阻击战"。做好关注类贷款管控工作，加强在线风险监测预警，对关注类客户出现欠息，押品、账户被他行查封和在他行已形成不良的，及时作出风险预警和应对处理方案，避免大额关注类贷款下迁形成不良。三是加强对潜在风险客户退出管理。根据"精准压降，一户一策"的要求，对潜在风险客户明确压降目标，对症施策压降余额。目前，我行已对 14 户余额共计 10.76 亿元的法人关注类贷款明确了管控方案和压降目标，下一步要抓早抓实，确保序时退出。

3. 强化业务合规经营。一是开展专项检查。优化尽职监督工作思路和方法，将自查与抽查相结合，加强对条线重点业务、重要环节的合规性检查。二是强化合规经营。严格按照"展业三原则"（了解你的客户、了解你的业务、尽职调查）的要求，履行真实性审核职责的检查和指导，防止客户虚假交易和投机行为，确保每笔业务的真实性，守好合规经营底线。三是强化员工行为管理，持续推进"三线一网格"管理模式，加强合规教育，落实责任考核，对潜在风险做到精准识别，确保风险可控。

第四节　课题研究类调研报告

结构分析范式

写作目的： 就某一研究性的课题进行调查、研究和分析，得到符合规律的结论，并对有关工作提出意见和建议。

结构框架： 按照课题研究的内在逻辑开展论述，没有特定的结构框架。

材料来源： 1. 收集整理与该课题有关的研究性论文、书籍以及各类案例材料；

2. 参考其他同类型调研报告案例。

写作要领： 1. 课题研究类调研报告首先要具有一定的理论深度和可研究性，否则就失去了开展研究的价值；

2. 收集掌握材料要高度关注理论前沿，不能拿过时的案例来论证现状，确保研究的成果具有一定的前瞻性。

例文

关于构建×行金融场景生态的探索与思考

——基于商业银行数字化转型的背景

为顺应用户行为新变化和网络金融发展新趋势，抢抓数字化转型发展新机遇，×总行强化顶层设计，以智能化、场景化、开放化、数字化为目标，着力推进数字化转型和线上线下一体化深度融合，突出场景驱动、服务嵌入、开放导流，创新场景金融获客模式。围绕这一发展背景，结合××分行金融场景打造实践进行探索，对我行金融场景建设未来发展进行思考。

一、构建的背景

在互联网金融飞速发展的大环境下，第三方支付无孔不入，银客疏离感有增无减，金融服务主角地位有弱化的趋势。值此百年未有之大变局，对标业态前沿所取得的各项成就，重新审视业界竞争焦点以及自身发展出路，成为金融场景构建的前提。

（一）跨业竞争的需要。以阿里巴巴、腾讯等为代表的互联网企业近年以移动互联网为突破呈现大规模指数级发展，并逐渐向金融领域渗透，在消费金融和财富管理领域全面展开角逐，打破了传统金融行业的界限和竞争格局。例如，京东金融拥有 3.6 亿用户，腾讯金融科技拥有 8 亿用户，百度金融服务拥有 1.9 亿用户，蚂蚁金服拥有 5.2 亿用户，互联网企业作为新的参与者在支付领域获得胜利，使普通客户习惯了互联网式金融消费，对金融服务有了更高期望。根据相关机构预测，至 2019 年，我国社会消费品零售市场中，将有 13.8% 的销售额被场景金融市场覆盖，而在互联网消费金融领域，这一数字将达到 95%，可见场景化金融终究会为这个时代带来一次"大革命"。

（二）同业竞争的需要。在银行业广受互联网金融冲击的背景下，"新金融"的触角已经延伸到了银行所服务不到的地方，传统业务模式难以为继，倒逼银行不断进行自我改革。国内金融机构对标金融科技公司，加快金融服务的技术输出，全力向线上化发展。如"零售之王"招商银行，遵循"内建平台、外拓场景、流量经营"理念，全面进入 APP 时代，APP 累计用户数近 1.3 亿，月活客户数超过 6700 万，网点基本"全面无卡化"，处于业界领先地位。中国建设银行加快与互联网巨头合作，加快输出技术和金融服务，通过资本运作，控制技术平台，以"数字云南""云上贵州""数字浙江"为代表的地方性数字化发展战略逐步落地，出现了云南"一部手机办事通""浙里办""粤省事"等金融场景，均成转型典范。

（三）自身发展的需要。顺应"潮流"，为发展而变。在"场景为王"的发展态势下，××分行先行先试，探索打造了一批可复制、可推广，具有获客持续性、价值创造性的互联网金融场景项目。例如，实现公安出入境办证费、户政收费、法院诉讼费、交警罚没款等智慧政务收费的全覆盖；建设了××二中、××三中等7家智慧校园互联网金融场景；尝试推动水电燃气、公交等一批民生类公共事业实现场景化；搭建全省首个智慧食堂，并在××医药、××建材两个大型企业员工食堂进行了推广；在掌银"生活"频道搭建了全省首个跨境电商商城——××洋货商城，有效拓宽了我行掌银用户购买优质商品的渠道；对接企业ERP系统，搭建了××药业场景。通过围绕政务民生、消费零售、产业链打造样板场景，对外，树立良好的公众形象和服务口碑；对内，有效增强企事业商户（B端）的黏性，稳定对公存款的同时，拓宽了个人客户（C端）获客、活客、留客渠道，为下一步构建场景金融生态作出探索尝试和积累经验。

二、构建的图谱

金融生态的精髓是通过"金融＋场景"方式服务客户端到端的过程，而端与端之间的链接与反哺关系，继而构成了生态图谱。

（一）生态思维。生态是一个系统的、动态的有机链接，是行业价值链各环节参与者聚合成的广泛、动态的联盟。构建金融场景生态，就是运用互联网＋思维，以金融科技为支撑，将金融需求融入到日常生活场景中，让银行经营触角全方位渗透客户生产生活场景，成为一种突破时间和空间限制的"无处不在、无时不在"的行为存在，实现信息流的场景化与动态化，完成现金流的可视化与可控化。

（二）生态图谱。场景化金融打破了物理时空，原本"一对一""点对点"，以厅堂服务为主的传统金融服务模式，逐渐过渡到"以点带链""以点带面"，厅堂内外、线上线下协同，便捷、透明、具有高人群覆盖能力的金融生态。依据××本土客户特点，围绕多样化客群以及衣、食、住、行、医、学、游、玩等多元消费场景，布局三大类场景。（图略）

（三）生态关系。以客户、银行、商户、第三方公司为内环，围绕政务民生、消费零售和产业链三大场景，派生智慧政务、教育培训、医疗健康、公共事业、社会物业、交通出行、智慧商圈、文化旅游、建筑房产、专业市场、供应链企业、上下游企业12个生态链，通过构建金融场景产生流量，通过流量分析客户需求，通过客户需求完善场景，最终构成一个客户、银行、商户、第三方公司互惠共利的金融场景生态。

三、构建的策略

基于对以上背景、图谱的认识，对构建金融场景生态我行提出了"竞争、服务、获客"三大策略。

（一）竞争策略

一是人无我有，人有我优。改变是互联网时代不变的主旋律，要有响应市场变化的敏捷性，要有比竞争对手更快地把握机会的能力，主动变化比应变能力更重要。面对同业，对手没有的业务我们主动做"先"，对同质性业务，我们要力求做"优"，从而实现从"未知"到"已知"，从"不确定"到"确定"的转变。如涉及民生公共事业类的政务、水、电、燃等场景，在他行争抢账户和流量时，我行则契合民情，全渠道满足不同层次的客户需求，赢得口碑溢价和信任溢价。

二是遇强则弱，遇弱则强。面向客户，倡导灵活性原则，应采取按需导入的营销策略，构建更加智能的客户综合贡献、风险水平的差异化定价算法，通过大数据分析，甄选出对我行账户、资金价值贡献大的客户，以"客"为主，甘做"通道"。例如，根据客户微信、支付宝使用习惯，我行引导客户微信、支付宝绑定我行借记卡、信用卡，扩大支付入口，带来资金流量；对借"力"于×行的客户，坚持排他性原则，实现市场占有和综合效益最大化。例如，××分行投入资金开发的智慧校园场景，通过挖掘学生背后的固定家长群体金融资源，与学校协商指定家长使用×行掌银为唯一缴费通道，在实现了对公和储蓄存款、借记卡发卡、掌银活跃客户等主体指标有效提升的同时，进一步扩大了×行在当地主力消费人群中的市场占有率。

三是借势发挥，合作共赢。Bank4.0时代的商业银行是开放的服务平台，要加快探索与电子商务、社交媒体、移动服务提供商等互联网平台的战略合作，实现银行服务在客户工作、生产场景中的"即插即用"，真正将银行平台功能融入客户体验，达到与客户的深度连结。例如，针对已搭建有微信公众号并通过公众号收费的商户，××分行坚持流量优先策略，通过手续费减免，将商户微信公众号、微信钱包的入口切换为×行缴费渠道，在×行的掌银、网银、总行微信公众号、微银行、微信小程序同时部署，全方位满足客户需求，扩大了流量入口，带来对公存款，真正实现多方互利共赢。

（二）服务策略

一是全渠道服务。场景是深入客户最前沿的"金融营业厅"，作为覆盖城乡两大市场的大型国有商业银行，在当前竞争环境下，要发挥好全行经营合力的优势，提升全渠道协同水平。以"交易贯通、营销贯通、服务贯通、数据贯通"为目标，推进交易信息、行为信息的全渠道共享；推进重点业务流程的数字化再造，强化线上业务与柜面交易、远程服务的协同处理，提升全流程的智能化处理与反馈能力。实践证明，使用多渠道的客户会给银行创造更多价值。

二是定制化服务。传统的标准、统一的信息服务已无法适应快速更新的需求发展，更加需要突出"准确、快捷和柔性"的特征，对客户"画像"，精准服务推送成为一种"刚需"。构建用户画像，对客户的行为、偏好、习惯、职业等数据直接掌握，及时准确了解客户的整体金融行为，从而依据金融产品使用者的购买特性和喜好定制或推送金融产品，更好地满足消费者的金融需求，实现"你需要，我都在"。

三是无缝式服务。通过平台搭建和产品创新，发挥渠道的不同优势，线上平台通过分析挖掘营销线索开展精准营销，线下网点针对重要营销线索进行面对面营销和场景拓展，将银行服务融入客户的场景化应用中，确保各渠道任何触点客户体验的一致性和透明度，帮助客户实现多个渠道之间的无缝切换。

（三）获客策略

一是借力场景。以场景触发金融需求，从平台入口设计到金融产品功能部署，有针对性地无缝嵌入场景，在平台布局上突出场景的先导性，并运用平台积累的客户交易行为数据，打通客户视图的社交数据库，形成"千人千面"的场景金融推送，以场景促进金融产品的交叉引流直至交叉营销，借力场景推送，提高"金融＋场景"的交互频次，突出客户对场景的可获取性、便捷性、针对性和体验性，提升场景金融的体验营销能力。

二是借力活动。以优惠触发客户关注，广泛开展观影优惠、餐饮满减、充值有礼等与客户日常生活紧密相关的促销活动，提高掌银用户活跃度，培养客户使用习惯；以便利赢得客户感知，将缴费业务为核心，通过增加服务项目，提高覆盖半径，打造快捷、一致、灵动的服务体验；以玩乐提升客户接受度，采用分享奖励等方式开展新媒体营销活动，利用社交生态的裂变传播模式，塑造×行线上消费金融健康活力的新形象；以专享增强客户忠诚度，选取场景商户和商品建立尊享专区，推出积分权益、积分秒杀方式以及信用卡分期专享活动，提高客户对我行的忠诚度。

三是借力商圈。以消费触发商户融合，实施专业市场商户、消费商户和小微商户差异化营销，积极营销餐饮、超市、购物广场、城市综合体等符合商圈定位的 BMP 优质商户，发挥收单商户揽存增收和两户融合作用，实现业务拓展由点式向链式和网式转变，由单个客户营销向批量营销转变，带动各类公私业务互促发展。

四、构建的路径

有了明晰的构建策略，在构建金融场景生态过程中还需要明确具体的路径。本文尝试从顶层设计、平台引进、场景打造三个方面阐述构建金融场景生态发展的路径。

（一）顶层设计

一是牵头主导。在二级分行层面，由网络金融部作为牵头部门，做好场景金融的统筹规划，在统筹全行需求的基础上，加快金融服务能力输出和建设，制订全行场景金融项目管理规划并牵头以场景项目制的方式开展服务流程的再造与融合，打造场景金融服务方案。

二是客户共建。其他业务部门负责采集第一手客户金融服务需求，网络金融部门负责协同，在场景项目落地后，网络金融部门做好平台和服务的支撑，业务部门做好商户和客户的维护，技术部门做好产品和服务的升级，实现前后台、上下行营销管理职能的有效衔接，做强做大场景服务。

三是创新植入。让数字化转型融入业务创新各环节，多策并举为银行机体植入创新基因，使产品交易方式变成随时随地，多渠道的接入，产品与产品的连接无缝化，信息系统对产品与产品之间的引用智能化，客户对产品选择的多样化，促使产品设计要更灵活、更方便、更人性。

（二）平台引进

一是数据共享。以数据共享为本质，与掌握场景的各类互联网平台、生活服务类企业开展跨界合作，加强与科技软件公司合作，共享客户资源。通过和客户、第三方合作机构、企业、产业链、供应链上下游企业进行数据交换和共享，实现银行、企业和第三方之间的数据共享，从中分享价值、谋求共赢。

二是渠道融合。以平台合作为模板，有别于传统银行的模式，开放银行模式下银行不必直接向客户送达产品和服务，而是通过第三方渠道向客户进行营销，借助双方平台与资源，寻找细分市场，结合各自的资源优势打造互补的联合营销方式。

三是服务协同。以开放银行平台建设为依托，梳理我行各类开放服务与需求，制定统一的接入标准与管理规范，全面提升我行线上金融与外部场景融合的效率，构建开放融合的网络金融新生态。

（三）场景打造

一是打造政务民生系统覆盖。以智慧政务、智慧校园、医疗健康和公共事业等领域为突破口，加快打造一批样板场景，以点带面形成×行差异化竞争优势。智慧政务方面，进一步深化政务合作关系，在提供全方位对接市区政府部门、政法部门服务平台基础上，再打通县区各相关下辖机构间的信息壁垒。例如，×行缴费中心对接××市公安局出入境系统，群众在办证大厅用手机扫码即可缴纳办证费用，创新"一窗受理、集成服务、一次办结、最多跑一次"的服务模式，此模式正在××、××两县逐步推开，下一步还将此样板复制拓展社保征缴及其他非税征缴等方面业务。智慧校园方面，打造集缴费服务、校务管理、金融服务、校园消费、家校互动于一体的智慧校园解决方案，实现金融服务与校园生活的有机结合。例如，在××二中、××中学等7家中学上线了智慧校园一卡通场景，家长通过掌银即可实时查看学生饭卡余额，了解就餐情况，随时随地进行充值，解决学生携带现金排长队充值的烦恼。下一步将以点带面，深度布局智慧校园场景。医疗健康方面，将我行缴费中心或BMP系统嵌入医院信息系统（医院HIS系统），为百姓缴纳各种医疗费用提供便捷服务方案。例如，××县人民医院HIS系统与BMP系统对接，实现HIS系统金融场景化，百姓可通过窗口智能POS机、自助缴费终端查询、缴纳、充值医疗费用。下一步，将加强与第三方公司合作，在各大医院的银医通系统嵌入我行缴费中心接口，实现掌银、微信公众号、小程序等载体缴纳医疗费用。在小医院上线非系统对接、拎包入驻的缴费中心，以"缴费中心账单码＋微信公众号提醒＋语音播报"模式的解决方案来解决小医院的多渠道收款难题。公共事业方面，水电燃煤是群众日常使用频率最高的生活场景，我行已经实现水电燃缴费全覆盖，打通了微信钱包、企业微信公众号、×行微信公众号、小程序、掌银、网银、智能POS机、自助终端等全渠道缴费及通过掌银签约代扣。例如，××市开投水务公司上线我行缴费中心，并开通全国×行系统内首例掌银签约代扣业务，全部缴费入口切换为我行渠道，线上收费全部归集我行，有效带来了对公存款沉淀。下一步，将利用"金融科技创新＋第三方公司"模式，按企业个性化需求开发模式拓展××燃气、自来水公司、煤气等公共事业类的场景项目。

二是打造消费零售行业渗透。重点在社区物业、交通出行、智慧商圈、建筑房产和文化旅游方面打造。社区物业方面，筛选市区实力强的物业先行试点，提供费用缴纳、报事报修、安防门禁等综合服务，并逐步推广应用。例如，××物业公司拥有4个物业管理小区，上线我行缴费中心后，为每个小区单独设立缴费项目，业主通过我行掌银、微信公众号即可查看缴费明细并缴费。下一步，将以与我行有贷款关系的房地产楼盘为切入点，通过打造智慧物业，使楼盘业主成为我行优良客户。交通出行方面，立足无感支付、刷脸支付等创新支付方式，使用统一平台资金清算的解决方案，从本行停车场试点无感支付，拓展动车站、繁华商圈停车场的无感停车智慧场景；拓展繁华路段、市民排队加油的加油站无感加油智慧场景；拓展公交公司智慧乘车场景，打造"快人一步"的智慧出行服务。例如，××市公交公司上线我行缴费中心，利用"一车一账单码＋语音盒子"模式，实现市民扫码乘车，解除市民乘车无零钱的烦恼。智慧商圈方面，以智能掌银为载体，搭建全省首个智慧食堂，在掌银"生活频道"增加了专用模块，员工通过掌银在线订餐、充值、扫码取餐。搭建全省首个跨境电商——××洋货商城，掌银用户轻点指尖即可购买各种洋货，有效拓宽了我行掌银用户购买优质商品的渠道。下一步，还将以"请进来""走出去"的模式拓展渗透，并在餐饮商户、汽车消费市场等场景打通各类消费场景。建筑房产方面，目前主要给房地产企业部署商品房预售资金监管专用 POS 机及智能 POS 机，实现刷卡、扫码收取售房款，实时把缴费信息推送给房产局监管系统，减轻人工报送的烦恼。下一步，向房地产企业拓展一手楼保证金场景项目，购房者可通过我行掌银缴纳楼房保证金，可查看需抽签购买的热门楼盘房子是否中签。文化旅游方面，包括各类景区及旅游平台，可将缴费中心接口嵌入景区收取网页或旅游公司 APP，实现网上售票。例如，××旅游公司已上线我行缴费中心，旅游团队或旅客可通过公司微信公众号、掌银、网银、微信公众号、小程序缴纳旅游费用；××景区也上线我行缴费中心，利用"账单码＋语音盒子"模式，实现移动收款，方便对账。

三是打造产业链生态圈。专业市场方面，专业市场版聚合码具有申请便捷、费率优惠、支持全渠道收款（掌银、微信、支付宝、银联）、语音收款提示等优势，在农、林、牧、副、渔等专业批发市场进行大规模推广，形成了跨行业、多层次的场景金融生态圈。核心企业上下游方面，围绕上下游产业链"生产、流通、消费"三大环节，以 e 管家对接企业 ERP 系统，有效解决供应链企业收款难、对账难、信息不对称等难题，助力供应链企业互联网数字化转型，与上下游企业形成紧密关联的企业共生体。目前该场景已成功在××药业上线，下一步可以点带链面向全行具有规模型上下游企业推广。惠农圈方面，在两县部署惠农通服务点，山区群众可通过服务点缴纳电费、通信费等生活费用，并支持"惠农"转账，给外地读书的子女汇生活费等，打通互联网金融服务"三农""最后一公里"。

五、构建的支撑

为确保构建金融场景生态发展路径的有效性，我行认为需在机制、人力、财务、风控等方面提供强有力支撑。

（一）机制支撑

一是高层抓总。结合数字化转型的领导模式，实施"一把手"工程，各前台部门明确1名负责人牵头抓总，负责本部门、本条线金融场景推进工作。

二是柔性合作。成立跨部门跨学科跨专业的线上展业团队，在全辖范围内选拔3~5名专家型人才，整合全行产品经理、科技项目经理的力量，加强业技融合，打破"部门间隙"，打造集产品创新、开发运维、市场营销、业务管理于一体的组织运营模式，赋予独立的工作机制及资源调配权限，提高团队运作效率。

三是考核优化。健全场景建设考核评价体系，加强对线上业务的考核、跟踪与激励。网络金融条线主要负责平台活跃客户、平台流量、场景推广等重点指标，其他前台部门负责客群在平台上的活跃度、交易量、产品交叉销售率及销售覆盖率等考核指标，全面强化线上业务发展的监测、督导和考核力度。将线上展业、场景金融等数字化转型重点指标纳入支行领导班子考核与相关部门评价。

（二）人力支撑

一是释放网点人力。结合数字化转型需要，依托网点业务流量、客户需求等分析结果，重新梳理整合网点资源，对网点建设规模、服务功能进行精准定位，通过网点转型释放人力资源，提供人员保障。

二是加强员工培训。打造一支集经济金融业务、网络信息、网络营销技能和移动互联工具运用等多种知识技能于一体的复合型人才队伍，打造好产品经理、科技项目经理等队伍，提升专业能力，为场景建设赋能。

三是加大业务外包。充分借力业务外包，尤其是加强与既有科技开发力量又有客户资源的科技公司的合作，通过部分业务外包，减少本行科技人力资源的投入，腾出更多人力投入营销拓展及客户维系。

（三）财务支撑

一是配置专项营销费用。改变考核当期投入产出回报评价机制，充分利用好总行每年为经营行分配的平台购买与研发投入专项营销费用，将二级分行业务发展目标与费用配置挂钩，组织各支行开展专题营销活动，加大战略工资费用激励，根据业务规模、活动进度、资产质量进行合理分配，并在费用允许的前提下，适度增加本行费用额度调增。

二是设置专项奖励基金。设立场景金融"创意工厂"孵化基金，用于优秀场景金融项目的评优活动，鼓励产品服务创新和重大项目的团队营销，激发各条线员工创新和联合营销的积极性，增加各类业务交叉营销的机会。

三是投入场景推广资源。投入场景推广费用，实施精准交叉营销。通过配置信用卡缴费抽奖、ETC 信用卡加油满减、社保卡超市购物满减等针对特定客群的优惠活动，吸引新客户，活跃老客户。

（四）风控支撑

一是突出底线思维。树立"智能风控"理念，金融场景建设带来便捷高效服务的同时，也对风险管控能力和管理水平提出了新的挑战，特别是其高度依赖线上渠道、全时在线运营和持续积累金融交易数据的特点，易引发操作风险、运行风险和信息安全风险。因此，必须坚持发展与风控同步发力，敬畏风险，坚守风控底线。

二是突出风险前置。对拟布局场景金融的合作商户进行全面调查评估、论证；创新场景实行试点，通过对场景的基础性和业务功能性进行分析，主动考虑安全操作的用户体验，做到在相同安全的情况下体验更好，在体验相同的情况下安全更高，再根据实际情况实行以点带面，全面推广，确保风险可控。

三是突出智能风控。运用大数据预判风险、识别风险、管控风险，持续加强基础防护和主动防御两项能力建设，最大限度堵塞漏洞、避免损失，防范场景建设中伴生的风险。

四是突出无过容忍。在业务创新、先行先试过程中，坚决落实省分行党委建立的容错纠错机制实施办法，为敢于先行先试但未能实现预期目标或出现偏差失误，不违反相关规定，勤勉尽责，未牟取私利的单位和个人，不作负面评价、及时纠错改正、免除相关责任，营造鼓励创新、支持担当、宽容失误的良好氛围，让员工卸下思想包袱、放开手脚干事。

第十五章　学习材料

第一节　培训心得体会

结构分析范式

写作目的： 对培训进行总结。

结构框架： 引言 + 培训的总体情况 + 对培训的认识 + 培训以后的打算。

材料来源： 1. 培训通知与指南；

2. 对培训产生的认识以及结合实际拟采取的措施；

3. 参考同类型培训心得案例。

写作要领： 1. 培训体会要有感而发，不仅要结合培训内容进行思考，还要结合工作实际提出落实的措施，这样的心得体会才有价值；

2. 注意将篇幅控制在要求的范围内，行文要简洁诚挚。

例文

弘扬延安精神　坚定理想信念
——参加延安干部学院××银行2013年党性教育专题培训班小结

延安是"中国革命的圣地"，它既是红军长征的落脚点，也是建立抗日民族统一战线、赢得抗日战争胜利、夺取全国解放战争胜利的出发点。从1935年到1948年，毛泽东等老一辈无产阶级革命家在这里战斗和生活了13年，他们运筹帷幄、决胜千里，领导和指挥了中国的抗日战争和解放战争，奠定了中华人民共和国的坚固基石，培育了永放光芒的"延安精神"。

根据组织安排，本人有幸参加了中国延安干部学院举办的国有重要骨干企业经营管理人员党性教育专题培训班。根据教学日程安排，十多天来我和全班同学一起参观了延安革命纪念馆、宝塔山、抗大纪念馆、南泥湾大生产展览馆、中共中央西北局旧址、杨家岭革命旧址、枣园革命旧址、王家坪革命旧址，瞻仰了四·八烈士陵园，重温了入党誓词、革命歌曲和名篇著作，听取了"中国共产党的奋斗历程和庄严使命""延安时期毛泽东应对重大事变事件的策略艺术""共产党人的党性与党性锻炼""延安精神及其时代价值""反腐倡廉的新形势新任务"等专题讲座，观看了《延安时代》等纪录片。学院深入挖掘延安革命历史资源的丰富内涵，通过新颖的教学模块设计，安排丰富多彩的教学内容，采用灵活生动的教学方法，不仅让我们深刻体会了延安精神，而且还让我们接受了一次心灵的洗礼。

延安精神是在一个特定的历史时期，以中国共产党人为核心的中华民族优秀分子，在争取民族独立和人民解放的伟大斗争实践中，他们的理想追求、精神风貌、思想品德、行为准则、工作作风的结晶。这些内容融合为一种社会精神，就具有超越时空的普遍意义，成为我们党的优良传统的重要组成部分。延安精神是一个博大精深的精神体系，涵盖着极其丰富的内容。通过学习培训，对于延安精神有以下认识。

第一，坚定正确的政治方向是延安精神的灵魂。在抗日战争期间，延安成为革命者向往和敬仰的地方，数以万计的进步青年，为了追求理想和信念、追求正确的政治方向，奔赴革命圣地延安。他们在这座革命的大熔炉中，经过血与火的洗礼，使自己的灵魂得到净化，思想境界得到逐步升华，从而坚定了共产主义信念，将共产主义远大理想作为一生的奋斗目标。崇高的革命理想和坚强的革命信念是延安精神的灵魂，它是延安时期的共产党人和革命者的精神支柱和力量源泉。今天，我们要在党成立100年时全面建成小康社会和新中国成立100年时建成富强民主文明和谐的社会主义现代化国家，更需要坚定正确的政治方向，坚定道路自信、理论自信、制度自信、文化自信。

第二，解放思想、实事求是的思想路线是延安精神的精髓。在延安，我们党开展了学习与整风运动，这是一次普遍的马克思主义教育运动。学习与整风使党内开始盛行的宗派主义和教条主义的流毒在思想上得到清算，全党通过解放思想，确立了一切从实际出发、理论联系实际、实事求是的辩证唯物主义的思想路线，形成了我们党特有的三大优良作风：理论与实际相结合、密切联系群众、批评与自我批评。正是因为贯彻落实了解放思想、实事求是的精神，我们党才达到了空前的团结和统一，凝聚力和战斗力才大大增强。解放思想、实事求是的思想路线，也是我们党顺应人民共同愿望，建设中国特色社会主义的精神实质。

第三，全心全意为人民服务的根本宗旨是延安精神的核心。全心全意为人民服务是中国共产党的根本宗旨，也是共产党人的根本立场。延安时期，是我们党历史上党群关系最密切、党的群众路线执行得最好的时期之一。无论是党政工作人员，还是干部、战士，都自觉地为人民谋利益、办好事，培养了党和人民的鱼水之情。正是充分相信群众，依靠群众，才使党的凝聚力、感召力不断增强，从而实现了延安时期党的空前团结与统一的局面，形成了人民战争的深厚基础，直到夺取抗日战争的最后胜利，进而解放全中国。全心全意为人民服务，不仅是党领导革命事业蒸蒸日上的根本原因，也是党领导全国人民建设中国特色社会主义乃至一切工作的核心。

第四，自力更生、艰苦奋斗的创业精神是延安精神的重要特征。延安时期，由于蒋介石的经济封锁，解放区军民的生活和财政经济遇到了严重困难。在严峻的形势下，党领导广大抗日军民开展了生产自救的大生产运动。他们住窑洞、穿补丁衣服、开荒种地、纺纱织布，以无比顽强的意志、坚韧不拔的精神克服和战胜无数艰难险阻，在异常困难的情况下取得一个又一个胜利，尤其是使南泥湾成为陕北的好江南，通过自力更生、艰苦奋斗，不仅部队自己解决了供给，而且为边区政府提供粮食。这种自力更生、艰苦奋斗的精神，不仅是我们党在革命斗争时期战胜困难、求得胜利的一件重要法宝，对于中国特色社会主义建设、实现中国梦也同样具有十分重要的意义。

通过接受延安精神的洗礼，追寻伟人的足迹，我不仅深刻体会到延安精神的万丈光芒，更加深了对党的性质、宗旨的认识，加深了对党的方针政策的理解，不仅进一步坚定了自己的理想信念，而且还提升了自身的政治素质和思想觉悟。回到工作岗位后，我将结合学习贯彻落实党的十八大精神的具体要求，从以下几个方面弘扬延安精神。

一是加强党性修养，坚定理想信念。共产党员要加强党性修养，通过学习马列主义、毛泽东思想、邓小平理论、"三个代表"重要思想、科学发展观和习近平新时代中国特色社会主义思想，树立马克思主义世界观、人生观、价值观，用共同理想吸引人、感染人、凝聚人、鼓舞人，做到任何时候、任何情况下都坚持理想信念不动摇、革命意志不涣散、奋斗精神不懈怠。当前，还要通过学习贯彻党的十八大、十九大精神，坚定对中国特色社会主义伟大旗帜的信念不动摇、不懈怠、不折腾，不断增强道路自信、理论自信、制度自信，为夺取全面建成小康社会的新胜利，实现中华民族伟大复兴的梦想而努力奋斗。

二是勇于解放思想，敢于实践创新。弘扬延安精神，就要把解放思想、勇于创新的精髓作为我们谋事、干事、创业的支点，勤于学习，善于思考，把解放思想作为解决工作中的新矛盾和新问题，推动思想上的新解放、实践上的新创造，不故步自封、不邯郸学步，大胆尝试、科学创新，推动党的各项事业全面发展。作为国有商业银行的高级管理人员，我要把学习贯彻党的十八大、十九大精神同××银行的战略发展方向结合起来，继续坚持"稳中求进、好中求快"的总基调，按照"提升市场份额，强化管理水平"的总要求，积极应对挑战、抢抓发展机遇，把××银行办成一流现代化商业银行。

三是深入调查研究，服务人民群众。毛主席说："革命战争伟大力量的最深厚根源存在于人民群众中。"人民群众是党的根本所在，只要把根扎在人民中间、做群众的知心人、把人民当靠山，我们就没有战胜不了的困难。"为人民服务"不是一句空洞的口号，需要我们实实在在地付诸于行动，要从自身做起，带动各级领导干部做到戒"浮"、戒"躁"，多深入实际、多深入基层"接地气"，既要"身入"，更要"心入"，做到戒"冷"，不高高在上，把员工呼声作为第一信号，把员工满意作为第一标准。继续坚持领导干部联系行、联系点制度，并将挂钩单位的业务发展、案件防控与领导干部履职考核捆绑对接起来，挂钩单位出问题，负责联系的领导干部就要在考评、薪酬甚至提拔使用上受到影响，真正推动各级领导干部深入基层调查研究、切实关注民生、结合实际真抓实干。

四是强化作风建设，坚持廉洁从政。艰苦朴素、艰苦奋斗是中国共产党人的政治本色，也是一种精神状态。党的十八大之后，新一届中央领导坚持党要管党、从严治党的原则，制定了关于改进工作作风、密切联系群众的八项规定。作为党员领导干部在贯彻执行中央决定上必须以身作则、率先垂范，坚持廉洁从政、勤政为民的原则不动摇，自觉抵制歪风邪气，把反腐倡廉作为政治必修课认真对待。要坚持不懈地抓好作风建设，严格按照中央八项规定、××总行关于改进工作作风的若干规定，以及有关加强增收节支管理工作的有关要求，进一步精简会议活动，严控公务活动支出，严肃财经纪律，将八项规定的有关要求不折不扣地加以落实，坚持以人为本，执政为民，做到讲党性、重品行、作表率。

第二节 学习发言材料

结构分析范式

写作目的： 总结对某一重要学习材料的学习体会。

结构框架： 1. 引言＋学习体会＋落实措施＋结语；

2. 引言＋学习的体会与认识＋结语。

材料来源： 1. 学习材料及其解读；

2. 与学习内容对应的本单位有关材料；

3. 参考同类型学习发言材料的案例。

写作要领： 1. 学习发言材料首先要准确理解和掌握学习内容的精神实质，这样才能为谈认识奠定正确的基础；

2. 发言的篇幅根据实际情况确定，行文可引用学习材料中的关键字句来展开论述，但又不可大篇幅地摘抄学习材料。

例文 1

在 2011 年第四季度党委中心组学习上的讲话

这一次党委中心组学习的主题是学习党的十七届六中全会精神。刚才，传达学习了胡锦涛总书记在全会上发表的重要讲话精神和全会审议通过的《中共中央关于深化文化体制改革 推动社会主义文化大发展大繁荣若干重大问题的决定》（以下简称《决定》）主要内容。下面，我就贯彻落实党的十七届六中全会精神讲几点意见，供大家参考。

一、全面理解和掌握全会的精神实质和重要意义

（一）深刻领会党的十七届六中全会的精神实质。党的十七届六中全会是我们党在全面建设小康社会关键时期和文化改革发展重要阶段召开的重要会议。党的十七届六中全会主题重大、内涵丰富，涉及文化改革发展的各个领域、各个方面。坚持中国特色社会主义文化发展道路，努力建设社会主义文化强国，是《决定》贯穿始终的鲜明主题，也是全会的一个重大贡献和突出亮点。全行各级干部员工，特别是领导干部要认真学习《决定》的精神实质，深刻领会我们党领导文化建设的成就和经验，深刻认识文化发展的特点和规律。要深入探索社会主义核心价值体系建设，弘扬民族精神和时代精神，积极践行社会主义荣辱观，尤其是要加强金融文化建设，积极参与推进征信系统建设，不断改善社会诚信环境。

（二）深刻认识推进文化大发展的重要意义

1. 推进社会主义文化大发展是应对文化全球化挑战的正确选择。提高国家文化软实力、在日趋激烈的综合国力竞争中赢得主动，需要进一步从战略上研究部署文化改革发展。当今综合国力竞争的显著特点之一是文化的地位和作用更加凸显，越来越多的国家把提高文化软实力作为发展战略的重要内容。从一定意义上说，谁占据了文化发展制高点，谁拥有了强大文化软实力，谁就能够在激烈的国际竞争中赢得主动。在这样的形势下，我们必须推进文化大发展大繁荣，大力弘扬中华优秀传统文化，大力发展社会主义先进文化，培育高度的文化自觉和文化自信，不断扩大中华文化国际影响力，形成与我国国际地位相称的文化软实力。

2. 推进社会主义文化大发展是经济和社会发展的重要组成部分。文化建设是中国特色社会主义事业总体布局的重要组成部分，同时又渗透在各个领域，与其他建设相辅相成、相互支撑、互为条件。文化建设不仅对经济增长的直接贡献越来越大，而且对提升经济发展质量的作用日益突出。在经济发展为文化发展创造物质条件的同时，文化建设也为经济发展提供了强大精神动力。文化建设既是推动社会发展的重要手段，也是社会文明进步的重要目标。把我国建设成为一个人民享有更加充分民主权利、具有更高文明素质和精神追求的国家，必须持之以恒地发挥文化在振奋民族精神、引导教育人民、纾解社会情绪、营造稳定和谐局面中的独特作用。可以说，当今时代，文化与经济、社会相互交融、不断加深，共同推进整个经济社会协调发展。

3. 推进社会主义文化大发展是全面建设小康社会的内在要求。改革开放特别是党的十六大以来，我们党始终坚持物质文明和精神文明"两手抓"，随着全面建设小康社会目标的深入推进，丰富的精神文化生活越来越成为我国人民的热切愿望。而建设社会主义文化强国，既能够满足人们日益增长的精神文化需求，又可把社会主义核心价值体系建设融入国民教育、精神文明建设和党的建设全过程，培育经济社会协调发展的思想意识、思维方式，形成全社会共同的思想基础，为全面建设小康社会提供精神基础、思想保证和智力支持。因此，加强社会主义文化建设、推动社会主义文化大发展大繁荣，对于进一步丰富人民群众精神文化生活、全面建设小康社会具有重要意义。

具体到金融行业来说，金融是现代经济运行的核心，与文化的发展紧密相关。一方面，金融行业文化的发展是社会主义文化的重要组成部分。金融业要牢固树立现代商业银行的理念，遵循国际通行规则，提高信息透明度，主动接受社会公众和媒体监督，同时加强金融企业文化建设，提升内生价值创造能力和风险管理水平，努力打造具有一流国际竞争力的现代金融企业。另一方面，金融业要不断提升自身的金融服务水平，加大对文化产业及相关产业的支持力度，为文化的大发展提供坚实的物质基础。因此，金融行业要主动融入深化文化体制改革的大潮，主动增强社会主义文化建设的责任感和紧迫感，主动创新金融服务，狠抓参与推动文化的大发展大繁荣。

二、结合实际贯彻落实好党的十七届六中全会的精神

全行上下要迅速行动起来，组织开展形式多样、生动活泼的学习宣传贯彻活动，使党的十七届六中全会精神尽快转化为全行广大党员和干部的实际行动。各级行领导干部要发挥带头作用，把思想统一到六中全会精神上来，确保把六中全会精神体现在具体实际工作中，反映到全行工作成效上。

（一）要把学习贯彻全会精神与我行企业文化建设实践结合起来。我行企业文化建设是社会主义文化建设的有机组成部分，《决定》是我国文化改革发展的纲领性文件，也是我行文化建设的行动指南。我们要以党的十七届六中全会的精神指导我行企业文化建设实践，切实将全会精神落实到我行文化建设实践中，着力培养具有××银行特色的现代企业文化。一是要切实抓好总行企业文化核心理念的深植工作，深入开展企业文化的宣传与培训、文化对接、文化行为转变、文化活动和总结评估等阶段工作。要通过推动企业文化与业务经营、风险控制、品牌形象的紧密融合，真正使企业文化核心价值观和核心理念"融入管理、植入行动、引领发展"。二是要努力打造××银行的特色企业文化品牌，把企业文化建设纳入全行战略加以规划和实施，打造一流的服务文化品牌、经营文化品牌、合规文化品牌、人本文化品牌和创新文化品牌。要通过大力宣传和积极践行等活动，最大限度地凝聚力量，调动干部职工的积极性和创造性。三是要切实履行好企业文化建设工作的各项职责。各级行领导是企业文化建设的倡导者、策划者、组织者和推动者，企业文化要与业务同部署、同落实、同检查。党委宣传部要履行好企业文化建设委员会办公室的职能，做好企业文化核心理念落地深植的指导、管理、协调和服务工作。"经营文化、服务文化、合规文化、风险文化、人才文化"五个牵头部门，要做好条线文化的深植工作。各级行、各部门之间也要加强联系、密切配合，建立良好的沟通协调机制，形成企业文化建设合力。

（二）要把学习贯彻全会精神与积极支持文化产业发展结合起来。文化产业具有产业链条长、吸收就业能力强、消费空间大、绿色环保好等优势，是国民经济支柱性产业，也是当今世界最具发展潜力的朝阳产业。近年来，我行充分发挥多元化金融服务平台的优势，与新华社××分社和省内各重点院校等省内文化重点单位签署了战略合作协议，积极支持了我省文化产业加快发展。截至20××年9月末，我行对学校、卫生、文化、旅游、体育等相关文化产业的贷款余额达××亿元。但总体而言，总量份额较少，还有较大发展空间。下一步，要密切联系实际贯彻落实好全会精神，抓住文化产业大发展的历史性机遇，把文化产业作为重要战略性行业，全面研究适应文化产业特点的支持措施。一是要把推动文化产业发展作为一项重要战略任务，作为拓展业务范围、培育新的盈利增长点的重要努力方向。配合省政府提出的"文化立城，文化建城，文化强城"的发展战略，重点支持××文化产业城、××体育产业城等列入省规划重点支持的文化产业项目和企业，促进我省文化产业实现又好又快发展。二是针对不同类型的文化企业进行多元化的信贷产品创新，积极开发适合文化产业特点的信贷产品，探索适合文化产业项目的多种贷款模式，全面细化对文化产业企业的金融支持。创新消费信贷产品，不断满足文化产业多层次的消费信贷需求。三是进一步改进和完善对文化企业的金融服务。全行上下要主动向文化企业提供优质的金融服务，对于国家重点支持的文化企业和项目，要优化业务流程，提高业务办理效率。根据不同文化企业的实际情况，建立符合监管要求的灵活的差别化定价机制。

（三）要把学习贯彻全会精神与开展宣传思想文化建设结合起来。要以党的十七届六中全会精神为指导，在深刻认识宣传思想文化对××银行改革发展的地位作用上，在准确把握宣传思想文化建设的内在规律上，在积极承担推动宣传思想文化建设的责任上保持高度的自觉性，为打造优秀大型上市银行奠定坚实的基础。一是加大对外宣传力度。要围绕文化大发展大繁荣主旋律，加大对外宣传工作力度，重点要大力宣传全行服务"三农"工作，对外弘扬敢于担当的精神；大力宣传全行支持包括文化产行业在内的中小微型企业及优势项目，进一步彰显企业社会责任；大力宣传全行经营管理的先进理念、重大举措、创新突破等，不断传递我行独有的企业文化特质，切实提高广大客户和社会各界对我行企业文化的认同感。二是深化学习型银行建设。持续深化"学习型班子、学习型党支部、学习型党员"争创活动，广泛开展群众性学习活动，通过学习小组、读书会、读书月、推荐优秀书目等活动，激发员工的学习热情，不断增强基层党组织和广大党员的学习力和创新力。三是加大精神文明创建工作力度。重点做好社会主义核心价值观和××银行企业核心价值观教育、精神文明单位创建及"系统文明单位"建设工作。全面推动文明行业、文明单位、文明示范窗口等各项创建活动，不断扩大覆盖面和影响力。四是大力塑造先进典型。要做好先进人物和先进集体的挖掘工作。通过树立和宣传先进典型，带动身边的干部职工，使他们学有榜样、追有目标，激发广大干部职工干事创业的积极性和主动性。

（四）要把学习贯彻全会精神与深入开展创先争优活动结合起来。党的十七届六中全会指出，社会主义价值体系决定着中国特色社会主义发展方向，必须把社会主义核心价值体系融入党的建设全过程。全行上下要结合当前开展创先争优活动，引导基层党组织和党员认真践行社会主义荣辱观，切实把社会主义核心价值理念落实在实际岗位工作中，体现在业务经营成绩上。一是深入推进各级机关创先争优活动。要深入开展各级机关干部"下基层、知民情、转作风""学基层、学业务"等实践活动，深入基层，走近基层员工，增强与基层的感情，增强做好本职工作的责任感和使命感，增强为基层服务、为基层员工服务的自觉性和坚定性。二是深入推进窗口单位创先争优活动。各级行要在已取得成效的基础上进一步深入开展窗口单位创先争优活动，努力把全行基层网点办成优质服务的示范窗口、服务群众的便民窗口、提升品牌的形象窗口。要深入持续开展"创建先进基层党组织，争做优秀共产党员"活动，真正发挥党组织战斗和党员先进性作用。三是不断加强创先争优活动载体的创新力度。今年，行党委创新推出了一系列年度评先表彰项目，拿出工资××多万元，设立了"综合绩效""经营管理""十佳支行行长""双十佳网点主任""双十佳营销能手"等十多个奖项，进一步增强了激励表彰的针对性和导向性。下一步，要不断加强创先争优活动载体的创新力度，并发动广大员工踊跃参与，使"争当先进，争创优秀"成为广大干部员工持久的职业追求。

（五）要把学习贯彻全会精神与加快全行持续有效发展结合起来。全行上下要以学习贯彻党的十七届六中全会精神为契机，牢固树立"不唯计划唯市场，不唯任务唯发展"理念，切实增强大局意识和科学发展意识，推动全行实现可持续发展。一要科学谋划全行"十一五"发展规划。要围绕"十一五"时期金融业务发展规划，以及总行打造优秀大型上市银行的总体要求，及时制订全行"十一五"发展规划。并通过科学的规划推进城市业务加快发展，服务"三农"能力不断提升，核心竞争力不断增强，主流银行地位进一步巩固。二要力争全年各项经营目标任务的顺利完成。要落实好总行和省分行第三季度例会提出的各项工作部署，准确理解行党委提出的"保市场、有进步、可持续"的总体要求，要注意三者之间的有机联系，绝不能断章取义，片面理解。要进一步促进全行又好又快发展，确保市场份额不能丢、排名不能降、地位不能削弱。特别是当前全行存款工作形势相当严峻，加上我行年末到期理财产品与他行差距很大，存款保市场形势不容乐观。因此，全行上下要高度重视，齐心协力，进一步加大工作力度，对全年计划任务进行全面细致的分析，紧盯市场和同业，做到分析指标添措施、狠抓弱项缩差距、坚定信心求突破，力争全年各项经营目标任务的圆满完成。

最后希望通过这次中心组的专题学习，发挥引领作用，推动全行贯彻落实党的十七届六中全会精神的学习活动深入广泛开展，形成企业文化建设新风尚，为促进全行各项业务实现又好又快发展提供新动力，为全行实现全年各项工作目标和任务全面完成提供新保证。

例文 2

××书记在 2011 年第一季度党委中心组学习上的发言

根据行党委中心组 20×× 年学习方案，这次中心组学习的主题是加强反腐倡廉建设。刚才，监察部 ×× 同志通读了胡锦涛、贺国强同志在第十七届中央纪律检查委员会第六次全体会议上的讲话和《中央纪委、中央组织部、中央宣传部关于加强领导干部反腐倡廉教育的意见》，×× 同志围绕学习主题作了辅导性发言，讲得很好。下面，我再讲几点意见，供大家学习时参考。

一、正视问题，提高对加强反腐倡廉的认识

当前，我行部分领导干部对反腐倡廉仍不够重视，干部员工案件防范意识和合规意识还有待进一步加强，特别是在干部队伍中存在的一些苗头性问题需引起我们高度关注：一是有的事业心、责任感不强。或有的懒散、拖拉、不作为、少作为，或有的安于现状，"小绩即满"，有的领导干部甚至依然过着"拿钱不干活、当官不作为"的悠闲生活，有的往往以"决心在嘴上、行动在会上、落实在纸上"的态度应付工作。二是有的宗旨观念淡薄。我行业务高速发展，不少二级分行、支行业务规模越做越大，领导干部手中控制的权力、资源也在不断增多，极容易为贪污腐败的滋生提供土壤。有的领导干部权为民所用、利为民所谋的观念不强，优先考虑的不是本行的利益和员工的诉求，而是个人的"成绩"和私利，一旦在利益分配的问题上处理不好，很容易出现问题。目前，全行以权谋私的现象时有反映，务必请大家关注，并自觉修正和抵制。三是有的缺乏民主作风。有的领导干部以个人意志代替集体意见，大小权独揽，听不进别人的意见，认为只要任务完成得好就行；有的党内开展批评难，特别是不敢对领导干部开展批评，当面不说，背后乱说；有的民主生活会质量不高，谈缺点错误避重就轻，说问题轻描淡写。直接导致决策执行缺乏有效的民主监督。四是有的法制意识薄弱。有的基层行领导为了完成任务指标，授意员工违规办理业务；有的员工甚至存在以推荐办理农户贷款的名义向农户收取好处等违规行为。上述问题尽管反映是个别现象，但如果不好好解决，累积起来就会成为大问题，我行良好的发展环境和整体形象将受到严重损害。特别是当前我行面临的形势依然复杂多变，改革发展的任务仍十分繁重，通过加强反腐倡廉教育，促进干部转变作风，廉洁从业，提高队伍战斗力，具有十分重要的意义。因此，我们必须始终保持清醒的认识，始终绷紧反腐倡廉这根弦，始终把党风廉政建设紧紧抓在手上，真正做到反腐倡廉同全行业务发展的良性互动，确保全行业务经营的全面可持续发展。

二、加强学习，增强自身拒腐防变抗变能力

要通过加强学习，推动全行加强依法办行、促进干部员工转变作风。各级领导干部要把学习与工作实际密切结合起来，立足于学以致用，立足于解决问题，立足于改进工作。一要通过围绕落实科学发展观，认真学习胡锦涛、贺国强同志在第十七届中央纪律检查委员会第六次全体会议的讲话，领会其精神实质，始终保持对马克思主义的坚定信仰；认真学习落实《中国共产党党员领导干部廉洁从政若干准则》，坚定政治立场，增强政治敏锐性和政治鉴别力，自觉抵制腐朽落后思想观念的影响，牢固树立秉公用权、廉洁从业、爱岗敬业、诚实守信、办事公道、服务群众、奉献社会的职业道德，培养在其位谋其政的干事原则和勇于担当责任的气魄，从源头上杜绝懒于思考、懒于调查、懒于干事的"三懒"问题，从根本上强化领导干部的事业心和责任感。二要通过加强对传统优良作风的学习，引导领导干部树立正确的权力观，始终以员工答应不答应、拥护不拥护、满意不满意作为解决问题、制定政策的出发点和归宿点，理解"权为民所用"的要义；牢固树立"机关为基层服务，后台为前台服务，全行为客户服务"的理念，坚决克服"衙门作风"，领会"情为民所系"的精髓；正确、公允地行使手中的权力和职责，不能把手中的权力变成自己谋取私利的武器，掌握"利为民所谋"的关键。三要通过认真学习法律法规，使领导干部不但明白该怎么做，而且要知道不该做什么，还要准确把握党内民主的基本要求，带头发扬民主，把握运用权力的底线。四要通过加深对从政道德和职业伦理的学习，培养领导干部常修为政之德、常思贪欲之害、常怀律己之心，大力倡导良好的生活作风和健康的生活情趣，正确选择个人爱好，坚决抵制腐朽没落的思想观念和生活方式的侵袭，真正做到自省、自重、自警、自律，提升拒腐防变的免疫力。

三、加强教育，增强领导干部的廉洁自律意识

提高廉洁自律意识，基础工作是教育。在推进反腐倡廉教育的过程中，要注

重正反两方面案例的教育和自我教育、全员教育。推动反腐倡廉教育取得新成果。一要注重正反结合，提升廉政教育的效果。一方面要强化警示教育，通过向关键岗位领导干部发送廉政短信、观看警示教育片等多种形式，用身边事教育身边人，用更加直观、更加鲜明的教育手段，提升反腐倡廉教育的说服力和震撼力。另一方面要加强正向引导，大力宣传勤廉兼优先进人物的感人事迹和崇高精神，弘扬廉洁从业、尽职勤政、遵纪守法、人文关怀、勤俭办行的优良作风，鼓励广大领导干部见贤思齐、勤廉从政。二要注重自我教育，提升反腐倡廉的自觉性。领导干部自省其身，出现问题自我纠正，既是反腐倡廉教育的重要方式，也是我们党关心爱护干部的具体表现。要继续坚持抓"三谈三述"和函询制度、个人重大事项报告、廉政提示承诺等制度的落实，切实提高干部队伍的廉洁自律水平；要在日常工作中注重"言传"更突出"身教"，"一把手"是抓好全局、负好总责、建好班子、带好队伍、廉洁自律的"一岗双责"责任主体，各级领导干部要身体力行、以身作则，在各个方面都要率先垂范、言行一致，要求别人做到的自己首先做到，禁止别人做的自己坚决不做，真正做到"讲党性、重品行、作表率"。三要注重全员教育，促进全员廉洁自律意识的提高。以贯彻落实中央文件精神为契机，将各基层行领导班子成员、中层干部以及各级纪检监察人员和合规内控人员列为重点教育对象，开展好"学规定、强素质、作表率"的学习教育活动。同时，各二级分行党委、各部室党支部要组织党员认真学习《中央纪委、中央组织部、中央宣传部关于加强领导干部反腐倡廉教育的意见》，使教育入情入理、入脑入心，进一步增强教育效果。通过加强教育，进一步引领正确的价值取向，使广大党员干部听得进、讲得出、记得住、传得开，不断提高廉政文化建设水平。

四、强化监督，增强领导干部廉洁从政约束力

防治腐败，监督是关键，有效的监督可以对广大党员干部起到警示、引导、激励作用，从而规范权力运行，约束干部从政行为。一要完善监督考核机制。继续将党委中心组集中学习、开展党风廉政建设、开展领导干部述廉、信访监督、领导干部个人重大事项报告等廉政制度纳入全行综合绩效考核体系，签订党风廉政建设责任状，督促各级领导班子成员和业务主管部门切实把反腐倡廉融入业务工作中，从各自的职责范围、工作特点出发，认真解决分管部门、业务条线党风廉政建设存在的问题，真正使每一项工作都有人抓、有人管，形成反腐倡廉建设的整体合力。二要加强规章制度建设。紧盯"人、财、物"等容易滋生腐败的重要领域，从完善制度建设层面加强对权力运行的有效监督。围绕人事招聘、财务管理、授信授权、信贷决策、资产处置等主要业务和易发生风险环节，对现有的

规章制度不断进行清理、补充和完善，如在网点装修、集中采购等过程中通过采用摇号筛选达标企业等手段，真正使制度中的弹性降至最低、人为操作的空间压到最小，提升制度执行的质量和水平，加快形成依靠制度管人、管权、管钱的反腐倡廉和内部管理制度体系，实现惩治和预防腐败的关口前移。三要强化效能执行监察。以查漏、促管、增效、保廉为目的，加强机关效能考评和监督，尤其是要加强对省分行党委重大决策部署执行情况的督导检查，促进履职、尽职，坚决遏制不作为，推动履职监督检查工作的制度化、机制化，提高反腐倡廉的制度化和科学化水平。四要转变领导干部作风。要大力弘扬求真务实的作风，做到真抓实干，不断改进工作方法，学会按客观规律办事，做到善谋事、能干事、办成事。要将劳动纪律、办事效率、办公秩序、服务态度等效能建设指标与绩效考核挂钩，进一步精简会议和文件，减少应酬，促使各级领导干部腾出更多的时间精力，多调研、强服务、抓落实，确保各级领导干部的思想作风进一步端正，工作作风进一步转变，生活作风进一步严肃。

五、加大惩处，保持对违纪行为的高压态势

要始终坚持"暴露问题不护短，责任追究不手软"，坚决遏制各种歪风邪气，坚决查处各类违法违纪案件，发现一起、查处一起，绝不姑息迁就。一要深入推进案件专项治理。要持续推进重点领域的专项整治，实行案防"一把手"负责制，今年要重点治理员工与客户之间非正常资金往来，全面清理和规范外聘中介机构。同时，以基建工程、网点装修、不良资产和委托资产处置、私设"小金库"及惠民卡业务为主要内容的专项治理工作不放松，对发现的违规问题或风险隐患，要及时抓好整改落实和后续跟踪，切实防范化解案件隐患。二要保持对违规行为的高压态势。要根据有关规定，从严、从快、从重对各类违规行为进行追责、处理。要充分发挥积分管理、经济处分、组织处理、问责和纪律处分责任追究的作用，构建全行党员干部拒腐防变的惩戒、预防体系。要对发生大案要案的分支行，实行一票否决，严肃追究负责人责任，绝不让任何违法违纪行为逃脱党纪国法的惩处。三要切实发挥好惩处工作的治本作用。要在坚决惩治腐败的前提下，认真做好有效预防腐败的各项工作。要坚决贯彻中央关于从严治党、从严治政的方针，严厉查处贪污挪用、权钱交易、违反组织人事纪律等案件。对群众的信访投诉，尤其是实名举报的，要做到有案必查，有查必果。对经查实确有严重问题的，要依纪依法严肃处理，绝不姑息；对经调查没有问题的，要及时还干部以清白。

六、营造氛围，打造领导干部廉洁从业的环境

要重点突出反腐倡廉建设与实际工作的有机结合，营造好风正气顺、齐心协

力、共谋发展的良好氛围。一是要坚持与民主管理、行务公开相结合。要通过行长接待日、行长信箱、召开员工座谈会等方式，及时了解员工思想动态和诉求，有效化解矛盾，着力解决反腐倡廉建设中员工反映强烈的突出问题，真正做到心系员工、情暖员工，增强队伍凝聚力。二是要坚持与企业文化建设相结合。创新活动载体、丰富活动内涵，推动文化植入形式与廉政理念有机融合、相得益彰，切实推动我行"诚信立业，稳健行远"的核心价值观"融入管理、植入行动、引领发展"。三是要坚持与干部管理改革相结合。在干部管理改革过程中不可避免地会触动一部分领导干部的个人利益。我们要持续做好思想工作，鼓励被调整的领导干部端正心态，甩掉思想包袱，正确认识省分行党委顺应民意、发扬民主、优化队伍结构的战略意图，做到改正缺点、转变作风、提高效率。四是坚持与全行业务经营和中心工作相结合。各级行在贯彻执行反腐倡廉建设的过程中，要围绕中心、服务大局，突出重点、整体推进，改革创新、狠抓落实，坚持"两促进、两不误"，不断提高反腐倡廉建设科学化水平，为推进我行又好又快发展提供强有力保障。

第十六章　总结材料

第一节　个人工作总结

结构分析范式

写作目的：对个人某一时间段内的工作进行总结。

结构框架：1. 思想认识情况＋岗位履职情况＋自身建设情况；

2. 按照工作职责，逐一总结各项职责履行情况。

材料来源：1. 个人工作职责以及 KPI 考核指标情况；

2. 日常工作记录与有关工作数据统计；

3. 其他个人工作总结案例。

写作要领：1. 个人工作总结的关键在于对个人职责的理解和认识，在此基础上形成工作总结的基本框架，同时要做好每天的工作日志，积累工作总结的素材和数据；

2. 字数要控制在要求的范围内，一般除对工作履职情况进行总结外，还要对思想认识与自身建设等方面的情况进行报告，行文要实事求是，如实总结工作成绩和工作亮点。

例文

2011 年个人工作总结

2011 年，我按照行领导提出的"忠诚、保密、勤奋、廉洁"的要求，以饱满的工作热情、吃苦耐劳的工作精神和诚心的服务态度，进一步加强写作锻炼，强化沟通协调，提升服务能力，全心全意服务好党委领导，各项工作要求得到较好落实。

一、不断提升思想认识

在日常工作和学习中，我能够自觉加强理论学习，牢固树立和落实科学发展观，坚持用发展着的马克思主义武装头脑、指导实践。同时，我还将党的宗旨落实到自己的本职工作中，端正工作作风，牢固树立服务意识，自觉遵守廉洁从业的各项规定。此外，我还积极参与"学规定、强素质、做表率"等学习教育活动，认真研读各类文献和法规，不断提升思想认识。

二、认真履行岗位职责

一是认真做好党委秘书工作。及时记录需上党委会研究事项，按要求通知出席党委会人员，认真做好党委会的记录、整理和誊抄。全年共安排党委会40次，整理党委会记录近30万字。同时，规范党委会记录借阅、复印流程，制作相关表格和工作记录表格，确保手续完善。还积极配合各类检查，及时提供相应记录，确保符合检查要求。

二是认真做好领导日常服务。每周编制领导工作安排表供领导参考，每周汇总行领导要情记录。做好各类文件传递，及时收集反馈领导批示和指示，认真督办领导交代的事项。及时做好行领导各项会议、活动的衔接，确保领导顺利、准时出席各类会议和活动，全年共安排记录行务会、行长办公会12次。周末拟定领导出差日程安排，做好领导讲话录音、活动摄影及新闻稿件的撰写工作，陪同行领导区内外出差15次，整理讲话录音10次，撰写审核新闻稿件16篇；收集整理行长信箱反馈意见5期，整理与基层网点主任座谈意见反馈1期。

三是认真做好各类材料撰写。根据行领导要求，做好有关材料初稿的撰写，包括专题民主生活会和年度民主生活会发言材料、述职述廉述学报告、各类学习心得等；参与年初工作报告、第一季度和第三季度经营分析报告写作；完成"基础管理年"活动推进会材料、机关人员结构调整讲话、向省领导汇报材料的撰写；完成各类领导致辞6篇；完成《城乡金融报》约稿1篇；做好行领导交办的其他材料。

四是认真做好各类信息报送。编写报送××分行每日要情28篇，编发内部情况通报9期，报送领导活动信息231期，并及时将各类信息材料共享。

五是认真做好各类会议安排。参与2011年全行工作会议、年中工作会议、季度经营分析会议等会议的组织，协助做好2011年"春天行动"客户联谊会、中国××银行三农金融事业部改革评估座谈会等大型活动以及各类签约仪式的会务安排。

六是认真做好各类日常工作。参与年初、年中工作任务分解工作，做好经营管理网站行领导讲话、机关公告等相关栏目的维护，做好电梯间电视通告的制作与发布等日常工作。

七是认真做好领导交办事项。以认真负责的态度，高标准、高要求地做好行领导、办公室领导及相关领导交办的各类事项，确保按时、按质、按量完成，不怠慢、不推诿。

三、继续加强自身建设

我深知学习的重要性，正确处理好了学习和工作的关系，2011 年我通过了全国管理类专业硕士联考的笔试和面试，成为××大学商学院在册的硕士研究生。同时，我认真学习硕士研究生课程，除了出差在外，每周末坚持到校学习，今年各门课程也取得了优异的成绩，在其他空闲时间也抽空阅读了十几本专业或非专业的书籍。通过学习这个无止境的过程，自身的素养和能力也得到了潜移默化的提升。

总结 2011 年，紧张、忙碌、充实，取得了一定的成绩，提高了一定的能力，但是也还存在很多不足，如日常工作中精细化管理的意识还不够，工作安排预见性不高，思考问题有待进一步深入，一些好的习惯没有得到坚持。展望 2012 年，仍然要勤恳地工作，认真地学习，愉快地生活。

第二节　部门工作总结

结构分析范式

写作目的：对部门某一时间段内的工作进行总结。

结构框架：1. 引言＋工作亮点/成效＋工作措施＋存在问题＋下一步工作计划；

2. 引言＋工作亮点/成效＋工作措施＋结语。

材料来源：1. 部门工作职责以及 KPI 考核指标情况；

2. 部门内各单元或个人的工作总结；

3. 部门工作要点或者计划；

4. 其他部门工作总结案例。

写作要领：1. 部门工作总结与个人工作总结不同，部门工作总结不能按照部门工作职责将工作进行简单汇总罗列，要通过文字或者数据对工作亮点进行总结，再将主要工作措施进行陈述，一般来说，部门工作总结还需要对下一步工作计划进行简单介绍；

2. 业务条线部门的工作总结以业务为写作主线，本级管理部门的工作总结以本部门工作职责为写作主线；

3. 行文用语以叙述为主，要确保业务数据和亮点工作的真实性。

例文

个人金融部 2018 年工作总结

2018 年，个人金融部（个金部）在二级分行党委的正确领导下，认真贯彻落实各级年初工作会议和全省零售业务工作会议精神，围绕全行个金业务工作总体思路和目标，实施精细化管理，强化市场宣传，扎实有效地组织开展零售业务综合营销活动，个金业务各项指标稳步提升，现将工作总结如下：

一、主要工作成效

（一）储蓄存款优势地位稳固。一是超额完成年度计划。截至 12 月末，我行人民币储蓄存款时点余额 140 亿元，比年初增加 11 亿元，完成全年计划的 110%；日均余额 138 亿元，比年初增加 10 亿元，完成全年计划的 130%；储蓄存款时点、日均增量完成率均位列全省第三位。二是对全行各项存款的贡献度进一步提升。储蓄存款时点、日均增量分别占全行各项存款增量的 100% 和 130%。三是同业市场优势地位持续巩固，截至 12 月末，储蓄存款时点存量、增量当地四大行份额分别为 52% 和 45%，继续稳居当地四大行之首；储蓄存款日均增量市场份额分别高于 A 行、B 行、C 行三大行 37 个、44 个和 33 个百分点，主流银行地位日益彰显。

（二）新兴业务发展成效显著。一是基金业务实现量质均升。截至 12 月末，各项基金指标发展势头良好，同比大幅提升，其中基金新增客户数 5710 户，同比多增 1163 户，完成年度计划的 162%；基金定投（股票型＋混合型）累计销量 700 万元，完成年度计划的 146%；基金业务收入实现 77.7 万元，比上年同期多增 56.8 万元。二是××人寿业务发展迅速。截至 12 月末，全行代销××人寿新单保费 874 万元，完成年度计划的 114%，其中代销××人寿期交保费 618 万元，完成年度计划的 123%；团险保费 150 万元，完成年度计划的 137%。

（三）个人贵宾客户业务稳步提升。一是贵宾客户数量稳步增长。截至 12 月末，全行个人加权贵宾客户比年初增加 4098 户，完成年度计划的 93%，全省排名第四位。其中财富、理财等级客户数分别比年初增加 79 户、3628 户，私人银行折效客户新增 5 户，新增签约私行客户 3 户，贵宾客户稳定性进一步提升。二是贵宾客户价值贡献持续显现。截至 12 月末，全行个人贵宾客户数 47491 户，户数仅占全行个人客户数的 2.6%，但个人贵宾客户金融资产比年初增加了 74750 万元，占全行储蓄存款增量的 68%，比年初提升 1.25 个百分点，贵宾客户的价值贡献度日益提升。三是财富管理中心建设顺利通过总行标准验收。为加快我行私人银行业务的发展、搭建全行高端客户营销服务平台，我行在 11 月正式成立了××分行财富管理中心，经过全行上下联动，合力营销，推进考核指标快速提升，在年末成功通过了总行1.0、2.0标准验收。

二、主要工作措施

（一）坚持储蓄存款营销不松懈。由于今年同业竞争异常激烈，我行在"春天行动"期间，储蓄存款增长缓慢，但全行上下不畏困难、奋力拼搏，最终成功实现提前超额完成全年任务。采取的具体措施如下：一是梳理清单，逐户突破。充分利用客户管理系统提供的存量客户营销清单，落实个人客户"拓户提质"精准营销。其中对10万元以下的潜力客户，开展升级有礼活动，吸引客户提升金融资产以达到全行贵宾客户标准；对10万元以上贵宾客户，加强产品交叉销售，提升客户金融资产往更高客户层级转化，以存量带动增量。二是多策引存，挖掘潜力。充分利用优惠政策及优势产品挖掘有效客户需求，通过"活利丰""银利多""大额定期存单"等特色产品引存吸存，以产品带流量，以流量带增量，持续推动储蓄存款稳存增存。三是抢抓热点，提升份额。借建筑农民工实名制管理公共服务平台上线之机，加强公私联动和上下联动，全力抓好农民工工资保证金账户和代发工资专户营销，大力拓展"×建通"农民工专用卡批量发卡绑卡，全力营销代发工资在我行落户，推动储蓄存款批量营销。

（二）力促个金产品营销出实效。我行在面对同业竞争多元化、金融产品同质化、互联网金融智能化等市场挑战下，坚定信心、排除困难，力促个金产品营销取得较好成效。一是构建全员营销机制。我部牵头组织开展了机关部室"春天行动"全员营销活动和全行员工"学产品　用产品"系列活动，促进全行员工学懂业务、会用产品，增强员工营销责任意识，激发全员宣传营销个金产品的活力。二是强化活动组织营销。积极举办"六走进""百城万家""我的玫瑰花""贵金属免费清洗"等活动及新品宣传沙龙等产品专题营销活动和展销会，促进基金、贵金属及我行各类零售产品批量销售。三是推进专项产品营销。专题下发账户贵金属、健康险、"基金营销我最牛"等多个专项产品营销方案，在落实产品激励考核的同时，对专项产品进行专题培训，帮扶指导基层行提高产品销售成功率，尤其是在基金市场行情低迷之际，把基金定投作为投资类理财的突破口，积极宣导"行情下行得份额，行情上行得收益"的投资理念，带动引导客户建仓布局，持续推动基金销售，实现了基金业务持续性增收。

（三）落实贵宾客户管理精细化。一是积极开展贵宾客户专题活动。我部年内积极举办了"新春送福""花样美人节""高管管高端　分层维护拜访"等多场贵宾客户专题活动，进一步加强个人贵宾客户的营销维护，用差异化服务来加深和巩固高端客户的长期合作关系，实现贵宾客户精细管理。二是普及推广专业系统的科技支撑作用。个人客户营销管理系统是我行落实贵宾客户精细化管理的重要科技支撑，今年以来，我部组织专业服务团队，深入支行与网点，督导各支行学好用好个人客户营销管理系统，尽快掌握系统各项操作技能，实施精准营销和精细化管理，为落实贵宾客户分层营销维护打下坚实基础。

三、存在的问题

（一）个金中间业务收入增长乏力。今年全行个金中收持续受减收政策和低迷市场行情的影响，总体增长乏力，同比降幅持续扩大。全年实现个金中收 1625 万元，年度计划完成率仅为 83%，同比少增 373 万元，同比降幅 23%。一是传统中间业务收入持续减收。因自助银行、借记卡等传统结算收入持续受人民银行政策及线上支付的影响，同比减收多、降幅大。全年自助银行、借记卡业务合计收入 1096 万元，同比少收 411 万元，中收缺口进一步加大。二是新兴中间业务收入增长乏力。对私贵金属业务受低迷市场行情影响，客户交易活跃度严重下降，收入增长落后于上年同期，全年只实现收入 172 万元，同比少增 60 万元，同比降幅达 26%。

（二）私人银行业务发展中落后。一是私行业务指标落后。我行对私人银行客户的日常维护管理不够，以及对潜在私人银行客户的识别能力不足，导致私行业务发展落后。全年私人银行折效客户新增 5 户，金融资产增量 1862 万元，完成情况在全省排名靠后。二是贵宾客户黏性有待增强。截至 12 月末，个人贵宾客户产品交叉销售率比年初增长 20%，低于全省平均水平 4.44 个百分点，个人贵宾客户产品交叉销售率提升缓慢，高价值贵宾客户对我行金融产品的黏性不足。

四、下一步工作计划

（一）持续做好储蓄存款稳存增存。一是用活优势产品，锁定新增资金。加强优势存款产品学习，把握"春天行动"期间利率上浮优惠政策，强化同业产品对比宣传营销，锁定客户资金。专项落实"六走进"专题营销活动，向个体工商户、私营企业主、优质单位员工等重点客户推介"活利丰""大额定期存单""银利多"等优势产品，归集客户行外资金。二是巧用系统支持，盘活存量资金。用好个人客户关系管理系统，精准开展市场营销和客户维护等工作，批量获客、活客、留客。按照上级行下发的精准营销目标客户名单，开展精准营销子项目，推动实现营销目标，提升存款增存空间。三是加强公私联动，获取批量资金。加强与对公部门的联动，抢新增代发工资客户和拆迁征地款、甘蔗兑付款、财政补贴款等批量代付业务；争取由同业代发工资但在我行有贷款的客户，尤其是要继续做好农民工"×建通"卡批量发卡绑卡工作，实现代发工资批量增存。

（二）大力拓宽个金中收来源。一是大力发展新兴业务产品，提升个金中收贡献度。基金方面，持续开展首发基金和优选基金营销，利用总行优选及定投的中收政策做大我行偏股基金规模；持续拓展新增基金客户，做大基金客户与基金存量规模，有效提升基金业务收入。贵金属方面，重点抓好两金业务。一手抓实物贵金属销售，充分利用节前贵金属销售旺季，强化"时间的祝福""千里江山"等重点贵金属产品营销；另一手加快金市通业务发展，强化账户贵金属业务开户营销，提升存量客户交易活跃度，做多业务交易量。对私理财方面，做大做强自主理财规模，扩大理财业务创收规模。二是巩固传统收入项目，补好个金中间业务短板。一方面，加强自助设备运营管理。强化营销推广，提高自助设备使用效率，做大跨行交易收入；另一方面，持续加大借记卡发卡力度，加大批量发卡力度，稳固传统中间业务收入。

（三）切实做好个人客户"扩户提质"工作。一是以项目带动借记卡批量发卡。以代发工资、社保、财政、军队、公积金、公共事业缴费、拆迁、学校、医院、烟草、证券等十二大项目场景为切入点，进一步加强借记卡批量发卡营销。二是做大个人有效客户规模。一方面，通过网点营销、外拓营销和公私联动等途径实现获客，开展"新客有好礼"营销活动，营造良好的开户营销氛围；另一方面，对全行63万无效客户开展"激活有好礼"营销活动，盘活存量客户。三是强化贵宾客户维护管理。对财富型客户进行台账式营销，根据客户资产及产品持有情况，全面开展"一对一"服务营销，引导财富客户提质升级；对理财型客户进行分群营销，按客户维度建立升级客户群、挽留客户群，按重点产品维度建立基金客户群、理财产品客户群和贷款客户群等，针对不同群体的不同需求提供针对性的产品营销。

（四）持续抓好风险管控工作。一是加强条线人员合规教育培训，开展违规代销排查，重点排查未经合规准入而代销、销售中使用误导性语言、未按规定进行"双录"、不具备资质进行产品代销、第三方机构人员驻点营销等违规情况，严厉打击员工私售"飞单"、私自为客户理财等行为，对违规行为严格追责惩戒。二是严格执行代理产品及自主理财产品销售"双录"工作。对于有理财产品销售业务和代销产品业务资质的网点，要求严格落实销售专区及专区产品销售"双录"等监管要求。三是切实履行反洗钱职责。加强客户身份识别和尽职调查，增强反洗钱合规管理能力，保证业务经营安全。

（五）坚持以党建统领业务发展。坚持以党建统领全局，完善机制，落实责任，将党建工作和业务工作同部署、同落实。常态化学习党的十九大精神和习近平总书记系列重要讲话，持续开展"三亮四比三评"以及党员承诺践诺等活动，按质按量完成规定动作和自选动作，在加强对中央和上级行党委各项党建工作条例、准则等学习落实的同时，重点狠抓民主生活会、党建工作联系点、党建述职评议考核、全体党员大会、党支部书记讲授党课以及谈心谈话等制度的落实执行，进一步发挥党组织战斗堡垒作用，切实将党的作风优势转化为主动作为的执行力。

第三节　单位工作总结

结构分析范式

写作目的： 对商业银行一段时期内经营管理工作进行全面总结。

结构框架： 引言 + 工作成效 + 工作措施 + 主要问题 + 工作思路。

材料来源： 1. 各部门和各业务条线工作总结和工作计划；

　　　　　　2. 参考同类型总结案例。

写作要领： 1. 一家商业银行的工作涉及方方面面，需要收集掌握的工作材料很多，要对这些材料进行消化吸收，将最有工作成效的亮点归纳总结出来，将最有力的工作措施展示出来；

　　　　　　2. 单位工作总结与工作会议讲话稿有很多部分存在一定的重合，这两个材料可以互相借鉴，共同编写。

例文

××分行20××年工作总结

20××年，在总行党委的正确领导下，××分行认真贯彻落实总行年初、年中工作会议精神，以科学发展观统领工作全局，以机制改革创新为动力，以队伍建设和作风建设为抓手，以基础管理提升为保障，深入推进经营转型，着力深化服务"三农"，积极防控业务风险，统筹推进全年各项工作有序开展，有效巩固提升了当地主流银行地位。

一、主要工作成效

（一）业务发展有新进步。截至年末，我行主要业务指标在当地四大行中实现

"九个第一"：全行各项存款余额 2400 亿元，比年初增加 185 亿元，各项存款存量和增量、储蓄存款存量和增量、对公存款存量、同业存款增量均居当地四大行第一位，其中本外币对公存款余额突破 1000 亿元，储蓄存款存量、增量当地四大行市场份额分别达 40% 和 52%；各项贷款余额 1455 亿元，比年初增加 150 亿元，增量居当地四大行第一位，增量当地四大行市场份额超过 30%。实现中间业务收入 16 亿元，同比增收额创历史新高，居当地四大行第一位；实现拨备后利润 56 亿元，同比增长 38%，居当地四大行第一位。

（二）争先进位有新提升。在总行业务考评排名中，我行前三个季度综合绩效考核在全系统排名第十位，三农板块绩效考核排名第九位，均比上年末提升了 4 个位次。同时，我行公司业务、机构业务、国际业务、个人金融业务在全系统条线考核排名分别排名第四位、第八位、第六位和第七位，分别较去年末前进了 3 位、6 位、6 位和 12 位，均进入了前十行列。在当地四大行中，我行各项存款、储蓄存款、同业存款、外币贷款的存量市场份额分别比上年末提高了 0.3 个、1.2 个、2.5 个和 2.3 个百分点，储蓄存款和同业存款增量占比比上年末提高了 6.5 个和 22 个百分点。

（三）经营管理有新突破。在经营上，强化业务产品创新，研发推广应用了"行云·结算套餐"、工商验资 e 线通系统、公积金联名卡等 29 项新产品，新拓展县级财政现金管理平台 56 个，在内保外贷、国内信用证、结构性存款理财、"钢材销售金融服务"三方协议等多项业务上取得新突破。在管理上，拓宽工作思路，大胆改革创新，在建立干部提前退出机制、深化干部管理改革、建立机关员工调整优化长效机制等方面实现了改革突破。在绩效、风险、运营、财务集中改革等基础管理上也取得了突破性进展。

（四）风险管控有新成效。截至年末，全行不良贷款余额、不良率分别为 28 亿元和 1.9%，分别比年初下降 1.1 亿元和 0.3 个百分点，实现"双降"；实现潜在风险压降 7.6 亿元，完成总行年度计划的 230%；有序推进"三大集中"建设，年末全行作业集中度达 9.9%，同比提高 6.3 个百分点；着力构建风险防控长效机制，全年合规及操作性问题和金额同比分别下降 26% 和 67%，总行集中审计发现问题整改率达 99%，在总行党风廉政建设责任制现场考核中取得了满分，全年无重大违法违纪案件、无重大被诉经济纠纷案件发生，实现安全运营。

（五）保障民生有新改善。实施了系列政策倾斜，将一线柜员每月基本工资最低标准增调至 2300 元，比上年提高了 800 元；年末对所有网点员工每人普惠 6000 元；全辖内退人员生活费人均每月调增 600 元，全辖离退休人员增发生活补助人均每月 102 元；出台直系亲属医疗补助发放制度，减轻员工供养负担；累计慰问困难员工 568 人、慰问金额 336 万元；稳妥推进集体合同制度，加强基层"五小"建设，定期组织员工体检，员工工作生活幸福感和团队归属感进一步增强。

二、主要工作措施

（一）抓经营理念转变，引领全行科学发展。去年，我行面临复杂多变的宏观形势和日趋激烈的市场竞争，也面临多年高速发展的基础。在统筹分析内外部形势的基础上，我行围绕总行打造优秀大型上市银行的总体要求，立足我行巩固提升当地主流银行地位的具体实际，提出了"提升市场份额，强化管理水平"的总体要求，强调既要贯彻总行的精神实质，也要抓住我行经营管理的关键环节，实现转变发展方式和加快有效发展的协调统一。同时，大力倡导"不唯计划唯市场，不唯任务唯发展""能为之必为之，不能为之不勉强为之"等理念，强调要变"分工资费用"为"挣工资费用"、变"分资本规模"为"竞资本规模"，并组织制定了《×××改革发展规划纲要》，先后配套出台了一系列新政策、新举措来加以贯彻传导。通过采取有力措施，新的经营理念逐步深入人心，年初确立的工作总体要求得到全面贯彻落实，实现了"保市场、有进步、可持续"的预期目标，我行科学发展、和谐发展的基础更加牢固。

（二）抓业务联动营销，推进经营转型深化。强化高层介入营销和板块联动营销，切实从区域重点、业务板块、结构调整上加快推动经营转型。一是推进重点城市行优先发展。认真贯彻重点城市行工作部署，积极推动××分行优先发展，截至年末，该行储蓄存款增量等 4 项指标居省会四大行第一位，前三个季度在全系统考核中排省会城市行第九位。同时，把辖属××二级分行列为重点城市行，出台了相关政策措施推动其加快发展，截至年末，该行各项存款增量、储蓄存款增量、实体贷款增量均居当地四大行第一位。二是加快推进零售业务转型。完成20 个标杆网点建设和 70 个精品网点的营销技能导入，网点营销服务潜力进一步释放；打造了财富中心、理财中心和网点贵宾室"三位一体"的个人贵宾客户营销管理体系，营销服务窗口效应明显；加快自助银行建设步伐，电子渠道分流率达62%。三是推进业务结构调整优化。充分利用信贷规模趋紧的时机，强化贷款定价管理和投放把控，推进贷款结构持续优化。截至年末，全行 BBB 级及以上法人客户贷款占比 96%，比年初提高 3.6 个百分点；中长期贷款余额占比 65%，比上年末下降 3 个百分点。大力实施中间业务转型，在巩固和扩大传统优势的同时，通过提供增值服务、高附加值业务、新增收费项目等途径转变发展方式。截至年末，全行中间业务收入占比 16%，同比提高 0.4 个百分点。

（三）抓服务"三农"深化，增强县域发展后劲。始终坚持面向"三农"、城乡两轮驱动、统筹发展不动摇，按照"突出重点、量力而行、有限目标、扎实推进"的指导思想，着力优化服务"三农"，不断夯实"三农"业务基础。截至年末，全行县域各项存、贷款余额分别比年初增加115亿元和75亿元，增速分别高于全行平均水平2.9个和6个百分点。一是扎实做好评估验收工作。严格落实总行核查评估工作要求，举全行之力抓实、抓细、抓好相关工作，重点打造了××、××、××、××等6个支行示范点，同时我行逐一主动向省政府主要领导汇报工作，向人民银行××中心支行、××银监局领导进行汇报和沟通，全面完成了85个县支行的检查评估验收工作，并圆满完成了三农金融事业部改革评估座谈会承办任务。省委书记、省长对我行服务"三农"工作均作出批示并给予高度评价，社会各界也给予了高度关注，中央电视台《焦点访谈》栏目等对我行服务"三农"进行了专题采访报道。二是做大做强农村产业金融服务。重点支持全区100户国家级、自治区级农业产业化龙头企业，积极支持城镇基础设施、农村电网改造和大型水利设施建设，择优支持县域民生工程，截至年末，全行累计发放区级以上农业产业化、县域城镇化建设等贷款78亿元，被省政府评为扶持县域科学发展先进单位。三是做精做细农户金融服务。以代理项目为依托，以增存创收为主线，以渠道建设为支撑，以选好客户为抓手，以风险防控为重点，进一步提升农户金融服务水平。目前，我行共有21个县（区、市）支行参与当地新农合项目，共代理新农合22万户；推进与省共青团、妇联的合作，积极支持农村青年和妇女创业，全年累计向4.5万户农村妇女发放小额担保贷款21亿元。截至年末，我行农户贷款、农户小额贷款计划完成率分别排在全国系统内第十位和第六位。四是加强农户贷款风险的防范。严格执行停复牌制度和问责机制，完善贷款到期收回预案，强化到逾期贷款责任清收。同时，共清理注销历年滞留惠民卡71万张，有效消除了风险隐患。

（四）抓机制改革创新，激发整体经营活力。为进一步提升经营管理的科学性和有效性，研究出台了一系列政策措施，强化了政策导向，有效激发了全行经营活力。一是完善绩效考评机制。考核办法突出了市场份额和排名、系统内份额和排名的权重，同时加大了工资、费用的挂钩力度，其中挂钩工资不低于总额的20%、费用不低于总额的15%，强化了全行综合考评的导向作用。二是健全资源分配机制。按照"基本保障、同工同酬、兼顾公平、奖勤罚懒、凭效增资"的原则，分配工资资源；按照"基础保障、战略引导、考核计价、公开透明、激励发展"的原则，进行费用资源的配置。三是强化经济资本和全额资金管理。严肃计划管理纪律，坚持效益优先原则，做到"算了再放"，以经济增加值为核心，以节约资本、提高回报为目标，将贷款规模优先向低风险个贷和优质法人客户倾斜。同时，主动适应总行 FTP 价格导向，合理取舍业务和产品。四是创新管理模式。对地方经济发展潜力大、同业竞争激烈的×县支行等 6 个重点县支行实行直管，直接下达计划和转授权，直接实施绩效考核和资源配置，并实行分行行领导挂点帮扶，进一步提升了省分行机关直接管理和服务基层的能力。五是强化年度评先表彰激励导向。对年度各类评先表彰项目进行了整合优化，设置了"综合绩效""经营管理""十佳支行行长""双十佳网点主任""双十佳营销能手"等 10 多个奖项，并拿出工资 580 多万元进行配套奖励，不断增强激励表彰的针对性和导向性。

（五）抓基础管理提升，着力夯实发展基础。我行高度重视基础管理，把它作为强化管理水平的重点工作来抓实抓好。一是扎实推进"基础管理提升年"活动。实行"一把手"工程，细化活动工作方案，成立了八大专业小组，重点推动六大方面 26 项主要工作，做到"六个注重，六个进一步"，即，注重强化履职意识，进一步提升执行力水平；注重提升客户基础，进一步强化价值创造能力；注重优化业务流程，进一步提高运营管理水平；注重强化贷后管理，进一步夯实风险管理基础；注重深化资源配置，进一步深化绩效管理改革；注重激发员工活力，进一步提高人才队伍素质确保活动取得实效。二是夯实运营管理基础。有序推进"三大集中"建设，持续优化临柜业务流程，已建成二级分行授权中心 12 个，集中授权累计上线网点 695 个，授权中心日均授权业务量超过 3 万多笔；全行作业集中度达 9.95%，同比提高 6.35 个百分点，实现了柜面操作风险总体可控。三是抓好信贷风险防控。细化风险水平评价实施细则，以及风险合规经理管理意见和农户贷款风险管理实施意见，全面清理了平台贷款，强化重点领域风险管理。截至年末，平台贷款比年初下降 24 亿元，超额完成余额压降 20% 目标，平台贷款担保整改率为 100%，受托支付走款比例为 96%。四是切实强化不良资产清收处置。全年实现清收委托资产 3.7 亿元，实现清收自营不良贷款本息 11 亿元，分别完成总行年度计划的 246% 和 207%。五是抓好总行巡视组和集中审计检查发现问题的整改。实行"一把手"负责制，明确整改标准、流程和时限，经后续审计认定整改率为 99%。六是加强案件风险防控。推进视频监控联网系统建设，持续实施网点整体移位和突击"飞行"检查，扎实开展案件风险排查和专项整治，有效查堵了管理漏洞和风险环节，促进全行员工忠于职守、规范从业。

（六）抓干部队伍建设，提高全员执行能力。按照"顺应民意、以人为本，适人适岗"原则，抓实干部队伍建设。一是加强党风廉政建设。将党风廉政建设纳入领导班子、领导干部的目标管理，增强各级领导干部履行"一岗双责"的责任意识；抓好"两项重点治理"及"案防制度落实年"活动等工作，深入开展干部员工的警示教育、案例教育和法纪教育。全年共组织反腐倡廉专题学习研讨383次，组织2173人到监狱进行警示教育，班子"一把手"开展专题形势教育报告会和廉政党课，各级党委书记上党课118次，纪委书记上警示教育课108次。二是深化干部聘任管理。对现职处级干部，在规定的任职年限里，可个人主动让贤，并适当放宽科级干部任职年限；对城区支行、县域支行和城区网点、县域网点的负责人达到一定业务规模的，可以提升职级待遇。同时，采取"全体起立"的方式，对区分行本部部室内设98个部门经理岗位进行资格竞聘上岗。年内，我行共调整处级干部86人次，其中新提任46人次、平级调整40人次，续聘区分行本部27名经理，新提任43名经理、28名副经理。三是调整优化机关员工结构。行党委从提升和保持机关战斗力出发，按照"公开、平等、竞争、择优"的原则，采取综合素质测评等方式，率先在区分行机关实施员工结构调整优化，对35名员工进行了调整优化，占机关员工总数的8%。同时，每年按2%的比例对机关员工进行末位淘汰，优化机制解决了机关人员能进不能出的问题。四是大力转变工作作风。加强机关绩效考核和行政效能建设，以条线指标、工作效能、服务满意度等为重点进行考核挂钩，并制定专门的机关效能建设考评办法，整顿机关纪律，规范行为管理。五是强化员工培训学习。全年举办新提任县级支行副行长、县级支行党委（支部）书记、新入行大学生等各类培训班70期，培训员工6000人次，有效提高了干部的适岗胜任能力。

（七）抓企业文化建设，构建和谐发展氛围。以纪念我行成立60周年为契机，广泛开展企业文化深植，切实做到"融入管理、植入行动、引领发展"。一是贯彻"文化强行"战略意图。把推动企业精神和文化导向与业务经营、风险控制、品牌形象、文明单位创建紧密结合，加强企业文化培训、办公VI推广，开展合规文化大讨论、"法律进网点"巡回宣讲和征文活动，推动文化理念深入人心。二是创新员工维权管理机制。推行集体合同制度，完成了全行平等协商集体合同签订，健全劳动争议预防和争议调解机制，依法维护了员工合法权益。通过行长接待日、行长信箱、员工座谈会等方式，及时了解员工思想动态和诉求，提高全行员工的知情权和参与权。三是加强职工文化建设。积极开展"职工之家"创建活动，实施维权帮扶互助工程，多层次开展红歌比赛、劳动竞赛、文化体育等活动，营造了和谐发展氛围。

三、存在主要问题

一是城市行整体竞争力有待提升，部分主要业务发展落后于同业，部分二级分行的城区业务甚至面临边缘化的危险。二是业务潜在风险防控压力加大，特别是农户小额贷款防控形势严峻，一些操作风险仍缺乏有效防控手段，有的违规行为呈现隐蔽化趋势。三是客户基础仍有待夯实，一些系统性客户和个人优质客户的市场份额仍落后于先进同业。四是精细化管理理念有待强化，经营管理方式还较为粗放，业务发展"大而不强、大而不优"的特点较为明显，价值管理、成本管理等现代商业银行经营理念不强。

四、20××年工作思路

20××年是我行推进实施"十一五"改革发展规划的关键之年。我行将继续坚持"提升市场份额，强化管理水平"工作思路，以同业和系统内先进为标杆，转变经营理念，推进业务转型，强化价值管理，狠抓市场营销，夯实管理基础，积极推进全行可持续发展。

（一）持续强化经营导向。以科学发展观统领工作全局，全面贯彻协调可持续的要求，准确分析把握宏观形势和同业竞争态势，积极做好业务发展规划，抓好长期目标与短期目标的有机衔接，做到"稳中求进、好中求快"。强化考核激励、资源配置等政策导向，突出人均、点均和日均等集约化指标考核，资源重点向综合收益高、经济资本占用低、劳动生产率高、发展潜力大的业务领域和区域倾斜，努力提高劳动生产率和发展质量。通过持续不断的管理导向，扎实推进基础管理提升，进一步完善价值管理、资本约束、全面风险管理、全额资金管理、人力资源管理等机制，引领全行共同推进可持续发展。

（二）持续推进业务转型。牢固树立为客户创造价值的营销理念，建立银企共赢的营销发展模式。建立覆盖个人、团队和部门的同向激励约束机制，健全面向客户、价值创造的资源配置机制，把有限的资源配置给回报水平高、价值创造能力强的客户和项目。完善产品和科技创新机制，满足市场和客户的多元化金融需求。努力构建业务综合营销体系，实现从单一部门营销向联动营销转变、从单一产品营销向综合业务营销转变。加快推进零售业务转型，进一步强化营业网点营销功能。强化联动营销，依托网点网络优势，加强对公与零售业务、传统与新兴业务、城市与县域业务、本外币业务的联动营销和交叉营销，提高营销的综合效益。

（三）持续夯实基础管理。持续完善绩效考核和资源配置机制，完善经济资本和全额资金管理机制，提高综合回报率。夯实风险管理基础，进一步完善风险管理的组织体系、政策制度、管理工具建设。夯实运营管理基础，加快基础运营平台建设，强化柜面业务流程改造和风险管控。夯实信息科技基础，加快业务系统的开发和应用，强化数据应用支持和技术服务。夯实人才队伍基础，积极推进岗位管理体系在全行的落地实施，推进薪酬分配机制改革，提升薪酬的对外竞争力和对干部员工的激励效果。

（四）持续推进文化建设。着力打造服务、经营、合规、人本、创新五大文化品牌。牢固树立"客户至上、始终如一"的服务理念，推动服务从专业、规范迈向优异和卓越，打造服务文化品牌。着力打造"求真务实、追求卓越"的经营理念，建立健全业务经营体系机制，大力发扬实干经营作风，打造经营文化品牌。加强合规文化体系建设，深入开展基础管理提升和"三化三铁"创建等活动，打造合规文化品牌。倡导"德才兼备，以德为本，尚贤向能，绩效为先"的理念，培育"敢为人先、创新求变"的创新精神，强化创新激励机制，拓宽创新活动载体，打造创新文化品牌。

第四节　领导述职报告

结构分析范式

写作目的： 行领导对分管工作进行总结述职。

结构框架： 分管部门＋工作成效与措施＋结语。

材料来源： 1. 领导的分管业务与工作职责；

2. 各有关部门的工作总结；

3. 会议记录、新闻报道等反映领导工作思路与行动的相关材料；

4. 参考往年或其他工作总结案例。

写作要领： 1. 一般每个单位的领导述职报告均有具体的写作要求，包括字数、结构以及内容等，遵照这样的要求进行撰写即可；

2. 工作成效与措施一般按照领导的分管部门或者分管板块进行归纳总结，具体业绩可以与部门保持一致，但是工作措施要突出领导在这项工作中的具体思路和做法；

3. 收集的素材很多，关键是要做好取舍，不能将领导述职报告写成各部门工作总结汇总。

例文

2018 年述职报告

2018 年 1 月至 4 月，我分管综合管理部、三农金融部、公司业务部、零售银行业务部、信用卡与电子银行部；5 月至 8 月，我分管综合管理部、零售银行业务部、信用卡与电子银行部、科技与产品管理部；9 月至 12 月，我分管办公室、个人金融部、信用卡与网络金融部、风险管理部、运营管理部、科技与产品管理部。现将 2018 年的主要工作述职如下：

（一）巩固零售优势。全行零售业务持续保持良好发展势头，截至 12 月末，全行储蓄存款时点余额 142 亿元，比年初增加 11 亿元，完成年度计划的 110%；日均余额 138 亿元，比年初增加 10 亿元，完成省分行年度计划的 132%；储蓄存款时点、日均增量均列全省第三位，且稳居当地四大行首位。个人贷款比年初增加 5.2 亿元，完成省分行年度计划的 163%；存量及增量市场份额均居当地四大行首位。全行非"三农"个贷业务累计投放贷款 10.8 亿元，同比多增 1.8 亿元，增量市场份额超过 50%，总额也首次超越×行，跃居当地四大行首位。

对于零售业务工作，我个人主要做了以下几项工作。一是抓制度办法建设。高度重视并及时快速地将上级行的政策结合我行实际出台了一系列的制度办法，包括"春天行动"方案、机关员工营销方案、产品计价政策等，确保调动全体员工营销积极性。二是抓系列活动开展。全年开展了邀请书法家为我行贵宾客户写春联的"新春送福"活动、"高管管高端"贵宾客户分层维护拜访活动、机关员工"学产品 用产品"系列活动、贵金属营销竞赛活动等一系列有利于维系客户关系的活动。三是抓思想理念宣导。以 2018 年"万马奔腾"零售业务推进活动为契机，亲自制作 PPT 和宣讲材料，分五场次到各支行开展巡回宣讲，传导先进的营销理念，更新员工零售业务营销思维。四是抓业务风险把控。亲自带队逐一走访辖内××半岛等 84 个存量按揭合作楼盘项目现场，并进行全面、深入、细致的排查，在充分研判楼盘风险的前提下，筛选出可以继续进行按揭合作的楼盘项目 53 个，要求各支行逐个建立楼盘管理监测台账，重点加强对楼盘项目施工进度是否正常、保证金账户资金是否充足、不动产办证抵押是否及时等重点内容的监测，将风险控制在最低限度。

（二）推进业务创新。一方面，大力倡导后台服务前台、科技支撑业务的理念，加强产品研发，科技支撑能力显著提升，极大地带动了全行业务营销，也树立了我行科技强行的形象。科技条线全年共开发建设了以下项目：历时两个月时间完成房屋预售款管理系统的建设任务；完成与××市房屋维修资金监管系统的对接；成功解决社保卡批量开卡"九要素"受限问题；成功研发上线了××市住房公积金个人自愿缴存批扣接口；全省第一个上线总行版"财政国库集中支付电子化"项目；如期完成总行、省分行组织的柜面业务综合化改造。按时按质完成国际业务系统全面并入业务系统，真正实现核心业务系统对全行业务的全面覆盖；积极参与××市中医院银医通项目建设；参与××房屋预售款资金监管系统、××监狱零花钱系统、××公安出入境缴费系统、××中燃缴费充值系统、××水务水费代收系统等系统的营销工作。

另一方面，积极开展营销团队创新建设，以本行业务带头人为核心，建设信用卡分期营销团队和电商营销团队，极大地促进了全行信用卡分期业务和网络金融业务的发展。信用卡分期交易额突破5亿元大关，达到5.77亿元，同比增加1.73亿元，增长42.8%，专项分期交易笔数、交易额和完成率三项指标均居全省系统第一位；信用卡余额7.95亿元，比年初增2.22亿元，完成年度计划的266.5%，全省排名第一位；信用卡不良核销1205万元，完成年度计划的301%，全省排名第一位。电商营销团队积极响应"智慧生活"需求，通过制订"一户一策"方案，年内成功营销行政事业系统缴费项目18个，实现全辖交警罚没款、公安户政、出入境收费、法院诉讼费等政法系统收费的全覆盖，累计交易笔数2.25万笔，同时成功营销水务、燃气等大型系统缴费项目，以及全省第一个成功上线跨境电商项目，为我行缴费场景建设增添了新动力，为全省系统缴费项目提供可借鉴样板，有效提升我行电商产品知名度和社会认可度。2018年末，本行缴费加权商户106户，系统内占比19.6%，连续两年保持全省系统占比第一。

（三）强化基础管理。继续坚定"向风险宣战"的决心，加强考核督导，推动信贷资产质量优化。一是突出抓好重点领域风险管控。通过加强在线风险监测预警，对关注类客户出现欠息，押品、账户被他行查封和在他行已形成不良的，及时作出风险预警和应对处理方案，避免大额关注类贷款下迁形成不良。根据"精准压降，一户一策"的要求，对14户余额共计10.76亿元的法人关注类贷款明确了管控方案和压降目标，抓早抓实，确保序时压降退出。二是深入推进"净表计划"实施。坚持以呆账核销作为必要手段，做到"应核尽核、能核早核"，坚持以其他处置方式作为有效手段，适时推动不良贷款重组回调以及信用卡不良贷款的资产证券化等工作，加快不良贷款出表。截至12月末，全年自营不良贷款综合处置、自营不良贷款现金清收、不良贷款呆账核销、商业化受托资产现金清收分别为2.76亿元、0.55亿元、1.06亿元和1.08亿元，分别完成年度计划的

156%、100%、102%和189%。

进一步提升信贷管理质量，认真落实信贷审查审批工作合规管理规定，突出业务真实性、实质性风险审查，加强信贷需求和财务数据合理性分析，严格核查征信信息、关联关系、资金账户流水等，严防信贷业务造假、违规放贷、骗贷等行为。结合信贷检查发现的问题有针对性地强化信贷人员的信贷政策制度学习培训，及时把审查审批工作中遇到的合规操作问题及合规工作要求分类汇总反馈给前台信贷人员，要求前台提交到审查审批环节的信贷业务达到规范操作标准。进一步提高信贷审批效率。认真落实信贷业务办理时限要求，注意审查审批质量和效率互相兼顾，对同业竞争激烈的优质客户和重点营销项目开通审查审批绿色通道，及时办结本行权限内信贷审查审批事项，对非本行权限上报的信贷事项加强审核把关，努力避免因资料不完整被上级行退回而延误业务办理进程。分管信贷工作以来，审查审批信贷业务278笔，金额人民币21.52亿元；其中法人信贷业务166笔，金额人民币20.65亿元；个人信贷业务112笔，金额人民币0.87亿元，无人为因素造成业务积压。

（四）做好支撑保障。围绕"加强基础管理、严控操作风险、提高服务效率"这一工作主线，重点抓好运营风险防控、运营基础管理、运营服务保障三大工作，为全行业务稳定健康发展提供强有力的业务支撑，全年无重大业务差错和操作风险事件的发生，实现了全行各项业务的安全运营。持续抓好"三化三铁"创建工作，创建工作取得了一定的成效，经过省分行和总行验收，被验收网点均达"三铁"标准，偏离度全省排名第三名，全年申报"三铁"单位9个，成绩超预期目标。狠抓柜面业务差错治理，全行集中作业水平大幅度提高，集中作业考核全省第一，授权抹账率居全省第一位，集中授权成功占比全省居第三位，授权拒绝退回占比全省居第三位。

不断向综合管理部灌输要牢固树立服务大局、服务机关、服务基层的"三服务"意识，充分发挥办文、办会、办事的"三办"作用，努力让领导、机关、基层"三满意"，为全行改革发展提供综合服务和重要保障。同时，做好调研材料组织，为全行业务发展问诊把脉。在"一把手"指导下，牵头有关部门撰写的《关于提升××分行对公业务竞争力的调查报告》《关于××分行零售业务可持续发展的调研报告》均获××金融学会2018年度二级分行重点课题评比三等奖。向省分行领导汇报关于核销转让贷款情况的《××分行近年来法人客户不良贷款核销转让情况报告》一文获得了省分行主要领导的批示。

（五）加强自身建设。我始终坚持把党风廉政建设放在改革发展的大局中，以

"三严三实""两学一做"重要思想为指导，以落实党风廉政建设责任制为重点，不折不扣完成分行纪委下达给我本人的《党风廉政建设责任制2018年工作任务清单》，把廉洁从业作为推动各项工作的重要保证，着重在抓学习、抓教育、抓组织、抓建设上下功夫，努力营造廉洁清明的工作环境。我始终坚持学习先行，把增强党性观念作为学习的根本任务，按照"两学一做"学习教育活动的要求，带头学习党的十八大，十八届五中、六中全会精神和习近平总书记系列重要讲话精神，学习贯彻执行《中国共产党章程》《关于新形势下党内政治生活的若干准则》和《中国共产党党内监督条例》，自觉接受监督和改进思想作风，以创新的精神和求实务实的工作态度，紧紧围绕业务经营这一中心任务，服务改革发展大局，履行好自己的工作职责，做到了识大体、顾大局。我认真履行监督职责，不断加强对分管部门干部员工的监督和管理，对责任范围内的党风廉政建设进行了认真研究、布置和落实。我不断加强自身建设，树立良好形象。认真贯彻执行党的金融方针政策，严格遵守和执行党的政治纪律，坚决落实党中央和上级行党委重大决策部署，自觉遵守《中共中国××银行××省分行委员会贯彻落实中央八项规定精神的实施办法》；深入开展调查研究，全面掌握第一手资料，努力把握和分析业务发展的规律和相关政策制度，不断提升综合分析和解决具体问题的能力，主动为基层服务，多办实事、多办好事；注重摆正自己的角色位置，自觉维护集体利益和集体荣誉，在谋全局、把方向、管大事上，坚决服从党委的决策方针，用自己的行动来引导和创造和睦相处、人心思进、气顺心齐的工作环境。

2018年虽然各项分管工作取得了一点成绩，但我也清醒地认识到，这些成绩仍然与上级行党委的期望，与××分行稳健发展的要求还存在一定的差距，主要表现如下：一是精细化管理能力有待进一步提升，对于有些问题看在眼里，但是没有督促整改，导致部分内部管理或者业务拓展不到位；二是对信贷风险、资产处置、运营管理三大板块专业知识的学习与运用有待加强；三是自我管理有放松的倾向，对自己的部分要求不够严格。在今后的工作中，我将在党的十九大精神的指引下，坚决贯彻落实好上级行的各项政策，通过进一步加强党性锻炼，持续深入学习和调研，不断提升自身能力与素质，狠抓各项分管业务发展和风险管理，为促进我行事业的健康发展作出自己的贡献。

第十七章　组织材料

第一节　考核鉴定材料

结构分析范式

写作目的： 对干部任用进行考核鉴定。

结构框架： 个人基本情况 + 主要特点及工作表现 + 主要不足 + 鉴定意见。

材料来源： 1. 考核干部及其分管部门或条线的工作总结；

2. 考核谈话记录、征求意见、民主测评等材料；

3. 其他考核鉴定材料案例。

写作要领： 1. 考核鉴定材料关系到一个干部的成长和职业生涯走向，必须坚持实事求是的原则，要通过民主测评、个别谈话、征求意见、查阅材料等方式进行综合评价；

2. 对干部的主要特点要进行重点归纳，从思想、能力、个性等方面开展，要千人千面，把干部的素质能力特点准确描述出来；

3. 对干部的不足也要谨慎予以结论，要基于事实和客观评价得出结论，不仅要让本人觉得信服，也要为以后改进提升提供方向指引。

例文

×××同志综合鉴定

×××，男，汉族，××年8月出生，中共党员，在职研究生学历（全日制最高学历大学本科），高级经济师。2006年7月参加×行工作，2016年11月至今任××分行党委委员、副行长（试用期一年），分管对公、零售、三农等板块业务。现对其试用期间工作鉴定如下：

一、主要特点及工作表现

（一）思想政治较好，自律意识较强。该同志能够严格遵守国家方针政策和××银行各项规章制度，认真贯彻落实上级和本级行党委的各项政策及决议，注重班子团结，政治意识较强，坚持政治理论学习，始终以习近平总书记系列重要讲话精神和党的十八大、十九大精神武装头脑，忠诚×行事业，事业心、责任感强，工作务实，勤勉敬业。具有较强的核心意识和大局意识，讲原则，能坚守底线。为人正派，作风扎实，能自觉遵守廉洁自律的有关规定，廉洁奉公，遵纪守法。在执行党风廉政建设和廉洁自律方面没有不良反映。

（二）管理水平展现，工作业绩较好。该同志通过大力推进个人金融服务升级、积极提升线上线下渠道服务能力、全力提升客户服务体验、实施互联网金融服务"一号工程"等措施，积极促进零售业务转型。截至11月末，全行新增个人贷款38.9亿元，新投放个人住房贷款6.22亿元，个人住房贷款在辖内四大行市场份额中占比51.31%；大力发展信用卡分期业务，新增分期交易额3.39亿元，全省排名第五位，信用卡不良率低至1.4%，全省最低。同时，通过大力支持"三农"重点领域发展、强化农村金融基础设施建设、积极开展精准扶贫等措施，切实抓好"大、新、特"重点领域金融服务，在金融服务"三农"方面取得突破，11月末，县域支行人民币各项贷款余额31.68亿元，比年初增加8.57亿元，完成二级分行年度计划的214.25%，贷款增量全省排名第八位，增速全省排名第一位。2017年，××分行还荣获了省分行"金钥匙春天行动"零售业务营销示范分行荣誉称号、对公业务"首季综合营销活动"重大项目营销专项奖。

（三）营销能力初显，创新能力提升。该同志紧跟中央"一带一路"倡议部署，以政府购买服务业务为抓手，积极营销政府平台客户，全面服务××产业园区和××区、××区及××、××两县平台项目，大力支持××小学、××中学以及各工业园区基础设施建设，累计发放政府平台项目6个，金额共计8.29亿元。同时，带头营销地方重点客户和重大项目建设，向××公路、××工业园区、××区综合供水等基础设施领域投放贷款3.46亿元。该同志深入贯彻落实国务院和银监会关于促进小微企业发展的各项扶持政策，以"实打实"的措施服务实体经济，在××市金融同业中第一家与纳入"4321"新型政银担保体系的××市小微企业融资担保有限公司签署业务合作协议，并率先在同业成功投放"4321"新型政银担保方式项下的小微企业贷款金额300万元，得到当地政府的充分肯定。

（四）责任落实到位，服务意识较强。该同志坚持把防控和化解金融风险放到重要的位置，着力防范化解重点客户风险，坚决守住资产质量底线。一方面，积极开展风险化解，组织对 12 户企业采取了风险化解措施，涉及船务、有色金属采选等行业，贷款金额共计 9.94 亿元。另一方面，积极推进债委会工作，以债委会为抓手，通过增贷有度、稳贷有力、减贷有理，全力支持地方供给侧结构性改革。截至 11 月末，××分行共牵头组建债权人委员会 8 家，是全市作为牵头行成立债委会最多的银行。该同志认真贯彻落实从严治党、从严治行精神要求，严守"六大纪律"、落实"一岗双责"，切实将党风廉政建设融入分管部门工作中，认真抓好分管部门、业务条线党风廉政建设和案件防控，认真完成党风廉政建设责任制工作任务清单，分管条线未出现案件风险。该同志还积极听取下级行的意见和建议，及时沟通前后台部门，认真解决基层反映问题，有较好的服务基层的意识。

二、主要不足

一是在二级分行工作时间不长，经营管理与工作统筹能力有待进一步提高；二是对公业务产品知识的学习与运用有待加强，对地方政府与企事业单位以及大客户的营销有待提升。

三、综合意见

×××同志任现职以来，能够认真贯彻落实省分行及二级分行党委的各项工作部署，认真履职，敢于担当，廉洁自律，协助"一把手"推进分管工作取得较好业绩；2014—2016 年度绩效考核分别取得"优秀、优秀、良好"等级。鉴于此，我行建议正式聘任××同志为××分行副行长。

第二节　责任审计报告

结构分析范式

写作目的： 对商业银行高管任职期间的履职情况进行责任审计评价。

结构框架： 审计范围 + 基本情况 + 审计事实 + 审计评价 + 审计建议 + 被审计人意见。

材料来源： 1. 被审计人的工作总结以及各类任职与考核材料；

2. 被审计人所在单位的工作总结以及各类审计报告；

3. 同类型责任审计报告案例。

写作要领： 1. 各单位都有责任审计模板，按照规定格式开展材料组织即可；

2. 责任审计报告要依据审计事实进行陈述和评价，陈述有条理，用语要精确，逻辑要清晰。

例文

责任审计报告

根据××分行党委组织部的委托，××分行内控与法律合规部于 2016 年 7 月 28 日至 2016 年 8 月 2 日，对××支行党委委员、行长×××同志任职期间的经济责任履行情况进行了审计。现报告如下：

审计范围

一、时间范围

审计的时间范围为×××同志 2014 年 8 月至 2016 年 6 月任××支行行长期间。

二、机构范围

本次审计采用了非现场审计的方式。审计组通过调阅相关内部检查资料和外部监管报告，查阅 ICCS、信贷系统，重点检查了综合管理部、运营财会部、个人金融部、公司业务部、风险管理部，并对支行营业室、××支行、陆屋××支行进行了抽查和延伸审计。

三、业务范围

本次审计，我们重点对被审计人×××同志任××支行行长期间，对以下 6 个方面经营管理状况进行了审计：一是决策行为，主要检查被审计人直接审批、主持研究审批或决定的有关经营管理的重大事项决策过程及结果进行审计和分析，进而认定和评价其任职期间在执行上级行各项工作部署、执行决策程序等方面的合规性、风险性和效益性；二是任期内计划制定、执行、控制及完成情况；三是任期内主要业务经营的真实性、合法性、风险性和效益性；四是权限管理；五是内部控制及尽职监督检查；六是人员、机构、工资管理。

本审计报告利用的检查成果如下：2014—2015 年总行风险审计；省分行对××分行开展的案件风险排查和信贷大检查；2015 年省分行两违检查信贷及票据业务抽查、×××行长离任审计；2014—2015 年省分行、××分行业务部门的尽职监督等检查。审计组利用了以上检查成果，并对其反映主要问题的整改情况进行后续检查。

基本情况

一、个人简历

×××同志，男，××年 8 月出生，硕士研究生学历，中共党员，职称高级经济师。2006 年 7 月参加×行工作。2014 年 8 月至今任××县支行党委书记、行长。任职期间，主持支行全面工作，主管人力资源、党建、风险管理（信贷管理）、资产处置工作。

二、内部组织机构和人员情况

截至 2016 年 6 月末，××支行本部内设 5 个部室，分别为综合管理部、运营财会部、风险管理部、公司业务部、个人金融部。全辖营业网点 13 个，全行在岗职工 163 人，其中长期合同工 160 人，储蓄合同工 2 人，短期合同工 1 人。

三、任职期间分管业务的经营情况

××支行提供的资料表明，×××同志任职以来，业务经营管理取得显著成效，各项业务指标实现稳步发展，内部管理上了新台阶。

（一）存款业务。存款业务快速增长，但发展不平衡。截至 2016 年 6 月末，××支行各项存款余额 444768 万元（不含同业存款），较任职期初的 2014 年 7 月末增加 55479 万元，增长 14.25%。其中审计期末对公存款余额 53781 万元，较任职期初的 2014 年 7 月末增加 -9642 万元，增长 15.45%；储蓄存款余额 390986 万元，较任职期初的 2014 年 7 月末增加 64679 万元，增长 19.82%。

（二）贷款业务。贷款业务稳健向好，贷款质量有效控制。截至 2016 年 6 月末，××支行各项贷款余额 133141 万元，较任职期初的 2014 年 7 月末增加 7962 万元，增长 6.36%。其中，审计期末法人贷款余额 59480 万元，较任职期初的 2014 年 7 月末增加 -10683 万元，增长 -15.23%；个人贷款余额 73661 万元，较任职期初的 2014 年 7 月末增加 18645 万元，增长 33.89%；个人贷款中，农户小额贷款审计期末余额 102304 万元，较任职期初的 2014 年 7 月末增加 9721 万元，增长 10.50%。

任职期间（2014 年 8 月至 2016 年 6 月末）新发放贷款余额 69789 万元，形成不良贷款余额 216 万元，不良率为 0.31%，比全行不良率高 0.08 个百分点。其中，新发放中小企业贷款余额 24780 万元，形成不良贷款余额 0 万元，不良率为 0（注：按被审计人分管业务统计）。

截至 2016 年 6 月末，××支行不良贷款余额 303 万元，较任职期初（2014 年 7 月末）增加 139 万元，增长 84.76%；不良占比 0.23%，较任职期初上升 0.08 个百分点（任职期间核销不良贷款 106 万元）。任职期间新发放贷款余额 69789 万元，形成不良余额 216 万元，不良率为 0.31%。其中，新发放中小企业贷款余额 24780 万元，形成不良贷款余额 0 万元，不良率为 0。

（三）中间业务收入。中间业务收入逐年增加。××支行 2014 年 8 月至 2016 年 6 月末，累计实现中间业务收入 3821 万元，具体如下：

2014 年 8 月至该年年末实现中间业务收入 707 万元，同比增加 133 万元，增长 23.17%，计划完成率为 102.55%。

2015 年末实现中间业务收入 1912 万元，同比增加 195 万元，增长 11.35%，计划完成率为 106.22%。

截至 2016 年 6 月末实现中间业务收入 1202 万元，同比增加 275 万元，增长 29.67%，计划完成率为 56.09%。任职期间中间业务收入在各项收入中占比 12.57%，较任职期初下降 2.22 个百分点。

（四）经营效益。近年受宏观经济下行及本行呆账核销因素的影响，经营效益增长回落。2016 年××支行 2014 年 8 月至 2016 年 6 月末，累计实现拨备后利润 15693 万元。具体如下：

2014 年 8 月至该年年末实现拨备后利润 2184 万元，同比增加 50 万元，增长 2.34%，计划完成率为 88.78%，在系统内（××分行辖内，下同）排名第三位。

2015 年末实现拨备后利润 7422 万元，同比增加 896 万元，增长 13.73%，计划完成率为 106.02%，在系统内排名第二位；

2016 年 6 月末实现拨备后利润 3683 万元，同比减少 439 万元，下降 10.65%，计划完成率为 45.59%，在系统内排名第一位。

（五）经营考核排名情况。任职期间，××支行综合绩效考评和"领导班子"考评排名均保持第一位。

（六）内部控制综合评价。2014 年至 2015 年××支行内控评价均为一类行，2016 年未开展评价，内控状况良好。

审计事实

一、任职期间的主要工作措施及成效

×××同志任职以来，认真贯彻落实省分行、××分行工作部署，围绕打造县域领军银行的目标，强化党建统领，贯彻"创新发展、防控风险、强化管理"工作要求，在服务"三农"和地方经济中努力拓展发展空间，不断提升市场竞争能力、风险管理能力、价值创造能力和内部管理能力，使业务经营得到了健康、有效、快速的发展，各项工作取得了较好成效。

（一）主要工作业绩

1. 主体业务发展平稳。截至 2016 年 6 月末，全行人民币各项存款余额 44.44 亿元，比年初增加 4.76 亿元，完成二级分行下达全年任务的 111%，比 2014 年 8 月末增加 5.49 亿元。全行各项贷款余额 13.31 亿元，比年初增加 4612 万元，比 2014 年 8 月末增加 4700 万元。中间业务收入、拨备前后利润均能完成上级行下达

的目标计划。

2. 经营基础得到夯实。风险管理继续保持先进，法人贷款不良率为0，个人不良贷款余额与不良率继续处于系统内领先水平，均能完成上级行下达的不良贷款控制计划。全年无重大操作风险发生。渠道建设取得进展，建设××农村金融服务站和×××离行式自助银行，并将××离行式自助银行改造为农村金融服务站，物理服务渠道进一步拓展。达标创建取得实效，"三化三无""三化三铁""平安×行""三化三达标"等创建工作得到有效落实，实现了全年无责任性案件，全行安全运营。打破县城和乡镇网点员工交流壁垒，有组织有计划地轮换，提升员工工作积极性，干事创业氛围良好。每年定期举办文艺晚会、竞走登山、气排球联赛等系列活动，促进了团队合作。落实了改善基层网点住宿环境、阅读与网络平台以及城区网点定期运动场地的租用等为员工办实事事项。

3. 创先争优成效突出。2014年××县支行荣获××分行"十佳经营管理"奖、"十佳中间业务收入"奖和"十佳贷后管理"奖，综合考评在××分行辖属支行中名列第一位。2015年××县支行在"春天行动"中荣获××分行"金钥匙春天行动"零售业务营销示范支行和明星支行之后，在全年综合考评继续排名××市第一位，还获得了省分行的一级支行"竞争力提升"奖的"内部控制"奖（全省仅有两家支行）。2016年××支行在"春天行动"中继续荣获××分行"金钥匙春天行动"零售业务营销示范支行，第一季度、第二季度综合考评继续排名××市第一位。辖内还有一大批干部员工近年来分别荣获了全国行业级、全省级以及全市级的评先表彰，营销了全行创先争优的良好氛围。

4. 党建工作初具成效。以创建总行第三批基层党支部活动阵地示范点为契机，完善基层组织建设，在所有网点建立党支部，探索设计印制了《基层党支部活动记录手册》，对基层党支部活动进行了规范。率先在全行营业网点开展第一批党员示范岗创建活动，在支行机关开展全体党员亮明身份活动，通过创建党员先锋队、青年先锋队、党员服务"三农"小分队等组织，强化广大党员的服务意识，展示党员良好形象。扎实开展"三严三实"专题教育活动和"两学一做"学习教育，持续改进工作作风。通过把基层党组织打造成坚强的战斗堡垒，以实实在在的党建工作凝聚智慧力量、赢得群众信任、推动业务发展。

（二）主要工作措施

1. 稳健开展经营，加快有效发展。

（1）巩固零售业务地位。一是确保储蓄存款"开门红"。及时将上级行下达的"开门红"任务逐级分解落实，年初即出台有效的考核激励机制，充分调动员工营销的积极性，通过加强业务宣传、开展产品推介、柜台满员排班、争取代发业务、释放理财资金等一系列举措，确保了储蓄存款"早增早轻松"。二是推进物理渠道建设。2014年在××镇设立离行式自助银行，2015年在××城和××镇设立离行式自助银行，2016年还选择了在××、××两镇以及城区设立三家离行式自助银行，并且将××镇自助银行打造成为轻型网点，进一步完善了该行物理服务渠道，为延伸拓展客户服务范围打下了基础。三是提升网点服务水平。在网点开展了"6S"导入，更新员工营销服务理念，提升该行服务品质，同时该行在此基础上，对网点客户经理、大堂经理、柜员等进行分类培训，提升了该行员工的服务品质。四是强化个人产品营销。在所有网点人员对该行金融产品"应知应会"的基础上，大力推广理财产品、电子银行、信用卡分期、基金保险贵金属代理等一系列产品，通过金融产品的营销维护现有存量客户，抢挖拓展他行客户。五是择优选择个贷投放。将个人贷款投放重点朝个人住房贷款倾斜，同时继续拓展优质农村生产经营性贷款，按营销兑现奖励计价，提高个人贷款营销的积极性。

（2）夯实对公发展基础。一是促进对公存款稳存。巩固与财政、社保、医院、水利、交通等有关机构业务的关系，提升存款份额和增量；紧跟重大投资项目，充分利用源头信息，争取对公账户开立，确保对公存款增长有源；落实××分行对公账户扩户提质的工作要求，进一步细化落实客户名单制管理，做好重点账户的维护工作，防止跑户，流失存款。二是抓好对公业务转型。对网点主任和客户经理开展对公业务知识培训，加大对对公业务产品的推广营销力度，提升网点自主销售的意识和能力；同时筛选具有潜力的客户经理进行跟班学习，培养对公业务队伍。三是积极营销机构法人客户。带头营销妇幼保健院等优质机构客户，并且授信5500万元，目前已经用信3000万元，同时还积极跟进××项目，不仅赢得了大部分的征地款代发，还争取了部分建设单位开立基本结算账户。四是强化法人信贷客户监管。更加重视贷后管理工作，制订相应的贷后管理方案，落实资金账户监管，做细贷后检查报告，将风控工作做实。五是推进对公金融产品营销。成功与县人民医院签署"银医通"合作协议，目前项目已经进入落地阶段；加强维护土地拍卖系统，确保合作关系稳定，拍卖款留存该行账户；开展好保险营销，增加对公中间业务收入。

（3）认真做好"三农"服务。一是开展精准扶贫工作。一方面，做好支行对口扶贫的贫困户帮扶工作，走家入户摸清情况，开展有针对性的帮扶；另一方面，带头与地方党政以及金融办、扶贫办、财政局进行沟通联系，争取100万元的政府增信资金以及减免息政策，目前已经签署好政府增信贷款协议，做好精准贫困户的贷款投放前期准备工作。二是加大对农业产业化龙头企业的支持力度。继续支持省农业产业化龙头企业××保健食品有限公司发展，同时对××其他农业产业化龙头企业进行摸底排查，择优进行支持。三是加大对新型农业经营主体的支持力度。以推进专业大户（家庭农场）贷款业务为契机，做好农户贷款业务结构调整，在保证专业大户和家庭农场客户的融资需求前提下，逐步增加专业大户（家庭农场）贷款在农户贷款业务中的整体占比。四是重启对符合条件的农户投放小额贷款。一方面通过多渠道将农户小额贷款不良率压降到5%以下，实现该行业务的复牌，另一方面加强对农户贷款的风险排查，确保真实可靠无风险。五是畅通支付渠道打造惠农通服务示范点。强化惠农通机具的布放力度，做到面上覆盖率和机具使用率双提升，真正产生效益。同时，选择使用率高、服务环境好的点，通过布置宣传展板等方式，打造成为示范点并加以宣传，提高了该行惠农助农的知名度。

2. 提升队伍素质，营造良好氛围。一是加强城乡员工交流。打破县城和乡镇网点员工交流壁垒，对综合考评排名末位的县城网点员工和排名前列的乡镇网点员工进行有组织有计划的轮换，确保员工工作积极性得到保持。二是提升员工综合素质。除对各类员工开展业务培训外，针对支行员工综合素质良莠不齐的情况，由行领导或者在某些方面有特长的员工，利用空闲时间开展公文写作、常用办公软件应用等综合素质提升培训，由员工根据需要自行选择参与。三是开展企业文化建设。优化机关办公环境，对支行大楼内外进行清洗和修整，在支行大院外墙、楼梯通道、走廊等地方建设宣传墙，悬挂该行经营理念、核心价值观，摆放绿色植物，在办公室安装无线上网设备，不仅引导员工树立良好的企业文化观，营造积极向上的企业文化，而且树立了×行的企业文化形象。四是举办各类文体活动。定期举办文艺晚会，为员工展现文艺特长提供平台；五四青年节举办分组竞走登山活动，十月举办支行气排球联赛，为青年员工提供交流平台，也促进了团队合作。五是积极关注基层民生。每年初向全行员工征集为员工办实事的具体事项，并且根据实际能力，将开展乡镇网点"五小建设"、改善乡镇网点员工居住条件等列为支行办实事年度工作计划并予以落实。同时，关心员工身心健康，积极帮扶困难员工，上门慰问住院员工，完善营造了一个和谐、温暖、团结、积极的环境。

3. 完善制度建设，树立争先导向。一是强化绩效考核制度建设。为赢得"开门红"业务的成功，每年初在第一时间就制订下发了《营业网点"开门红"考核实施方案》和《支行机关"开门红"考核实施方案》。在网点方案中，根据支行实际情况，合理确定指标体系与计分规则，并将考核结果与工资费用按一定比例挂钩，辅以奖惩措施。特别是确立贡献度和任务完成率 2 个维度，按照 6:4 比例来加权考核得分，确保大小网点的考核公平，2016 年还增加 1 个市场份额变化的维度进行考核。在机关方案中，用定量和定性指标对机关部门进行考核。其中，定量指标分为部门定量指标和个人定量指标，前后台定量指标的比重又各有不同，个人定量指标与重点业务产品营销挂钩。还增加了挂点帮扶网点的加扣分项。"开门红"结束后，又及时制订并下发了《营业网点综合绩效考核方案》和《支行部室绩效考核方案》，完善了"开门红"考核措施，确保全年业务导向正确。二是细化员工队伍考核办法。一方面出台《员工履职考评办法》，对全体员工履职进行评价；另一方面对员工队伍进行细分，针对大堂经理出台《大堂经理管理考核办法》，针对网点主任和网点客户经理出台《营业网点客户经理考核办法》，针对机关客户经理出台《机关前台部门客户经理绩效考核办法》，在保证考核"横到边、纵到人、无死角"的基础上，对各岗位进行了有针对性的考核，强化了员工队伍建设。通过细化员工队伍考核，明确各岗位职责，按季度对其履职情况进行考评，不仅提升了网点班子的管理能力和业务水平，而且打造了一支专业能力强的专业技术团队和一支服务有水准的一线服务团队。三是健全业务发展保障制度。分别出台了《财务费用管理实施细则》《工资分配方案》和《营业网点业务管理费配置办法》，发挥工资和费用的资源激励作用，最大限度地调动了员工积极性和创造性，促进经营战略目标和各项经营指标任务的完成。四是加强风险防控考评力度。根据内外部形势的需要，为做好风险防控，及时制订并出台了《个人贷款（含信用卡）到期及不良的管控办法》《不良贷款清收管控方案》等系列制度规定，将风险管控责任落实到人，管控成效与绩效工资挂钩，按月兑现，超出一定底线还将采取惩处措施。这些办法较好地督促了有关责任人将风险扼杀在初始状态。

4. 强化基础管理，狠抓风险防控。一是加强操作风险管理。加强营业网点对账管理，做好网银对账和支付密码器推广工作，提高对账工作质量。对信用卡装修分期、个人贷款等业务办理进行专项检查，对潜在操作风险隐患进行整改。二是抓实员工行为管理。开展对员工参与经商办企业、民间借贷和非法集资进行排查。改进员工行为管理方法，采用家访、座谈、个人谈话等方式多方掌握情况，将违规违纪违法苗头扼杀在萌芽状态。三是推进达标活动创建。修订支行营业机构实施方案，分步组织实施，按季度开展考评，组织营业机构柜员，运营主管对"三化三铁"105 项具体考评内容逐条学习，逐条对照检查落实。以"平安银行"创建工作为平台，深入开展基层"三化三达标"工作，努力使基层安全保卫工作实现标准化、制度化、规范化"三化"管理，实现了物防、技防、人防"三达标"，全面夯实安全管理基础。××县支行分别荣获2014年度总行级和2015年度省分行级"三化三达标"先进单位。四是落实安全保卫工作。定期开展安全防范意识教育和"八防"预案演练，克服麻痹思想和侥幸心理，引导员工树立安全就是效益的思想，提升员工的防范意识和防爆技能。同时，与网点签署安全保卫责任书，将安全保卫责任落实到具体岗位和人员；开展消防安全风险自评估工作，对机关办公大楼、营业网点、自助银行等的消防安全状况进行评估；加强守押外包管理和营业网点保安管理。××县支行荣获2014年度省分行级"平安×行"单位称号。五是加强资金资产管理。加强资金的预测和管理，努力压降库存现金占用，在保证正常支付的前提下积极压降非生息资产占用，切实提升资金使用效益。同时加强固定资产管理，提高资产使用效益。六是做好生产系统维护。定期对生产系统进行检查，加强对ATM的运行维护，做好操作系统后期上线后的深度运用和维护工作，确保计算机生产系统安全运行无事故。

5. 加强基层党建，发挥带头作用。一是落实党风廉政责任。作为党委书记，作表率、敢担当，落实好党委主体责任，自觉肩负起党风廉政建设的政治责任，真正把党风廉政建设主体责任放在心上、扛在肩上、抓在手上，以党委主体责任的落实全面推动党风廉政建设工作的落实。二是完善基层组织建设。在去年优化完善党支部组织结构的基础上，今年对基层党支部活动进行了规范，探索设计印制了《基层党支部活动记录手册》，将支部会议、组织生活会、学习会、发展党员等系列活动规范到手册中，确保支部书记能够"按图索骥"，规范各类组织活动开展。同时，以××支行创建总行第三批基层党支部活动阵地示范点为契机，将其他支部对照标准要求同步进行创建提升。此外，还建立了支行党员微信群，每天发布正能量信息。三是打造党员示范岗位。为贯彻落实"比学赶超，争创一流"精神，在全行营业网点开展第一批党员示范岗创建活动，通过明确标准、开展选拔、挂牌上岗和考核监督等环节，在网点树立了一批党员示范岗位，在支行机关也同时开展全体党员亮明身份活动，不仅强化了广大党员的服务意识，而且有利于充分发挥党员先锋模范作用，展示党员良好形象。四是持续改进工作作风。进一步规范支行会议管理，让基层员工将主要精力放在业务营销方面。加强公文管理，严禁对上级行文件一转了之，由业务部门研究后决定是否转发，同时对需要落实文件中的工作在邮件里予以明示，减轻网点阅文负担。加强机关员工劳动纪律管理，正式实施上下班视觉识别认证，按月进行通报处罚。五是贯彻落实民主要求。按照集体领导、民主集中、个别酝酿、会议决定的原则决定重大事项，敢于批评和自我批评，自觉接受党组织和员工监督。规范班子议事规则，明确班子碰头会、党委会、行务会、行长办公会的有关要求，并带头示范主持各类会议，确保议事效率得到提高和民主集中原则得到落实。

二、审计发现事项

通过审计，未发现被审计人个人行为、重大决策事项、经营战略和管理决策等方面存在问题，但在业务风险控制与内控管理方面存在一些问题和不足。

（一）信贷业务方面

2014年××分行审批同意×××核定授信额度并发放房产抵押生产经营贷款人民币260万元，采用非自助循环方式，期限3年，用途是农副产品购销。

（1）×××贷款调查不尽职，贷款资金未按照贷款用途使用。2014年4月22日至5月15日，××支行共给×××发放贷款6笔，金额共260万元，用于购进木薯片。贷款发放后，该客户于2014年4月23日至5月8日分别转50万元、100万元、45万元和50万元，合计245万元到抵押人××账户。2015年4月17日、4月22日、4月24日、5月6日、5月8日，×××分别办理收回再贷5笔各49万元，合计245万元。贷款发放后，×××于2015年5月8日、5月11日分别转95万元、50万元，合计145万元到抵押人××账户。×××2014年、2015年申请贷款时用途均为经营，购进木薯片，实际上2014年办理的贷款有245万元信贷资金转入抵押人××账户，2015年办理收回再贷245万元，先后转145万元信贷资金到抵押人××账户。存在贷款调查不尽职，贷款资金未按照贷款用途使用情况。

（2）还息、还本资金部分来源于抵押人。2014年4月22日至5月15日，××县支行共给×××发放贷款6笔，金额共260万元，用于购进木薯片。贷款发放后，×××于2014年4月23日至5月8日分别转50万元、100万元、45万元和50万元，合计245万元到抵押人韩强账户。贷款采取按月付息到期一次性还本还款方式，还息资金中有9万元来源于抵押人××账户。2015年3月26日、4月8日，××分别转60万、85万元，共145万元到×××账户，2015年4月15日，×××用我行资金归还贷款。（引用省分行2015年下半年案件风险排查问题，已整改，对责任人已认责处理。）

（二）运营管理方面

1. 错用凭证。

（1）2015年6月9日××支行借记卡现金存款应用银行卡存款凭条，而错用存款凭条。

（2）2015年9月18日××支行活折（活期存折）存款使用银行卡存款凭证。

（3）2016年3月9日××支行应将托收凭证第一联（支付凭证联）作主件凭证的附件，而误将第二联收款人入账联作附件。

2. 凭证排列顺序不规范。2015年6月9日××支行收回的旧存折未按规定作换折交易的附件凭证，而是错放上笔业务后作附件。

3. 纸质、电子会计档案未按保管期限及种类分类归档、保管。2015年5月13日××支行纸质档案归档不全，未有手工登记簿归档记录。

以上问题，×××同志作为××支行行长应负有一定的领导责任。

审计评价

×××同志任××支行行长以来，认真贯彻落实省分行、××分行工作部署，以加快发展为主线，求真务实、开拓创新，认真履行工作职责，依法合规开展各项工作，使业务经营得到了健康、有效、快速的发展，实现了经营业绩和管理水平的不断提升，具有较强的决策和管理能力。通过优质客户营销，大力拓展新兴中间业务，同时抓好城乡业务协调发展，经营绩效整体稳步提升。任期内较好地完成了上级行下达的业务经营指标，通过强化风险管理，夯实内部管理基础，风险防控能力逐步提升，主要业务基本依法合规经营，任期内未发生重大经济案件，每年内控评价等级保持在一类行。

本次审计未发现×××同志有个人经济问题，但本次审计也发现，××支行在个别信贷、运营业务方面的风险控制和内部管理存在一些问题与不足。对上述问题，×××同志负有一定的领导责任。

审计认为，×××同志较好地履行了××支行行长工作职责。

审计建议

一、加强个人信贷业务管理，严格监控贷款按约定用途使用，切实控制风险隐患。

二、加强凭证审查，确保会计凭证使用正确、合规。

三、加强柜台业务日常监督，确保业务运营安全。

被审计人意见

_____

_____

_____

签字：

_____年_____月____日

第十八章　党建材料

第一节　教育活动动员讲话

结构分析范式

写作目的：推动某项活动按照要求开展。

结构框架：引言＋体会认识＋工作部署＋结语。

材料来源：1. 教育活动的实施方案以及学习材料等；

　　　　　　2. 领导对教育活动的具体目标和工作要求；

　　　　　　3. 参考同类型动员会讲话案例。

写作要领：1. 动员会讲话一般要把活动的意义及对活动的认识讲明白，首先要提升思想认识，然后再布置如何落实；

　　　　　　2. 行文用语要有一定的鼓动性，提振人们去抓落实的热情，同时穿插一些案例，让讲话更加生动。

例文

×××行长在继续开展"员工行为守则"学习教育活动动员会上的讲话

同志们：

　　总行决定，从现在开始到12月中旬，在全行继续开展"员工行为守则"学习教育活动。这次视频会议的主要任务是贯彻落实总行学习教育活动精神，对××银行学习教育活动进行动员部署。下面，我代表省分行党委讲几点意见。

　　一、深刻认识继续开展学习教育活动的重要意义，切实增强工作的责任感和使命感

　　企业员工行为不仅能够反映企业风险控制能力和管理水平，也直接体现着企业的精神风貌和文明程度，是企业文化建设的重要内容。2008年初，总行正式下发了《中国××银行员工行为守则》（以下简称《守则》），主要从做人、处事、履职、执业四大方面，从倡导性和强制性正反两个角度入手，统一规范了员工107种行为，明确提出了员工在工作及日常生活中应该遵守的基本职业操守和具体合规要求，集中体现了我行的核心价值理念和基本职业道德观。《守则》既是员工行为指南，也是我行核心价值观的具体体现。现阶段继续开展《守则》学习教育活动，对××分行而言，具有尤为重要的意义。

（一）继续开展学习教育活动，是约束员工行为，提升全行风险防控水平的需要。近年来，我行紧紧围绕总行工作部署，坚持"提升市场份额，增强管理水平"的管理理念，强化内部管理，持续推进基础管理提升年、合规文化建设活动，深入开展案件风险排查、案件专项治理活动，使全行内控管理水平得到进一步提高，员工合规意识得到不断增强。但同时我们也清楚地看到，目前全行案件风险防控形势依然严峻，基础管理仍存在薄弱环节，精细化程度有待提升，员工不规范行为时有暴露，案件风险频繁发生。从今年以来内外部检查发现的问题看，有令不行、有禁不止、明知故犯、屡查屡犯等违规操作行为，在有的行还不同程度地存在，有些问题特别是基层营业网点员工和业务一线操作人员行为不规范引发的问题还比较严重。前三季度，我行连续出现了两起信用卡诈骗案件，一起柜员挪用客户资金涉嫌职务侵占案件，占前三季度全系统同类案件的三分之一以上，占当地银行同业的二分之一，此外今年还发生了几起严重的风险事件。这些事件的发生，虽有一定的外部因素影响，但仍凸显出当前我行员工思想和行为管理不到位，各级行对员工行为的引导和规范不够深入，现行体制机制对基层员工爱岗敬业的激励调动有待加强等问题。通过继续开展《守则》学习教育活动，通过其中的反向警示作用，加强对员工行为的约束和管制，让员工学习掌握其中的强制性规范，进一步明确告诉广大员工，哪些行为是鼓励的、哪些行为是允许的、哪些行为是禁止的，让员工确切知道什么可以做、什么必须做、什么不能做，相互提醒，相互监督，自觉杜绝违规行为发生，从而在源头上防范或者降低合规风险和操作风险，对着力解决减少当前员工中的不规范行为、增强全行干部员工的职业操守、强化员工制度执行力建设、有效防范合规风险和操作风险将起到积极作用。

（二）继续开展学习教育活动，是引导员工行为，提升全行社会形象的需要。员工是银行直接面对公众的窗口，其服务是否规范，行为是否合规，直接关系全行金融服务水平和核心竞争力，影响银行的整体形象。近年来，省分行在推进网点转型、实施精细化管理以及规范管理、安全经营方面采取了一系列政策措施，取得了较好的成效，但与现代商业银行的要求，与社会各界对我行的关注度、期望值相比，还有不小的差距。《守则》通过传递核心价值观理念，倡导员工"爱岗敬业、诚实守信、勤勉敬业、依法合规"，极力引导和鼓励员工遵守规范的行为方式、工作程序和劳动纪律，保持良好的客户关系、公平竞争、同事关系、日常办公和职业形象，可以使广大员工在日常工作中表现出良好的职业道德和规范的职业行为，反映出我行良好的经营理念和价值取向。通过继续开展《守则》学习教育活动，倡导并推行全行员工职业操守要求和具体行为标准，强调正面教育作用，有利于引导员工服务行为向自觉自律、依法合规转变，把规范行为变成员工发自内心的自觉行为；有利于大力弘扬职业道德和职业操守，倡导锐意进取、开拓创新的拼搏精神，重建员工自信从容的新风貌，重塑我行员工职业新形象；有利于逐步形成务实、严谨的工作作风，在员工行为的细节中体现精细化管理的理念，促进全行管理水平的显著提高；有利于规范全行员工的服务行为，统一全行服务标准，打造良好的服务品牌，展示××银行的良好形象。

（三）继续开展学习教育活动，是强化合规文化建设、推动各项业务健康快速发展的需要。现代银行业的实践证明，合规是保障商业银行持续健康发展的前提和基础。银行是经营风险的行业，风险伴随着银行经营的全过程，银行只有对各类风险都必须严加防范，才能保证业务的可持续发展。当前，我行正处在改革发展的关键时期，同业竞争进一步加剧，竞争主题日益多元，客户需求不断升级。面对新的市场竞争格局，要加快×××行的有效发展步伐，实现我行中长期发展战略目标，必须有严谨的合规文化、规范的经营管理和良好的声誉做保证。在业务拓展过程中，只有建立严密的风险管理和内控制度，按照各项规章制度办事，才能保护自己的正当利益和维护广大客户的权益，否则就可能对银行、对客户造成不必要的损失，甚至引发案件，严重危害我行社会形象。长期以来，我行内部存在着一些不良的行为习惯，如以信任代替管理、以习惯代替制度、以情面代替纪律，一些规章制度形同虚设，严重影响全行的控制力和执行力；部分员工诚信与正直的道德行为观念不强，内部缺乏有效的自律和他律机制；部门协调不顺现象比较严重，部门间配合不够；重业务指标、轻合规管理的思想还比较普遍，这些问题严重制约了全行业务的有效发展。继续开展《守则》学习教育活动，就是要通过员工行为的倡导性规范和强制性规范，推进全行合规文化建设，倡导并在全行推行诚信和正直的道德行为准则和价值观念，通过潜移默化来规范员工行为，构建合规风险管理、提高制度执行力的长效机制，在全行牢固树立"细节决定成败、合规创造价值、责任成就事业"和"违规就是风险、安全就是效益"的经营理念，从而促进全行业务的持续、健康发展。

二、严密组织，狠抓落实，确保学习教育活动取得实效

根据总行实施方案的工作要求，省分行制订并下发了《××分行关于继续开展"员工行为守则"学习教育活动的实施方案》，对做好我行继续开展《守则》的学习教育活动作出了明确部署，对学习教育活动的工作目的、工作内容、具体步骤、工作要求等都作出了周密安排。这次学习教育活动分为宣传动员、学习教育、自查整改、检查验收四个阶段，涉及全辖所有在职员工，标准高、环节多、要求严。因此，各级行要认真学习，高度重视，严格按照总行、省分行的要求，紧密结合本单位工作实际，制订详细的实施方案，狠抓落实。在这里，我再强调以下几点。

（一）加强领导，落实责任。为保证活动顺利进行，省分行成立了学习教育活动领导小组，由我任组长，××同志任副组长，工会办、办公室、内控合规部、人力资源部、监察部等部门主要负责人为成员。各级行也要成立相应的组织领导机构，实行"一把手"负责制，确定一名行领导抓统一组织协调。各级行党委要高度重视本次《守则》学习教育活动，要建立和落实"'一把手'亲自抓，分管领导具体抓，各部门各负其责，分工协作，齐抓共管"的工作机制，增强全局意识，服从统一安排，认真组织、积极参与、大力支持学习教育活动。各级机构主要负责人是学习教育活动的组织者、推动者、实践者，要将各项工作任务和内容进行具体分解，做到责任领导、责任部门、责任人员"三落实"。领导干部要做到"三个带头"，带头参加学习守则，带头宣讲守则，带头遵守守则，通过自己的表率作用，带动广大干部员工积极参与到活动中来。

（二）严密组织，深入推进。在学习教育活动中，要做到"三个确保"。一是确保思想认识到位。要认真学习传达总行和省分行有关会议精神，引导员工正确理解继续开展《守则》学习教育活动重要性和必要性，增强员工对《守则》核心理念和价值观的认同感。二是确保宣传部署到位。要把学习教育活动与业务工作同安排、同策划、同落实，细化工作方案，贴近工作实际，不搞形式主义。要通过集中学习专题讲座、征文活动、知识竞赛、召开座谈会等方式，充分利用网络、报刊、宣传栏、简报等媒介，调动广大员工参与的积极性，在吸引人、感染人、启迪人、教育人、警示人等方面下功夫，做到规定动作规范做、自选动作有特色，营造浓郁的学习讨论氛围。三是确保检查督导到位。各级行领导小组办公室要关注基层单位和本行机关的活动进展情况，按照方案规定的步骤及时指导活动开展，把督导检查工作做到位，确保学习教育活动顺利推进，圆满完成。

（三）统筹安排，抓好实施。各级行要按照工作方案和要求，统筹安排，周密

部署各阶段活动，重点做到"六个一"。一是召开一次动员会议。各行在会后要及时将总行和省分行的精神传达到每一位员工，各支行还要对本行全体员工进行一次动员，形成全行学《守则》的热烈氛围。二是保证一定的学习时间。各行要组织以机关部门、支行及营业网点为单位，通过同事讨论、员工自学等形式学习总行领导讲话、《员工行为守则》及相关学习手册等材料。集中学习不少于两次，个人自学时间累计不得少于20个小时。学习要做到有重点、有记录、有笔记。三是举办一次征文比赛。在活动期间，省分行将组织开展一次以"爱岗敬业、从我做起"为主题的征文比赛活动。各级行要鼓励员工积极思考、踊跃参加，并积极推荐优秀文章参加比赛，通过征文活动等形式深化活动的影响和效果。四是举办一次员工行为守则学习心得体会交流会。在学习活动期间，省分行将举办一次"《员工行为守则》学习心得交流会"，从基层营业网点、支行、二级分行机关、省分行机关等层面推选员工代表召开座谈会，交流学习心得，听取员工意见建议，促进《守则》的深入理解和切实执行。五是举办一次守则知识网络测试。各级行要认真组织员工参加总行举办的学习《守则》网络测试考试，保证员工参与率达100%。六是开展一次自查整改活动。对照检查工作是学习教育活动的重要任务之一，各级行、各部门要结合此次活动要求，下发自查通知，以员工日常工作和生活行为为重点，组织开展员工行为评价活动，员工自查要真实，同事互评要客观，评价活动的结果要公正。各级行、各部门要组织员工针对每一个存在问题，制定切实可行的整改措施；对员工中普遍存在的突出问题，要综合梳理，理性分析，从中找准抓住影响本单位改革稳定发展的关键因素，制订整改方案，并集中开展整改活动。

在此我再次强调，在自查整改过程中员工之间要相互提醒、相互监督，共同遵章守纪；同时各级行、各业务主管部门要针对今年发生的案件风险，立即开展业务风险的排查和专项整治工作，凡是检查不到位的，应发现而未发现的，将追究检查组组长及相关检查人员的责任；凡发现员工违反规章制度的要及时举报，对举报者各行要保密，对举报事项经查实后，对举报有功者给予奖励，对违反规章制度的员工要按照相关制度办法从严处理；凡发现员工参与赌博、经商办企业的，一律解除劳动合同；对重大违规违纪问题的查处，坚决执行上追两级的制度；对违法违规人员该处分的处分，该解除劳动合同的解除劳动合同，该开除的必须开除，该移送司法机关的移送司法机关，绝不姑息迁就。通过此次教育活动，有效遏制防范各种违规违纪行为，杜绝案件的发生。

（四）认真总结，督导验收。在学习教育活动前三个阶段工作结束后，要对本次学习教育活动进行全面的总结和验收。一是要做好检查验收。各级行要按省分行的要求进行检查验收，省分行将于12月中旬，对各行活动开展情况进行督导检查，检查范围包括活动安排各环节的会议记录、学习记录及档案等，各级行要做好活动情况材料的归档设立等工作。二是要认真进行总结分析。总结要围绕本次学习教育活动开展的情况、取得的成效、积累的经验、通过活动发现的问题及有关改进措施等进行认真分析，并通过总结分析，建立和完善员工合规考核制度，探索员工行为管理的有效方法。

（五）统筹安排，确保实效。各级行要正确处理好开展学习教育活动与业务发展的关系，统筹规划，合理安排，将学习教育活动与完善业务管理制度相结合，与"三项治理"相结合，与案件风险排查相结合，与员工行为排查相结合，确保学习教育活动取得实效。

同志们，今年以来，各项专题活动较多，改革发展任务繁重，而且年终收官战役已经打响。各级行、各部门要继续按照既定的工作部署，统筹兼顾做好工作，特别是要处理好学习教育活动与业务发展的关系，扎实有效地推进学习教育活动，促进各项业务又好又快发展，全面完成今年各项工作任务。

第二节　领导干部党课提纲

结构分析范式

写作目的： 结合特定主题对部分党员开展党性教育。

结构框架： 引言＋学习认识体会＋理论联系实际＋结语。

材料来源： 1. 与主题教育学习有关的文件与学习材料；

2. 理论结合实际方面与本单位或者员工有关的拓展材料；

3. 参考同类型党课提纲。

写作要领： 1. 领导干部的党课提纲与学习发言材料相比，从结构框架和材料来源均有相似之处，但是党课提纲涉及的内容更为专一，站位更为高远，认识也更为权威，不能随便对主题进行阐释，理论结合实际方面也有一定的规定范围，要站在党性的高度进行论述；

2. 要完整准确地谈好认识体会，必须对活动主题内容的有关文件和材料进行深度学习理解，在掌握大量材料基础上才能提炼出准确的认识，并找准理论与实际的结合点。

例文

不忘初心　牢记使命
锤炼一支敢打胜战的零售业务队伍

同志们：

按照省分行党委《关于在"不忘初心、牢记使命"主题教育中对照党章党规找差距的工作方案》，我在深入学习习近平总书记关于"不忘初心、牢记使命"重要论述的基础上，深入调查研究，根据我行党建和经营情况，结合前期我本人的学习体会，就"不忘初心、牢记使命"的主题和大家谈几点个人体会。

一、深入学习，提升认识

"不忘初心、牢记使命"主题教育是在全党范围内开展的主题教育活动，是推动全党更加自觉地为实现新时代党的历史使命不懈奋斗的重要内容。

（一）"不忘初心、牢记使命"主题教育的背景。2017 年 10 月，在中国共产党历史上具有划时代意义的第十九次全国代表大会上，"不忘初心、牢记使命"成为鲜明主题，习近平总书记在十九大报告中指出，在全党开展"不忘初心、牢记使命"主题教育，用党的创新理论武装头脑，推动全党更加自觉地为实现新时代党的历史使命不懈奋斗。2019 年 5 月 13 日，中共中央政治局召开会议，决定从 2019 年 6 月开始，在全党自上而下分两批开展"不忘初心、牢记使命"主题教育。开展"不忘初心、牢记使命"主题教育，根本任务是深入学习贯彻习近平新时代中国特色社会主义思想，锤炼忠诚干净担当的政治品格，团结带领全国各族人民为实现伟大梦想共同奋斗。

（二）"不忘初心、牢记使命"主题教育的内涵。"不忘初心、牢记使命"不仅是一个口号，"初心"说的是中国共产党为中国人民谋幸福、为中华民族谋复兴的伟大使命。

1. "不忘初心"就不能忘了我们党的旗帜。马克思主义为中国革命、建设、改革提供了强大思想武器，历史和人民选择马克思主义、中国共产党把马克思主义写在自己的旗帜上是完全正确的。旗帜就是方向，旗帜就是形象，旗帜凝聚意志，旗帜彰显力量。中国革命、建设、改革一刻也不能离开马克思主义的指导。新时代全面建设社会主义现代化强国、实现中华民族伟大复兴，一刻也不能离开马克思主义的指导。不忘初心，就不能忘了我们党的旗帜。新时代，改革发展稳定任务之重、矛盾风险挑战之多、治国理政考验之大前所未有。我们党要始终保持统一的思想、坚定的意志、协调的行动、强大的战斗力，要以习近平新时代中国特色社会主义思想为指导，把主要精力用到统筹推进"五位一体"总体布局和协调推进"四个全面"战略布局上，用到决胜全面建成小康社会各项措施的具体落实上，用到解决新时代党和国家发展面临的重大问题、紧迫问题上。

2. "不忘初心"就不能忘了我们党的独特优势。中国共产党是具有优良传统和独特优势的党。实事求是、群众路线、独立自主，这是贯穿于毛泽东思想，贯穿于邓小平理论、"三个代表"重要思想、科学发展观，贯穿于习近平新时代中国特色社会主义思想的立场、观点、方法，也是我们党的优良传统和独特优势。实事求是是马克思主义的根本观点，群众路线是我们党的生命线和根本工作路线，独立自主是中华民族的优良传统，是中国共产党、中华人民共和国立党立国的重要原则。"不忘初心"就不能忘了我们党的优良传统和独特优势，始终坚持实事求是的思想路线，始终坚持群众路线的根本工作路线，始终坚持独立自主的立党立国重要原则。

3. "不忘初心"就不能忘了我们党的历史使命。在我们党的领导下，中华民族实现了从站起来、富起来到强起来的伟大飞跃。这三次伟大飞跃以铁一般的事实证明，只有社会主义才能救中国，只有中国特色社会主义才能发展中国，只有坚持和发展中国特色社会主义才能实现中华民族伟大复兴。"不忘初心"就不能忘了我们党的历史使命，始终坚定社会主义、共产主义的崇高理想信念，始终保持和发扬共产党人的奋斗精神。

4. "不忘初心"归根到底是不能忘了我们党的根本宗旨。我们党是在人民群众中成长和发展起来的。新时代是中华民族迎来强起来的伟大时代。伟大时代从来不会风平浪静。正如习近平总书记提出的，"中华民族伟大复兴，绝不是轻轻松松、敲锣打鼓就能实现的。全党必须准备付出更为艰巨、更为艰苦的努力"。特别重要的是，在新时代新使命新征程面前，全党同志一定不能忘了人民。"不忘初心"归根到底是不能忘了我们党全心全意为人民服务的根本宗旨。

（三）"不忘初心、牢记使命"主题教育的意义。党的十九大报告指出，"在全党开展'不忘初心、牢记使命'主题教育，用党的创新理论武装头脑，推动全党更加自觉地为实现新时代党的历史使命不懈奋斗"。"不忘初心、牢记使命"主题教育是推动全党更加自觉地为实现新时代党的历史使命不懈奋斗的重要内容。我们××分行零售条线上下必须深刻领会到这次主题教育的重大意义，真学真做真改真干，切实让这次主题教育取得实效。

1. "不忘初心、牢记使命"是贯彻党的十九大精神的重要举措。党的十九大是在全面建成小康社会决胜阶段、中国特色社会主义进入新时代的关键时期召开的一次十分重要的大会。党的十九大报告，高举旗帜、高瞻远瞩、继往开来，是我们党迈进新时代、开启新征程、谱写新篇章的政治宣言和行动指南。开展"不忘初心、牢记使命"主题教育，铭记"为中国人民谋幸福，为中华民族谋复兴"的"初心"和"使命"，是学习贯彻党的十九大精神的重要举措，是激励我们共产党人不断前进的根本动力。

2. "不忘初心、牢记使命"是党保持永远年轻的重要法宝。"只有不忘初心、牢记使命、永远奋斗，才能让中国共产党永远年轻。"要让中国共产党永远年轻有活力，就要保持党的先进性、纯洁性、战斗性。开展"不忘初心、牢记使命"主题教育，就是进一步保持党的先进性，提高党的执政能力、巩固党的执政地位；就是进一步保持党的纯洁性，持续推动全面从严治党，严肃党内政治生活，净化党内政治生态；就是进一步保持党的战斗性，在决胜全面建成小康社会的战斗中、在推动经济社会全面发展的新使命中，勇往直前、奋发有为。

3. "不忘初心、牢记使命"是党始终铭记历史的重要力量。一个伟大的民族必须铭记历史。开展"不忘初心、牢记使命"主题教育，将引领广大党员深入学习党的历史，提高党性修养水平，进一步发挥先锋模范作用；将引领广大群众全面了解党的历史，爱党、拥党、护党，进一步感党恩、听党话、跟党走。唯有深刻铭记历史、正确看待历史，我们党才能带领广大人民群众完成新的任务、攻克新的挑战、取得新的成绩。

4. "不忘初心、牢记使命"是党不断开创未来的重要基础。习近平总书记指出，"经过长期努力，中国特色社会主义进入了新时代，这是我国发展新的历史方位"。中国特色社会主义进入新时代，中国社会主要矛盾已经转化为人民日益增长的美好生活需要和不平衡不充分的发展之间的矛盾。开展"不忘初心、牢记使命"主题教育，将在新时代的新矛盾新挑战新征程中，把"初心"和"使命"融入发展的全过程，贯穿到各个环节，覆盖到各个方面，艰苦奋斗、攻坚克难，为实现中华民族伟大复兴的中国梦注入不竭动力。

5. "不忘初心、牢记使命"可永葆中国共产党政治本色。一是"不忘初心、牢记使命"是中国共产党保持先进性的根本要求。"不忘初心、牢记使命"是中国共产党的鲜明特质，是作为马克思主义政党的本质要求。中国共产党人的初心和使命是区别于其他阶级政党的根本标志，关系到党的性质是否改变的根本问题，忘掉了初心、丢掉了使命，就等于蜕化变质，就等于背叛，就会失去人民群众的拥护，就会一事无成。二是"不忘初心、牢记使命"是激励中国共产党人不断前进的根本动力。中国共产党的历史，从本质上来讲，就是为中国人民谋幸福、为中华民族谋复兴而不懈奋斗的历史。我们党90多年来的历史充分证明，党无论是弱小还是强大，无论是逆境还是顺境，都不改初心、牢记使命，敢于面对曲折、敢于迎难而进、敢于纠正失误、敢于中流击水、敢于开拓进取，从而不断走向成熟、走向胜利、走向辉煌。三是"不忘初心、牢记使命"是中国共产党面向未来砥砺前行夺取新胜利的根本保证。现在，我们党已经带领人民进入中国特色社会主义的新时代，我们党肩负着实现中华民族伟大复兴中国梦的神圣的历史使命，在新的征程中，既展现出光明的前景，又充满艰辛。面对新的问题和矛盾、风险和挑战，我们党必须要有"任尔东西南北风、咬定青山不放松"的精神，进一步增强政治定力，这样才能"任凭风浪起，稳坐钓鱼船"，而这种定力就来自我们党对初心和使命坚守的坚定性。在新的征途上，要从根本上保证中国共产党行稳致远、不断夺取新的胜利，就必须牢记自己的初心和使命。

（四）"不忘初心、牢记使命"主题教育的要求。开展这次主题教育，要坚持思想建党、理论强党，推动全党深入学习贯彻习近平新时代中国特色社会主义思想；要贯彻新时代党的建设总要求，同一切影响党的先进性、弱化党的纯洁性的问题作坚决斗争，努力把我们党建设得更加坚强有力；要坚持以人民为中心，把群众观点和群众路线深深根植于思想中、具体落实到行动上，不断巩固党执政的阶级基础和群众基础；要引导全党同志勇担职责使命，焕发干事创业的精气神，把党的十九大精神和党中央决策部署特别是全面建成小康社会各项任务落实到位。

这次主题教育要贯彻"守初心、担使命，找差距、抓落实"的总要求，达到理论学习有收获、思想政治受洗礼、干事创业敢担当、为民服务解难题、清正廉洁作表率的目标。将力戒形式主义、官僚主义作为主题教育重要内容，教育引导党员干部牢记党的宗旨，坚持实事求是的思想路线，树立正确政绩观，真抓实干，转变作风。要把学习教育、调查研究、检视问题、整改落实贯穿全过程。

我们要高度重视、精心组织，切实承担起应负的职责。领导干部首先要抓好自身的教育，作出表率。要把开展主题教育同推进"两学一做"学习教育常态化制度化结合起来，同应对化解各种风险挑战、推动××分行零售业务与党建工作结合起来，防止"两张皮"。要以好的作风开展主题教育，坚决防止形式主义。要从领导干部自身素质提升、解决问题成效、群众评价反映等方面，评估主题教育效果。我们零售条线要认真落实"不划阶段、不分环节"的要求，坚持把主题教育各项工作熔于一炉、一体推进，把学习教育、调查研究、解决问题，学深悟透笃行，将党员干部焕发出来的热情转化为攻坚克难、干事创业的实际成果。同时，要健全完善制度，把主题教育中形成的好经验好做法用制度形式运用好、坚持好。

二、锤炼品行，树立表率

新时代每一个共产党员都要自觉遵循"不忘初心、牢记使命"的基本要求。中国共产党的初心和使命，既是抽象的，又是具体的，既是理论观念，又是实践要求，是抽象与具体的统一，是理论与实践的结合。因此，这个初心和使命既体现在党的理论、纲领、路线、方针、政策之中，又体现在每一个共产党员忠实践行的行为之中。要把不忘初心、牢记使命的政治要求落到实处、见到效果，一个很重要的方面就是每一个共产党员必须自觉遵循"不忘初心、牢记使命"的基本要求。

（一）在思想上，要点亮理想信仰明灯，做执着的马克思主义的信仰者。首先，要做到对马克思主义的真学、真信、真懂、真用，特别是要学习好、理解透习近平新时代中国特色社会主义思想，做到"天天见、天天新、天天深"，要读原著、学原文、悟原理、学而信、学而用、学而行。其次，要通过对马克思主义理论的学习，牢固确定共产主义远大理想和中国特色社会主义的坚定信念，不断地改造自己的主观世界，加强思想建设，牢固树立正确的世界观、人生观、价值观。最后，在学原著、读原文、悟原理的基础上，党员干部间也要加强交流研讨，认真思考，要把自己摆进去，把工作摆进去，把职责摆进去，深入分析，查摆问题，认真整改。

（二）在政治上，要站稳政治立场，做坚定的党和人民利益的捍卫者。站稳正确的政治立场，对共产党员保持先进性、发挥先锋模范作用至关重要。在站稳正确的政治立场上，共产党员要做到以下几点：一是要维护党的权威，全力维护党和人民的利益，就当前来讲，就是要增强"四个意识"，要向以习近平同志为核心的党中央对标看齐，坚决贯彻执行好党的路线方针政策，绝不能妄议中央、绝不能对中央的决策指手画脚，不搞阳奉阴违那一套；二是要牢记全心全意为人民服务的宗旨，坚持人民至上的理念，想问题、干事情、作决策，要从维护人民群众根本利益出发，把为人民群众的好事办实，实事办好；三是对损害党和人民利益的现象，要敢于亮剑，要以大无畏的精神、"舍我其谁"的勇气抵制有悖于党和人民立场的种种不良行为，要当"战士"不当"绅士"。

（三）在作风上，要培育高尚正气的情操，做忠实的党的优良传统和规矩的守护者。共产党员要真正做到"不忘初心、牢记使命"，一个很重要的要求就是培育高尚情操、练就一身正气，锻造"梅花精神、荷花品格"。第一，要提高道德修养，做到"为人重品、立德为先"。古人云，"德不配位，必有灾殃"，我们每位党员同志，都要继承和发扬中华民族的传统美德和我们党的优良传统和作风，努力弘扬我们党在各个历史时期所形成的优良精神，以革命英雄人物和当代优秀模范人物为榜样，见贤思齐、敬贤立德。第二，要自省自警，做到"心中有戒，行有所止"。"心中有戒"，就是要求我们的党员在任何时候、在任何地方，都不要忘记党的纪律和规矩；"行有所止"，就是要求我们的党员用党纪法规严格约束自己的行为，做到"慎微、慎独、慎初"，牢固树立"红线""底线"意识，做到不越"底线"，不碰"红线"。

（四）在工作上，要燃起真抓实干的激情，做真诚的敬业奉献的实践者。共产党员要做到"不忘初心、牢记使命"，不能仅仅停留在口头上，必须付诸行动，在真抓实干中，彰显党员"不忘初心、牢记使命"的真心与风彩。共产党员如何做到真抓实干、敬业奉献呢？主要是做到以下几点：一是要树立正确的政治观，办事情作决策要从实际出发，不要好大喜功，不要热衷于搞"形象工程""面子项目""作秀成绩"，要有"立业必有我在、功成不必在我"的豪气和境界，要坚决防止形式主义，尤其是党员领导干部要带头力戒形式主义。二是要努力提高能力素质，要注重学习，既要向书本学习，更要向实践学习，以谦逊、虔诚的态度向内行学习、向群众学习，要有敬业奉献精神，干一行、爱一行、精一行，在岗位上奉献，在实践中长才干。三是要勇于改革创新，要敢于和善于打破旧有的不适宜的条条框框的束缚，搞好调查研究，积极开动脑筋，多想办法、出主意、敢试验，排除工作中的困难和障碍，力争最优的工作效果。要把解决问题摆在突出位置，把开展调查研究作为查摆问题的具体举措。四是要有钉钉子精神，在抓细抓落实上下功夫，要努力避免"工作计划头头是道，工作效果空空如也"的现象发生，把担负的各项工作谋到新处、落到实处、精到细处。

三、主动实践，创先争优

当前我们面临的是一个客户需求多样化、竞争主体多元的市场格局，利率市场化、交易电子化等发展趋势都给我们业务发展带来巨大的冲击和挑战，面对严峻的时代潮流，我们要守住初心，勇立潮头，练就"铁肩膀"挑起"重担子"，充分发挥党员的先锋模范作用，直面使命、敢于担当、有所作为，推动××分行零售条线各项业务再上新台阶。

（一）以坚持党建引领为中心，强化新使命新担当。当前以习近平同志为核心的党中央带领我们走进新时代，开始新征程，建设伟大事业，这是民族复兴的机遇，我们没有理由停顿松懈，而要始终不渝地秉承实现中华民族伟大复兴的中国梦的历史重任，进一步强化责任担当，干事创业，履职尽责，激发创造性，练好内功，奋勇当先，主动作为。一是加强自身能力建设。全体党员要以习近平新时代中国特色社会主义思想武装头脑，大力加强干部思想教育，引导和促进广大干部不断强化"四个意识"，坚定"四个自信"，做到"两个维护"，持续加强学习，学以致用、知行合一，主动迎接经济新常态、金融科技革命和强监管时代的机遇与挑战，提升驾驭全局、驾驭市场、驾驭风险的能力。二是加强新使命新担当。零售条线的党员干部要坚定理想信念，明确奋斗目标，认真贯彻落实上级行党委各项决策部署，积极践行总行党委治行兴行"六维方略"，始终坚持问题导向，在业务高质量发展上争取主动权，打好保卫战。三是加强统筹全局的能力。零售板块的分管领导要切实扛起零售板块发展的责任，主动发声指挥、提高工作效能，充分发挥把方向、管大局、保落实的作用。在新时代展现新气象，以新担当新作为推动××分行零售条线各项工作高质量发展。

（二）以战斗堡垒为支撑，不断提升执行力和战斗力。营业网点党支部和网点党员是服务"三农"、服务客户的优势所在，是推动业务发展、夯实管理基础的根本所在。虽然全行各营业网点已经100%成立了独立党支部，但仍然存在基础不牢、"两个作用"发挥不到位等问题。要通过加强党的组织建设，着力解决组织效能不高，执行力层层衰减，决策传导不畅等长期性、顽固性问题，切实把组织优势转化为发展优势和管理优势，为改革发展提供坚强的组织保证。一是强化战斗力提升，要坚持"高标准、严要求、找差距、补短板"的工作要求，对照新时代中国特色社会主义思想和党中央决策部署，对照党章党规，对照上级行的战略要求，找差距、补短板，深入分析党建和业务经营发展过程中存在的问题和短板，以问题为导向，狠抓目标管理，明确职责分工和工作规划，把目标层层拆解，实行目标"封锁"行动，有的放矢进行整改，确保措施落实到位，切实强化队伍的战斗力。二是强化执行力建设。通过组织推动、绩效考核、纪律约束、监督检查和效能审计等多种形式，强化组织力建设，确保全面落实上级行党委的各项决策部署，确保各项重点工作和重大改革落地见效。三是强化基层党组织建设。要选优配强管好党支部书记，对网点支部书记开展培训，打通基层党建"最后一公里"，加强基层党组织书记和党员的交流学习，推动零售业务发展。同时二级分行业务主管部门要开展结对帮扶共建活动，围绕抓指导、抓服务、抓营销、抓管理、抓推广的工作重点，对帮扶支行和网点做到现场帮扶和解决实际问题相结合，形成定期反馈、分类指导、以点带面的工作机制，逐个击破网点业务发展难点问题，切实为基层解决实际问题，转变机关工作作风。

（三）以夯实双基管理为突破点，筑牢案防风控防线。再好的案防制度、再严密的内控体系，最终还需落实到人的执行和操作上来。因此，每一位员工，特别是基层一线的党员领导干部，必须靠自律增强自身的"合规力"，筑牢××银行案防风控防线。一是要加强自律意识，严格遵守党规党纪。习近平总书记强调，加强自律关键是在私底下、无人时、细微处能否做到慎独慎微，始终心存敬畏、手握戒尺，增强政治定力、纪律定力、道德定力、抵腐定力，始终不放纵、不越轨、不逾矩。我们在任何时候都要以合格党员的要求严格自律，要提升政治站位，坚决维护以习近平同志为核心的党中央，坚决维护党中央权威和集中统一领导。今年，总行对我行开展了巡视和风险与管理审计，发现了一系列问题，其中有一些涉及零售业务方面的个别问题性质十分恶劣。对巡视和审计发现的问题，大家要高度重视，督促、指导抓好整改，切实防范共性问题再次发生。二是提升合规意识，在合规基础上发展业务。防范风险的前提就是合规，要严格执行客户准入标准，多种渠道核实贷款客户申请资料的真实性，在源头上把控风险。要综合运用清收、核销、证券化等多种手段，实现不良贷款"双降"目标。要加强关注类贷款的管控，控制贷款下迁为不良，防止"边清边冒"问题。要加强风险楼盘管控，明确风险化解措施、化解目标、责任人、化解时间等要求，防止风险升级。三是做实员工行为管理模式。基层支行要抓好员工行为管理模式有关制度办法的执行落实，在辖区内基层网点建立和运行"网格化"管理模式。要进一步明晰履职清单，督促履职到位，合理确定网格责任区，落实"人盯人"管理责任制，对于落地实施后发生的案件、事故、问题，在追究领导责任、管理责任的同时，倒查网格内员工应反映未反映、应报告未报告等责任。四是抓好内部管理。要加强对个人信贷、产品销售等重点领域的基础管理，持续开展案件风险排查，强化各类问题的系统性整改和源头性整改工作。要加强营业网点基层管理，细化每个区域的责任人和管理要求，从产品准入、销售流程、现场管理三个方面进行治理，重点治理未经合规准入而代销、销售中使用误导性语言、未按规定进行"双录"、不具备资质进行产品代销、第三方机构人员驻点营销等现象，严厉打击员工私售"飞单"、私自为客户理财等行为。要高度重视反洗钱工作，指定专人作为反洗钱工作联系人。认真履行反洗钱职责，规范个人客户身份识别，防范洗钱风险，增强反洗钱合规管理能力，保证业务经营安全。

同志们，精雕细琢始得玉，千锤百炼方成钢。习近平总书记指出，新中国成立70周年，是进行"不忘初心、牢记使命"教育的最好时间节点。以习近平新时代中国特色社会主义思想和党的十九大精神为指引，成立98年、执政70年的世界最大执政党，重温初心、抖擞精神，担当使命、砥砺作为，凝聚起奋进新时代的磅礴力量。因此，希望通过"不忘初心、牢记使命"主题教育，我们将开启一场新的自我革命，锤炼忠诚干净担当的政治品格，锻造坚强自信团结的领航力量，守初心、敢作为，更好地为我行发展贡献自己的一份力量。

第三节　传达会议精神讲话

结构分析范式

写作目的：传达重要会议精神，并结合实际作出工作部署。

结构框架：引言＋学习认识体会＋理论联系实际＋具体落实举措＋结语。

材料来源：1. 重要会议的全文以及传达会议精神的有关文件；

2. 主要媒体或重要领导对该会议的学习体会以及深度阐释；

3. 参考同类型传达会议精神讲话案例。

写作要领：1. 传达会议精神讲话与教育活动动员会讲话较为类似，主要差别仅体现在主题不同，一个是传达会议精神，另一个是开展活动布置，传达会议精神的重点在于对会议精神的领会和认识，开展活动布置的重点在于对开展活动的认识和具体动员；

2. 行文中一方面要体现理论深度，能够把会议精神的主旨提炼出来，另一方面还要结合实际进行分析，只有两者互相联系，才能达到传达会议精神的目的。

例文

×××同志在传达学习党的十八大精神会议上的讲话

同志们：

今天，我们召开专门会议，学习贯彻党的十八大和十八届一中全会精神。刚才，与会代表听取了省党校×××教授作的专题辅导讲座，很受启发和教育。下面，我就如何贯彻落实党的十八大精神、推进全行可持续发展讲几点意见。

一、突出五个把握，深刻领会党的十八大精神实质

党的十八大是在我国进入全面建成小康社会决定性阶段召开的一次十分重要

的大会，在党的历史上具有重要里程碑意义。党的十八大报告高屋建瓴、总揽全局，鼓舞人心、催人奋进，充分反映了时代的要求和人民的期盼，为党和国家事业发展指明了前进方向，是我们党面向世界、面向未来的政治宣言，是指导我们全面建成小康社会、夺取中国特色社会主义新胜利的行动纲领。报告确立科学发展观作为党必须长期坚持的指导思想，明确了中国特色社会主义的科学内涵和基本要求，确定了全面建成小康社会和全面深化改革开放的目标，明确提出了构建中国特色社会主义"五位一体"的总体布局，对全面提高党的建设科学化水平提出了明确要求。党的十八届一中全会选举产生了以习近平同志为总书记的新一届中央领导集体。这是一个值得全党和全国各族人民信赖的坚强领导集体，是我们党保持生机和活力，国家保持团结稳定，各项事业蓬勃发展的强有力的组织保证。我们要在以习近平同志为总书记的新一届中央领导集体的带领下，坚定道路自信、理论自信和制度自信，按照党的十八大提出的新部署、新要求，统一思想，坚定信念，凝心聚力，扎实工作，为全面建成小康社会的宏伟目标而努力奋斗。

胡锦涛同志在大会上代表十七届中央委员会所作的报告，是党的十八大精神的集中反映，是一个求真务实、与时俱进、开拓创新的报告，是一个鼓舞人心、振奋党心、凝聚民心的报告。要深刻领会党的十八大精神实质，重点是突出把握好五个方面：

第一，突出把握旗帜方向。党的十八大报告开宗明义郑重阐明了"高举中国特色社会主义伟大旗帜，以邓小平理论、"三个代表"重要思想、科学发展观为指导，解放思想，改革开放，凝聚力量，攻坚克难，坚定不移沿着中国特色社会主义道路前进，为全面建成小康社会新胜利而奋斗"的主题，并生动形象地表明了中国共产党"既不走封闭僵化的老路、也不走改旗易帜的邪路"。还鲜明回答了举什么旗、走什么路、以什么样的精神状态、朝着什么样的目标前进等重大问题。这对我们始终高举中国特色社会主义伟大旗帜，坚定不移地走中国特色社会主义伟大道路，保持党和国家事业长期发展的大局至关重要。

第二，突出把握战略思想。党的十八大把科学发展观确立为党的重要战略思想，同马克思列宁主义、毛泽东思想、邓小平理论、"三个代表"重要思想一道，成为党的行动指南和必须长期坚持的指导思想。要理解和领会科学发展观的内涵，"推动经济社会发展是第一要义，以人为本是核心立场，全面协调可持续是基本要求，统筹兼顾是根本方法；要把握科学发展观最鲜明的精神实质，即解放思想、实事求是、与时俱进、求真务实。这要求我们既要把科学发展观落实到各项工作的全过程，也要体现到党的建设的各方面，充分发挥科学发展观对于全行改革发展的重要作用。

第三，突出把握宏伟目标。党的十八大报告明确了一个宏伟目标，到建党一百年即到 2020 年实现国内生产总值和城乡居民人均收入比 2010 年翻一番，到新中国成立一百年时全面建成小康社会和建成富强民主文明和谐的社会主义现代化国家。在报告中，"建设"改成"建成"，一字之变体现坚强决心；从"总量"到"人均"两者并重，体现幸福暖心。要如期实现两大奋斗目标，胸怀理想、坚定信心是根本保证，不动摇、不懈怠、不折腾是基本要求，顽强奋斗、艰苦奋斗、不懈奋斗是根本方法。这给全党和全国人民夺取中国特色社会主义新胜利坚定了信心和决心，激发了干事业的活力和动力。

第四，突出把握总体布局。党的十八大全面部署了经济建设、政治建设、文化建设、社会建设、生态文明建设"五位一体"的总体布局，标志着我国社会主义现代化建设进入新的历史阶段。"五大建设"内涵丰富，是一个有机的整体，其中经济建设是根本，政治建设是保证，文化建设是灵魂，社会建设是条件，生态文明建设是基础。只有坚持"五位一体"建设的全面推进和协调发展，才能形成经济富裕、政治民主、文化繁荣、社会公平、生态良好的发展格局，把我国建设成为富强民主文明和谐的社会主义现代化国家。

第五，突出把握执政新意。党的十八大报告不仅郑重重申了要"坚定不移反对腐败，永葆共产党人清正廉洁的政治本色"，还提出了一系列新论断、新部署和新要求，充分体现了新一届中央领导的执政意志。例如，在经济体制改革方面提出"处理好政府和市场的关系是核心问题""深化金融体制改革""稳步推进利率和汇率市场化改革"等；在推进经济结构战略性调整方面提出"牢牢把握扩大内需这一战略基点""以改善需求结构、优化产业结构、促进区域协调发展、推进城镇化为重点"等；在生态文明建设方面提出"建设美丽中国""增强生态产品生产能力"；在加强党建上提出了纯洁性建设这一条"主线"，建设学习型、服务型和创新型的马克思主义，以及增强自我净化、自我完善、自我革新、自我提高的"四种能力"。这些都传达出党和国家执政方针的新信息、新动向，对于指导我们把握发展规律、创新发展思路、促进工作开展，意义十分重大。

二、增强六种意识，以党的十八大精神指导实践

学习贯彻党的十八大精神，是全行当前和今后一个时期的重要政治任务。我们要进一步增强学习贯彻落实党的十八大精神的主动性，以科学发展观为指导，进一步牢固树立现代商业银行理念，切实增强六种意识，解放思想，抢抓机遇，改革创新，开拓进取，努力实现科学发展，不断巩固和提升××主流银行地位。

（一）增强学习意识，提升理论水平。党的十八大报告是新时期、新阶段中国共产党的政治宣言，是夺取全面建成小康社会新胜利的行动纲领，是我们今后的工作指南和行为准则。我们领导干部要增强学习意识，带头学习，加深理解，不断提升政治理论水平，从而带动全行各级党组织以及党员干部迅速掀起学习贯彻落实党的十八大精神的热潮，真正把报告的精髓学深学透学到位，真正把思想和行动统一到党的十八大报告新要求、新部署上来，统一到建设一流商业银行战略目标上来，统一到全行改革发展上来，使之达到"理论指导实践，实践提升能力"的目的。

（二）增强党性意识，坚定理念信念。习近平总书记强调，我们必须始终保持对马克思主义和中国特色社会主义的坚定信念，提高抵御各种风险和经受各种考验的能力。我行是党领导下国有控股大型企业，必须要抓好思想理论建设这个根本，抓好党性教育这个核心，抓好道德建设这个基础，从意识形态上引导党员、干部牢固树立正确的世界观、权力观、事业观，坚定政治立场，明辨大是大非。习近平总书记在参观《复兴之路》展览时的讲话中还指出，"每个人的前途命运都与国家和民族的前途命运紧密相连，国家好，民族好，大家才会好"，"实现中华民族伟大复兴是一项光荣而艰巨的事宜，需要一代又一代中国人共同为之努力"。作为金融工作者，我们只有增强党性观念，加强理想信念教育，才能坚定理想信念，坚守共产党人精神追求，切实增强推动科学发展的能力，为全面建成小康社会、为实现中华民族的伟大复兴添砖加瓦。

（三）增强自律意识，提升反腐能力。党中央对腐败问题高度关注，党的十八大报告指出"精神懈怠危险、能力不足危险、脱离群众危险、消极腐败危险更加尖锐地摆在全党面前"，"这个问题解决不好，就会对党造成致命伤害，甚至亡党亡国"。坚持反对腐败、建设廉洁政治，是我们党一贯坚持的鲜明立场，也是我行高度重视的一项工作。各级行要继续坚定不移地做好反腐败工作，坚持标本兼治、综合治理、惩防并举、注重预防的方针，全面推进惩治和预防腐败体系建设。要实现对领导班子和领导干部的多维度监督，强化各级领导干部的合规、履职和廉洁自律意识，从源头上预防和治理腐败。要加强宣传教育，狠抓预防腐败工作，形成对腐败查处的高压态势，确保我们的领导干部做到讲党性、重品行、作表率，永葆共产党人清正廉洁的政治本色，以实际行动推动全行的廉洁从业。

（四）增强创新意识，提升发展能力。党的十八大报告提出了创新驱动发展战略，强调"必须增强创新意识，坚持真理，修正错误，始终保持奋发有为的精神状态"。增强创新意识，是落实科学发展观的深层动能。创新首先要求真务实，这是指导创新最基本的原则。领导干部在工作中不能简单地照搬、照套、照转，既要认真地贯彻党和国家的方针、政策和上级行的要求，又要紧密地结合我们的行情，防止工作决策脱离实际。在坚持求真务实原则的同时，还要敢于创新。一方面，要按照现代商业银行要求，围绕创新金融产品、健全风险管理体系、强化资产负债和财务管理、加快运营体系改革、提升科技生产力水平、持续推进组织机构改革等内容开展创新，提升对经营转型和可持续发展的支撑。另一方面，要增强创新理念，鼓励和倡导创新，提高创新包容性，尊重基层员工的首创精神，积极营造全行改革创新的良好氛围，切实提升广大干部员工的干事创业能力。

（五）增强责任意识，提升服务水平。责任意识主要体现在对外和对内两个方面。对外就是要履行好中央赋予我行的金融使命。党的十八大报告把解决好"三农"问题、发展好实体经济、保障和改善民生放在了突出位置，作为承担服务"三农"特殊使命的银行干部员工，必须坚持面向"三农"的市场定位不动摇，把握好"发展实体经济这一坚实基础"的精神实质，更好地服务全省经济社会发展战略，进而促进全行加快有效发展。对内就是要切实转变工作作风，加强执行力建设，服务基层需要。最近，中央政治局通过的关于改进工作作风、密切联系群众的八项规定，值得各级党员领导干部认真学习。要进一步牢固树立服务意识、基层意识和客户意识，坚决反对形式主义、官僚主义，提高机关办事效率，改进会风和文风，深入调查研究，沉下心来抓实"双基"管理，夯实我行可持续发展的基础。

（六）增强党建意识，提升发展后劲。党的十八大报告提出，要把握加强党的执政能力建设、先进性和纯洁性建设这条主线，确保党始终成为中国特色社会主义事业的坚强领导核心。贯彻落实党的十八大党建工作要求，关键是要发挥好党的领导核心作用，不断创新党建工作方式方法，有效激发各级党组织和党员队伍的生机与活力，将党的政治优势真正转换为我行发展的内在动力。要进一步完善基层党组织机构设置，坚持创新基层党建工作，构建基层党组织和广大党员充分发挥作用的常态化、长效化机制。要深入开展创先争优活动，发挥党员在建设一流现代商业银行中的先锋模范作用，将基层党组织打造成为深化改革、科学发展的战斗堡垒。要认真组织党员学习新党章，贯彻好党的方针政策和重大部署，更好地发挥党员的旗帜作用，全面提高党的建设科学化水平，为推进全行实现科学发展奠定坚实基础。

三、加强组织领导，在全行迅速掀起学习党的十八大精神的新高潮

当前和今后一个时期，全行首要的政治任务就是学习贯彻党的十八大和十八届一中全会精神。全行各级党员领导干部一定要进一步增强责任感和紧迫感，切实把广大干部员工的思想统一到中央的各项部署上来，把全行的力量凝聚到党的十八大确定的各项任务上来。团结带领广大干部员工，解放思想，勇挑重担、敢于担当，把学习贯彻党的十八大精神与工作实际紧密结合，做"真学"的表率。

（一）抓好对学习的组织领导。各级行党委、各部门党支部要将学习贯彻党的十八大精神纳入"一把手"工程，制订系统学习党的十八大精神的计划，明确学习的目的、任务、方法和步骤，一级抓一级，提高学习效率，讲求学习实效。各级党委班子、各部门负责人要带头学习，周密安排专题讲座和研讨，原原本本地研读报告原文，原汁原味地领会报告实质，学习新的《党章》，学习大会通过的各项决议，力求学透、学通。组织部门要把学习、宣传和贯彻党的十八大精神与干部教育培训工作相结合，与加强领导班子建设和基层党组织建设相结合，真正用党的十八大精神武装头脑，推动党的建设和干部队伍建设。各级行办公室或综合管理部门要牢牢把握正确导向，科学安排，加大宣传力度，形成学习贯彻党的十八大精神的浓厚氛围。

（二）抓好多形式、多层次的学习。各级行、各部门要通过举办党委理论中心组集中学，以及专题研讨班、培训班分批学等多种途径，采取自学与辅导相结合，通读文件与专题讨论相结合，学习宣讲与答疑解惑相结合等方式，促进学习质量的提高，在全行掀起学习党的十八大精神的高潮。同时，要围绕党的十八大提出的一系列新思想、新理念、新观点和新论断，紧密结合我行实际，深入研究我行在发展中的热点、难点和重点问题，如发展问题、管理问题、改革问题、"三农"问题、转型问题、党建问题等。通过对事关全局的重大问题进行深入研究，推进全行各项改革与事业的科学发展。

（三）抓好学以致用，体现成效。各二级分行、直管支行党委、省分行机关各支部要将学习、宣传、贯彻党的十八大精神情况抓实抓好，切忌图形式、走过场，要学以致用，将学习活动与推动经营管理实现有机结合，真正做到常抓不懈、常学常新，并以经营管理的实际业绩，作为对党的十八大精神学习成果的检验，持续推动全行各项事业的科学发展。

第四节　对照检查剖析材料

结构分析范式

写作目的：按照民主生活会要求对照检查问题并提出改进意见。

结构框架：引言＋基本情况＋对照检查＋原因剖析＋整改措施。

材料来源：1. 专题民主生活通知及具体对照检查要求；

2. 收集需要向组织报告的有关事项和自身存在问题的具体案例；

3. 对照检查以及原因剖析要点汇编等资料；

4. 其他民主生活会对照检查材料案例。

写作要领：1. 民主生活会的对照检查材料是按照党员标准对自己开展的一次全面检视，要按照实事求是的要求，认真把自己存在的不足查摆出来，并对号入座，用具体案例进行说明；

2. 每年民主生活会的对照检查材料要求不一样，要根据具体的对照检查要求开展写作，不能年年"炒冷饭"，或者自行其是。

例文

2018 年度专题民主生活会对照检查材料

根据省分行《关于认真开好 2018 年度党员领导干部民主生活会的通知》要求，我紧扣本次民主生活会主题，认真学习习近平新时代中国特色社会主义思想，切实贯彻党的十九大精神，结合思想和工作实际，认真查摆自身存在的问题，深刻剖析问题的根源并提出今后改进措施和努力方向。现对照检查如下：

一、基本情况

（一）问题整改情况。2017 年民主生活会，我综合吸纳大家提出的批评意见和建议，查摆了自身理论学习、请示报告、忠诚老实、责任担当、纠正"四风"、廉洁自律六个方面十三个问题，并逐条制定了整改措施。一年来，我始终坚持问题导向，高标准、严要求，对照查摆发现问题从严从实进行整改，截至目前，对十个存在问题进行了整改，理论学习、攻坚克难、深入基层等方面的问题正在持续整改中。

（二）会议准备情况。一方面，深入学习研讨。在参加省分行学习贯彻党的十九大精神轮训班、二级分行党委中心组集中学习的基础上，我坚持个人自学、联系实际学，深入学习领会习近平新时代中国特色社会主义思想和党的十九大精神，认真研读习近平总书记系列重要讲话，学习党章和党规党纪，强化党的创新理论武装，树牢"四个意识"，坚定"四个自信"，坚决做到"两个维护"，坚持以习近平新时代中国特色社会主义思想武装头脑、指导实践、推动工作，坚决贯彻落实党中央各项决策部署，落实总行党委经营战略和上级行党委工作安排。另一方面，按照要求开展会议准备。紧紧围绕本次民主生活会主题，通过与班子成员谈心和分管部室有关人员谈心等形式，广泛征求意见，认真查摆自身存在的问题，并深入剖析其根源，明确了今后的努力方向。

（三）个人事项说明。严格执行个人重大事项报告制度，个人报告事项中除以××万购买×××一个地下停车位以外，其他有关情况无变化。本人收入均按省分行核定发放，无其他收入来源。2018 年 12 月，因辖属支行存在向"建档立卡"贫困户借款人销售××人寿保险的问题，省分行纪委给予本人诫勉处理；因向××糖业有限公司发放新增信用流动资金贷款 1500 万元，对贷款存在贷后管理不到位，贷款资金用于偿还他行贷款、发放工人工资等违规问题，负有经营管理主责任，合并 2017 年经济责任审计发现的违规问题，省分行给予本人停发一个月绩效工资处理。

二、主要问题

（一）思想政治方面

1. 理论学习深度不够。我能够自觉把学习习近平新时代中国特色社会主义思想和党的十九大精神，作为提高理论水平和政治素养的重要途径，坚持先学一步、学深一层，原原本本读原著学原文悟原理。虽然参加集体学习多，规定篇目学习多，但学习方法相对比较单一，自主学习的主动性、计划性和深入性不够，真正沉下心学习思考时间有限，导致对党的新思想、新战略和新部署的理解缺乏系统性融会贯通，理解更多浮于表面。

2. 理论指导实践不足。我能够坚持多思多想，对党的十九大精神的政治意义、历史意义和现实意义有了更加全面的认识，对习近平新时代中国特色社会主义思想的丰富内涵有了更加深刻的理解，自己的理想信念和宗旨意识更加坚定。但是客观地讲，我的学习还停留在思想认识层面，还不能和实际工作紧密结合形成指导具体工作的方法论，尤其在指导破解发展难题上存在"学用脱节"的现象。例如，如何对接当地重大项目建设以及"一带一路"南向通道建设等方面仍然存在较大的提升空间。

3. "看齐意识"贯彻不到位。我在思想上政治上行动上同以习近平同志为核心的党中央保持高度一致，但对"看齐意识"的认识还不够深刻，与党中央、与上级行党委的要求还有一定差距，在贯彻执行中央方针政策和总行、省分行决策部署上存在层层弱化的现象。总行强调不得在发放贷款或者以其他方式提供融资时，强制搭售保险、基金、贵金属等金融产品。我行在办理农户小额贷款过程中，尽管在客户表达自愿购买意愿，但我行员工没有意识到问题的严重性，仍然向客户推荐营销了××人寿的保险产品，这就是"看齐意识"贯彻不到位的表现。

（二）精神状态方面

1. 创新发展意识不足。我始终坚持解放思想、实事求是、与时俱进、求真务实，围绕全行业务经营改革重点，积极推进零售业务创新发展。但面对严峻复杂经营环境和"实现线上—线下—远程三轮驱动，再造一个××银行"战略构想，在推进零售业务创新发展上力度还不够，部分客户需求未能及时予以满足，例如××区政府提出的缴纳饭堂圈存系统，我未能及时组织有关部门深入研究，对于新需求想法创意不多，客户需求未能得到很好的解决，在一定程度上影响了我行的形象。

2. 责任担当有待加强。我到二级分行任职有两年多了，没有刚到任那种如履薄冰、战战兢兢的心理，逐渐对自己的部分要求与条线分管工作不够严格，自我管理有放松的倾向，对于有些问题看在眼里，但是没有督促整改，导致部分内部管理或者业务拓展不到位。例如，对办公室工作要求不严，后勤管理不到位，"三服务"意识不强，分管办公室近一年时间，未能发现物业员工有吃空饷的情况，也未能发现我行好几处物业被不法分子侵占的行为，司机编制过多也占用了全行业务外包费用。对"赢在掌银"等工作推进关注不够，总认为业务指标不在省分行排名靠后，就不用采取特别的措施进行推动，未能从战略高度考虑问题。

3. 攻坚克难不够给力。我坚持用习近平新时代中国特色社会主义思想武装头脑，满怀激情地投入工作实践，但面对历年积累下来的沉重包袱，我在防范化解经营风险上责任担当不够，工作措施不力，未能取得重大突破，影响了全行的综合绩效考评。例如，对××集团贷款的重组，对省分行的依赖思想太重，主动作为不足，重组流程迟迟未能发起；××集团贷款核销，因责任追究未能落实，迟迟不能上报省分行审查，导致未能核销出表；××船务贷款逾期后，未能及时推进诉讼流程。

（三）工作作风方面

1. 调查研究有待加强。由于分管部门多，经常疲于应对日常事务工作及内外部会议，我总给自己找各种理由，真正深入基层调查研究的时间不多，即使下基层，也多是在支行层面，深入乡镇网点开展基层调研偏少。调查研究多限于听取主要负责人汇报，未能及时了解基层中难以听到、不易看到和意想不到的真实情况和问题，调查研究和思考不深不细，没有真正做到为基层解决实际问题。直到"一把手"带队直接到网点调研，才发现基层许多迫切需要解决的问题得不到传递研究解决，如对公账户开立、集中加配钞、网点劳动组合等，导致基层员工负担重、意见大。

2. 密切联系群众不多。平时忙于各项案头工作和业务指标，在具体执行党的群众路线、密切联系群众，真正用权为民方面做得还不够，如出台的办法措施征求基层意见的面还不够广，与机关部门负责人交流工作较多，与其他干部员工接触沟通相对较少，对员工群众的意见、经验吸纳不充分，部分办法措施不够"接地气"，对基层行提出的问题不能及时提供解决方案；牵头全行综合性工作与相关部门沟通较少，影响了工作推进，公私联动大多停留在工作布置上，在行动上则落实不到位；对一些能够带动零售业务批发做的重大客户、重大项目营销亲自参与不多，没有做到高层介入营销的示范带头作用。

3. 工作方法有待改进。一方面，表现为精细化管理不到位。对分管工作，认为上级行部署和要求已经非常详细了，自己安排也到位了，更加注重推动的结果和成效，对过程和细节的精细管理还不到位，但督导落实不够，出现了抵押登记费由客户承担的情况；另一方面，工作方式简单粗暴，对于自己认定的事情，听不进别人意见，不愿意做深入的解释工作，容易导致冲突矛盾。

三、原因剖析

深刻剖析自身存在的问题，虽然问题在表面，但是根源还是在思想。深刻分析归纳，主要有以下几个方面：

（一）理想信念有所削弱。对理论武装的重要性和紧迫性认识还不足，不自觉地放松了对自己的要求，放松了对理论知识的再学习、对理想信念的再坚定、对革命意志的再锻炼。没有把习近平新时代中国特色社会主义思想与马克思主义基本原理普遍联系起来，与我行改革发展紧密结合起来，想问题、作决策站位不够高，眼界不够宽。没有真正把理论转化为方法论，灵活运用习近平新时代中国特色社会主义思想指导实践、推动工作，没有真正在思想上强化"主心骨"、筑牢"压舱石"、补足"精神钙"，从而导致政治思想定力还不够高，学习指导实践还不足。回顾反思自身存在的问题，也反映出自己在党性锻炼上下的功夫和气力还不够，缺少自我革新的勇气、自我净化的自觉、自我完善的坚持，以致在工作实践中，开拓创新的精神还不够强，大局意识还树得不牢，工作作风还不够深入扎实。

（二）宗旨意识有所弱化。为民务实的思想根子扎得还不够深，没有把为基层服务、为群众服务的理念自觉、全面、深入贯彻到工作中，宗旨观念树得还不牢，思想阀门拧得还不紧，工作作风抓得还不实。在联系群众上，基本上还停留在职业属性、工作要求及对员工的朴素感情层面，与群众同甘共苦的意识淡化，对权力就是责任、权力就是服务的认识还不够深刻，在思想深处没有解决好"为了谁，依靠谁，我是谁"的问题，对党的根本宗旨内涵的理解不够深入、谨记不够牢固。在工作作风上，还没有完全把各层面各条线的积极性主动性创造性调动发挥起来，主动担当、真抓实干、求真务实的风气和氛围还不够浓厚。想问题、办事情，往往考虑更多的是能不能完成上级行任务，往往把对上负责考虑得多一些，对涉及群众切身利益、群众反映强烈的突出问题，一些部位环节存在的"中梗阻"问题解决不彻底，"最后一公里"没完全打通，主动深入基层想办法、出实招做得不够。

（三）进取精神有所松懈。面对业务经营发展的新形势新挑战，思想上还不够解放、担当上还不够坚定、行动上还不够果断、执行上还不够坚决。在攻坚克难上，有时把问题和困难考虑得太多，存在一定的畏难情绪，对改革发展中出现的一些新情况新问题，攻坚克难的信念、"啃硬骨头"和"涉险滩"的决心不足。在真抓实干上，对有的决策部署和重点工作缺少"咬定青山不放松"的决心和钉钉子精神，没有完全做到一抓到底，真抓的实劲、敢抓的狠劲、善抓的巧劲、常抓的韧劲还有欠缺。在新时代如何实现新担当新作为上，对下属要求提得多，对自己的目标和要求思考得少。在贯彻落实党的十九大精神和总行经营战略、省分行党委工作要求上，更侧重于当期工作任务落地见效，把方向、管长远需要绵绵用力久久为功的基础工程，担当作为还不够。

四、整改措施

针对自身存在问题表现，结合产生问题的原因剖析，我将从以下几个方面开展整改。

（一）提升党性修养。始终把讲政治放在首要位置，牢固树立"四个意识"，坚定"四个自信"，坚决做到"两个维护"，保持高度的政治敏锐性和政治辨识力，严格执行政治纪律和政治规矩。树立正确的世界观、权力观、事业观，以高标准严格要求自己，正确对待和使用手中的权力，严格执行民主集中制，"三重一大"事项坚持集体研究、会议决定，不踏红线，不越底线。从全行工作大局出发，自觉维护党委班子团结，全力支持配合好党委中心工作，立足本职竭力抓好分管工作，为推动业务发展提供坚实的保障，在服务"三农"、扶贫攻坚、服务小微企业等方面坚决看齐。

（二）加强理论学习。坚持把学习作为完善自我的重要途径，进一步增强自觉性主动性，深入学习领会党的十九大精神，准确把握习近平新时代中国特色社会主义思想的精髓要义，提高自己在错综复杂环境中明辨是非的能力，不断提升政治素质和党性修养，做到理论上清醒、政治上坚定。坚持学以致用，紧密联系实际，活学活用，统筹谋划，坚持理论与实际、学习与运用相统一，围绕解决问题和加快发展，最大程度地把学习的收获转化为推动工作的手段。深入学习总行2019年初工作会议精神，大力推进互联网金融，积极推进"实现线上—线下—远程三轮驱动，再造一个××银行"战略实施，做好互联网金融业务在××分行的落地，争取做出亮点，做出特色。

（三）强化责任担当。以习近平新时代中国特色社会主义思想和党的十九大精神指导工作实践，全面贯彻落实上级行党委各项决策部署，为全行业务高质量发展保驾护航。一是加强风险管控。以总行治行兴行"六维方略"为引领，以提升风险管理支撑能力为目标，提出优化全面风险管理体系建设的具体意见，着力解决风险管理前瞻性不强的问题。实施全面风险管理考核，引导各级行、各部门落实好风险管理职责。合理制订2019年全行不良控制目标计划，年内新增不良，年内完成处置；实施大额不良处置攻坚，坚决啃掉××、××、××等剩余硬骨头，切实把全行不良率压降至系统内平均水平以内。二是夯实信贷管理基础。深植"信贷质量立行"理念。坚持"哑铃形"信贷经营策略，加大实体经济支持力度，优先个贷发展，倾斜"三农"和脱贫攻坚，支持重点城市行、重点客户和重大项目发展，不断提升信贷资源配置质效。实施信贷经营管理规范化建设，完善押品管理，扎实开展贷后管理，推动全行信贷经营管理稳步实现"管理规范化、操作规范化、考核规范化"。三是强化运营管理。扎实推进运营风险"扎口"管理，推动运营基础管理规范化、精细化，持续优化柜面业务流程、企业开户服务，进一步提升智慧运营管理水平，确保全行业务平安运行。四是加强精细化管理。把分管工作中该管的管起来，增强办公室的服务意识，提高服务水平，同时不怕困难，敢于向不良势力亮剑，处理好各种历史遗留问题。

（四）改进工作作风。一是牢固树立服务意识。坚持一切从实际出发，不断增强践行群众路线的自觉，主动深入基层和群众，多到基础条件差、发展相对慢或矛盾突出、困难较多的基层行开展调研，认真倾听群众呼声和愿望，带着感情为基层排忧解难，不做表面文章，不搞形式主义，为员工办实事、谋好事。二是保持艰苦奋斗的斗争精神。树立正确的价值观，保持思想道德的纯洁性，坚持艰苦朴素、勤俭节约，不奢侈浪费，不追求享受，戒骄戒躁，以时不我待、只争朝夕的斗争精神，奋力走好××银行改革发展的长征路。三是强化条线业务指导。深入研究政策制度变化，积极开展同业调研，强化政策制度特别是网点转型、业务流程优化、信贷质量立行等制度的传达和指导，确保制度传导到位、工作指导到位、措施落实到位。四是加强企业文化建设。持续推进"职工之家"建设，开展困难员工帮扶、送温暖活动，开展员工喜闻乐见的文体活动，舒缓员工工作压力，增强人文关怀，促进员工身心健康。五是改进工作方法。要向其他领导学习好的经验做法，提升沟通协调水平，增进队伍团结。六是筑牢廉洁防线。始终绷紧廉洁自律之弦，把廉洁自律作为终身的必修课，始终心存敬畏，坚持原则，不放纵、不越轨、不逾矩。严格按照党章党规党纪办事，在平常工作和生活琐事中不断改造内心世界，提升思想觉悟，磨砺道德品质。坚决贯彻落实中央八项规定精神，净化"朋友圈"，从严从细管好身边的人和身边的事，忠诚做事、干净做人。

　　以上是我的个人对照检查材料，请各位领导和同事评议。

参考文献

［1］高宣扬. 结构主义［M］. 上海：上海交通大学出版社，2017.

［2］皮亚杰. 结构主义［M］. 倪连生，王琳，译. 北京：商务印书馆，1984.

［3］多斯. 结构主义史［M］. 季广茂，译. 北京：金城出版社，2011.

［4］杨明生. 公文处理规范与实务［M］. 北京：中国金融出版社，2002.

［5］李金泽，赵丹琦. 现代银行应用文写作［M］. 北京：中国文献出版社，2000.

［6］王桂森，陈群力. 最新实用公文规范与写作［M］. 济南：山东人民出版社，2001.

后　记

　　《商业银行常用公文写作理论与实务》这本书，从 2016 年初动了写作的念头后，到 2018 年 8 月利用对员工开展公文写作培训的契机开始编写，后又因为工作关系停滞了一年多，直到 2020 年初席卷世界的新型冠状病毒肺炎爆发，我才利用居家隔离的时间对结构主义理论的有关书籍进行了全面学习，又利用工作之余对已经构架好的章节进行了补充完善，终于在 2020 年 4 月初完成了全书的初稿。

　　就像进行了一场并不用交卷的考试，没人出题，没人监督，但是不完成这份试卷，心里总是惦记着还有一件事没有完成，这也成了自己的一个心结。写作和查找各种例文的过程，实际上是对自己参加工作以来的职业生涯进行的一个全面的回顾与总结。通过这本并不太成熟的书稿，是对既往的一种告别，也是对继续前行的一种激励。人生短暂，能把自己想做的事情落实好，也是一种幸福。

　　在此，要诚挚地感谢在公文写作这方面直接给予我无私帮助的领导和同事，让我逐一回忆并按时间顺序罗列出来，他们是覃冰、农成群、彭莉红、黄金强、黄刚、李培毅、秦一超、粟永应、温子亮、卢滨、吴栋、蓝斌、覃谟恒、韦荣航等，还有很多领导和同事也对我给予了指导与关照，挂一漏万，我也向他们表示最崇高的敬意。同时，在本书下篇中部分例文的原作借鉴了同事的成果，还有的是和同事合作的成果，在此也一并予以注明并表示感谢：《中国××银行××省分行制糖企业贷款管理办法》的原作由钟建峰执笔；《××银行××分行小额担保贷款操作规程》的原作由蓝日飞执笔；《××银行××分行"十二五"改革发展规划》的原作由粟永应总撰；《××银行 2010 年 1 月至 9 月业务经营分析报告》的原作由文飞执笔；《2010 年上半年业务经营风险分析报告》的原作由黄利富执笔；《个人金融部 2018 年工作总结》的原作由余娟执笔；《广西糖业发展与金融支持研究（2008）》的原作由我和梁彤云执笔；《广西北部湾经济区建设与大型商业银行发展路径研究》的原作由我和温子亮执笔；《关于广西北部湾经济区有关情况的调研报告》的原作由调查组联合写作，我负责总撰；《关于提升××分行对公业务竞争力的调查报告》的原作由我牵头开展调研，调研组联合写作；《关于构建×行金融场景生态的探索与思考》的原作由我牵头开展调研，调研组联合写作；《××分行 2011 年工作总结》的原作由蓝斌负责总撰，我参与写作；《责任审计报告》的写作参考了对本人的责任审计报告。

　　本书在写作过程中，得到了覃东等领导的大力支持，得到了北部湾大学刘海燕副教授的宝贵指导，得到了罗文等朋友的热情鼓励，参加我主持的公文写作培训班的同事们也参与了全书的修改、校对以及脱密处理，在此我也表示由衷的感谢！最后，感谢中国金融出版社黄海清主任和白子彤编辑为本书出版付出的辛勤劳动，你们高效、专业、周到的工作让我为之点赞！

　　由于水平有限，书中难免还有疏漏和不足之处，望广大读者批评指正。

杨清泉

2020 年 4 月